国家社科基金项目（20BGL214）资助出版

风险社会视域中农村治理现代化研究

王进　徐天舒　著

Research on
Modernization of Rural Governance
in the Perspective of Risk Society

清华大学出版社
北　京

本书封面贴有清华大学出版社防伪标签，无标签者不得销售。

版权所有，侵权必究。举报：010-62782989，beiqinquan@tup.tsinghua.edu.cn。

图书在版编目（CIP）数据

风险社会视域中农村治理现代化研究 / 王进，徐天舒著．
北京：清华大学出版社，2025.2.
ISBN 978-7-302-68481-7

Ⅰ．C912.82

中国国家版本馆 CIP 数据核字第 202581X423 号

责任编辑：胡　月
封面设计：汉风唐韵
版式设计：方加青
责任校对：王荣静
责任印制：刘　菲

出版发行：	清华大学出版社
网　　址：	https://www.tup.com.cn，https://www.wqxuetang.com
地　　址：	北京清华大学学研大厦 A 座　　邮　编：100084
社 总 机：	010-83470000　　邮　购：010-62786544
投稿与读者服务：	010-62776969，c-service@tup.tsinghua.edu.cn
质 量 反 馈：	010-62772015，zhiliang@tup.tsinghua.edu.cn
印 装 者：	小森印刷霸州有限公司
经　　销：	全国新华书店
开　　本：	170mm×230mm　　印　张：20.75　　字　数：359 千字
版　　次：	2025 年 3 月第 1 版　　印　次：2025 年 3 月第 1 次印刷
定　　价：	179.00 元

产品编号：102651-01

序　言

　　1978年以来，中国农村社会发生了翻天覆地的变革。从农业生产来看，伴随着农村居民年人均可支配收入的增加，生活质量得到极大改善。乡镇工业、合作社经济等生产经营形式取代了原有家户核心的单一生产格局。与此同时，市场逻辑不仅成为影响农业生产的主要变量，还塑造着农户的思维方式和价值观念。在农村生活维度，加速的城镇化给乡村聚落带来了空间形态上的变化，也改变了农村人口的结构以及生活惯习。城乡一体化成为农村文明与城市文明交互的契机，村民自治的模式创新引发了农村社会治理结构的新变化，而农村作为农业生产的传统场域也激发出城市的诸多业态。在这种互动过程中，技术创新成果带来的感官冲击以及生产方式的革新让农户们跃跃欲试，智能设备和互联网、物联网所编织的信息网络给农业生产带来前所未有的变革势能。依靠技术革新实现增产，巩固脱贫攻坚成果，进而走向共同富裕，将中国式现代化的图景刻画在广大农村之上的战略期冀正在变成现实。

　　就在农村社会面貌发生巨大变革的同时，各种风险也正悄然降临于农村。农村居民的生活与生存、农村社会的安宁与稳定、农业生产的维系与升级面临着前所未有的隐患与威胁：食品安全形势堪忧，不安全食品对农村居民的威胁防不胜防。一方面，农户固有的饮食习惯只注重"饱腹"而忽略"营养"，这造成了农村食品安全中的诸多"盲区"和"死角"，农村成为诸多劣质食品的市场。另一方面，"假冒山寨""过期变质"等食品也将农村作为生产地与倾销地。环境污染危害严重，源自城市的污染伴随着城镇化进入农村，混杂着农村本土污染源对农村生态造成了难以估计的破坏。农业种植的农药化肥过量施用、规模化种植养殖的废水排放以及生活污水排放破坏了农村的地下水质。与此同时，工业废水、垃圾填埋、生活污水、地下污水管道渗透等又成为农村难以承受的环境成本，被污染的土壤与水源严重威胁农户的生命健康与生产生计。健康安全受到威胁，农村居民作为环境污染的承担者，其健康风险加剧。白血病、大骨节病、癌症、肺吸虫病、蜱虫中毒、血吸虫病以及一些难以被诊断的疑难杂症威胁着农村居民的生命健康，尤其是经济相对落后地区的农村居民健康。社会治安事件频发，农村社会秩序稳定面临挑战。城市的"虹吸效应"造成了农村每年成千上万的青壮年劳动力流失，"候鸟式"的城乡移动，造成了农村社会的"空心化"问题，大量留守老人、儿童和妇女等弱势群体使得农村成为社会安全最薄弱的场域，这让恶性治安事件的发生概率大大增加。伴随着农村社会场域的结构性演变，农村社会资本的构成发生变化，传统道德约束力减弱，个体的行为也因而发生变化。游离于法律和道德之外的行为失范现象出现，破坏农户的正常生活秩序和农村社会的运转秩序。得益于基因技术的品种改良、高效的农药化肥、实时更新的信息平台等在推动现代农业发展和农村社会进步的同时，也使得农业生产风险增加。值得注意的是，如同技术拥有使用门槛，这些潜在风险也存在一定的认知门槛。比如，智能设备等信息工具在为农民提供经验交流和生产管理手段的同时，也带来了互联网犯罪、网络沉迷、信息诈骗等网络安全事件。总而言之，各种各样的风险事件在农村已然初见端倪，它们在暗示农村社会进入风险社会阶段的同时，也折射出一个残酷的事实，农村尚未准备好进入被不确定性包围的风险社会之中！从乡村振兴到乡村建设再到共同富裕，中国式现代化的图景在乡村赫然展开。实现农业现代化、农村现代化、农民现代化是关系到全面建设社会主义新农村、全面建设社会主义现代化国家的重要维度。因此，从农村社会的风险视角出发，分析农村社会治理现代化的发展趋势和行动方略，保障农村社会的安宁稳定，是当前农村工作的重中之重。

  基于上述认知，延安大学经济与管理学院王进教授在前期扎实研究的基础上，申请了国家哲学与社会科学研究项目"风险社会视域中农村社会治理现代化研究"（项目编号：20BGL214），本作即该项目的最终成果。通览全作，我认为有三大特点可彰：首先是风险分析完整与系统。为了全面剖析农村社会的风险样态，课题组在设计指标时巧妙结合了"量变—质变""萌芽—成熟—消亡"两大逻辑线条，以类型学和发生学视角从时间和空间两大维度全景式地展现乡村社会风险的全生命周期。其观察视点覆盖农村社会的各个角落，检视出埋藏于政治、经济、文化、社会、生态领域的风险线索以及附着其上的主观感受与客观现象。指标体系中既有对风险存量的标定，也有对风险溯源的考虑，如通过执行、干预、监管和公信解构农村社会的政治风险；借助外部性，使用和规范标示农村社会技术风险；以发展、失业、损失和开支锚定农村社会经济风险；又从精神俘获、教育不足和文化生活匮乏三方面刻画农村社会文化风险；通过自然灾害、环境污染以及资源开发描述农村社会的生态风险。这既保证了理论与实际的紧密结合，又达成了动态与静态的系统观瞻，使得该书言之有物、论之可信。其次是案例丰富。作者在分析时使用了大量案例，这些案例直观地展现了农村居民与农村社会风险的互动场景，描绘出农村社会风险治理的动态样貌，既科学又可靠，更反映出作者脚踏实地的作风。最后是各种逻辑关系梳理清晰。虽然全书的主要目的是风险叙事，但是根本所在是消弭风险，故而对风险与财富的"互构"关系作出了严谨的定义与严密的分析。在此基础上，本作通过"风险分配强—财富分配弱""风险分配弱—财富分配强""风险分配强—财富分配强""风险分配弱—财富分配弱"的强弱对比实现了理论分类的现实时间回溯，完成对不同风险阶段、不同风险样貌的理论与现实分析。无论是逻辑分析的深入浅出，还是理论与现实的双向回溯，都反映出作者深厚的理论功底。

王进教授博士攻读于西北农林科技大学，我曾有幸作为该校的负责人与王进教授有过师生之谊，如今又有幸见证王进教授著作的完成，无论作为校友抑或师生，我都欣慰于王进教授于"三农"领域的笔耕不辍，这既是对"西农精神"的历史传承，也是"延大人"的时代担当。希望王进教授百尺竿头更进一步，在今后的学术生涯中取得更多成就。

是为序。

2025 年 2 月于西安

引 言

"农者,天下之大本",农耕文明为中华文化的诞生与赓续提供了其他文明所难以企及的稳定环境,中华民族也在走向强盛的道路上不断刻画农耕文明在现代社会中的重要作用。由此可见,在面对文明演进这一必答问题时,"中国方案"并非以先进的文明淘汰落后的文明,更非"肢解"一种文明后将其镶嵌在另一文明之上,而是坚持"以人为本"的核心理念,通过共生目标、共识责任、共建成果、共享利益的原则弥合文明更替时难以避免的种种矛盾。在现代文明的浸染下,大量文明进步的成果涌入农村,从社会秩序、价值观念和行为规则等维度形塑着农村社会,同时,也将农村社会拉入现代社会风险的体系之中。因此,在面对利好和风险所建构而成的时代"剪切力"时,农村社会将如何发展?这是此次研究所要探寻的最终命题。本书以社会风险为观察视角,基于发生学、类型学等理论的经验性解释,在分析对比应然与实然的社会差距中定位实践切口,借助理论的抽象建构到实践的具象表达、一般的逻辑归纳到个别的现实演绎的双重规律线索,系统剖析时代刚性中的乡村治理议题。

现实观照,在实然与应然中定位农村社会治理的现代化切口。传统农村治理体系与治理模式面临冲击,社会治理结构与治理范围呈现复杂化与扩大化趋势,治理体系已由一元、有限领域的政府治理模式向治理主体多元、治理领域全覆盖、治理工具创造性发展的新型治理模式演变。农村社会原有生产方式、生活方式以及建立在血缘、地缘基础上的关系网络几近垮塌,而现代化的生产生活方式尚未完全形成,历时性特征共时性呈现,充斥着高度的不确定性因素。在面对这些不确定因素所聚合而成的风险时,阶段性演进与扩散性延展的风险演化却无法被乡村社会中的主体所感知,在基于将风险视作偶发性与碎片化事件的思维引导下,一种为应对紧急突发事件的治理手段油然而生,当然,也不可避免地遭遇了困境。

理论建构,用理论与数据剖析农村社会治理的现代化问题。在对农村社会风险架构、来源、转移等生成机理的分析基础上,对风险进行识别与分类,并构建评价指标体系进行实证分析,逐步揭示农村社会风险及其承载力的本质所在。又通过对风险承载力乘数效应、社会效应和政治效应的分析逐步明确了风险社会视域下农村社会治理的现实路径——社会风险分配，并在理论层面建构起风险与能力的互构机制框架、共生与共赢的分配行动路线。

逻辑梳理，以机制与保障建构农村社会治理的现代化结构。以风险及其承载力的本质分析为基础，通过对风险分配与财富分配的互动和互构分析，结合互构发生的客观条件和发展的动力来源，逐步建构出风险分配与财富分配互构的静态和动态结构。在完成互构的机制层面建构以后，进一步以组织保障为核心，从资金保障、制度保障、人才保障、技术保障方面对互构机制运行进行可持续性设计，逐步形成"五维协同"的互构运行保障框架。

面向未来，在风险社会与治理现代化中描绘农村社会的未来图景。风险社会语境下农村社会治理现代化问题不仅关系到农村与城市、农业与工业、农民与市民之间的互动定位，还指向农村发展的现代化路径和形态。因此，基于此次研究的分析，在风险分配与财富分配互构的机制设计基础上，在从嵌入到生产、从政治到生态的系统框架基础上明确农村治理现代化的"五位一体"构想，并结合农村社会的治理现实研判农村治理现代化的发展趋势与未来影响。

总之，风险社会是农村社会治理的基本语境和主要问题，风险分配与财富分配的共生互构关系解释了治理的基本逻辑内核。如何在农村社会的现实治理图景中寻找到破解治理"瓶颈"的理论，并将研究结果回溯至现实？对于这一问题的回答，成为本研究的核心关切和关键议题。

本书的出版得到国家社科基金一般项目"风险社会视域中农村治理现代化研究"（项目编号：20BGL214）的资助，本书也得到国家社科重大项目"延安时期未刊文献资料收集、整理与数据库建设"（项目编号：17ZDA008）的资助，在此表示感谢。

王　洪
2025 年 2 月

目 录

第一章 导 论
第一节 研究背景与问题提出 …………………………………… 2
第二节 研究目的与研究意义 …………………………………… 5
第三节 国内外研究现状 ………………………………………… 7
第四节 研究思路、研究方法与技术路线 ……………………… 13
第五节 研究内容与创新之处 …………………………………… 15

第二章 基本概念界定和基础理论
第一节 基本概念界定 …………………………………………… 22
第二节 基 础 理 论 ……………………………………………… 30

第三章 农村治理现代化的发展现状
第一节 村民自治：农村治理的基本样态 ……………………… 45
第二节 治理领域：多领域协同的"全域治理"趋势 ………… 49
第三节 治理主体："一核多元"的主体协同格局 …………… 54
第四节 治理工具：现代化技术的赋能 ………………………… 64
第五节 风险思维在农村治理现代化中的重要作用 …………… 68

第四章 风险社会对农村治理的塑造与反思
第一节 实证调查情况说明 ……………………………………… 76
第二节 现实层面：农村社会风险的时空结构 ………………… 79
第三节 思维层面：农村社会风险的认知画像 ………………… 89
第四节 路径层面：风险"应急"治理的本质与失灵 ………… 103

第五章　农村治理现代化中风险的识别与分类

第一节　农村社会风险的生成机理………………………………112

第二节　农村社会风险的识别准备………………………………123

第三节　农村社会风险的识别过程………………………………130

第六章　农村社会风险及承载能力评价指标体系的构建与实证分析

第一节　指标体系构建义旨…………………………………………146

第二节　指标设置与评价方法选择…………………………………153

第三节　农村社会风险评估实证分析过程…………………………163

第七章　农村社会风险承载能力的本质、获取与强化

第一节　农村社会风险承载能力的本质揭示——社会财富………198

第二节　农村社会风险承载能力的具体展现——治理效应………205

第三节　农村社会风险承载能力的强化路径——社会分配………220

第八章　农村社会风险分配与财富分配的互构机制研究

第一节　互构关系的内涵与类型……………………………………230

第二节　风险分配与财富分配互构机制的构建基础………………242

第三节　风险分配与财富分配互构机制的有机架构………………254

第九章　风险分配与财富分配互构机制的保障体系

第一节　组织保障：互构机制运行的保障框架……………………271

第二节　保障体系：互构机制运行的保障内容……………………276

第三节　"五维协同"：互构机制运行的保障体系…………………288

第十章　风险社会下农村治理现代化的展望

第一节　风险社会语境下农村治理现代化的未来形态……………295

第二节　农村治理现代化的"五位一体"构想………………………304

第三节　风险社会视域中农村治理现代化的发展趋势与未来影响‥311

后　记

第一章

导 论

第一节 研究背景与问题提出

一、研究背景

人类自诞生之日起，便在与各类风险的抗争中谋生存、求发展，因此，人类的历史就是一部风险抗争史。西方社会自进入工业化和现代化以来，危害公共安全的风险事件与日俱增。基于此，西方学者认为风险是现代社会所具备的一个重要特征。随着科学技术的发展，人类改造自然的能力增强，为满足自身不断增长的欲望，人类对自然"竭泽而渔"式的掠夺和开发，导致生态破坏、环境污染、资源枯竭、气候异常等一系列大自然对人类的"报复"行为。这些"报复"行为本质上是人类在发展过程中产生的"副产品"，是威胁人类生存生活的风险因素。这些风险是基于自然和人类不理性的交互作用，人类的不理性和贪婪使得风险由潜在变为现实。"风险"原为航海术语，其词义所指是航海中遇到风浪或者发生触礁的危险，其词义能指为不确定的损失。随着工业化和现代化的发展，社会经济取得了空前的增长，人类财富大量积累，却也导致了生态环境的破坏，甚至有些无法在事前察觉的危险也日渐浮现[1]。这些实际情况使得人类对"风险"概念的认识逐渐演变为人们意识到未能预期到的后果，这恰恰是人类自身行动或选择而产生的风险。由此可见，风险的不确定性因素不仅仅影响当前人们活动的选择，更会成为未来社会发展方向的重要影响因素。也有学者认为，风险既可与可能性相关，也可与不确定性相关，是主观不确定性的客观性关联。诚然，中国的现代化发展也不可避免地进入风险社会。改革开放以来，中国在借助市场经济开展社会主义现代化建设的同时，也逐渐地走入社会风险的丛林中，踏入潜在问题和矛盾即将激化的状态。习近平总书记强调："我国发展仍处于并将长期处于重要战略机遇期，我们面临的风险总体是可控的、形势总体是好的，但同时也是严峻的、复杂的，全党必须清醒认识面临的风险和挑战。"同时，习近平总书记还指出，"当今世界正经历百年未有之大变局"，旧的风险尚未完全掌控，新的风险又接踵而至。近些年的自然灾害、群体性事件、公共突发事件、社会安全事件、危机事件等严重影响社会稳定和经济发展。当今世界向着经济全球化、政治多极化、文化多元化和科技信息化方向发展，人类生活在地球村之中，人与人之间的联系、区位间的交流日益紧密，互动的方式和内容日新月异，这使得人类所面临的风险种类和频次愈加不可预测与判断，人类生活的世界仍然风险重重。

当回到微观的农村社会视域中,农村地区不仅承载着农民生产生活,是农民安身立命之本,也是风险容易产生和聚集的场所,特别是我国正处在转型发展的过程中。新中国成立之后,为了满足工业化战略积累原始资本的需要,国家通过价格"剪刀差"从农村汲取大量资源,农村为国家工业化发展作出巨大的贡献。改革开放以来,国家开始推行家庭联产承包责任制,极大地调动了农民的生产积极性,2006 年取消长达数千年的农业税制度,2017 年提出并开始实施乡村振兴战略。可以看出,国家对农村由过去的自下而上地汲取转变为自上而下地输血。随着农村不断地开放和发展,传统农村的那种封闭式、同质化,依靠亲缘、地缘和宗族关系维系乡村生产生活秩序的模式逐渐被瓦解,外部资本、组织和力量的介入使农村变得异质化、农民变得原子化、农业变得兼业化。然而,这些改变是现代化发展的必然结果,新风险将与现代化发展继续相伴相随。外部资本对农村的无序开发,使得农村生态环境破坏风险增加;农村人口流动频繁使得村民间的思想观念、行为方式表现出差异,进而增加村民之间的冲突风险[2];土地产权的不明晰使得政府给予农民的征地补偿远远低于农民的心理预期,进而增加了干群之间冲突的风险等。这些风险导致的群体性事件在现代化发展过程中屡见不鲜,给社会稳定和经济发展带来严重的威胁。据调查得知,自 2007 年至 2010 年,我国超百人的群体性事件从 23 起上升至 163 起,这一数据在 2012 年达到 209 起。这些实际情况表明,群体性事件的爆发正是在农村转型发展过程中,多元主体利益矛盾冲突风险没有被正确认识和缓释,导致一系列悲剧事件一再上演,给农民生命财产安全带来威胁,给农村社会秩序的稳定带来破坏,给农村经济的发展带来阻滞。总之,作为现代社会组成部分的农村社会,承载的功能日益多样化,内部的利益关涉主体的多元性也塑造出多重风险矛盾的聚集性和潜在性的特征。在现代化发展和社区内外部因素的共同作用下,各种社会风险与日俱增,它们直接关系社区居民切身利益与生命财产安全,因此,农村社会兼具基层治理与风险治理的双重角色。当前,我国处在夺取新时代中国特色社会主义伟大胜利、实现中华民族伟大复兴中国梦的特殊历史阶段,多重目标的交织态势需要实现主体与行动之间的协同关系,因而必须将风险治理置于治国理政的重要位置。对于基层治理而言,势必在明确党的建设这一新的伟大工程的基础上,将忧患意识、防范风险、迎接挑战精神同坚持和发展中国特色社会主义的道路一以贯之,以此达到在对现代性反思的基础上证明理性发展的科学性,这对于着力防范化解重大风险、保持经济持续健康发展和社会稳定具有重大意义[3]。由是观之,农村风险治理是国家风险治理的微观缩影，因而对农村社区风险及其变化的认知与治理，是衡量乡村社区治理成效的基本尺度之一，更是把握新时代基层社会治理与发展方向、实现乡村振兴伟大战略和治理体系与治理能力现代化目标的重要工具。

二、问题提出

人类社会自诞生之日起就与风险相伴。自然界带来的风险、人类自身活动造成的风险是人类所面临的双重风险，并且从现实情况看，人类自身活动所造成的风险是当今人类面临的主要风险。风险犹如悬在人类头顶上的"达摩克利斯之剑"，对世界的发展产生了深刻的影响。随着工业化、信息化和全球化的发展，物资、人员、技术等要素在全世界范围内流动和配置，使得世界经济增长和人员交流密切的同时，风险也在同步增加。人类在发展经济过程中无节制地攫取不可再生的资源，风险作为大自然"报复"的手段反作用于人类自身。世界范围内的一体化的微观基础是地区一体化，在现代化发展的进程中，传统农村基于地缘、亲缘和业缘所表现出的封闭、单一和同质的特征被现代化的浪潮逐渐冲散，现代化发展语境下的农村正在走向开放、多元和异质，不同的资源、要素、产业发展主体流入农村中，使得当下的农村变为发展与风险的多面结合体。发展是农村在现代化进程中的第一要务，但与发展相伴而生的风险更不容忽视，因为能否处理好风险问题直接影响到农村发展的成效，因此，风险社会视域中的农村治理成为新时代现代化治理的重要课题。

从中国的现代化进程来看，中国的传统乡村在特定的时代和发展背景下，逐渐向发展现代化农业、培育职业农民和建设宜居农村转变，以实现城乡融合发展。中共中央在尝试借助农村社区平台实现资源下沉、权力下放，强化管理和服务水平，逐步将农村社区发展为能容纳多元主体的开放包容的基层社会，农村社区成为多样化身份居民共同生活、社交的基础场所，正在向现代城市社区方向发展。同时，农村社区亦处在由政府主导的基层治理框架中，涉及政治、经济、社会、文化等各种事务，并体现一定的乡土文明。总体来看，现代化发展进程中的农村已经不同于传统的农村社会，与现代城市社区又有一定的差距，是一种连接传统乡村社区与现代城市社区的中间过渡形态，这种特殊形态也使其面临的风险更为特殊。党的十九大报告指出，实施乡村振兴战略，坚持农业农村优先发展，加快推进农村现代化。治理有效是乡村振兴的基础。现代化发展给农村社会带来前所未有的机遇，使其发生巨大的变化，但仍然面临诸多问题。在复杂的环境下，基层治理能力不足、财政基础薄弱等问题都给农村社区治理造成较大的冲击,潜在风险具有阶段性、复杂性和不可预测性[4]。值得注意的是,现代农村社区日益进入风险时代。社区既是风险的发生地,亦是风险的承担者。现代农村社区的风险是如何呈现的,其生成机理如何?怎么规避?风险分配与财富分配互构机制如何构建?当前学界研究并没有进行系统的分析,这正是本课题重点研究的关注点。

第二节 研究目的与研究意义

一、研究目的

"风险社会"理论的提出,把"风险"这一视域和话题推向学术前沿,并在实践中积极寻求风险社会突围的路径,以此实现社会治理创新和社会和谐发展。随着现代社会发展中一系列"风险景观"接连不断地出现,专家、学者及公众对这一理论产生了浓厚的兴趣,并掀起了一股研究的热潮。自此,风险社会便成为一个跨越时间、跨越地域、跨越学科的热点问题。对于中国而言,现代化进程的加速带来了诸多不稳定因素,风险不再是一种简单的思辨,而是真切地为人们所感知。因为在经济全球化背景下和国内面临的社会转型时期,工业化程度较高国家历经的某些风险因素、遭遇过的各种风险问题,中国也正在经历和承受。因此,很有必要从风险社会的理论视域透视当前我国社会治理创新的问题。基于此,笔者选择从风险社会理论的视域出发,深入研究其"理论内核",取其精华,去其糟粕,未雨绸缪,防患于未然,将之有益的价值启示和应对风险的经验用于治理和化解我国社会风险,是本课题研究的核心话题之一。

二、研究意义

(一)理论意义

从理论意义来看,风险社会理论紧扣时代发展背景,是为现代社会发展指明方向。从风险社会理论视角探究我国农村治理体系和治理能力的现代化,可以延伸我国农村治理理论的宽度和深度,为我国在社会转型和现代化发展背景下农村风险治理提供理论工具和指导思想[5]。认识风险、化解风险和规避风险,创新农村治理体系、提升治理能力,实现乡村振兴的伟大战略,是一个深刻的、复杂的问题,做表面文章、敷衍了事只会加大问题的严重性。因此,研究和应用风社会理论，在实践中创新农村治理方式和机制，推进农村治理体系和治理能力现代化是当下和未来我国农村工作的重点。因此，风险社会理论不仅可以为我国农村治理提供理论支持，还可以提供理论借鉴。

（二）现实意义

改革开放以来，中国进入经济全球化脚步加快时期，社会转型也随着社会经济的发展有序推进。然而，社会潜在和正在遭遇的风险却在增加，这些来自自然界和社会不同方面以及不同种类的风险已经给社会的发展带来威胁和侵害。因此，面对潜在的风险和现实的困难，需要审时度势、提高警惕，创新社会治理模式和机制，在不可逆转的环境大势中，以机制创新减少社会治理的成本，减轻社会风险的冲击，实现社会治理的帕累托最优。为政之道，在于民本；民本之道，乡治为先。就农村治理的重要性而言，国家历来把"三农"工作放在全党工作的重要位置，农村治理的成效决定着乡村振兴战略的最终成果能否巩固，更是国家治理体系和治理能力现代化的形式表达。在 2017 年中央农村工作会议上，习近平总书记强调，"建立健全党委领导、政府负责、社会协同、公众参与、法治保障的现代乡村社会治理体制"。2018 年中央一号文件《中共中央 国务院关于实施乡村振兴战略的意见》不仅明确指出当前农村治理体系存在问题，"农村基层党建存在薄弱环节，乡村治理体系和治理能力亟待强化"，而且提出了以"加快推进乡村治理体系和治理能力现代化"为核心的解决路径。完善农村治理体制，建设农村治理现代体制，是实现乡村振兴战略总目标中"治理有效"的重要制度保障。农村基层社会治理有效运转，不仅关系着农村社会稳定、经济发展和治理体系与治理能力的现代化，而且关系着国家治理现代化目标的实现。因此，农村社会风险治理不仅是农村治理现代化的基础，更是实现农村治理现代化的突破口。在各地的实践中，农村社会风险治理可以从更深层次反映出基层社会存在的问题，提升农村治理的整体绩效，为政府制定相应的政策指明具体的方向。在乡村振兴战略实施的进程中，识别农村社会潜在的风险，建立农村社会风险防范和化解机制，并且建构农村社会的风险分配和财富分配机制，推动农村治理现代化，实现农村美、农民富、农业强的目标，这对于有效识别并规避化解农村社会风险、推进国家治理体系和治理能力现代化发展具有长远的现实意义：第一，有助于政府强化对社会风险的认识，从识别基层社会风险到认识并准确判断社会转型期整个国家所面临的一系列风险，进而为国家规避风险、化解危机、维护秩序、实现稳定和谐的发展提供明确的政策指引。第二，有助于把握社会治理规律，正确运用国家权力，推动社会可持续发展。科学地认识和把握社会冲突规律，化解在经济转轨和社会转型期各种社会矛盾的集中爆发；客观地分析和把握社会多层规律，强化利益协调机制和能力；正确认识和把握社会不确定性规律，建立健全各种维稳、应急机制。第三，有助于深化对于中国特色社会主义理论的研究，促进社会转型中转变社会治理理念，加强党的领导、人民民主与依法治国的有机结合，促进社会自治组织的培育和发展，为全面实现和谐社会提供有价值的参考。

第三节　国内外研究现状

一、国内外学术史梳理及研究动态

随着人类社会风险规模、范围和程度的根本性转变，风险社会是"被制造出来的风险"占主导地位的社会也成为学术界对当下人类社会的基本认知，而社会中风险的高度复合性和复杂性的判读也成为学术界的共识[6]。而在社会分配这一人类社会基本问题研究中，国内外的研究者基本上形成两种观点：第一种观点认为财富分配与风险分配的逻辑差异较大，财富增长与风险扩张同为经济发展的后果——财富分配是经济活动着力追求的，是受欢迎的；风险分配是非预期的，是不受欢迎的，财富分配与风险分配的演化逻辑、作用方式、作用范围均有差异。第二种观点认为，财富分配有权力归属，风险分配没有权力归属，因而财富分配是一个权力意志过程，风险分配则是无意志过程。因此，本项目针对风险分配与财富分配的共时呈现情境，为克服单一分配逻辑难题，重点研究财富分配与风险分配的互构关系，对国内外相关研究的梳理和评析将围绕风险社会理论、分配正义理论、财富分配与风险分配的关系、国家治理和农村治理研究展开。

从20世纪70年代起，学术界开始对风险进行概念的近义剥离，在现实观照不充分的情况下，学术界的焦点始终停留在风险文化理论的研究上，这也反映出当时人们在意识到风险存在时所受到的主观震撼。随着研究的深入，风险社会理论的研究成果逐渐体系化，形成了以贝克和吉登斯为代表的制度主义、以拉什为代表的文化主义、以卢曼为代表的系统主义。制度主义观点认为风险是一种现代性变异的结果，它区别于生活语境中的风险，应当描述为"现代性风险"，制度主义的风险研究聚焦于技术性风险、制度性风险和风险分配三个领域。文化主义的风险研究则聚焦于风险与文化背景的关系，他们认为风险是在特定的文化语境中被建构的，带有强烈的目的性，他们关注风险生产、评估和分配过程中的价值判断、道德信念等因素及其作用。系统主义的风险研究则是采用系统与环境范式讨论风险社会的机理，基于现代社会的自我指涉系统假设，认为现代社会风险产生自伴随功能分化而产生的社会结构、时间结构的多重复杂性和不确定性[7]。

进入21世纪后，风险社会的研究出现了现实主义与建构主义的分化，这是对20世纪末三种研究思路的进一步升华。以劳（Lau）为代表的现实主义认为，风险是一种客观实在，尤其是极权主义、种族主义、贫富分化等社会问题层出不穷，某些局部的或者突发的事件能导致潜在的社会灾难，如金融危机、疫情等接连不断。现实主义的研究总结了制度主义的风险本体论与系统主义的风险认识论，为风险的抽象概念寻找到客观现象，推动了风险研究的现实观照。与现实主义相对应的，对风险的文化主义研究则将人类对风险的认识推向历史性和自反性，他们擅长运用文化人类学的方法研究风险，代表人物是道格拉斯。同时，以福柯为代表的文化批判学者坚信风险是"被建构"的，并在与国家和政府的合作对话中发掘出风险作为管治和规训工具的角色。建构主义则是将文化主义的风险研究进一步深化，实现了风险从功能到工具的跨越。针对风险研究的两种分路，乌尔里希·贝克则从更一般意义上提出了"风险社会"这一概念，跳脱出风险是什么的研究，从社会共性的角度审视风险对社会的形塑作用，风险社会理论也被认为是风险概念成熟的标志。贝克对于风险的论断是"介于安全与毁灭之间的一个特定中间阶段"，且"由不确定性带来的预期的不稳定性形成的"风险会影响当前行为、干扰未来结果，因而风险是在社会现有安全机制的有效控制与失效控制下的不确定后果。作为一种以客观事实和道德观念形态存在的事物，风险需要通过特定的社会文化背景来感知，它既是本土化的，也是全球化的，但风险社会的一般性概念中不包含自然与文化之间的差异。

在分配正义理论的研究领域，国外研究者的主要成果有：①分配正义的基本原则的研究。对正义原则的讨论，罗尔斯的"两条原则"影响深远：平等的自由原则和差别原则，前者需要人们平等地分配基本自由，主要用来调节社会和经济利益分配；后者允许收入差别，这个差别主要是指除去社会偶然因素的影响，个人天赋、能力等自然因素造成的分配不公平问题。德沃金、哈耶克、阿玛蒂亚·森等研究者分别从不同的角度对分配正义进行了研究。②马克思主义分配正义观的研究。伍德一派认为马克思的理论只是一门科学，其没有对资本主义进行正义的批判；胡萨米一派认为马克思是赞成正义的，资本主义存在剥削，是不公平的。所以，马克思主义分配正义研究者持有自己的道德哲学和分配正义价值取向。③关于风险分配正义理论的研究。贝克认为风险分配是依附于阶级的、不平等的分配方式，并且与财富分配模式呈现相反的依附模式，财富分配在上层聚集，风险分配在下层聚集，在分配方式上具有明显的不公正性[8]。

在国家治理和农村治理方面，国外的主要研究成果有：①关于国家治理理论的研究。研究者主要将人本理论、社会组织理论、治理理论、社会资本理论、可持续发展理论等理论有机结合，从而形成一套较成熟的国家治理理论体系。在国家治理中将协调、多元合作等多种方式加以融合运用，继而进一步丰富国家治理理论，在国家治理研究中把NGO（非政府组织）、企业、政府、农村居民等组织和个体有机联合在一起，强调多元治理。②关于国家治理复兴和农村治理现代化的研究。主要发达国家在20世纪完成了国家治理转型，国家治理研究和实践模式呈现不同的特点，如欧盟的"领导+"模式、加拿大的"国家协作伙伴计划"、韩国的"新村运动"等，在国家治理现代化理论研究和实践方面都作出了重要贡献。

国内研究者对风险社会理论的研究主要集中于三个方面：一是对国外风险社会理论的介绍及风险规避研究；二是探讨了风险和风险社会的概念、特征，为规避风险提出了对策建议；三是基于风险社会视域与中国国情相结合进行理论探讨，解读我国现阶段存在风险的领域、风险产生的原因及其应对策略。

早在20世纪80年代，中国学者就开始研究风险问题，如1987年宋林飞在其著作《现代社会学》中讨论了社会风险问题，还有1988年王巍的著作《国家风险——开放时代的不测风云》，此后又陆续有一些关于社会风险的研究成果发表，这些社会风险的研究探讨是初步的，却具有开创价值[9]。这一时期正值中国刚刚踏入经济增长的快车道，市场经济体制改革占主导地位，因此，在中国社会经济快速发展中，风险社会研究者的声音并没有受到应有的重视。

20世纪末，一些学者率先通过外文文献了解了风险社会理论，如刘小枫所著《现代性社会理论绪论》等。中国思想界在世纪之交开始关注风险社会理论并非偶然，这在一定程度上折射出了中国发展的现实问题和现实需要。研究风险社会理论的学者普遍认为，风险社会理论提出许多值得借鉴的有价值的观点，风险问题已经成为国内学界的一个热点话题。目前已取得的成果主要包括：一是翻译了大量的国外研究成果，特别是对贝克的作品的集中翻译，包括《自反性现代化：

现代社会秩序中的政治、传统与美学》《风险社会》《世界风险社会》等。二是对国外主要学者的风险思想进行解读与批评，其中涉及最多的仍然是贝克。如王小刚对《风险社会》和《世界风险社会》两本书的解读。近年来学者们开始对卢曼思想进行解读与批评。比如，高宣扬从沟通与社会系统、自我参照与合理化以及社会系统理论的现代性意义等方面对卢曼的思想进行详细的介绍，并以"风险社会及二阶观察的必要性"为主题解读了卢曼的风险思想。在期刊论文数据库中，对卢曼的风险思想的讨论成果也逐渐增多，如秦明瑞对卢曼思想之复杂性与社会系统的研究，张戌凡对卢曼风险思想之认知和"自我塑造成系统"的讨论等。三是对不同学者的风险思想做比较研究，其中主要涉及贝克、吉登斯和斯科特·拉什等。如杨雪冬对以劳为代表的现实主义取向的新风险理论、以拉什为代表的文化主义取向的风险文化理论和以吉登斯为代表的制度主义取向的风险社会思想进行了系统的比较。刘小枫从现代性的角度对贝克和卢曼的风险思想进行比较。李建群、何小勇对以贝克为代表的风险社会理论、以拉什为代表的风险文化理论、以卢曼为代表的风险的复杂自系统理论和以福柯为代表的风险治理理论进行比较研究，并认为这些理论都与揭示现代性本质方面存在内在的联系。四是在现代性的框架下讨论现代社会的风险问题。如中国台湾学者周桂田同时从价值维度、系统维度、制度维度和日常生活维度等四个维度观察现代社会的秩序，将风险问题放在现代性的框架下加以审视，为我们全面把握现代社会的风险提供了很多有益启示。郭大为认为，风险是现代性发展的必然结果，且有其影响程度越来越大的趋势以及在后发国家的普适性意义。五是借鉴西方风险理论，开展了很多具有我国国情特色的风险研究，如关于风险社会与和谐社会之间关系构建的讨论，如社会转型时期社会预警机制的建立等。

近年来，国内一些学者发表文章对将技术风险放在文化视野下反思进行了概括总结，学者们试图在中国社会经济发展转型过程中，寻找国内技术风险的具有普遍性的文化特征，并分析现有风险存在状态在深度和广度上对当今社会人类生存状态的影响，提出应对技术风险的社会文化对策。从文化视角对技术风险反向思考主要特点有：其一，对技术风险界定的比较研究。国内学界受风险理论的影响，对技术风险的界定大都立足社会视野，把工业社会背景下的风险演变过程作为风险社会理论的重要实践素材来源地。技术风险定义为在风险社会语境下，技术进步引发的人类社会发展的不确定性，以及这种不确定性对人类生存、发展的不利影响。有的学者认为这是一个高度技术化的社会，科学技术的高度发展既是风险社会的特征,也是风险社会的成因[10]。也有学者从技术风险的主客观两方面理解:从主观上说,我们对技术的态度和看法受到不确定性、个人心理、社会文化因素以及风险与外部环境之间的关系等诸多因素的影响,这些态度和看法进而影响技术风险的产生及其影响程度;从客观上说,技术风险是在一定条件下是否发生,以及其对人类的社会财富和生命安全是否造成损失以及损失程度的不确定性。随着风险理论进一步发展,有的学者用心理学的方法对技术风险的特点加以规范,技术风险被认知为缺少控制的、令人恐惧的、影响广泛的、具有致命性的后果以及风险和利益分配不公平的风险。像核武器和核能产生的技术风险就明显具备这样的特征。现代性的演变伴随着人类控制与占有自然的过程,当代的技术风险恰恰反讽式地反映了自然对人类的控制与占有。这些认识大多以国外风险理论为背景,把社会学和心理学作为学术视野,对技术风险的阶段性、过程性进行描述,这些分析与概括为技术风险在文化意义上系统性、状态性的研究与界定留下了空间。其二,强调制度文化对技术风险的作用。作为风险理论,工业社会的风险主要是有组织的不负责任的决策制造出来的。对于现代技术活动而言,参与其中的个人、组织越来越多,所涉及的知识面越来越广,专业化程度越来越精深,其所承担的风险就越来越大,与之相应的责任也越来越大。有的学者认为,制度本身就是一种文化,因为制度的理念和机构的运作目标都体现着文化精神。其对风险的管理提出更高的要求,在专家与公众之间进行很好的沟通,管理者就必须重视公众的风险认知结构,研究技术所具有的特征对公众风险认知的影响。风险社会制度化的反思建立在现代性反思的基础上,并体现辩证思维。在现代性的行动轨迹中,人类试图利用技术控制与占有自然,消除不确定性,结果却是在一个更大规模上导致了不确定性和不可预测性,体现了现代性自身的辩证法。当代技术风险在制度决策方面主体性作用占有重要地位。现代技术的高风险更加凸显了技术决策主体责任意识的重要性[11]。根据技术开发过程的不同特点,进行有针对性的制度设计是非常必要的,技术风险的制度性缺失与交互纠缠,也把制度性文化困惑裸呈在人类面前,人类理性对待技术风险中的制度问题,提高人类决策过程的责任性,把制度性保障应对技术风险的价值性选择摆在优先地位。其三,强调技术伦理建设的重要性。技术风险的伦理应对已是人类社会的自觉选择。技术伦理建设就是从内在方面制约着科学家们的活动。建构全球伦理,并以全球伦理原则为基础制定应对全球风险的国际制度,保障其有效实践。建立远距离伦理学,就是要扩充传统伦理学的关照视野,将人类的子孙后代以及人类的生存环境同时纳入伦理考量的范畴。技术的广泛应用推动了生产力的发展，但同时也带来了诸多隐患，除了人身安全外，对环境的影响在一定程度上破坏了人与自然的和谐关系，甚至成为影响人追求自由而全面发展的阻碍。因此，从人与自然的关系探寻技术赋权的伦理原则十分必要。

在分配正义理论的研究领域，国内研究者的主要成果有：一是从传统马克思主义理论视角研究分配正义问题。研究者认为，马克思主义的、健康的分配主义着力于分配起点上的机会平等、分配过程中的程序正义、分配结果上的合理调节等三个方面的研究。从当代分配理论视角研究分配正义问题。要实现中国国情与马克思主义分配正义理论相结合、实现公平与效率张力的有效控制、实现对政治经济学与伦理意义的恪守、实现收入差距的适当拉开。从现有的研究成果中我们不难发现，国内研究者有关财富分配正义、风险分配正义的研究成果较少。二是在国家治理和农村治理研究方面，国内的主要研究成果有：农村治理的成效及面临的主要问题的研究。我国社会结构的分化引发了一系列"新情况、新问题"，使得农村治理体系面对诸多困境和挑战，主要包括农村社区基本公共服务短缺、社会保障水平不高、社区建设缺乏支撑、留守群体处境堪忧、失业问题开始凸显、公共卫生事件和群体性事件多发等。随着农村治理现代化的推进，我国农村治理出现的问题将逐步解决。三是农村基层治理良性发展的动因与对策研究。随着农村管理模式改革不断深化，激活农村发展的内生动力，政府一元主导治理农村的格局逐步调整为体制机制、方式手段上"多元共治"格局。应从加强基层党组织建设、切实转变政府职能、推进基层法治化发展、大力培育社会组织等方面推进农村现代化治理进程。

二、对国内外已有研究成果的评价

规避和应对全球性风险是当代全球发展面临的重大课题，我们急需对脆弱的农村社会进行风险识别和风险分类，风险治理将是农村治理的急迫且重要任务。随着我国农村基层治理中出现越来越多的治理共性问题，农村社会治理逐渐成为国家治理体系与治理能力的基础环节，这不仅是风险社会的表征，也是我国城乡一体化趋势的不断深化。风险研究中"目标明确、风险识别、风险评估、风险应对"研究范式也开始适用于农村社会治理，从而能更为精准、全面地分析与思考中国农村高质量发展的版图。对于农村发展而言，构建公共卫生事件风险防控的长效机制是十分必要的[12]。而针对农村社会风险及其承载能力的评估与认识，缺乏对不同区域、不同群体的风险分配测算，对不同群体的风险承载能力定义不准确、不清晰，仍待继续深化：一是风险社会视域中农村治理体系和治理能力现代化研究还没有构建其风险分配（特别是农村风险分配）评价指标体系，对当下农村治理现代化进程中风险分配实践与借鉴构成瓶颈。二是缺乏对风险分配承载能力的区分、实证检验和总结。三是缺乏中国农村治理现代化的"风险"治理影响因素及其治理路径的深化研究。因此，本课题研究有助于弥合不足、填补空白，助力农村治理体系和治理能力现代化的推进。

第四节 研究思路、研究方法与技术路线

一、研究思路

研究的基本思路是：①本课题从国家层面与社会层面挖掘农村治理体系与治理能力现代化进程的基本要求，初步分析农村治理体系与治理能力现代化进程中风险分配的价值。②对我国农村经济社会发展宏观环境与微观环境进行分析，并剖析其存在的问题及其成因。③设计新时代农村风险分配的研究框架，主要从农村社会风险评价指标体系构建及实证研究、农村风险分配与财富分配的互构机制等方面确定研究内容。④设计治理体系的内容与治理能力的构成，实现农村治理现代化。

二、研究方法

本课题立足于理论分析和实证研究相结合，在研究中充分运用经济学、管理学、社会学等学科的理论和方法，分析农村风险频发的原因，探究治理农村社会风险的办法。为使研究具有科学性和可操作性，本课题采取的研究方法主要有以下几个。

（一）文献研究法

文献研究法是通过对相关文献的收集、整理和研究，了解相关研究历程，洞悉目前的研究动态，把握课题走向的重要研究方法。大量的文献阅读可以使我们洞察前人的观点与结论，让我们在相关研究过程中带着问题去进行课题研究并做到有的放矢。农村社会风险治理是一项复杂的系统性工程，需要经济学、管理学、社会学等学科交叉研究，古今中外任何国家、地区或部门的成功经验，任何学者

的理论，从创新和经验的角度总结，都对农村治理现代化研究有着很好的借鉴意义。本书参考的国内外文献主要包括三个组成部分：一是有关风险社会理论的文献；二是有关治理理论的文献；三是有关农村治理的文献。

（二）实证调查法

实证调查法包括访谈法、个案法、问卷法和观察法等，本研究结合实际，主要采取问卷法和观察法。第一，本研究基于前期通过走访、入户问卷调查等获得充足的数据，选取了西北地区陕西、甘肃、宁夏、新疆作为调查地点，通过在各地区随机抽样，与相关受访者交谈并录音，获取部分信息和第一手资料，并通过发放问卷获得大量有效的数据，从而为充实本研究提供大量论据。根据回归分析的技术手段，尝试通过理论假设分析变量之间的影响程度、建立最优理论模型。第二，观察法是实证研究常用的一种调查研究方法，是研究者根据自己的研究目的，用自己的感官和辅助工具（调查问卷、宣传手册、摄像机、录音笔等）去直接观察受访对象的言语和行为，从而获得相关资料的一种方法。

（三）比较研究法

农村治理活动的实施是有条件的，不同的资源禀赋条件，决定着不同的治理战略、策略、方式和方法。农村社会不同于城市社会，农村治理与城市治理既有共性，也存在着巨大的反差，只有通过比较，才能发现并判断各种方案的优劣势，才能取城市之长补农村之短。

（四）经济分析和制度分析法

从根本上说，农村社会的风险治理问题是资源配置问题，因而也是经济问题、制度问题。某一国家、某一地区的经济发展水平、政治经济社会制度安排状况对社会治理的战略、方略的选择，进而对农村治理的效果有着决定性的影响。因此，研究风险社会视域下的农村治理现代化问题，必须立足于农村社会现实的经济状况和制度约束条件。

三、技术路线

图 1-1 所示为本课题研究的技术路线。首先，在研究过程中，国内外文献资料的收集、相关概念和思想的梳理总结扮演着理论支柱的角色，同时，也成为课

题研究理论创新的重要参考。其次,结合实地调研与数据分析,描绘当前农村社会风险和风险治理的现状,并反思当前风险治理逻辑对农村社会形态的塑造。再次,通过优秀案例的分析和比较,系统地抽象出农村社会风险治理的一般逻辑——风险分配与财富分配的互构机制。最后,依照机制运行的逻辑条件和现实条件,从组织、制度、资金、人才等维度提出保障互构机制顺利运行的措施。

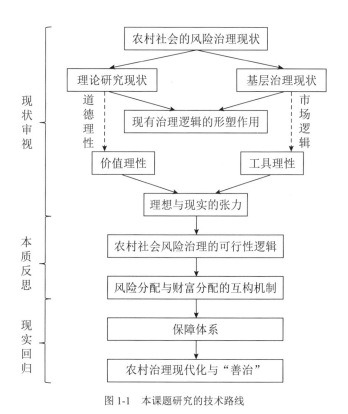

图 1-1　本课题研究的技术路线

第五节　研究内容与创新之处

一、研究内容

（一）总体框架

①通过大量调研,识别中国农村不同区域、不同类型的风险,对农村治理现

代化现状进行描述；同时，根据实地调研结果和示范点试验结果修改及完善调研报告，这是本课题研究的出发点，也是后续研究的新起点。②以经济学、管理学、社会学等学科理论为基础，对农村社会风险分配指标体系构建和实践、风险分配与财富分配的互构机制等方面展开研究，为加快实现农村治理现代化与持续提高人民福祉建立通道。③根据理论积累和农村实际分析，考虑实现农村经济社会持续健康发展、完善农村治理体系、提升农村治理能力的研究目标的同时，界定风险社会农村治理的内容和治理能力的构成。④提出政治、经济、科技、文化、生态的"五位一体"的中国农村治理体系构想。

（二）主要内容

根据研究总体框架，将深入研究如下主要内容：①中国农村风险识别及风险分类。风险社会视域中农村风险的生成逻辑，分配非正义导致的政治、经济、科技、文化、生态风险的交织发生，风险的时空结构、意识结构以及风险异化在农村呈现复杂化状态，社会沟通、舆论引导与农村风险治理是农村治理现代化的关键任务。基于风险社会的农村风险系统性识别、风险评价、风险分类是这一部分的重要内容。农村风险的特殊性在于人际关系的复杂性、居住的封闭性和分散性等带来的风险管控难题。②风险分配评价指标体系构建与实证研究。将当前农村社会中的风险景观以政治、经济、文化、科技、生态解构之，并通过能够反映其程度的具体问题实现对不同风险的锚定。数据来源于长时间、多地区的实地调研，并通过 AHP（层次分析法）综合研判农村社会的风险状况。③基于风险分配评价的农村居民财富分配的效应研究。财富分配有别于风险分配，应基于分配正义构建风险分配评价指标体系；基于风险视域中风险分配评价，按照马克思主义公平正义价值观、风险社会财富分配多元化、财富创造的制度功能原则，构建中国农村居民财富分配的效应：政治效应、生态效应、乘数效应。通过对三个效应的深化研究，既证明风险分配评价的重要性，也说明风险分配和财富分配互构机制研究的必要性。④风险分配与财富分配的互构机制研究。互构的目的是两者向同一性方向靠近，从而实现风险的削减，互构意味着避免灾难和危险，预示着机会和希望。财富往往很难均等分配，所以其客观结果是增加了风险，谁也不愿意承担风险分配结果但客观上承担了，所以，风险分配和财富分配的目标是实现风险精准分散和消散。通过揭示风险分配与财富分配的运行逻辑、制度建构与实践途径，提出农村治理现代化对人民福祉持续提升的重要作用。通过深入分析风险分配、财富分配以及二者关系的研究成果，为课题寻求理论积淀。基于实践与理论的研究，本课题创新性地提出对风险分配与财富分配互构机制进行构建，通过探讨风险分配和财富分配的功能及功能间关系，探寻潜藏于功能间关系背后的一般规律和机制。基于一般性的界定，从机制构建、实践保障两个部分构建风险分配和财富分配的互构机制，并实现互构机制从理论构建向长效实践的下沉。⑤农村治理体系内容与农村治理能力构成的研究。农村治理的关键是风险治理。治理体系由"价值、制度、政策"三个一级指标构成。治理能力由"风险预测能力、风险管控能力、服务能力和服务质量"三个一级指标构成。能力提升路径主要是坚持法治管制、提升产业发展主体培育能力，建立预警系统、评估系统、决策支持系统、责任层级分解系统、协同管理系统并定期进行评估，持续提升农村治理能力，确立农村治理现代化的路径与保障措施。我们提出的现实路径是：政府协调治理制度框架的完善性，治理主体之间的多元协调性，重大公共危机治理能力多维度分析，个体责任与共同责任的协调机制的构建。在治理路径设计中应遵循治理的结构化、网络化、互动化和共治化等原则。我们提出的保障措施是：组织体制、制度机制、人力资源、资金、风险预警与信息管理平台。国家治理现代化是在中国共产党领导下，强化公共权威和公共理性，在社会主义市场经济发展和新时代新的历史条件下，把多元化、多样化、多层次的市场主体、社会主体和价值观念整合为一体，按照合理性、合法性和有限性原则，调整创新政府公共权力结构，推进政府职能有效转变，优化政府权力机制及其运行方式，推动政府治理体系与治理能力的现代化转型，实现政府、社会与市场的协同行动，推进经济、文化、生态的创新发展，提供优质公共服务，我们将按照该项基本要求确立中国农村治理现代化的路径与保障措施。风险社会视域中农村治理现代化的"五位一体"治理体系构想，即政治、经济、科技、文化、生态"五位一体"的中国农村治理体系构想。"五位一体"治理体系的基础是：民主化、法治化、科学化。2020年初发生的波及全球的新冠病毒感染疫情及其防治过程，既实现了及时、合法、精准治理，也总结出了有效治理类似公共卫生事件的经验，这些经验对农村治理尤为珍贵，其具体内容是：强化公共卫生发展保障、改革完善疾病防控体系、改革完善重大疫情防控救治体系、健全重大疾病医疗保障和救助制度、健全统一的应急物资保障体系及构建风险防控的长效机制。

二、创新之处

（一）研究思想创新

呈现两极化、复杂化以及联结化等特征的不确定性因素扩延至社会的各个阶层和领域，对农村治理现代化建设提出了挑战[13]。面对实践领域的提问，理论界试图从脆弱性治理向韧性治理的迭代演化中总结治理现代化的一般进路，但是在探究二者的迭代演化时，多是从异同点比较来行文，也不曾结合现实的韧性治理以及脆弱性治理的时空背景进行阐述，造成了对二者关系的动态呈现以及治理能力与治理体系现代化进程的一般规律研究不足[14]。部分研究仅着眼于对韧性治理效果的展望，鲜有提及其具体实践效果。选题根据在实地调研中对农村治理实践的观察，反思了脆弱性治理与韧性治理的逻辑关系，揭示了脆弱性治理与韧性治理的互动关系，并从发生于不同时空背景下诸多首创举措中总结出在村民、村级治理组织与合作社协同行动基础上，维系脆弱性治理与韧性治理互构关系，从而推进农村治理的现代化进程的理论构想[15]。当然，从目前的农村治理效果来看，课题研究所借鉴的部分经验尚处于探索时期，具有一定的地域性特征，还未形成正式的制度方案。因此，这也是本课题为弥合理论-实践的张力所得出的一个创新点。

（二）研究内容创新

纵览学术界关于农村治理现代化的研究，可以看到农村基层治理格局的创新对推动农村治理现代化进程具有积极意义，特别是在各治理主体存在互动经历、资源和信息高度活跃的地区，基层治理格局的创新性探索对农村治理现代化的推动作用巨大[16]。关于农村治理格局、治理主体等方面的研究，相关文献资料也较为系统，特别是农业税费制度改革后，多数学者的研究视角聚焦于村级组织权威转变方面。经过分析不同治理主体的现有研究成果，我们将目光聚焦于组织间的多重耦合：一方面，随着具备不同社会性功能的治理主体不断涌现，农村治理格局的多样性特征趋向日渐明显。但国内对于多中心治理理论、结构功能分析范式的应用，多局限于政府组织与非政府组织、农村公共物品供给或是社会学视野中宏观层面上的结构与功能研究。对于农村社会组织，特别是新生的合作社组织与原有治理组织体系的互动、生发联动治理行为、社会组织演进过程机理等方面的研究屈指可数[17]。另一方面，由于多数学者依循结构功能主义的思维定式，对农村治理现代化的研究多集中于从结构创新到功能创新的内在视野，极易忽视脆弱性的普遍性[18]。所以，我们的研究综合考虑当前脆弱性因素的扩衍、叠加、连锁的现实背景，总结出不同主体间职能的耦合式治理形式，以及脆弱性治理与韧性治理互构的逻辑。同时，本选题在分析脆弱性治理与韧性治理互构的治理功效时，从不同地区的农村发展实际出发，对调查材料反复思考，充分考虑乡土文化中的血缘、地缘、宗族派系、能人等对于治理效果的影响。因此，从研究内容来看，不管是对农村治理现代化的路径探索，还是对农村社会韧性治理的逻辑总结，均是源于农村的现实状况，具有重要的应用价值。

（三）研究方法创新

回望学术界对农村治理现代化的质性研究尚不多见，更毋庸说以数据调查去实证分析这一治理效果，而这恰恰是本研究所期望填补的。本书不仅使用了社会学中最常用的质性研究方法，从原始资料中得出结论，而且将该方法应用于脆弱性因素识别以及韧性评价方面，使用了层次分析法以及PSO粒子优化算法（基于种群的随机优化技术算法）两种实证分析方法，通过对统计数据的整体分析得出脆弱性治理与韧性治理互构逻辑引导下主体、组织的治理能力显著强化，进而说明通过村民—村级治理组织—合作社所形成的功能结构进行脆弱性治理与韧性治理互构关系研究是必要的且可行的。其具体做法是：在质性研究方面，我们在深入访谈中不仅积极参与所设问题情境与合作社社员、村民真切相处，同时也对所观察到的社会行动的现实状况进行详细记录，最后整理出书中所描述的案例以及相关被访者的真实遭遇。在实证分析中，我们从全国五个省份的相关地市、县的农业农村局、农经站、合作社、村委组织的横截面数据进行分析，得出韧性治理的现实状况。不管是深度访谈，还是数据处理，我们都力求保证所得到的材料是最真实、最切合农村治理实际的。所以，综合质性研究方法与实证分析方法的双重运用，我们力求创新，作出了许多有益的探索，希望能够对相关研究人员有所启发。

参考文献

［1］ 刘一弘，高小平.风险社会的第三种治理形态——"转换态"的存在方式与政府应对[J].政治学研究，2021（4）：122-133，159.

［2］ 郑作彧，吴晓光.卢曼的风险理论及其风险[J].吉林大学社会科学学报，2021（6）：83-94，232.

[3] 张青兰,吴璇.生态风险治理:从碎片化到社会治理共同体的转向[J].湖南科技大学学报(社会科学版),2021(5):126-132.
[4] 张康之.在风险社会中看行动目标问题[J].浙江学刊,2021(5):23-31.
[5] 李宇环.风险社会背景下的公共组织变革——基于系统观的诊断与设计[J].南京大学学报(哲学·人文科学·社会科学),2021(4):44-52,161-162.
[6] 张宪丽,高奇琦.社会风险化还是心理风险化——对贝克风险社会理论的反思[J].探索与争鸣,2021(8):71-79,178.
[7] 曾宪才.风险、个体化与亚政治:贝克风险社会理论视域下的社会状态与风险应对[J].社会政策研究,2021(3):108-121.
[8] 蔡炉明.农村社会稳定风险的生成逻辑[J].华南农业大学学报(社会科学版),2021(6):108-118.
[9] 陈振明.关注高风险社会下的公共治理研究[J].中国社会科学评价,2021(2):153-156.
[10] 李冰,刘卓红.新时代风险治理探析[J].理论视野,2021(6):55-61.
[11] 张康之.论终结于风险社会的普遍主义[J].河南师范大学学报(哲学社会科学版),2021(3):17-26.
[12] 王常柱,马佰莲.风险社会视域下的现代科技及其伦理边界[J].北京行政学院学报,2021(3):99-106.
[13] 马炯.风险社会中的进步观念审视及其重建[J].湖湘论坛,2021(3):120-128.
[14] 张庆熊.反思现代风险社会中的危与机[J].哲学分析,2021(2):96-108,198.
[15] 朱海龙,陈宜.社会主要矛盾转化下的社会保障制度发展——理论深化与制度优化[J].北京师范大学学报(社会科学版),2021(2):132-143.
[16] 张康之.在风险社会中看行动的知识[J].社会科学研究,2021(5):43-51.
[17] 季卫东.社会正义与差别原则——财富与风险分配公平的互惠性思考实验[J].现代法学,2021(1):33-50.
[18] 张海柱.风险社会、第二现代与邻避冲突——一个宏观结构性分析[J].浙江社会科学,2021(2):81-88,157-158.

第二章
基本概念界定和基础理论

第一节 基本概念界定

一、风险

　　风险并非新生的话题，但风险为人们认知却是一个现代社会所独有的现象，这也是现代化进程中我们必须面对和解决的问题。风险是我们日常生活中使用频率较高的词语之一，它是一种危险发生的可能性，人类社会自产生以来就面临各种各样的风险，绝大多数风险来源于人类的实践活动，包括我们生活实践的外部因素与内部因素，这里的外部因素包括客观的自然环境与制度环境，内部因素包括人类生产生活中产生的行为和各种选择决定，我们在被各种外部环境包围的同时也生产出新的风险，任何社会成员既是受害者，也是施害者。正如德国社会学家卢曼所说，我们生活在一个"除了冒险别无选择的社会"，风险犹如一把"达摩克利斯之剑"悬在人类头上，对人类生产生活产生深刻影响[1]。关于"风险"一词的由来，最为普遍的说法是，在古代社会，远航的海员们每次出海前都害怕遇到大风浪而船毁人亡，由于当时没有准确预测天气海象的方法与工具，付诸神祇的护佑成为他们仅有的思路。在出海前，海员们会通过各种仪式以及各种程度的"牺牲"来表达自己强烈的不安和诚心以寻得神灵的庇护，保佑他们能够一帆风顺。但事实是残酷的，在长期的远航中，神灵的庇护仿佛无法消除"风"的突袭，更无法让他们预知"风"会带来的危险，他们认识到，以海为生，"风"即是"险"，"风险"一词由此诞生。相比传统意义上的风险，现代意义上的风险具有更高的不可感知性，很难准确把握其发生的具体时间，所产生的伤害往往是不可见的，现代社会的种种不确定性、风险性给人们带来极大挑战，现代风险所带来的范围是多方面的，传播是全球性的，可在短时间内扩散并传播到整个国家甚至全球，经过几百年的发展，风险的含义随着人类活动的不断发展而延展，人们为了了解风险不断地探索其本质，从而使"风险"一词具备更浓厚的学术色彩。风险在理论的抽象过后，成为人类标识不确定性和损失的重要符号，与人类活动的结合也日渐密切。近现代社会人类成为风险的重要来源者，风险发生了本质上的改变，从而产生了现代风险。因此，现代风险与传统意义上的风险最大的区别是来源的不同，人类成为现代风险产生的重要来源，现代化、工业化以及科技这些本该用来解决人类传统风险的手段反而引起了新的风险，它们在给人类带来便利的同时，也给整个社会和人类带来了无法预估的风险，我们可以确定的是，无论在过去还是在未来，风险都是人类社会不可避免的伴生物，它一直存在于人类社会中，不同的是现代风险与传统风险有本质上的区别[2]。而我们的研究中所说的风险则以农村风险为主，农村虽然是农业生产的主要场域，但作为社会整体的一部分，工业化社会、信息化社会中所特有的活动也进入农村中改变了农村作为农业的专属聚落形态这一特征，农村社会的风险已然进入现代阶段。流动性强、变化速度快、利益关系复杂等特征成为农村社会治理必须面对的最大现实。农村作为亿万农民生产、生活的重要场所，同时也是各种风险的聚集地。在农村治理现代化进程中，农民将会面临经济、科技、政治、文化、生态等多方面的风险。这些风险不仅制约农民美好生活需要的满足，最终也将阻碍国家治理现代化总体目标的实现。

  对风险概念进行界定，是研究风险的第一步，风险具有极大的不确定性，就风险本身而言，狭义上的风险是指发生不幸事件的概率。换句话说，风险是指事件产生最不理想的结果的概率，是损失概率与规模的组合事件。广义的风险是事件的多重可能性[3]。风险作为我们日常生活的重要组成部分，无处不在。就农村风险来讲，长期以来，人们将未来可能出现的、影响目标实现的不利事件称为风险，而随着农民长期的实践活动，他们对风险的认知与理解也在逐渐深入和发展。德国著名社会学家贝克考察了风险社会的各种定义关系，将风险定义为"系统地处理现代化自身导致的危险和不安全的方式"，吉登斯认为，传统文化中没有风险概念，它出现于16—17世纪，他将风险定义为"在与将来可能性关系中被评级的危险程度"。吉登斯区分了两种风险——自然风险与人工风险，并认为我们现在越来越多地面对各种类型的人工风险，即我们自己的知识和技术对自然界的影响而引发的风险[4]。道格拉斯则从观念意义出发，将风险定义为特定群体对危险的感知，这意味着，风险是由特定社会所建构的，对风险的感知也是社会建构的结果。在道格拉斯看来，风险是"想象的风险"，因为知识是实践经验的系统化产物，尽管风险往往以客观实在的形态展现，但必然是通过社会过程才能出现。社会学家卢曼所认为的风险与道格拉斯等人的类似，他也认为风险是一种认知或理解的形式，但他强调风险并非一直伴随着各种文化，而是在20世纪晚期由于全新问题的出现而产生的。至此，我们可以将风险定义为某种危险事件发生的可能性及个体对这种可能性的认知。风险是以多种形态存在的，农村治理现代化进程中的风险主要包括以下几类。

（1）自然风险。其是指自然界的不规则变化使得农村社会生产生活等遭受自然威胁的风险。如洪涝灾害、地震、火灾等由于自然现象大量产生的风险，在各类风险中，自然风险是最难预防的，甚至说没有办法提前预防，自然风险一旦发生，涉及的受灾对象往往很广泛，并且在未来很长一段时间靠自身力量难以恢复。

（2）经济风险。其是指在农产品的生产销售等一系列的经营环节中由于受市场供求关系的影响或者由于农产品经营者决策失误，对此类农产品的前景预测出现偏误，最终经营失败，造成一定经济损失的风险。

（3）技术风险。其是指农村社会成员在生产生活过程中引入技术所产生的可能性危险，它既包含技术本身的缺陷，也包含不规范使用的隐患。目前农村基本实现农业机械化、现代化，但由于农业的特殊性，恢复能力差，农户在使用科技产品的时候也会发生风险。

风险是一种在人类社会中经常发生的客观现象，农村地区是人类活动的重要部分，具有弱质性、贫困化等特点，更易受到风险的冲击。虽然说风险具有不确定性，但是它也具有一定的特点：一是风险是客观存在的。它不会随着人类社会的不断变化而消失，风险存在和发生的条件是可以改变的，我们可以采用一些方式削弱它，但是不可能彻底消除它。我们要用客观的尺度来衡量风险的存在。二是风险具有不确定性。通俗地讲，如果风险具有确定性，可以通过预防或其他形式阻止它的到来，从而防止不必要的危险发生，那它就不会被称为风险。但是又不能说风险没有任何的规律可循，如果这样，我们整个人类将一直处于无尽的恐慌中，担心风险随时降临。所以虽然风险具有不确定性，但我们可以进行统计处理，反映风险发生的规律或者预测它的到来。三是风险具有损失性。特别是在农村地区，自然灾害的来临农民遭受财产损失的可能性极大，人类在不断寻找分担转嫁风险的方法，如农业保险，在农民遭受巨大自然灾害之后，通过保险理赔的方式或者政府补贴去弥补风险带来的损失。四是风险具有可变性。随着全球化的到来，风险不是孤立存在，它将产生一连串的连锁反应，造成新的风险叠加。

二、风险社会

当前人类已浸在风险社会中，且正面临多种危机与风险，频繁发生的公共危机事件足够表明人类社会中隐藏着巨大风险，昭示着我们已经全面进入风险社会中，当然这是一个可以预测的风险社会。1986年，贝克在其《风险社会》一书中首次提出风险社会的概念，贝克认为，风险在今天成为突出问题，乃至出现"风险社会"，这是现代化的一个后果，换句话说，现代科技的快速发展使人类逐渐步入风险社会。尽管风险的概念早就提出，但是风险社会的出现是当代的事情[5]。人类现在所面对的是一个不安全并且充满焦虑的全球社会。风险社会是指随着科学技术的不断发展，人类在生产生活中的各种活动所导致的一种全球性风险占据主导地位的社会发展阶段，这是整个时代所面临的亟须解决的问题。在这样的社会背景下，各种人为以及非人为的风险对人类生存发展产生极大威胁，导致人类的各种生产生活都将围绕风险展开，当人们对风险的识别以及控制超过对风险的制造时，风险所带来的危害就会减少，反之，风险就会爆发[6]。农村社会中对农民损害最直接、最严重的风险当属自然风险，风险的来临不可抗拒，自然灾害、自然风险也一样，农业与风险息息相关，在远古时代，农民对于风险的认识极度匮乏，随着种植养殖经验的不断积累以及科技的发展，农民可以从多方面了解风险，从而在风险来临前做好防护减少损失。但即使这样，风险也一直以各种形式存于人类社会中，且随着时代的进步，人类社会面临的是全球性风险。贝克和吉登斯认为，当代风险社会是全球性的，他们都认可"世界风险社会""全球风险社会"的概念。我们目前处于全球化时代，全球化是当前时代最重要的特征之一，风险社会是人类在全球化实践中所形成的全球性风险成为主要矛盾的社会阶段[7]，在这样的社会里，各种全球性风险对人类的生存和发展存在着严重的威胁，农村社会也不例外。

科学技术在给人们带来便利的同时，其所产生的副作用将会使人类社会逐步进入风险社会，而随着全球化力量的逐渐强大，全球性风险社会逐渐凸显出来，这对于风险治理提出了巨大的挑战，但全球风险社会的治理主体多元化以及治理范围的广泛性又为人们提供了管理全球风险可选的、有效的路径。与风险同步，全球化力量强大，全球化作为一个历史进程实际上与现代意义上的风险同时出现，并且当其成为当代这个历史时期的主要时代特征时，风险也成为这个社会的基本特征。从风险社会的视角来看，全球化的快速发展使风险社会的扩散成为可能，因为风险所产生的后果在全球化时代背景下产生全球风险，全球化与风险社会有必然的联系[8]。全球化力量的出现加剧了风险的产生，同时也使风险的来源增加，包括政治、经济等多方面的风险，全球化的出现必将导致原来局限于一个地区或一国的风险和危机会扩散到更多的地区和国家，新冠病毒感染疫情足以证明上述变化规律,并且这些全球化风险在传播过程中可能会产生新的风险来源,造成源源不断的新风险,从某种角度来说更多主体分担了风险所产生的危害,但同时也使得更多人承担风险,甚至一些原本不会承担风险的人受到伤害。全球化的出现让全世界的关系变得密切,这种关系的存在只会让风险产生更大程度的破坏性,造成连锁反应,放大风险的破坏力。风险作为一种潜在的危机,预示着危害发生的可能性,如果缺乏有效地控制和管理风险的措施,一旦时机成熟,隐性的风险便会转化成显性的危害,逐渐加速的全球化进程已经给人类社会的经济、政治、科技、文化、生态等诸多领域带来了冲击并集聚了风险;个别区域由于缺乏有效的治理,许多风险已转化成了事实上的危机[9]。因此,全球化也在呼吁各国且推动各国风险治理机制的变革。全球化加剧了风险的产生,但是全球化为风险治理机制的变革提供了有利条件,如治理主体的多元化。总的来说,全球化的出现使得风险具有了公共性,这对于每个国家和地区来说都是一种挑战。

我们生活在一个与传统的现代化社会完全不同的"风险社会"中。在传统的现代化社会中,人们相信人的理性力量可以控制自然和社会,使人类社会有秩序地、有规则地发展。这种对社会的看法可以称为一种"常态社会"的观点。虽然技术革新以及成果应用不断地形塑社会形态,但其并未给予已有规则和秩序以修正时间,因此,当前的常态是一种不依靠秩序规范的常态,是一种随机应变的动态稳定。因此,我们不得不正视世界已开始进入一个新的"风险社会"时代这一事实。风险一直存在于人类社会中,但它在现代社会中的表现与过去已经有本质上的不同,现代风险的不确定性更大[9]。它们不再是人们通过感官可以直接感受到的直接风险,因此我们很难科学地估计和把握它们发生的时间及其所带来的伤害量级。现代风险往往造成的是不可见并且不可逆的伤害,因此人们以往应对风险的经验将有可能不再有效。风险本来就具有一定的不确定性,所以在某种程度上,现代风险是无法预测的[10]。另外,现代风险具有全球性特征。传统风险影响的主要是特定的群体,而现代风险所产生的危害往往是整体性的威胁,甚至蔓延至全球。现代风险产生灾难性后果时,没有任何人可以逃离。它所产生的"平等原则"使得那些不平等模式在其面前失去了效力。现代风险与传统风险的一个重要区别在于风险来源发生变化,传统社会中人类成为风险的主要生产者,现代风险中,人类本来用于解决问题的手段,如工业化与科技,在近代以来它们的快速发展给人类带来长远进步和生活改善,也给环境和人类自身带来了种种不可预测的风险[11]。正如贝克所说,人类借助近代社会发展的成果,试图去掌握自然、控制自然"为我所用",但是,人类的肆意妄为却制造出了越来越多的风险,并且,不断积累的风险已经逐渐超出人类的控制能力阈值。因此,出现了风险的自反性,现代风险的这种自反性使得科技本身的发展陷入两难:一方面,科学技术被认为是解决风险的手段,人们需要用它来解决问题;另一方面,科技进步也是现代风险最重要的源泉之一。

传统社会中,人们普遍认为科学技术可以完全消除人类所面临的风险,但在现代社会,人们对科学技术解决风险问题逐渐失去了信心。那么这些风险将何去何从,如何分配人类所面临的风险?财富分配是对于发展成果的分配,风险分配是对于发展成本和代价的分配,随着人类社会进入风险社会,我们必须把对伤害的缓解和分配作为核心议题,风险与财富都是一种分配对象,但是在任何情况下,只要出现涉及风险与财富的分配,就会出现针锋相对的争论,对于社会财富来说,人们大多数是渴求的,例如,教育资源和一些公共财产,而相对应的风险分配作为现代化产物的副产品,显然不受待见。这显然表明,虽然人类处于风险社会,面临巨大的风险,但是它们也最容易被低估或者遮蔽,相反,财富仍旧是被人们强调和追逐的。这足以证明,科学的理性和社会的理性有时候是背离的,但同时它们也以各种方式保持着相互的交织和依赖。风险分配的类型、模式及媒介与财富分配存在着差别,即使这样,我们也应该给予风险分配与财富分配同等重视,用财富分配的方式去公平地分配风险,在享受工业化带来的好处时,也承担相应的代价,从而更好地应对风险社会。

三、农村治理现代化

"治理"从希腊语"政府的艺术"引入,后被译为拉丁语"掌舵",它原本是一个社会科学的术语,但是自从中共十八届三中全会提出把推进国家治理体系和治理能力现代化作为全面深化改革的总目标之后,治理便成为中国政治学界的热门话语。对于治理一词有种种解读,在中国传统文化中关于治理的解释可上溯至《荀子·君道》,而西方"治理"一词从管控国家意义上来讲兴于20世纪90年代,用来强调国家与社会、政府与非政府组织之间彼此互动的一种合作关系。格里·斯托克指出,治理的内涵有五种观点:意味着一系列来自政府,但又不限于政府的社会公共机构和行为者;意味着在为社会和经济问题寻求解决方案的过程中,存在界限和责任方面的模糊性;明确肯定了在涉及集体行为的各个社会公共机构之间存在权力依赖;意味着参与者最终将形成一个自主的网络;政府拥有的权力不能表征政府实现"善治"的能力。治理要求的是多元主体参与管理共同事务的组织方式的总和。俞可平介绍并运用学术意义上的"治理"一词，指出治理是政治国家与公民社会的合作，政府与非政府组织的合作，公共机关与私人机构的合作，强制与自愿的合作。陈振明认为，治理是指为实现各方的公共利益，从而使得诸多主体进行彼此合作，共同管理公共事务的过程，治理现代化一词由党国英首次提出。西方学者普遍认为治理主体从传统的一元主体逐渐向多元主体转变，近年来，随着人们思想的进步，对治理理论的认识也在继续深化，此方面的研究范围也从全球治理、国家治理拓展到农村治理和风险治理研究过程[12]。我国学者对于治理形成了比较一致的理解，他们认为治理和统治是有一定区别的，不再是单一的市场与经济、公共领域与私人领域、国家与公民这种传统二分法思维，他们认为有效的治理是多方主体的一个合作及互动过程，最终建立起一个全新的治理模式。但是我们必须意识到，由于我国国情的特殊性，只有在治理问题上必须从我国实际出发，才能最终实现真正有效的治理和"善治"。

将治理融入农村社会后出现了农村治理这一概念，农村治理是一个动态过程，主要是指基层政府、社会组织以及村民为实现农村集体利益共同参与的持续互动过程。随着社会的进步，政府的职能也在持续发展和改变，这为更好地治理农村社会构筑了重要基础[13]。在村民自治过程中，农村居民逐渐成为农村治理的主体，农村治理既有政府组织，也有社会组织的参与，政府在整个治理过程中起主导作用，而最终的实施主要靠农民和其他社会组织。农村治理的最终目标是实现农村地区经济发展，不断提升农民生活水平，丰富农民精神生活，改善农村以往的治理状况，农村治理的过程中首先要坚持以人为本，始终把农民的根本利益放在首位，发挥村民的自治作用，积极引导农村大力发展现代农业，实行工业反哺农业，加快农村治理的现代化进程[14]。其次要打破城乡二元结构，注重城乡间的协调发展，建立以城带乡的长效治理机制，加快农村治理进程，尽快实施城乡一体化发展的模式。本研究中所涉及的农村治理主要是对农村风险的治理，所谓农村社会风险，是指由于内外环境的变化导致农村社会发展遭遇损失的可能性。风险源于系统本身的结构性冲突，是系统本身的一种存在状态，具有客观性和普遍性，农村社会风险也是如此。我国目前正着力于全面扶贫与乡村振兴的有效衔接上，并且随着乡村振兴的全面开展，农村治理中的风险问题逐渐凸显，由于农村发展的特殊性，产业主要为农业，再加上风险具有极大的不确定性，因此不能将每一个农村社会存在的风险都列入治理范围。治理农村风险首先面对的是经济风险,农村经济主要来自农业,要对农业进行治理,提升农业抵御风险的能力,农业作为国民经济的基础,只有农业稳才能天下安,我国工业化的进程虽然在逐年加快,但农业生产风险与生存息息相关[15]。从长远角度看,提升农业抵抗风险的能力尤为迫切,所以,农业风险是必须治理的首要风险。农村的政治也存在一定的风险,得民心者,得天下。农民对政治意识的理解停留在传统观念中,缺乏理性认识,我国农村人口占总人口的一大半,他们是维护社会政治稳定和社会安宁的最基本的力量,但是在农村社会中不乏一些基层政府官员与民争利,使政府的公信力受到影响,甚至有些地方政府治理中出现农民对现有执政能力和执政合法性产生疑虑,因此,农村政治风险的化解也迫在眉睫[16]。

农村治理现代化是国家治理现代化的重要组成部分,党的十九大报告提出实施乡村振兴战略,旨在更好地解决农村发展不充分不平衡等问题。推进农村治理现代化有利于构建和谐社会、新农村建设,最终实现国家治理现代化。另外,中国农村人口超过总人口的一半,且农村环境复杂多样,面临的风险较多,因此实现农村治理现代化具有现实性和紧迫性。农村治理现代化是一个动态的过程,在现代社会中它必然包含现代化的要素。封建社会中,农村治理主要依靠地主以及宗族势力,而在21世纪经济社会多元化发展的今天,农村治理普遍由多方主体共同开展,各主体间密切协作,通过分析我国农村治理中面临的普遍问题及其成因,因地制宜,寻找适合本国国情的农村治理新方向与新路径,从而真正实现农村治理现代化,为国家治理现代化筑牢基础[17]。党的十九大指出我国社会主要矛盾已发生变化,因此,农村治理现代化的推进有利于解决发展不平衡不充分的问题。治理现代化问题作为我国深化改革开放的重要目标备受关注。农村社会治理是国家治理体系的核心与基础,农村社会的治理水平直接影响国家治理的现代化进程。实现现代化以及科学化的农村治理一直以来都是国家的重要任务[18]。农村治理现代化是国家治理现代化的具体体现,也是社会各项事业发展的必然要求,其出发点与落脚点都是使农民利益最大化。随着社会的快速发展,农村社会结构也在发生变化,农村治理能力与治理模式面临严峻挑战,我们必须从客观事实出发,准确分析农村面临的问题,探索合适的新路径,积极推进农村治理现代化,推动国家治理现代化。现代化是一个相对概念,农村的现代化以当前的时代特征为出发点,强调整个农村社会在经济、政治、文化、科技、生态各领域协调发展,不能将农村治理现代化简单地看作农业的现代化,当前的农村社会是一个复杂的系统，单纯从农业方面来看待问题已经不再适应农村社会的发展。

治理现代化主要包括两方面的内容：完善治理体系、提升治理能力。农村治理现代化是整个国家治理体系和治理能力现代化的重要组成部分，没有农村治理体系和治理能力的现代化，就没有国家治理体系和治理能力的现代化。在全面实施乡村振兴战略时，农村治理取得了巨大成效，但在治理结构方面也面临需要破解的重大课题，在完善农村治理体系方面，党的十八大提出"两个一百年"奋斗目标，党的十九大继续提出2035年基本实现社会主义现代化，这为我们在治理体系和治理能力现代化方面的进展提供了理论支持。但是在当下，人们对于农村治理体系和治理能力现代化重视度还不够，学术界对于治理话题的关注点在于国家治理体系与治理能力的现代化建设。农村治理体系与治理能力离现代化的标准尚有距离，因此我们必须从根本上破局。虽然在农村治理现代化进程中，我们还有很长一段路要走，但是必须走自己的路，走符合国情、符合农村具体实际的路。不仅要立足于当前，更要着眼于未来，解决好当前农村治理过程中的现实问题，同时也要致力于面向未来的长远战略，巩固基层党组织的执政地位，体现农民的主体地位，为应对多方风险做好战略部署。

第二节　基础理论

一、风险相关理论

（一）风险社会理论

随着全球风险社会的出现，我们必须对风险社会理论进行深入思考。我们已经进入全球化时代，全球化作为一把双刃剑，它既推动了人类社会的发展和进步，又使得人类进入风险社会。全球化造就了风险社会，促使风险社会发展。全球化时代，各个国家和地区间紧密联系、相互依赖，这将导致风险的发生产生更大的伤害[19]。由于全球风险社会的来临，风险都搭上了全球化的快车，不断向世界各地扩散，使得风险的影响范围越来越广，引发的后果也越来越严重。人类感受到风险无处不在，任何人都无法逃离风险场域。从某种意义上来讲，全球化时代是一个充满风险和危机的时代，不管人们是否接受，风险都实实在在存在，并已渗透进社会生活的方方面面，成为人们必须认真面对和着力解决的问题。

贝克于1986年在《风险社会》一书中详细阐述了风险社会理论。30多年过去，其理论价值并没有随着时间的流逝而褪色，却随着全球风险社会以及现代化进程的推进不断彰显其现实意义，风险社会已经形成，不确定性、不稳定性、复杂多变已然成为当下人类社会的整体特征。风险社会理论客观地解构了当前的社会形态，并指明风险作为现代化进程产物的不可避免性。在现代化不断推进的过程中，我们拥有无数的机会，同时也面临着无数的风险，风险来自四面八方[20]。风险社会理论实际上是一种现代性理论，它实际上是对后工业时代的另一种实质性把握，工业化的发展导致风险越来越不可控制，这种无法控制的风险正是贝克风险社会理论的主要论述对象。风险分配的历史表明，风险与财富一样，共同附着于阶级模式之上，只不过是以颠倒的方式，财富在最顶端，风险在最底端，相较于财富分配，风险分配具有一定的平等性，当风险来临时，没有人能够逃离风险的侵害。风险是人类理性决策引发的不确定性风险，它使得以现代理性为初衷的现代化在发展的过程中产生了不断消解自身基础的非理性的、意外的后果[21]。在风险社会中，对风险的感知需要借助科学化的知识，因为现代社会的风险已经无法用经验感知。风险的来临是不以人的意志为转移的。

　　贝克认为现代化是不能割断的延续性过程，理性构建了社会发展的动力系统，但现代性内部暗含了自我对抗、自我消解的元素，工业社会的阶层、职业、性别角色、核心家庭等基础性结构要素在现代化发展过程中逐步解构，社会以及个人的风险越来越脱离既存的监督体系和保护制度。贝克在对"自反性现代性"的描述中型构了风险社会，"自反性现代性"引发的社会风险反映在经济、政治、文化、科技、生态等各个领域并呈现整体性危机，使得现存的社会结构、体制和社会关系向着更加复杂、更加偶然和更易分裂的状态发展。风险社会理论为我们提供了一个反思社会的新视角，打破了传统思想意识，唤醒了人们的反思和自省意识，从而使人类迈进了一个反思的时代[22]。虽然说贝克的风险社会理论具有一定的局限性，但它仍然对我们正确处理农村风险具有重大的现实意义。从风险社会理论视域中研究我国农村治理现代化问题，为我们反思农村治理中的风险问题提供了理论依据，就我国农村经济发展状况而言，农村的风险治理存在较大的困难，而风险社会理论为我们思考农村治理问题提供了一个新视角。农村治理现代化思想的提出，是对当前农村社会发展所面临的风险问题的积极回应。在当前的农村风险社会中，我们应该通过财富分配的方法对农村风险进行公平正义的分配。但是当前农村社会，农民的风险意识普遍薄弱、风险观念落后、风险知识缺乏、识别风险能力差、规避风险的措施简单，风险知识的匮乏不利于积极应对风险，反而会加剧风险的蔓延。因此，要想有效防范以及化解农村风险，必须进行一定的风险知识教育，此外，还要意识到人类已经进入全球风险社会，走全球风险治理之路势在必行。在科技迅速发展的今天，我们将面临更多的风险，因此，我们必须从容地应对风险的到来。

（二）风险感知理论

对农村风险社会的治理，最重要的莫过于人们对风险的认识情况，贝克的风险社会理论认为，现在社会逐渐由财富分配转向风险分配。雷恩的风险感知理论阐述了与风险相关的一系列重要概念。人们根据自身对于风险的构建和想象来认识风险，而围绕风险的各利益主体也会出于自身的利益和经验防控风险。因此，常见的现象是：在专家尝试对风险进行客观有效的评估与控制时，人们对风险的认识与反应完全超出了他们的预期。

二、分配正义理论

"正义"一词起源于古希腊，最核心的意思源自柏拉图《理想国》，指正当的、合乎善的。当下最通行的用法源于罗尔斯的《正义论》中的"正义"，也就是从国家层面讨论如何实现分配正义，罗尔斯明确指出，在他的"正义论"中，正义的对象是社会的基本结构——用来分配公民的基本权利和义务、划分由社会合作产生的利益和负担的主要制度[23]。他认为，人们受到各种条件和环境的制约，同时也受到不公平社会地位的影响，这种不公平是个体无法选择的。因此，这些最初的不平等就成为正义原则最初的应用对象。换言之，正义需要借助规制的力量，社会制度是调节社会不公平的主要途径，因而，制度设计需要充分地消除来自历史与现实的诸多偶然因素造成的不平等。

分配正义主要在于用什么标准去分配，是指对于社会财富、权利和荣誉的一种正义上的分配。分配正义问题与资源有限以及机会不平等密切相关，用于生存和发展的资源无法满足所有人的生存与发展需求，但是，资源的再生产为人们提供了一条分配—生产—分配的正义之路，那么如何分配才能保证这一循环的可持续便成为社会正义的必答问题。值得注意的是，这里的资源除了客观实在的物质资源外，还有发展机会、社会教育、文化资本等非物质资源。如何实现资源的正当性分配，是分配正义探讨的主要问题[24]。人类进入文明时代，随着人类思想观念的进步，正义成为人们追求的目标，罗尔斯提到"正义是社会制度的首要德行，正像真理是思想体系的首要德行一样。一种理论，无论它多么精致和简洁，只要它不真实，就必须加以拒绝或修正；同样，某些法律或者制度，不管它们如何有效率和安排有序，只要它们非正义，就必须加以改造或废除"，正义之所以如此重要，并不是因为它是一种至高无上的道德目标，而是因为它是社会最基本的公平标准。如果一个社会缺少公平正义，那么这个社会无法长期维系，终将瓦解崩塌。制度上的正义是维系社会和平的重要保障，但是这个社会总有人对正义不屑一顾。罗尔斯认为，功利主义存在理论上的缺陷，因为功利主义只考虑最大限度地满足人们的愿望这一总量，却不考虑这一总量在个人之间如何分配，它在理论上没有对个人利益作出强有力的保障，这是不符合事实要求的[25]。通过罗尔斯对功利主义的批判，我们可以看出罗尔斯对社会正义的强调，他认为只要社会上存在非正义的事情，无论哪方面的，我们就必须将其废除，必须保证建立一个正义的社会。他在《正义论》《作为公平的正义》中提出了分配正义的主张和原则，他强调自由和机会、收入和财富等都应该被平等地加以分配，由此引申出两个关于正义的原则，即平等自由原则和差别原则。他认为，分配正义的实质是平等，正义是社会的首要价值，社会正义是由基本的权利分配和不同阶层中的经济机会与社会条件所决定的。

  两个正义原则是社会的基本结构在分配社会的基本善，如权利和自由、权力和机会、收入和财富等，是我们应该遵守的原则。第一个正义原则即每个人对所有人所拥有的最广泛平等的基本自由体系相容的类似自由体系都应有一种平等的权利，也就是平等自由的原则，这一原则侧重于指导公民的政治权利方面的分配问题[26]。第二个正义原则即社会和经济的不平等应适合每一个人的利益，适合最少受惠者的最大利益，也就是差别原则；要在机会公平平等的条件下，职务和地位向所有人开放，也就是机会的公正平等原则。第二个正义原则侧重于指导有关社会经济和利益的方面。在两个原则中，他特别注重对人的尊重，这符合人们的心理取向，更容易被人们接受，他的差别原则证明他认为社会正义有一定程度的相对性，这样的正义既确立了人的权利平等，也照顾到人们的物质利益，因此在维护社会稳定中起着重要作用。《正义论》中关于分配正义的原则是在平等分配基本权利与义务的基础上，追求社会合作利益与成本的公平分配，坚持各种职务和地位平等地向所有人开放，只允许那种能给最少受惠者带来补偿利益的不平等分配，任何人或团体除非以一种有利于最少受惠者的方式谋利，否则就不能获得一种比他人更好的生活。虽然这两个原则的内容看起来稍有不同，但是罗尔斯对于这两个原则是基于某些假设的,而他最终详细阐释和证明了这些假设。罗尔斯一开始就强调作为公平的正义可以运用到社会的基本结构当中,他认为分配正义的主要问题是社会体系的选择,两个正义原则被应用于社会基本结构,其调节影响社会运行的主要制度,使之能够彼此联结为同一体系[27]。现在,作为公平的正义观念要运用纯粹程序的正义概念来解释特殊情况中的一些偶然问题,而社会制度无论变成什么样,最终的分配结果都是正义的。罗尔斯给我们提供了清晰的逻辑思辨过程,无论他的这一理论是否在生活中具有实用性,是否对我们风险分配具有一定的参考作用,是否有助于消除社会风险分配的不公平,其最关键的力量并不是来自分配正义理论本身,而是来自人类自身。我们必须积极应对分配不公问题,无论是风险还是财富,不能一味地回避和掩盖分配不公问题,必须正视问题的存在,努力使国家无论在哪方面都能够实现最佳的分配格局。

分配正义是人们追求的一种美好愿望,我们站在新的历史起点上,分配不均问题逐渐凸显,人们为缩小贫富差距,对分配正义提出了新的要求。除罗尔斯外,马克思在分配正义上也有自己独特的见解,马克思分配正义理论产生于对资本主义私有制经济的批判过程中,该理论从历史唯物主义的角度出发,以最广大人民群众的根本利益为出发点,通过对社会生产方式进行合理的构思,从而建立适合共产主义社会的分配制度。在英美国家,对马克思的分配正义理论研究具有极其重要的地位,近年来马克思的分配正义理论也逐渐成为学术界研究的焦点。马克思其实并没有直接阐释分配正义理论的含义,他是在批判西方政治经济学的过程中,从生产与分配的角度出发,批判资本主义将生产与分配割裂为两个单独的领域的错误,并从生产分配出发分析资本主义社会分配正义理论的本质,并将资本家所认同的分配正义理论放在资本主义层面上去审查,探索出资本主义社会中分配不公平的现实根源[28]。他并没有站在道德的制高点上批判资本主义的政治经济学家,而是用科学的价值取向,在科学分析的基础上指出他们的谬误,因为那些政治经济学家并没有从全社会的角度考虑问题,没有真正把握分配正义问题,最终马克思认为资本主义社会私有制分配方式必将被推翻,他所倡导的分配正义理论对我国的分配制度改革具有极其重要的现实意义。作为历史科学的马克思分配正义理论是一个处于不断进化发展之中的开放体系。马克思分配正义理论之所以能够保证自身的历史演进,源于马克思分配正义理论是一套开放的理论体系,能够与其他思想体系保持有效的互动;源于马克思分配正义理论具有现实性与实践性,它既是面向现实、源自现实的理论体系,也是改造世界的实践力量。

马克思的分配正义理论作为马克思主义理论的重要部分,表达了对整个社会问题的思考与态度,虽然他一生的著作中很少直接提及分配正义,但实质上还是作出了解释和说明。在他的视野里,分配正义涉及机会、财富、公共产品、荣誉等有价值的分配的东西。他的分配正义理论首先强调的是生产过程中的分配正义,而生产过程的基础是生产资料所有制,并认为生产资料是归社会所有的。生产与分配的关系是马克思分配正义理论的一个重要内容。众所周知,社会大生产包括生产、分配、交换和消费四个部分,分配是其中的一个重要环节,但最关键的一环是生产,生产对另外三个环节起决定性作用。由此可见,生产决定分配,有什么样的生产方式就会出现与之相适应的分配方式。马克思对西方资本主义政治经济学家的批判是从当时社会的经济发展事实出发的,有一定的历史依据,并且是正义的。因为资本家混淆了生产和分配间的关系,没有认识到生产决定分配的实质,从而陷入用抽象的理论去探讨分配理论的陷阱,资本主义生产资料私有制下会产生极大的剥削,不利于人全面自由地发展[29]。生产与分配二者的关系不是固定不变的,正义与公平的标准千差万别,造就了生产与分配的关系多种多样,再者,不同历史时期的社会条件各有差异,这也是生产与分配关系的重要影响变量。总的来说,二者关系逃不出社会基本矛盾运动,即生产力决定生产关系,生产关系又决定分配关系。在资本主义社会中,生产力决定生产关系,但分配关系并不是完全由生产关系决定的,资本主义的分配关系跟随生产力的发展而发生变化,因此,在不同社会形态中会有不同的生产方式、不同的分配方式。

马克思认为,合理的分配方式必须顺应生产力的发展,对生产方式的发展起着促进作用,而不符合社会发展要求的分配方式,终将被人们所抛弃。必须采取按劳分配和按需分配的方式。由此马克思提出了第二个观点——按劳分配与按需分配。按资分配不能体现人的全面自由,而按劳分配相较于按资分配更为公平正义[30]。在资本主义生产关系下,资本往往集中在少数人手中,大多数人手中没有资本,他们凭借对生产资料的私有权实行按资分配,而按劳分配恰好可以解决这种资本分配不均的问题,因为劳动是每个人所具备的,将劳动作为生产资料,对于每个人来说都是公平正义的。马克思将按劳分配作为一种分配原则,主要基于:第一,只有活劳动才是使人生成的历史事件,因而人们凭借自己的劳动所得到的财产才是正义的。第二,以资本形式存在的物化劳动对活劳动支配是不合理的。马克思认为只有活劳动创造的价值才是应得的。

随后,马克思认为将劳动看作劳动者获得生产资料的唯一标准是具有一定局限性的，因为按劳分配只看到了劳动者的劳动价值，忽略了人是具有个性的，按劳分配的正义性在于它抓住了社会财富生产的本质——社会劳动，它是在明确区分人与资本的基础上产生的论断，但按资分配恰恰相反，它不仅没有考虑社会中因偶然性的历史因素而禀赋不足的人的存在，还暗含着一种人的异化趋势：人可以将自己作为资本去争取分配。相对按需分配而言，二者又都是相对不正义的，因为按需分配在完全分离人与资本的基础上厘清了人的自由全面发展与资本的生产和再生产之间的关系。这也是共产主义社会实行各尽所能、按需分配的基本原则。虽然在马克思生活的年代按需分配距离现实还是有很大的距离，但是这并不代表按需分配没有意义。按需分配并不是单纯地将财富进行划分，而是通过按需分配原则满足人的多样化、发展性、个性化需要，实现人的价值。马克思主义的终极目标是实现共产主义，而分配正义理论的终极目标是实现全人类的自由发展，在创造物质资料的过程中，充分发挥自身能力，实现个人价值，最终让所有社会成员增加精神与物质上的财富。要摆脱现实困境，必须在客观上加强对马克思分配正义理论的研究。马克思分配正义理论并不是一种抽象的正义观，而是与社会现实紧密结合的，他所阐释的基本立场与观点是值得我们仔细反思的。

除了罗尔斯和马克思的分配正义理论，具有代表性的还有亚里士多德，亚里士多德所生活的时代是一个战争频繁、学术争鸣的多元化时代，再加上他个人有丰富的城邦政治经验，他的分配正义观正是根据他当时的生活现状所提出的，因而具有很强的现实性与批判性，对后世产生极大影响。亚里士多德的分配正义理论主要阐述了普遍的正义以及特殊的正义，其中具体的正义又分为三类：分配的正义、矫正的正义和交换的正义。亚里士多德认为正义是一种品质，"这种品质使一个人倾向做正确的事情，使他做事公正，并愿意做公正的事"，普遍的正义是从公民与社会的关系而言的，它要求全体公民的行为必须符合法律规定[31]。而特殊的正义则是单纯就公民关系而言的，强调实现人与人之间的平等。其中分配的正义是根据一定的标准去实现社会公共财物和公共权力的平等分配，矫正的正义是指对人与人交往中的伤害行为进行公正的补偿，而交换的正义主要在于个人与个人在自愿交换中的平等。

随着社会主义市场经济的快速发展，计划经济向市场经济的转变，由此产生的分配不公平逐渐引起人们的关注，在当下的风险社会中，财富分配不均所导致的风险分配不均等严重问题亟须解决。我国虽长期处于社会主义初级阶段，但是探索分配正义的脚步从未停止，马克思、罗尔斯、亚里士多德以及其他学者的分配正义理论为我国实现分配正义、社会公平提供了理论基础,分配正义理论的出现唤醒了人们对于平等、公正的追求[32]。

三、治理理论

长期以来,"治理"与"统治"一直被交叉用于国家公共事务的相关管理活动中,取"控制、操纵兼引导"之意。自20世纪末期世界银行提出治理危机之说以来,治理(governance)一词便开始深受政界人士、政治学者以及其他社会学界研究者的喜爱,变得流行起来。由于其概念的提出是对"不可治理性"问题的回应,对当前社会问题的解决具有更大的适用性。因此,其发展十分迅速。相关的治理理论也包罗万象,有协商民主治理、协同治理、多中心治理、善治、自治与他治、网络化治理、合作治理等。从系统论角度看,这些理论都包含多元平等、交流互动、民主等理念,表现为有别于传统的、开放包容的姿态。关于农村治理现代化问题,大部分学者认为农村社会活动是以"治理"为核心思想开展的,应该说是对治理概念应用范围的一种扩展与延伸,也可以说农村治理的定义属于"属加种差"。由于村民自治早早地在农村社会开展,我国农村治理的土壤比较肥沃,具有与现代治理思想衔接的良好基础,所以,农村治理现代化更多地体现为对村民自治的一种修正,多主体、善治等现代治理思想进步凸显自治思想[33],使得村民自治的实践路径具体化。农村改革以来,不管是治理主体趋向多元化,还是农村公共事务处理的复杂化,均与协同治理有关,因此,在本书中,特别提到协同治理理论与习近平的国家治理现代化理论的相适应性。

(一)马克思主义国家治理理论

在马克思主义的理论体系中,并不存在国家治理、社会治理的专门讨论,但是在马克思主义无产阶级专政的理论体系中已经包含了无产阶级治理国家的理论依据:专政理论、生产力理论、人的解放理论、"国家与社会"关系学说、资本主义国家批判及群众史观等,它们组成了马克思主义理论体系中的治理话语[34]。马克思在反思资本主义社会中国家治理问题的基础上,对社会主义国家治理提出了基本原则,为实现社会主义现代化国家提供了启迪,同时也为我国农村治理提供了经验借鉴。他的治理思想对我们理解治理的属性具有重要的指导意义。任何一种理论的提出都是为了满足社会经济发展需求的,是对前人成果批判与继承并结合自身实际发展壮大的,马克思国家治理理论也不例外。思考并内化马克思的国家治理理论不仅是因为我国作为社会主义国家的思想传承与理论继承，还因为马克思主义对历史与现实的批判契合了现代化进程中自反性的行动逻辑，在批判与反思中寻找到差距，从而走向现代化。这对于我国治理能力与治理体系的现代化具有重大意义。

对资本主义治理制度进行批判是马克思国家治理理论的逻辑起点，马克思承认，资本主义国家的治理制度在历史上起过作用，因为他认为资本主义国家的治理制度在不危及其利益的前提下，给予民众以一定权利与自由。但是这并不妨碍对资产阶级的治理制度进行抨击。在马克思看来，即便资产阶级的生产和交换关系、资产阶级的所有制关系"也曾像施放'法术'一般创造出了现代资产阶级社会"，但是这头"魔鬼"现在也开始摆脱资产阶级的控制了。

（二）习近平的国家治理现代化理论

国家治理现代化不是一成不变的理论预设，不是一蹴而就的逻辑结果或历史结局，它是一个在实践中不断变化、调整的动态过程。它是走中国特色社会主义道路的必然要求，我们不能从马克思和恩格斯的治理理论中找到现成路径，也不可能照搬别国经验，必须探索出符合国家发展的治理现代化之路。通过马克思的治理思想可以看到，一个国家的治理形式必须与这个国家的历史传承、文化传统、经济社会发展水平相匹配。当下我国的治理既立足国内的历史传承、文化传统，又与国际政治经济形势、我国经济发展水平相适应。我国的国家治理现代化理论是在马克思治理理论的基础上探索出的一条符合中国特色社会主义道路的原创理论，任何一种新理论的提出，都离不开人类已有的文化积累，也都需要借鉴前人的学术成果。中国特色社会主义国家治理现代化理论也是如此，它有着古今中外的思想渊源和丰厚坚实的理论基础。党的十八大以来，习近平总书记深刻总结了我国治理的成功经验，必须应对国际挑战，将马克思的治理思想与中国实际紧密结合，从而开辟出一条符合中国特色社会主义的现代化治理道路，之后治理现代化道路不断完善发展。提升现代化水平，推进中国特色社会主义现代化已经成为全党全社会的一大重要任务。我们要更为精确地依据我国的历史传承和现实条件，研究各个阶段的治理方式，为实现国家治理现代化寻求历史依据。治理现代化理论首先要求我们坚持党对一切工作的领导，虽然治理过程涉及多个机构，但是坚持党的领导才能确保治理的有效性。习近平总书记指出中国共产党是我国最全面的领导力量，坚持中国共产党的领导是中国特色社会主义的最本质特征，是中国特色社会主义制度的最大优势，是我们坚定制度自信的底气。国家治理现代化理论的内在要求是全面从严治党，现代化的路程中必须坚持中国共产党的领导。国家治理现代化是全面从严治党的价值所归。只有将党的领导作为治理现代化的根本保证，才能为治理现代化融入新鲜血液，加快其进程。

国家治理现代化理论不是凭空而来的，而是在对多年历史经验的总结中提出来的，是在中华民族优秀文化及多种经验中孕育而来的，它的形成深受优秀历史文化的影响。同时，它也是对马克思治理思想的独特继承，是对国际文化交流的一种借鉴，中华民族海纳百川，在漫长历史进程中，我们通过不断借鉴优秀经验，结合国情，把其他国家的好东西经过加工变成我们自己的东西，最终形成特有的民族气质。毋庸置疑，习近平总书记的国家治理现代化理论，在今后的不断完善发展过程中，也会充分吸收别国经验。无论是何种定义的治理现代化，其核心依旧是"治理"，而治理从学术观念进入日常生活需要系统的制度设计与能力建构。同时，治理强调社会整体的帕累托最优，因此组成社会的政治、经济、文化、科技、生态领域是治理研究的主要话题域，而参与治理的各类主体所具备的行动能力则是治理研究的主要实践域。倡导我们善于运用正确的制度办事，将制度优势转化为管理效能，提高中国共产党的科学执政能力与水平。在治理的领域方面，国家治理能力现代化理论主要包括七大领域：经济领域、政治领域、文化领域、社会领域、生态领域、国防和军队领域、党建领域。无论是哪个领域的治理都必须从系统论的角度出发，不断加强顶层设计，处理好各领域的实际需求。

国家治理现代化理论对建设什么样的治理制度，以及如何利用制度进行治理进行了理论解答。虽然说国家治理现代化理论是在借鉴马克思主义理论、主动接受马克思主义理论指导下提出来的，但由于马克思、恩格斯毕竟没有生活在我国，他们的治理理论没有在社会主义国家实践。国家治理现代化理论并不是照搬马克思主义，而是在其基础上进行，形成了关于治理的新认识，具有明显的现实优势，国家治理现代化理论开创了一个治理的新境界，为国家治理、社区治理、农村治理等各方面的治理提供了强有力的理论支撑。

（三）协同治理理论

政府部门因其强制力和法定权威必然扮演着国家治理体系和治理能力的现代化主体角色，但是，社会事务的复杂程度超出了原有秩序的控制范围，同时社会中各种力量也在不断成长，多元主体参与下的社会治理成为必然，在此背景下，协同治理理论顺理成章出现，这说明协同治理的理念并不是一蹴而就的，它经历了一个漫长的演进过程。"协同"从狭义上可以理解为一种基于集体行动的合力更强的行动，从系统学的视角来看，它是系统中各子系统在共同目标的指引下子系统之间充分进行优势互补，实现甚至超越既定目标的状态。协同治理不是一个政治实体，而是由政府和社会组织等多元主体组成的一个系统，它拒绝等级制，倡导主体间的平等和公众多样的参与形式。张康之将协同治理定义为政府、市场、社会组织借助开放性的公共论坛、制度化的沟通途径与交流平台，将公共治理涉及的利益相关者联合起来进行决策，组织集体行动，协调各利益相关者开展一致行动的过程。朱纪华认为协同治理是指政府和非政府组织、企业、公民个人共同在公共管理的实践中发挥作用，并相互协调构建和谐系统高效的公共治理网络[35]。虽然学术界关于协同治理的概念众说纷纭，但是总的来说，协同治理就是指各治理主体共同对社会公共事务进行治理的过程。

  协同治理理论是基于治理理论所衍生的一个新兴理论，如果要适应我国经济、政治、社会的发展，必须强调治理主体的多元，主体的多元性是该理论存在的重要条件，协同治理的基本前提是治理主体的多元，这些主体不仅仅指政府部门，政府不再作为解决公共事务的唯一主体，但这并不是说政府的作用无足轻重，相反政府的作用更为重要，要与其他社会组织、民间组织、企业家以及公民在内的多方主体共同参与国家以及社会的治理工作[35]。任何一个组织都不可能具有单独实现整体目标的知识和资源，因为这些组织自身的价值观、拥有的社会资源都不尽相同，因此它们之间必须同时保持竞争与合作关系，在同一目标的引领下，共同促进社会整体有序发展，最大限度地维护与增进社会共同利益，通过相互协调、集体决策、共同治理的方式完成治理的全部过程[36]。在这一治理过程中，多元主体间最终确定一致意见，共同对该意见负责，并且紧密合作，实现利益最大化。随着社会公共事务的日益增多，事务逐渐复杂化，以政府为主的单一治理主体存在局限性，使所有人认识到各主体间的协作十分重要。所以说，治理主体多元化是符合社会发展规律的。在协同治理领域，政府与其他治理主体不再是领导与被领导的关系，而是一种双向沟通共同合作的关系，它们在地位上是相对平等的，对社会公共事务集体参与，并且通过协商的形式最终达成一致意见，实现自身利益。另外，协同治理的目的是共同处理社会公共事务，因此各主体具有共同的社会目标，即使各主体的利益追求不一样，也是在协商的条件下尽可能最大化地满足各自利益，追求互利共赢的局面。在共同协作的背景下，任何一方不再担心利益受损，因为在这个大集体中，任何的损失不会存在自我承担，会有整体的补偿甚至鼓励，这更加激发了各主体为实现共同目标不断努力的自主性，从而形成共同的愿景。协同治理理论是国家与社会关系变迁中的新理念，对传统的行政体制机制提出挑战，强调多元主体充分发挥自身能力、调动社会资源，既相互独立又相互依赖，沟通与协商都在相互平等的条件下开展，明确和落实自身职责来实现单个主体所不能实现的目标。对话、协商、达成共识、集体行动是协同治理理论的核心。

该理论要求我们对社会有一个清楚的认知，现代社会并不是单一不变的，而是一个动态复杂性系统，动态复杂性主要是在社会各子系统之间的相互作用中体现的，子系统间普遍存在竞争与合作，竞争占主导地位，协同治理理论主要强调在相互竞争中寻求资源并进行整合，最终实现治理结果的优化[37]。协同治理理论作为一种新兴交叉理论，对当下多元化的社会发展具有较强的指导意义，它强调不同主体间的协同，打破传统政府为主的治理模式，对于开放系统中的社会多元主体间的协同发展具有实际指导意义，有助于更好地改善治理结果，最终促进社会协同发展。而在农村治理现代化进程中，协同治理主要是指在农村风险的治理过程中，政府、企业、合作社等各子系统以有效处理农村社会风险为主要任务，通过相互间的协调、沟通、互动，最终在实现各自利益最大化的基础上最大限度地消减农村面临的风险，维护农村社会稳定，形成良好的互动关系，达到预期的风险治理效果。

参考文献

[1] 朱正威，吴佳.适应风险社会的治理文明：观念、制度与技术[J].暨南学报（哲学社会科学版），2020（10）：67-77.

[2] 胡百精，安若辰.公共协商中的平等与胜任[J].现代传播（中国传媒大学学报），2020（10）：31-37，63.

[3] 汝绪华.邻避冲突中风险沟通的认知偏差及其治理[J].管理学刊，2020（5）：73-81.

[4] 唐跃洺，王前.从机体哲学视角看人类增强技术的社会风险[J].科学技术哲学研究，2020（5）：74-79.

[5] 张康之.论风险社会中的时间及其价值[J].中共中央党校（国家行政学院）学报，2020（5）：94-105.

[6] 任剑涛.曲突徙薪：技术革命与国家治理大变局[J].江苏社会科学，2020（5）：72-85，238.

[7] 赵坤.风险社会中的共同体重建——兼论中国社会共同体治理的具体矛盾与治理智慧

［J］．福建师范大学学报（哲学社会科学版），2020（5）：91-97．

［8］张康之．论风险社会中的"去中心化"［J］．福建师范大学学报（哲学社会科学版），2020（5）：80-90．

［9］秦瑜明，周晓萌．再造现代性：风险社会的媒体传播与社会治理［J］．现代出版，2020（5）：52-57．

［10］芦恒．重大公共危机应对与社会韧性建构——以"抗逆性"与"公共性"为中心［J］．南开学报（哲学社会科学版），2020（5）：97-105．

［11］张康之．论风险社会中的行动问题［J］．学海，2020（5）：162-171．

［12］张大维．国际风险治理：分析范式、框架模型与方法策略——基于公共卫生风险治理的视角［J］．国外社会科学，2020（5）：99-111．

［13］张康之．论风险社会中的价值选择［J］．北京行政学院学报，2020（5）：100-109．

［14］朱晶，叶青．科学划界还是理解科学——风险社会中的科学与公众［J］．江海学刊，2020（5）：73-79．

［15］张成岗．灾害情境下的风险治理：问题、挑战及趋向——关于后疫情时代社会治理的探索［J］．武汉大学学报（哲学社会科学版），2020（5）：137-145．

［16］王明敏，齐延平．社会系统论视角下区块链应用的法律规制［J］．北京理工大学学报（社会科学版），2020（5）：113-125．

［17］沈湘平，王怀秀．试论人类命运共同体的底线价值［J］．理论探索，2020（5）：48-53．

［18］原珂．风险社会中封闭社区的现实价值思索［J］．理论探索，2020（5）：99-106．

［19］黄杨森，王义保．全球风险社会：治理观照与中国方案［J］．中国软科学，2020（8）：10-19．

［20］黄杨森，王义保．超越区分：城市安全治理风险沟通系统分析模式建构［J］．城市发展研究，2020（8）：67-73．

［21］牛子牛．现代性视域下的传染病、社会风险与社会加速——基于马克思主义政治经济学批判方法的思考［J］．哲学动态，2020（8）：17-25．

［22］方兴东，严峰，徐忠良．5G驱动下的社会变革、风险特性与治理对策——基于互联网50年技术演进历程与传播机制变革［J］．新疆师范大学学报（哲学社会科学版），2021（2）：2，51-62．

［23］张康之．论风险社会中等级结构的解构［J］．学术界，2020（8）：46-56．

［24］张康之．论风险社会中人的生命价值［J］．社会科学战线，2020（8）：222-230．

［25］林克松，曹渡帆，朱德全．风险社会下研究生人才培养的角色异化与重塑［J］．研究生教育研究，2020（4）：7-13．

［26］张康之．论风险社会中的决策［J］．行政论坛，2020（4）：5-12．

［27］王俊秀，周迎楠，刘晓柳．信息、信任与信心：风险共同体的建构机制［J］．社会学研究，2020，35（4）：25-45，241-242．

［28］张康之．论风险社会中的政治［J］．江苏行政学院学报，2020（4）：71-80．

［29］张康之．论风险社会溯源中的科学问题［J］．探索，2020（4）：130-140．

［30］张康之．论风险社会中的人及其行动方式［J］．内蒙古社会科学，2020（4）：14-23．

［31］张康之．论风险社会中的合作文化建构［J］．吉首大学学报（社会科学版），2020（4）：12-20．

［32］高山，李维民.环境风险到社会风险的转化机理［J］.中国行政管理，2020（7）：127-133.
［33］张康之.论风险社会生成中的社会加速化［J］.社会科学研究，2020（4）：22-30.
［34］陈越峰.风险行政的行为法构造——以重大风险设施选址为参照事项［J］.学术月刊，2020（6）：97，98-110.
［35］姜利标."知识传统的想象力"：社会学本土化的反思性建构空间［J］.人文杂志，2020（6）：120-128.
［36］张康之.论风险社会中个体性的消解［J］.河南师范大学学报（哲学社会科学版），2020（3）：26-33.
［37］姚亮.社会领域重大风险的生成机理及治理策略研究［J］.山东社会科学，2020（6）：69-76，82.

第三章

农村治理现代化
的发展现状

随着现代社会的复杂结构逐步演进并完善，传统农村治理体系与治理模式面临冲击，社会治理结构与治理范围呈现复杂化与扩大化趋势，治理体系已由一元的、有限领域的政府治理模式向治理主体多元、治理领域全覆盖、治理工具创造性发展的新型治理体系演变。本章从治理领域、治理主体、治理工具三个方面的发展演变勾勒出现代农村治理的发展趋势与基本逻辑。通过对传统治理模式向现代治理模式演变的研究，解析隐藏在复杂联动与不确定性中的风险社会根源，描述出风险思维在农村治理现代化中的重要作用。

第一节　村民自治：农村治理的基本样态

一、我国农村治理制度的演变历程

以"政社合一"为标志的人民公社时期，农户的生产和生活都被编入公社，其治理权力高度集中于中央和各级地方政府，农村社会被行政权力所统辖。在国家与社会的关系中，作为社会系统重要基础的村庄和农民在农村社会管理中处于附庸和被动地位。伴随我国宏观战略与国际环境的态势变化，农村社会的治理制度与发展策略需要作出相应调整。1982年，《中华人民共和国宪法》（以下简称《宪法》）将乡镇确立为我国的基层政权，赋予居民委员会和村民委员会基层群众性自治组织的法律地位，标志着我国村民自治制度正式迈入"乡政村治"的农村治理体制新时代。"乡政村治"治理体制是对农村治理现实需要的真切回应，确立了政府与村民二元治理体制的基本格局，其影响和组织逻辑延续至今。"乡政村治"的基本内涵是作为国家公权力的基层政府组织设立在乡镇一级，实行宏观的行政治理，村庄则根据村民的自主意愿成立村民自治组织，实行自我管理和村民自治，将村庄管理权与发展自主权重新交给区域内部成员掌控，国家仅保留基本行政权力。通过乡政与村治的分离性安排，国家旨在减轻行政机构的非主体治理负担，将国家政权与社会两方面的能动性充分激发，在把握好引导国家总体大局与农村社会发展的总体架构的基础上，实现国家与社会二元治理主体的良性互动，提升治理的绩效，捋清主体责任，实现农村社会以人为本的善治与效能导向的改革的有效契合，具有鲜明的时代特点与实践底色。

1980年，广西宜州市合寨村村委会的成立，揭开了我国村民自治实践的帷幕。1987年《中华人民共和国村民委员会组织法（试行）》进一步对村民自治和村民委员会组织作了具体、明确的规定,并于 1988 年 1 月开始施行;1998 年正式颁布了《中华人民共和国村民委员会组织法》(以下简称《村民委员会组织法》),全国普遍推行村委会直接选举,全面推动村民自治和基层民主化进程。1994 年,民政部在《全国农村村民自治示范活动指导纲要(试行)》中,第一次明确提出建立民主选举、民主决策、民主管理和民主监督等四项民主制度,促使我国的村民自治工作进一步走上规范化和制度化的轨道。1998 年,中共中央办公厅、国务院办公厅联合发出《中共中央办公厅、国务院办公厅关于在农村普遍实行村务公开和民主管理制度的通知》,对完善民主决策、民主管理、民主监督提出了更加具体的要求。

村民自治取代政府部门行政管理有其内在的效率导向,其最大的优势在于能有效降低农村社会的治理成本。在村民自治实施前,国家要将治理的触角延伸到广大农村地区需要设立庞大的官僚机构和多层级的行政环节,且由于农村工作烦琐而复杂,其行政管理成本高昂,社会经济运行效率低下。村民自治大不相同,通过转换治理主体,将管理权下放给基层群众代表,一方面能够充分整合农村各类传统治理资源,提高治理效率、降低行政管理成本;另一方面能够充分激发农民群众的主人翁意识,推动我国"人民当家作主"的民主化进程。随着村民自治制度的展开与完善,我国于农村地区设置了多种村级公共组织,各自依照不同的制度规定独立运行。随着村级组织日渐完善和发展,组织间的权力来源、权力分配和权力运行方式出现了新的变化,村级公共权力结构也随之发生了根本性转换:从村党委单元单向指令式领导,转变为村党委、村委会以及各类经济合作组织的多元双向协同共治,治理主体呈多元化、扩大化趋势。随着党政关系的进一步廓清,形成了以村级党委为核心,村委会、合作经济组织、新乡贤和非政府组织等多元主体共治的"一核多元"的主体协同格局。

二、村民自治的实践与挑战

虽然村民自治制度在我国生发、扎根和成长的时间还较为短暂,但无论是形式创新还是时间效果均已达到一定的水平。只有在自治实践成熟且群体共识较强的农村聚落,生活和生计才稳定,因为只有通过制度手段实现农民富裕,保护弱者免遭破产和灭顶之灾,才能实现对地方事务的控制[1]。作为一项全国性的制度,基层民主自治的影响早已超脱其 30 余年的历史并成为塑造基层群众参与行为的重要力量。在基层民主自治制度中,村委会通常被视为主要的行动载体,其职能发挥需要依靠行政权力输送的资源，也需要合理应对基层村民所提出的种种需求，但是行政权力的扩张本性往往与村民自治权的自主性发挥相冲突，继而对基层自治产生干扰。这种权利与制度之间的博弈引发了多地创新基层治理格局的改革行动，其基本路径是通过自治单位的下移减小行政权力对基层自治的直接影响，同时也强化村民自治对基层需求的回应，这样的实践在客观上破除了基层无自治的问题。针对基层治理创新的合法性，国务院于2014年提出探索在土地归村民小组集体所有（未承包）的前提下开展村民自治[2]，又于次年提出在集体资产所有权关系和农村社会传统治理基础上，开展以村民小组或自然村为基本单元的村民自治试点。直到2018年中央一号文件以及《乡村振兴战略规划（2018—2022年）》的颁布，村民小组以及自然村已经从自治试点一跃成为村民自治工作的基本单位。

通过梳理全国农村治理现代化的创新成果，部分地区的农村在三治融合的实践创新中自下而上地组织多种自治形式，且取得了较好的实践效果。若将村民自治单位的下移视为基层民主自治有效路径的深化，那么以村委会为基础进行的自治组织形式和内容的创新，则可称之为村民基层自治的延展。

（一）治理权源缺失

自治是区别于他治的概念，是治理需求、治理行动与治理评估由同一利益关涉方实施的治理行动。农村基层自治的初衷是由村民行使自治权，村民通过自组织产生各类自治组织或自治形式来行使民主权利，行政权力与法权不会将其意志移入其中，而是为自治运行提供基础和保障。而从合法性的角度来看，基层自治来源于公法的认可，换言之，基层自治权属于公共权力。对于村民而言，只要在公法和私法的允许范围内，是否行使民主权利以及如何行使民主权利均适用于"法无禁止即自由"的私法原则。而对于农村整体而言，基层自治作为一种公权要受到"法不授权即禁止"的公权原则约束，这既是对权力边界的廓清，也是对行政效率的优化。《宪法》中明确规定村民委员会是农村基层群众性自治组织，且《村民委员会组织法》进一步将村民委员会定义为"村民自我管理、自我教育、自我服务的基层群众性自治组织"，因此，村民委员会是唯一村民自治组织的定位，是专门针对村委员制定的。同时，我国现行法律并未直接赋予村民自治权，但规定了村民拥有选举、监督、决策权。基于上述判断，在本书所讨论的B村"横向拓展"自治实践中存在着治理权源缺失的问题，这会进一步引发新型村民自治组织的性质无法厘清、工作内容无法明晰、责任承担无法确定等问题，成为农村社会治理的风险诱因。

(二)生成逻辑不足

基层民主自治引导下的农村社会，通过建立"自组织"形成新型自治模式，但乡镇政府在其中发挥的领导性作用是不可忽视的。因而，以"横向拓展"为主要特征的自治形式创新实则存在着内生性的问题，甚至可以视作一种外力作用下的被动制度变迁。根据加里·贝克尔的研究结果，权力不会也不应脱离文化基础，而文化的阈值边界则受到经济基础与社会结构的限制。因而，农村社会治理需要应契合村民的现实需要，即无论是村民自发组织还是乡镇政府引导，都应将村民的实际诉求作为自治模式创新的"原动力"，以及评判模式有效性的标准。然而，村民参与不积极、不充分反映出自治创新过程中存在着目标预期与实际效果的差距，这种制度实效与实际需求无法耦合是限制自治效果发挥的主要原因。

但正如费孝通先生所言，不同于西方社会的"团体"结构，中国农村社会构造是一种由"私人联系所建构的网络"组成的"差序格局"，基层自治过程中的参与不足原因就是私人联系断裂，抑或是组织过程并未完全遵循差序格局的运行规则，存在治理失范的风险。在自治组织人员的选拔过程中，"村两委"干部、党员、组长、乡贤、能人等村庄精英通常被认为是"众望所归"，且选举过程也采用"召开党员、组长、村民代表会议(有条件可召开全体村民会议)提名，村党支部审核把关，再交乡镇法治办备案"的方式开展，这在一定程度上"保障"了"精英"嵌入基层自治的合法性和合理性，但也形成了精英垄断公共事务的隐患，极易造成村民权利悬置、村务公开虚化等问题，致使基层自治的低效化。

(三)组织设置冗杂

许多基层治理组织依照当地特色设置了承担不同职责的组织机构，这些借助本土社会资本所形成的治理能力能够在一定程度上回应农村社会治理的现实需要，但也不可避免地遇到了组织设置冗杂的问题。一方面，职能重叠导致治理资源浪费。我国《宪法》和《村民委员会组织法》规定村委会为基层自治的主要工作机构，全体村民会议、村民代表会议及村民小组会议具有民主议事职权，监督工作则由村务监督委员会负责。上述组织形成了工作机构—权力机构—监督机构互相制约的治理体系，能够对大部分村庄公共事务进行治理。在此基础上，村民通过自组织所形成的新型自治模式，其职能必然与现有治理体系存在重叠，浪费治理资源。另一方面，组织交叉导致治理行动冲突。我国大部分村庄中存在"空心化"的问题，留守村民以老人、妇女、儿童为主，"村两委"干部、党员、组长、乡贤、能人等村庄精英则较为缺乏。这些村庄精英在多个新型村民自治组织中任职，同时处理多个组织的治理事务，导致自身角色混乱，极易引发治理行动冲突的问题。

第二节 治理领域：多领域协同的"全域治理"趋势

本节的重点在于阐释现代农村治理领域的扩展与全域治理的形成，通过分析全域治理的运行逻辑与治理效能，揭露隐藏在治理领域中的不确定性内核。全域治理因其复杂性、创新性和联动性，其治理领域、治理效果等呈现不确定性，且不确定性在空间与时间上呈现堆叠与联结的特征。

一、领域的互动与全域治理的形成

当下治理领域的扩展、治理领域间的互动、治理边界壁垒的破除、跨边界的合作治理，以及全域治理的社会基础、表现、特征等的研究和实践是理论界和实业界均比较关注的问题。治理具有空间性，无论是治理的对象还是治理的行动都是客观实在。在治理实践过程中，"地域化—脱域化—再域化"的空间关系演化反映出治理行动受到资源禀赋与主体协同影响的结构演化。伴随农村社会的矛盾变化，一种突破差序结构的、多元参与的、动态开放的、共同体导向的协同行动模式逐渐形成。而空间是治理行动的实践场域，空间概念中整合了经济、政治、文化等子系统的范畴。作为一种解构社会运动的思路，空间在进行治理建构的过程中有其异质的行动逻辑和作用机制。空间的诞生是目的性社会实践的结果，由社会关系生产出来，以一种"社会秩序的空间化"的形式存在。因此，无论基于空间理论还是治理理论，人文地理学和社会学都意识到"空间"范畴与"社会"范畴的密不可分。空间的存在只有通过人类的社会关系才能完成，而社会作为空间概念社会化的一种称谓，为人类社会关系的形成和存续提供了场域基础。然而，作为行政系统结构基础的官僚制其特有的条块分割结构造成了社会互动的条块化，致使空间割裂。因此，突破治理的功能和行政边界，整合不同领域不同部门的行动和目标，推动治理的系统化、整体化趋向成为基层社会治理的努力方向。空间的概念中包含自然空间和社会空间两重含义，空间的互动关系也由此形成，"空间互动"带来的边界伸缩与突破成为当前人类活动与国家治理实践的内在意涵。空间指向的治理范式与国家形态、历史阶段、文化传统及社会发展水平密切相关。传统社会的"郡县制+六部制",本质上是国家治理的空间制度安排。近代以来,在西学东渐和内忧外患交困影响下,地方治理从"绅士自治"的分权让利模式转向"双规共治"的集权治理模式。新中国成立初期,一套新的独特的"公共与个人"连接系统,即"双重治理结构",将治理对象牢牢固定在某一地域内的单位(城市)或人民公社、行政村(农村)体制框架内。改革开放以后,随着城市"单位制"和农村"人民公社"解体,基层治理不再是以人身依附为核心的总体性治理,而是通过若干专项指标实现治理有效,并力求达成善治。伴随着社会资源的高速流动,社会结构在高速发展的过程中不断变化以适应不断生产出来的社会关系组合。计划经济时期的单位制结构因无法适应市场经济运行过程中日益多变的治理需要而解体,家户—社区成为社会结构的基本形态,能够集中反映需求并实现治理实效的下沉共享,原本中央集权的央地关系、职能分工的部属关系等开始走向跨越地理边界、组织边界,基于共同体导向的协同道路。

在国家语境与地方探索层面,社会治理表现出较大的实践差异性。国家治理依托纵向的"行政发包制"与横向的"政治锦标赛制"发挥作用,这两种制度的动力来源并非导向合作的向心力,而是互相竞争抑或层层加压的互斥力。因此,如何实现边界消解的共享,制度设计方案需要在反思两种制度的基础上充分利用人类行动逻辑的特性和社会系统结构,逐步实现全域开放的行动策略。首先,实现条块协同。行政体系的机械分割会呈现体制隶属上的块状分割以及职能隶属上的条状分割,唯有打破这些边界,才能够构建全域的治理格局。因此,治理实践中机制架构、权责归属、资源调配等维度的结构优化,从事务管理向综合治理转移的内容优化,从维持稳定向满足需求诉求的目标优化等举措试图从全域治理实践的内在机理中寻求突破。加强行政区域内的垂直和横向联络,实现跨部门、跨行业、跨专业重构生产、生活、生态空间的治理行动,结合当地特色创新适配性行动方案等,这是从外在形式中推动变革。其次,实现合作共享。在"地域治理"向"全域治理"转变的过程中,合作主义治理策略强调优先推进组织模式的变革,打破区域、行政组织和部门边界,通过利益相关者的合作共享来重组治理结构,弥补官僚制组织在地域治理方面的机械性和封闭性操作局限,推动全域治理的策略转型。再次,实施城乡综合治理策略。随着城乡一体化持续推进,城市与乡村之间的边界发生了"去领域化"与"再领域化"的动态变化。党的十九届四中全会将城乡社会治理一体化纳入政策语境,是为纠正当前将社会治理简单割裂区分为城市治理和农村治理的二元结构倾向。全域治理是要打破行政区划与城乡二元分割格局，逐渐提高统筹层级，在城乡社会的各个角落均衡发力，推动顶层设计与末端治理的有机结合。最后，实施基层社会治理现代化的行动策略。全域治理包括治理体系和治理能力现代化两个方面：一方面，在全域治理体系现代化方面，通过搭建开放包容平等的合作平台与载体，实现跨部门、跨层级、跨地区、跨领域的协同，采取差异化创新战略，逐步形成基层治理体系的塔式结构和全域治理创新的良性生态圈。从单个领域单一主体的单轮驱动向"技术＋体制""技术＋社会"的双轮驱动和"体制＋技术＋社会"的多轮协同驱动转变。另一方面，在全域治理能力现代化方面，通过理念、制度、平台与技术之间的协同，推动全要素聚变而产生巨大生产力，提升政府部门的执行能力、社会的内生能力以及各种组合能力，这是基层软实力和硬实力的表现。

二、全域治理内隐下不确定性的联结与堆叠

（一）民主的困境与公民意识的培养

公民意识的本质是政治文化的个体画像，它通过政治实践加以表达。从政治参与的角度来看，改革开放以来的农民政治态度类型经历了从冷漠型到冲动型再到理性型的演变，农民的政治意识也由附庸意识逐渐转为公民意识，政治心态也趋向开放。即便公民意识在农民的政治文化中出现萌芽，但政治实践过程中的功利心态、盲从心理、冷漠心理、依赖心理、逆反心理等不良内在动机仍旧存在。

当今时代，一个健全的社会的基本表征之一就是公民社会发育得较为成熟，社会自组织发展比较充分，各类村民自治组织、社会团体应运而生，通过发挥自身的优势功效积极地参与公共事务治理，这些组织、团体和个人与政府、市场形成合力，共同有效地发挥作用。社会公共生活和公共事务的有序调控，需要建立在政府、市场、社会三个主体良性互动与合作的基础上，这三种力量必须互相激励发挥积极性，抑制固有的消极作用。当下，政府实施公共服务并非政府自娱自乐，动员和吸纳各种社会资源是政府履行好公共服务职责的应有之义。唯此，才能有效推动公共服务领域的健康发展，农村治理同样如此。中国农村地区长期处于资源单向流出的尴尬境地，并没有很好地建立起政府、市场、非政府组织间的有机联系和长效对话机制。

克劳斯·奥弗认为，财富拥有状况、教育程度会对人们的人际信任起到正向

的促进作用，即一个人越富有，那么他越有可能被信任并且越有可能从对他人的信任中获益，反之亦然。他指出："一个恶性循环变得显而易见，资源（权力、财富、信息等）匮乏的个体的信任韧性较差，由于施信者规避失信风险的成本较大且失败概率较高，无法自我保护，因为信任失败所带来的各类损失会成为他们无法承担的成本。所以，采取不施信的低效率保守措施虽然无法给他们带来实质的收益，但是能够降低其有限资源的损失，最终结果就是贫困的固化。因此，明显的矛盾是，那些最需要以信任为基础的关系的人不能分担关系中包含的风险，而那些最少需要这种关系的人却最多地享受这种关系的乐趣。"按照奥弗的解释，信任是一种基于物质资料的行动能力，对于拥有权力、金钱、信息和教育禀赋的群体而言，信任或被信任的人能力较强，因为他们可以承受信任失败带来的损失，并维持生活常态[3]。

（二）反传统的治理领域变革引致层级制矛盾激化

因人而治、因人而异是传统政府治理的突出特征。在社会由传统向现代的发展变迁中，工具理性的扩张以及工业化和资本主义的快速发展加速了国家的现代化进程。特别是19世纪中期以来，随着大工业组织的增长，政府的活动范围有了巨大的扩展。专业化官僚组织与职业化文官系统的快速发展，形成了"科层制"（bureaucracy）的现代治理结构。科层制的非人格性特征消灭了传统政府因人而治、效率偏低的治理弊端，标志着政府治理方式由传统人治迈入现代法治的治理轨道。与传统的政府治理相比，"科层制"有着明确的治理权限和规则，更加注重发挥人的理性，职务活动的专业化极大地提高了行政组织的行政效率，但也有可能造成国家行政成本的增加和国家机构的官僚化。科层制的政府治理结构是一种中心化、压力型的权力结构，其行动原则是保证政令自上而下转化为特定目标的实现，但缺乏对各层级机构和官员的行动关注，这使得政策目标偏离实际效果成为一种常态。下级机构与官员的自利性动机如果没有受到有效规制，就会引发推诿避责、各自为政、脱离群众等现代官僚主义问题。纵观各国政府，体系空转、效率降低、系统内耗与相互博弈等行政失灵问题持续困扰着政府当局，成为全球性政府治理难题。与西方国家相互掣肘而引发的行政失灵困局相比，我国独特的党政治理结构有效避免了这一问题，但仍面临着政策执行梗阻或偏离、反应机制迟缓僵化、监督机制同化或失效、纠偏机制副作用大等治理难题。在当下，运用数字技术赋能政府治理变革，实现任务与配套资源的精准匹配、信息与能力的实时共享、决策与执行的有机统一的数字政府建设成为引领当代中国政府治理深度变革的动力引擎。

新中国成立以来,科层制与我国高度集权的计划体制相结合共同构成了一个超级复杂的金字塔形国家治理结构。从治理规模与治理层级看,它达到了"科层制"治理的顶峰,其溢出效应导致社会组织的高度行政化。在信息技术快速更新迭代的数字化浪潮中,大数据、人工智能、区块链等数字要素的产生不仅带来了劳动生产效率的显著提高,成为新的经济增长引擎,同时还深刻影响着政府官员的治理思维与行为方式,加速了政府治理的数字化转型。数字治理成为新时期政府治理改革的普遍趋势,用数字化、智能化手段和方法改变公共服务样式,改善公共决策质量,改进公共管理品质,优化政务工作流程,提升政府效能和提高公共监管水平,实现以数感知(民众诉求)、循数决策(公共资源配置)和依数治理(精准施策)。而以新兴数字技术为主要驱动力的数字政府建设已成为突围"科层制"政府治理藩篱,推进我国政府治理体系与治理能力现代化的关键引擎。数字政府是指政府将云计算、大数据、区块链、人工智能等新兴互联网技术运用于其运转之中,从而提高效率的一种优化路径。其生效机理是将原本需要人工加以收集和计算的各类数据和信息进行自动化,减小了误差、缩短了时间、提升了精度,从而保证政府的各项决策基于完整且客观的信息,提升了决策的效率和科学性。伴随着人工智能、物联网、区块链、量子物理、虚拟现实等数字技术产物的工业化和应用化,通过时间、空间和人的治理空间认知被不断延展,"人机物"三元融合的万物智能互联时代正式到来。在治理领域,打通政府各部门、各层级之间的信息孤岛,建立基于政府内部数据融通的高效办事网络成为政府改革的重要方向;它内在地要求政府对外开放数据,释放数据活力,推进社会稳定与繁荣。从政府治理现代化的发展趋势看,利用数字技术推动政府治理数字化转型,消除理性官僚制所引发的治理弊端,突围科层制政府治理的内在局限,正在逐渐成为全球政府治理变革的发展趋势[4]。

(三)市场化过度与公信力的丧失

我国现代化过程选择了以压力型体制为制度支持的赶超型战略。在压力型行政体制下,乡镇政府往往只能选择对上级和对制度负责,必须想方设法整合一切资源完成上级下达的各项指标和任务。而为完成指标和追求政绩,乡镇政府往往将指标层层分解,用行政命令的方式指派村委会完成一部分。这不仅加重了农民负担，也损害了村委会的权力和威信，以致村委会过度行政化，乡村关系和权力结构失调。农村治理是多元主体对农村社会公共事务进行协同共治的过程。治理主体的多元性、治理过程的复杂性、治理方式的协同性、治理内容的系统性、治理取向的公共性是其基本特征，从国家与社会的关系来看，农村治理的过程就是国家权力作用于农村社会的过程。在这一过程中，基层政权与农村社会间将生成特定的关系形态，这一关系形态不仅是国家与农村社会关系经由基层政权为中介的具体化，而且在很大程度上影响着农村治理的实际绩效和农村社会的整体发展前景。因此，探讨政府信任与农村治理绩效的关系非常必要。通过上述分析我们看到，村民的政府信任呈现的特点：一是从层级结构看，村民对中央政府、省级政府、县市政府、乡镇政府和村委会及其官员的信任度基本是依次递减的；二是从抽象程度看，村民对较抽象的各级政府组织信任程度较高，对较具体的各级政府领导干部的信任程度较低；三是从接触程度看，村民对处于差序外围的中央和省级政府、县市政府官员的信任度较高，对处在差序圈层近心端的乡镇政府、村委会及其干部信任度则偏低。既然村民对基层政府的信任、对农村治理绩效的增长和强化有重要的促进作用，那么，增加村民对基层政府的信任对农村治理绩效的提升会有重要的帮助。为此，政府应畅通利益表达渠道，完善相关制度机制，为村民政治参与的制度化提供保障；加强基层政治组织的建设，规避基层政府的失范行为，推进农村的政治社会化进程；通过拓宽农村经济发展的渠道，不断提升村民的行动能力，鼓励村民积极参与管理，提高农村社会治理的组织度与参与度。

第三节　治理主体："一核多元"的主体协同格局

如果将贝克所构思的风险社会视作一种未来指向，那么当前人类所处的环境则是一种更为复杂的新旧叠加态，并且处在时刻向风险社会的运动过程中，而更为令人担忧的是居于此间的人类依旧坚守着工业革命时期所形成的工具理性的制度主义思维，试图一劳永逸地解决问题。显然，器物层面的革新已然无法为复杂多变的社会问题提供足够的阈值空间，只有保持人类的"在场"才能解决时代抛出的难题。因此，协同治理必将成为解决人类所遇困局的关键途径。而协同治理首要特征便是主体多元性，主张多元主体利用自身优势共同应对日益复杂的社会事务，从而降低应对社会事务的成本[5]。协同治理是对单一主体的反思，它强调治理能力的构建不是"一家独大"而是"优势互补",通过各有所长的治理主体在彼此协调的情况下发挥优势实现整体效果最优,进而应对日益复杂的社会事务。党的十八届三中全会首次将"社会治理"一词写入全体会议公报,不再使用以往"社会管理"的提法,并明确提出了"改进社会治理方式,发挥政府主导作用,鼓励支持社会各方面参与"的要求,这既满足着政府整体统筹和公共服务的需要,也迎合着社会多元参与、社会治理和自我实现的需要,体现着协同共治的社会治理趋势[6]。治理既是一种行动,也是一种状态。其中,"善"的价值导向要求改革治理主体和治理机制:通过吸纳主体,完善治理实践对社会需求的回应效力;通过权责分工,实现多元治理主体之间的责任共担;通过目标分解,推动治理主体之间的大局观形成,进而达到多元共治的和谐关系状态。实现政府、社会、企业、政治团体、社会组织、农民等治理主体一起面对公共问题,这一思路的本质是利益共同体的内部互动,它主要通过多元、合作、协商伙伴关系、确立认同和共同目标等方式实施对公共事务的管理,其作用机理在于对共同规则和共同目标的认同基础上,自觉地形成合作。它所依赖的管理机制不是单纯的压力型权威,更多的是认同型权威[7]。全域治理不是简单的治理领域的加总,而是基于主体间信息、资源和行动配合,从而实现治理的共同参与。协同治理是在法律法规的规范下,以政府为主导,为实现公共利益目标,通过与非政府、非营利社会组织以及普通民众以广泛合作、平等协商和共同行动的方式形成的治理体系[8]。治理主体不再是单一的政府,也不是简单的政府不同部门的联动治理,而是各主体相互配合、各司其职,实现治理效能最大化的过程。在所有治理主体中,政府作为核心起到调节、服务与引导等作用。社会组织是政府职能转变的重要承接,是现代社会进步的重要标志,是公共服务供给的重要组成部分[9]。因此,村委会除了承担组织村民规范行使民主权利的职责外,还需要履行其行政权责处理政府事务与村民事务,承担着延伸政府的行政职能和行使村民自治权利的双重功能。

一、农村治理主体格局的基本架构

面对农村社会的结构松散和行动能力不足等情况,农村治理的现代化转型既需要以回应需求为基础的动力建设,也需要主体共识协同的结构建设。在应对农村社会中的各类公共需求过程中,探索有利于充分发动和协同农村社会不同主体资源和行动的结构性机制。农村治理是涉及从国家高层权力事务到基层复杂民生事宜的系统工程,实现农村治理现代化,既是农村场域的行动,也需要整个国家各种构成要素的紧密联动。有效的农村治理至少应该满足五个需要：党建需要、政权需要、自治需要、经济需要、价值需要。①党建需要是指加强党对基层社会治理的全面领导，在基层社会治理中不断提升党的领导力、发展力、生命力，这既是实现基层治理有效的保证，也是中国共产党自我发展和自我建设的需要。②基层民主是现代国家建构的重要内容，而基层政权建设又是国家政权建设的基础。因此，虽然国家基层政权设置止于乡镇，但是国家基层政权建设却是乡村一体，基层治理有效考量的重要因素之一必然是有效的基层政权建设。③基层自治是中国特色社会主义民主制度的基本内容之一，基层治理有效必须保证基层自治的顺利实施。在农村社会现代化转型过程中，培育和提升基层社会人人参与的直接民主能力是一个重要命题。④现代治理越来越体现全域性、全要素性、全民性。促进乡村经济社会发展是农村治理的应有之义。发展壮大集体经济、促进农村社会全方位发展、提高人口素质和农民收入是农村治理有效的内在要求。⑤"以人民为中心"是中国特色社会主义基层治理的价值基点，满足人民对美好生活的向往是基层治理的出发点和落脚点。这五个需要表明：有效的农村治理需要充分关照党组织、政府、社会、市场、农民等主体多元共生的现实，积极回应各主体的内在需求，不断强化农村治理结构的整合功能，以结构稳固促进行动有序，以行动有序促进治理有效。具体而言，农村治理结构的整合能力可以从以下方面提升。

（1）强化基层党组织的领导功能。中国特色社会主义最本质的特征是中国共产党的领导。新时代农村治理结构的设计和建构要紧紧围绕这一本质特征来展开，将强化党组织的领导通过治理结构设计深深嵌入农村治理的全方位、全过程。通过党的建设，保证农村治理按正确方向行进，保证"以人民为中心"的基层治理实现。

（2）强化基层政府的社会管理和公共服务功能。恩格斯将政治统治视为以执行某种社会职能为基础，且政治统治只有在它执行了它的这种社会职能时才能持续存在，政府为公民提供公共服务是现代国家的合法性基础。不管是出于国家政权建设需要，还是为满足基层人民对安全稳定、公平正义的期待，基层治理的社会管理和公共服务功能理应得到强化。

（3）强化基层社会自治功能。基层民主自治是基层治理最核心的价值。基层民主的核心在于通过直接民主保障人民群众依法行使选举权、知情权、参与权和监督权等民主权利。实践表明，基层社会自治功能的强化要由专门的机构来实施，尽可能避免职能冲突和角色冲突，防止自治空间被过度压缩，自治功能被抑制。要做到这一点，在治理结构中应有保障自治机构独立性和抗干扰的设计。

（4）强化发展经济功能。乡村是具有自然、社会、经济特征的地域综合体，兼具生产、生活、生态、文化等多重功能。长期以来，由于不少地区村集体经济组织与村委会实行"两块牌子，一套班子"的组织形式，经济组织职能过多地被行政管理事务侵占。农村集体经济的组织方式直接影响治理方式，经济发展绿色强劲构成农村治理有效的基础。因此，农村治理结构设计应充分考虑其经济功能，并力求实现机构和人员的专门化。

（5）强化组织化功能。"中国乡村个体化在经历对原有农村治理体制的脱嵌之后，需要解决的是如何构建新的治理体制，在维护乡村个体自主和独立的同时将乡村个体再次容纳和组织起来。"乡村个体化发展给农村治理带来的巨大挑战和重要使命就是农村社会的再组织。如何丰富"组织菜单"，"建构'个体—组织'的多重嵌套体系"[10]，在个体自愿选择的基础上将更多人组织起来，形成有利于乡村有效治理的组织秩序是农村治理结构建设需要考量的重要内容。

（6）强化村庄开放功能。改革开放以来，农村社会在开放、流动、分化的道路上行进，而农村组织体系、管理体系及服务体系并未完全跟上社会变迁的节奏，"空心村""倒挂村"大量出现，农村"归属清晰、权责明确、保护严格、流转顺畅"的产权制度还有待进一步确立，村庄管理还具有较强的封闭性，村民自治的封闭性依然存在，公共服务城乡一体化仍需突破……乡村呈现的依然是一种"半开放"体制。建立与乡村开放需求相适应的体制机制十分紧迫。因此，农村治理现代化需要加快形成融多主体互动于一体、多功能发挥于一体的体制机制。农村治理结构现代化的方向是加快形成一个"一核多元"复合的治理结构，即建立一个"一元领导核心"和"多元行动中心"有机结合的网状结构。一元领导核心，即从领导体制上进一步强化中国共产党对农村治理的全面领导，真正发挥总揽全局、协调各方的作用。多元行动中心是指以机构分设、职能明确、事有所理为目标，围绕农村治理有效的总要求，分功能设置治理机构，形成既统一领导又分工负责的行动中心。形成以党组织为领导，管理与服务主体、自治主体、经济主体、监督主体等分头行动的格局。"一元领导核心"和"多元行动中心"是领导与主导、把方向与谋具体、组织保证与推动实施的关系，多元行动中心间是平等、协作、共治的关系。

传统农村治理模式归结于乡镇统筹与村民自治，信息流动呈现单向化、缺乏有效交流的状态,当前农村治理格局主要表现为多主体联动治理,追求去中心化的效能导向路径,以更高效、更便捷的治理模式引导各主体相互配合,共享共治。交流路径与参与主体的多元使治理机制复杂化和多头化,联动治理网络效率空前提升。

农民的社会公共活动参与主要表现为政治参与,且政治参与的深度、广度与自身利益挂钩,呈现效能导向、联动参与的基本特征。政治文化是政治实践发展阶段性特征的意识层面反映,在农业社会中,依附、冷漠的政治文化是主流,农民具有强烈的臣服思想与附庸意识。当进入工业社会早期后,市场经济与工厂生产的发展需要先将劳动力从原有的生产关系中"解放"出来,然后才能再吸收到大机器生产中。因此,此时的政治文化需要全面"反叛"封建集权的政治制度。于是一种与臣服、附庸相反的,强调个体独立、参与政治、公共精神、平等自由的政治文化应运而生,这逐渐孕育出农民政治参与的内在需要。法国政治学家托克维尔曾在《论美国的民主》中指出民众政治参与对于人类政治的实践意义和理论意义,并大胆预言"民主即将在全世界范围内不可避免地和普遍地到来"[11]。对于农民的参与政治,美国的学者则更为理性:农民之所以参加政治完全是出于对经济的考虑;农民政治活动的起点是对外界的信任:农民不相信来日方长的许诺,只承认立竿见影的好处[12]。有时,政治参与的失范并非因为贫穷,而是生存道德和社会公正被侵犯的直接结果。农民的革命性毋庸置疑,但从政治参与同政治制度之间关系来看,农民扮演着多重角色:他们"可能充当一种极端保守的角色,也可能充当一种具有高度革命性的角色"。总而言之,当代农村治理,不是因为当代农村社会存在痼疾、混乱或落后而对其进行整治、整顿、控制和管理,而是指与"三农"关涉的各级政府和社会组织、干部群众等行动主体,通过直接或间接参与农村社会公共权力的运行,达到管理农村社会公共事务这一目的的活动[13]。

当前,政府职能转变成为全面深化行政体制改革的核心议题,这不仅要求政府简政放权,而且需要社会增效受益。提升农村社区公共服务效能作为农村社区建设和统筹城乡发展的关键任务,不仅是农村社区社会组织发展的动力所在,也是构建服务型政府的时代内涵。党的十八大以来,政府正快速推进向社会组织购买服务,促使社会组织与政府的关系由依附、相对独立到共同合作、协作,政社关系由"分类控制"转向社会协同,并通过社区多元主体建构共生、互栖、互动的农村社区公共治理体系。在这一合法性的支持下,农村社区社会组织则表现出多方扶持的发展倾向,与多元治理主体的合作伙伴关系正逐步形成。一是在农村社区居委会的支持下直接成立社区社会组织,减轻村(居)委会负担,服务社区居民。如贵州省遵义市以美丽乡村创建为契机,在"一村一社区"的理念指引下,农村的治理机构由服务中心、农民专业合作经济组织和社区志愿者协会所组成。二是通过政府出资建立农村社区社会组织孵化基地、培育中心、枢纽型组织等支持机制,积极培育社会组织。

二、农村治理主体格局的结构塑力

我国农村社会面临着家户分散、成员身份复杂、收入来源非农化、农民需求多样化、生计与生活二元分离等现实情况,"乡政村治"的线性结构由于无法满足乡村复杂治理的现实需要在不断的局部变革中走向瓦解。首先,家户分散给农村社会治理带来挑战。分散化和家户结构是现代性在农村社会的集中展现。在现代化进程中,农村社会的家户化特点日渐凸显。其典型特征是以家户为单位的主体性走入公共视野、个体的权利意识强化、个体的思想和行动对传统管理者依赖性降低。其中,伴随着权威的消解和弱化,权威控制从面面俱到被削弱至满足基本需求。从村庄聚落的整体来看,农村"空心化"的结构表征正在逐步凸显。但需要说明的是,中国的农村社会因宗族文化传统以及国家战略的影响不会走向农村完全从属于城市,而是以生活共同体、治理共同体等一系列集体行动的重构得以存续,即便过程中不免出现认同降低、内部结构离散、权威消解、行动能力较低等问题。其次,乡村依法行动能力不足。民主和法治是支撑现代国家建构、民主社会的支柱。而在中国农村社会的发展进程中,传统权威消解,新权威尚未成型,农村治理的法治化水平以及农户的法治意识比较淡薄,依法治理、依法参与治理的能力不强。再次,乡镇政府的自主行动能力不强。中国农村基层治理结构是"县(市)、乡(镇)、村(社区)"行政一体化治理结构,乡镇政府处于政府与社会"夹层之中"的"尴尬地位",其自主治理意识不强,对村委两委有强烈依赖性。而在县乡关系中,"放管服"改革的确拓展了乡镇政府在社会管理过程中的灵活空间,但是乡镇政府受到从县级政府下沉的指令目标制约,乡镇政府依旧处在统筹和可调配资源有限、独立决策权能有限、谋划主动性受限的环境中。最后,村干部行动异化。"乡政村治"结构中的"行政势能"在社会转型时期得到放大,从省市到县再到村级承接的行政压力陡增。为激发村干部的主动性,通常采取提高干部待遇的办法。长期采取"待遇高半级"的激励策略,导致村级治理中出现责任具体化、工作半官僚化、村级主要干部"专职化"等现象，农村的干部体系存在着"民意代表""行政合谋""保护型经纪人""谋利型经纪人"等多重角色汇聚于一人之上的"精英垄断"趋势，这不仅违背了多元参与的治理原则，也违背了基层民主自治中的民主原则。此时的村干部疲于应付摊派的指令性任务和责任，无暇顾及人民群众的真实需求。此外，村主职干部与其他村干部工资待遇悬殊使村干部间的关系变得更加微妙，村委会内部分化通过多种形式显现出来。

此外，驱动力不足，农民主体表达弱化。农民对公共服务质量需求不断提高，然而城乡之间在教育、医疗、养老等领域的公共服务落差始终存在，加之农村社会的基本公共服务受到资源、人口等因素的限制处在较低水平，外出务工、离乡创业便成为大多数农户的主要选择。生活与生计需求无法得到满足的农村居民缺乏对村务治理的预期，更缺乏参与其中的动力。离开农村生活、保留农村身份成为当前农民群体的典型生存状态，这种状态的后果就是村务治理成为农村社会中可有可无的一种形式，而农村也不再是可以回归的家园，这就进一步弱化了农村治理的行动能力。

三、农村治理主体格局的环境塑力

农村社会治理的趋向与速度既受到外生因素的影响，也是农村社会内生因素尤其是历史因素作用的结果，乡政村治的行政习惯对当前农村社会治理的结构有着潜移默化的影响。乡政村治的诞生并非偶然，它是自治与政治结合的生效机制。在乡镇管理与村民自治的并行模式中，自上而下的国家治权下沉至乡镇，表现为乡镇政府的行政管理权，乡镇以下则是基层民主自治，集中表现为村民的自治权。[14]"乡政村治"的治理结构是一种国家与社会有机衔接、合作共治的实现途径，直观地表现为乡与村的具体机构设置和组织架构。"乡政村治"架构了一个政社分开、行政与自治分设、以党组织为连接的治理体制。中国共产党以领导者和保证者的角色主导结构设计和治理实施过程，其主要职责是领导和保证"乡政""村治"依法行使职权。乡镇党委、人民代表大会、政府组成了乡镇一级"三位一体"的政权结构，村级党组织直接领导村级治理工作，村级党组织、村民委员会（以下简称"村委会"）和集体经济组织等共同组成村级自治较为稳固的结构。村委会理论上是自治的组织者，主要承担村民自治的职能。但客观上讲，村民自治作为一项国家整体性制度安排，其本身就是现代国家建构的一部分，村委会的合法性除了从下至上的村民赋权，还得益于从上至下的国家赋权。村委会既是行政的代理机构，又是自治的代理机构。该种赋权逻辑和代理关系表明，村委会成为连接乡镇政府和村民的桥梁与纽带，具有既"对上"又"对下"的双重职能，既是"村治"的组织者，又是"乡政"的承接者，还是"乡政"和"村治"的衔接者。如此一来，从乡镇到村委会实际上构成农村基层社会的"行政体"，从村委会到村民形成农村基层社会的"自治体"，"乡政村治"便形成以村委会为"衔接体"，其上为"行政体"，其下为"自治体"的一体化结构，从而具有"上政下治"线性结构的特点。这种"上政下治"线性结构特点，有着其固有的结构性困境，即"行政势能"强，结构的平衡随时有被"行政势能"打破的风险。这是因为：首先，处于行政结构上游的行政权力其存在的意义在于以命令和压力的形式向下延伸。尽管政治行政二分早已成为各种制度设计所追求的理想状态，但党组织的领导作用在我国的治理实践中依旧是不可或缺的。《中国共产党农村基层组织工作条例》和《村民委员会组织法》中都明确规定了农村基层党组织是农村工作的领导核心，党支部与村委会之间是领导与被领导的关系。从党的结构来看，党的下级组织必须服从上级组织，因而党的村级组织处于乡镇党委的领导下。通过党组织下行的命令与压力依旧会导致村级单位的行政权力本位。其次，处于结构下游的自治权力不具备实际独立性。从全国范围来看，村民自治作为国家整体性制度安排，是一种嵌入—内生的行动逻辑。自治的生成与运行从一开始便有外部依赖性。自治主体的规制了解、技术掌握、意识形成、权责承担需要通过"社会化"实现。同时，无论是主动汲取治理资源，还是被动输入治理资源，农村社会的资源调配只具备部分自主性，资源的种类、数量限制以及投放目的的指令性限制极大地制约了村民自治的独立性。这种半独立性的本质是自治权力对行政权力的依赖，自治权力不管是从主观上还是从客观上均不具有"抵御"性。因此，行政权力能够很快地在村庄形成支配力，乡镇与村委会也会就此形成"利益共同体"，加上"自上而下对基层不断强化的限权，致使农村基层治理的向上集权化、村治行政化和权力监督虚化三重趋势日益明显"，并导致"社会的国家化"[15]。最后，权力运行的"双轨"机制缺失。"乡政村治"结构看似形成了"行政"与"自治"既相对独立又有机衔接的组合，但实际却形成了上下一体的"二元单轨"秩序，理论上设计的权力边界在整体性压力型体制中被打破。对此，要使自治空间不被压缩，唯有设计"行政"与"自治"运行的"双轨"机制。也就是说，村委会作为自治的"生发体"不再承接由上至下的行政事务。要实现这一点，必须有独立于村委会之外的"行政承接体"来具体承接行政事务，帮助村委会从行政事务中"脱身"。而"乡政村治"的线性结构特点恰恰缺少这样的设计。中国特色社会主义进入新时代,"乡政村治"的结构性困境进一步凸显,原因在于三个方面:一是农村治理结构转型跟不上农村社会变迁的步伐。尽管农村治理创新的实践探索从未停歇,但就全国范围看,乡村总体上的治理结构依然是"乡政村治",其线性结构特点依然没有改变,行政强势、自治弱势的格局依然没有改变。农村基层社会治理的制度反思不够、制度完善不及时、制度变迁跟不上社会变迁的步伐,农村治理困境更本质地反映为制度性后果。二是农村治理生态的变化更有利于行政势能发挥作用。随着农村现代化程度加深,农村社会利益多元化、矛盾复杂化、村庄"空心化"、农民"原子化"等现实问题增加了农村治理的风险和难度。同时,国家综合国力显著增强,民族复兴的共同意识明显提升,建设一个强大国家成为人民热切的呼声,国家加强社会整合和资源集中的社会心理进一步强化。在这种情况下,不管是出于农村治理有效的实际诉求,还是出于国家政权建设的需要,行政势能必然越发强势。三是"精准脱贫""乡村振兴"等国家政策和战略的实施进一步强化了行政下沉的正当性。国家战略的实施是以国家的资源输入为基础的,资源的调配方式深刻影响着农村治理的权力格局和运行方式。在限时推进的战略压力下,行政体制的制度取向和制度潜能日益被强化和普遍使用[16]。精准脱贫任务的加速完成和乡村振兴战略的加快推进,是农村社会"权力过密化"的时代背景和社会动因。

四、农村治理主体格局的实现路径

在实践中,"一核多元"复合结构的具体组织形态是多样化的。基于上文的讨论和农村治理已有的实践探索经验,从"精县—强镇—建社"的路径来展望农村治理结构的现代化转型,是一种可能的进路。强镇是一个宽泛的概念,主要内涵是在县乡关系中,推进治理重心向乡镇下移,对乡镇进行扩权明责、提能增效,建实建强乡镇的农村治理能力、农村服务能力、发展经济能力。国家对乡镇在农村治理中的作用定位是:把乡镇建设成为农村治理中心、农村服务中心、农村经济中心。强镇,核心在于厘清县乡关系。中共中央办公厅、国务院办公厅《关于加强和改进乡村治理的指导意见》明确县乡党委担负农村治理的主体责任,乡镇党委则担负直接责任,而村党组织全面领导村委会及村务监督委员会、村集体经济组织、农民合作组织和其他经济组织。对于县乡关系的调整,基于税费改革的倒逼机制和农村综合改革的需要,2004年以来开启了新一轮探索。2008年,《中共中央关于推进农村改革发展若干重大问题的决定》提出："依法赋予经济发展快、人口吸纳能力强的小城镇相应行政管理权限。"2009年，在总结试点改革的基础上，中共中央办公厅、国务院办公厅印发《中央机构编制委员会办公室关于深化乡镇机构改革的指导意见》，在全国推开乡镇机构改革，明确"坚持权责一致，赋予乡镇履行职能必要的事权和财权"。2010年，中央机构编制委员会办公室等6部门联合下发《关于开展经济发达镇行政管理体制改革试点工作的通知》，指出"按照强镇扩权的原则，赋予部分县级经济社会管理权限……按照精减、统一、效能原则，根据经济社会发展需要，因地制宜设置机构"。至此，新一轮乡镇体制改革围绕着"扩权强镇"的总基调被确认。在实践层面，"扩权强镇"从"强镇扩权"开始破题，即从部分经济发达（经济实力强）的镇扩大社会管理权限作为突破点。如浙江的"镇级市"建设，广东走"简政强镇"事权改革之路。纵观这些实践探索，"扩权强镇"还需要强化一个关键问题，即"强镇"的前提在于"精县"。精县，就是要按照精干高效的原则，精简管理事务、精简机构设置、精减人员编制，围绕发挥整体上领导功能、业务上指导功能的目标构建县级机构、人员编制和事务体系。只有"精县"，才能改善当前"县－乡"在机构、人员、财政上的倒金字塔格局，使治理资源更多地下沉至基层，使治理重心下沉至乡镇和街道。因此，扩权强镇不能简单地理解为县级下放权力和乡镇承接权力，没有"精县"为前提的扩权，难以达到真正"强镇"，更有扩大官僚体系和形成改革形式主义的危险。建社，即通过农村社区建设重构农村治理体系。农村社区建设是伴随社会主义新农村建设而出现的实践探索，是一项由政府主导的旨在提升农村公共服务水平，促进城乡一体化建设，完善基层治理体系，推动农村经济社会全面发展的整体性治理行动。2006年，《中共中央关于构建社会主义和谐社会若干重大问题的决定》首次提出了"农村社区建设"概念，强调把城乡社区建设成为"管理有序、服务完善、文明祥和的社会生活共同体"。民政部从2007年开始先后确定多个"全国农村社区建设实验县（市、区）"和"全国农村社区建设实验全覆盖示范单位"，积极开展幸福社区建设，并制定《全国农村社区建设示范单位指导标准》。2017年，《中共中央 国务院关于加强和完善城乡社区治理的意见》提出"努力把城乡社区建设成为和谐有序、绿色文明、创新包容、共建共享的幸福家园"的目标。对于深化社区建设的积极意义，中共中央办公厅、国务院办公厅于2015年印发的《关于深入推进农村社区建设试点工作的指导意见》中表述得很明确：一是出于解决农村基层社会治理面临许多新情况新问题的需要。二是有利于推动户籍居民和非户籍居民和谐相处,有利于促进政府行政管理、公共服务与农村居民自我管理、自我服务更好地衔接互动,有利于增强农村社区自治和服务功能。三是在实践层面农村社区建设取得了丰富成果,实践证明有效。这充分说明农村社区建设确实能够较好地适应农业农村现代化转型过程中的治理现实需要。因此,改善"乡政村治"的结构性困境,特别是随着农村社会开放程度加深和产权制度改革的深入,突破村民自治的封闭性,将更为开放的社区自治作为一种路径探索非常必要。社区建设在各地的实践尽管各有特点,但就一般意义而言,社区建设的内在逻辑是重构农村治理体系,提升农村治理能力,其治理结构需要承载的功能和需要满足的农村治理需要具有共同性。建构社区治理结构至少需要突出五个部分的内容:发挥直接领导功能的社区党组织、发挥社区管理和服务功能的社区服务中心、发挥社区自治功能的社区自治委员会、发挥集体经济组织经营功能的新型联合组织、发挥监督功能的社区监督委员会。其中,社区服务中心还通过建立组织孵化、志愿服务等平台,培育、管理、服务其他社会组织、农民合作组织及其他经济组织,积极回应农民日益增长的多元利益诉求,增强对个体化社会的整合力量,提升农村社会组织化程度。同时,坚持各部分运行的相对独立性,特别要避免走上"几块牌子、一套人马"的老路,这是保证社区治理结构功能有效发挥的前提。这样的社区治理结构,实质上是以社区党组织为领导,以社区服务中心、社区自治委员会、新型联合组织、社区监督委员会以及其他社会组织为行动中心,广泛吸纳居民参与的复合型治理结构。这种结构以党组织的领导力为保证,以各行动中心既相对独立又相互合作的治理实践为载体,以既有体制性保障又有可自愿选择行动单元的居民参与为支撑,形成一个多元互动、交叉联系的极具开放性和吸纳力的网状结构。

第四节 治理工具:现代化技术的赋能

随着新技术的不断发展和应用,传统的基层治理工具如行政指令、村规民约、市场调节、财政工具等表现出低效与高成本的特征,通过包括互联网技术在内的技术运用,新型治理工具层出不穷,微信群、QQ群、朋友圈、微博、公众号、网站、网络论坛、移动客户端、直播平台、管理信息系统等平台建立起农村各主体之间沟通交流的低成本渠道,形成了群策群力、共同参与的农村治理格局,优化了治理结构,体现出现代化技术的巨大能量[17]。同时,新技术的应用也带来一些新的问题,关于过度工具化与无序化的争论也此起彼伏,科技风险逐渐累积[18]。

随着信息技术的成果不断下沉至生活层面,大数据、信息化及其所包含的多中心、分散化的逻辑也在改变着社会结构,并通过生产生活加以表达。将信息技术运用于社会治理领域,是社会建设方面的一大创新,也是社会发展的必然[19]。技术引入的直接目的是修正治理实践中的具体问题,然而方法与技术革新的持续生效需要治理系统的调整作为支撑,由此便引发了规制与实践的冲突,这也是推动农村社会治理转型的一大动因。传统社会中的规制设计存在着诸多不足,有些历史习惯寄生于新的制度之中,如以群众基础为由拒绝使用新的管理方法或技术,或是以技术革新为由滥用技术谋取私利,又或是盲目投入新技术导致重复建设、协同困难,造成"信息孤岛""数字鸿沟"的现象,严重影响行政效率。

面对着以大数据为核心的新一代信息技术浪潮,社会治理难题迫切需要融合区块链、人工智能等新兴技术手段。技术手段促进各部门资源整合,横跨全域信息交流,盘活信息资源,推动基层治理体系朝着协调式全域社会治理模式转变。党的十八届三中全会以来,"创新社会治理"已成为国家治理和社会治理现代化的重点之举,党的十九大报告更是强调,要"推动社会治理重心向基层下移"。但随着治理权限的进一步下沉,我国基层社会治理短板也不断暴露,治权下沉的权责匹配问题成为关注的热点之一。正如陈家建、赵阳所说,当前治理体系中的基层组织资源少、任务多,被动承接自上至下的多重任务,自主行动力薄弱,治理权低下。[20]再加上与权力相匹配的资源并没有真正"下沉落地",致使基层"小马拉大车"的现象屡见不鲜,不仅拉不动、拉不快,还严重损伤了"马力",得不偿失。

一、治理现代化的科学技术内涵

对于城市而言,科学技术在治理领域的应用引发治理逻辑的演变,多元治理逐渐呈现网格化的形态流变趋势。看似作为科技革命的社会产物的治理逻辑演变,其实质是服务供给或服务能力对日益复杂的治理需求的满足。同样,农村社会所承载的复杂需求网络也同样需要服务供给体系的变革,这也是农村治理现代化的器物层面要求。治理语境中农村和城市物理空间的运动始终被科学技术和人类需求之间的张力所驱动,科学技术应用的现代化带来空间治理内涵、范围、参与主体、运行机制的嬗变。农村实现治理现代化进程中,由科技所带来的现代化将比理念等其他维度的现代化更瞩目。在科技赋能中,越发科技化、共享化的农村治理更有效地维持其内外的信息流、物质流和能量流循环,达成"善治"。

农村社会的发展史在一定程度上也是差序关系的圈层结构构建史,基于血缘、地缘的差序逻辑贯穿于各类事务的治理实践中,甚至浸入中央行政权力的末端。被置于主流政治话语体系的人情关系,并没有完全割裂于表层的行政框架,相反,二者间逐渐产生千丝万缕的联系。基于理性原则被设计出来的制度架构被人情逻辑所贯穿,公共利益的外表下实则依旧是以差序圈层的利益分配为遵循。作为出发点的"公共性"价值沦为遮掩差序圈层的现代伪装。而潜藏在行政体系中的差序逻辑为"单一核心"和"官本位"思维提供文化根基,这些观念在日常治理过程中潜移默化地左右着实践,并进一步巩固其在个体思维中的地位。如何破除固有的差序逻辑,使公共性回归到"公共理性"的范畴,成为农村治理现代化进程中亟须解答的问题。基于人情关系构建的行动网络中,"人情冷暖"仿佛赋予纯粹理性的行政网络以温度,但是,其代价则是更大范围的"残酷"——牺牲公共性。不可否认的是,绝对的理性制度建构几乎不存在,人为所不可避免的误差和损失也会造成"非理性"的后果。正是为规避有意或无意造成的"非理性"结果,信息技术和人工智能被广泛应用于人类社会的不同领域中。不同于以往技术革命成果的工具属性,信息技术和人工智能的诞生包含取代或部分替代人类执行的指向。在摆脱作为感官延伸的工具表征后,人工智能的目的在于以机器的绝对理性克服人类不稳定的有限理性,进而保证预期目标的达成。因此,在农村治理现代化的构想中,治理手段的智能化、精细化俨然成为阐释现代化的重要构件。一方面,大数据、"互联网+"等技术工具的普及,消解了信息的收集和处理过程中的阶层性。实时共享的大数据综合分析平台,不仅克服资源同质、数据烟囱、信息孤岛等制约障碍,还使数据跨领域、跨层级、跨部门融通共享成为可能。[21]这种信息共享为行动的共同性提供了可能,这也暗示着不同主体在利益获取方面只存在信息维度的影响因素,附着在宗法人情关系上的利益分配次序趋于瓦解。另一方面,信息的共享虽然提供了一种走出非理性逻辑的可能性,但是这种可能性的实现需要人的参与,这势必导致不确定性因素的增加,因此,如何将二者近乎完美地紧密融合是农村治理现代化的关键。因此,农村治理现代化必须构建线上线下双轨联动的治理体系,让跨领域、跨层级、跨部门、全空间治理综合体得以实现,进而更为彻底地贯彻现代化治理理念,提高农村治理的现代化。

二、工具理性的膨胀和科技风险的扩散

第三次科技革命的产物逐渐应用于治理实践中，治理主体不可避免地产生技术主导、技术至上和效率原则的工具理性观念，而寻求以公平公正为治理终极目标的价值理性观念极易被遮蔽，这也是任何技术革新都要面临的问题。从本质来看，包括信息技术在内的诸多技术工具仅仅是追求效率的工具，而效率作为一种手段其价值指向是社会的公平正义，满足人民群众的现实需求又是实现公平正义这一最终价值的阶段性目标。但是，精准高效的工具手段往往在治理实践中异化为社会治理的目的本身，导致一味追求效率而牺牲公平的"本末倒置"。在已有政绩考核和晋升压力下，处在推广阶段的大数据技术的平台建设和应用普及本身就是基层乡镇政府的政绩指标，这会引发"重硬件轻软件、重建设轻应用"的激励扭曲，原本用于提高治理效率的新技术却只能化作"平台规格""数据库规模"等数据指标来彰显治理绩效。由于缺乏统筹规划和相应资源配套，数据平台重复建设、运行效率低下的现象屡见不鲜，更有甚者，很多数据平台由于无法运行而成为摆设，造成严重的资源浪费[22]。

大数据技术在提升决策科学化和决策效率的同时，也为决策者提供了一种决策后果的免责机制。依据大数据技术提供的信息进行决策成为科层化的固有程序，决策依据的科学合理性和决策程序的规范性为决策者豁免责任提供了可行路径。这在很大程度上强化着决策主体的工具理性，他们只重视工具手段是否科学和程序规则是否规范，往往不重视决策本身的伦理后果和价值追求。

技术至上的思维会产生治理过程对大数据技术的过度依赖。治理主体容易陷入大数据技术带来的"梦幻效果"的乐观情绪中，难以深入思考数据背后的伦理和价值问题。人们更加重视技术效率，易于忽略技术应用的价值合法性。技术应用会加深长期以来固化的管理主义思维，使得社会管理者的"权力幻象"得以强化。管理者热衷于通过技术手段提高对社会的控制能力，而忽略公众权利诉求的满足，进而与包容共享的价值追求渐行渐远。

大数据技术是人类信息技术革命的最新成果，是科技现代化的重要体现。技术创新及应用普及在推动社会治理现代化进程的同时，也带来较大风险，进而引致多样态的治理危机。一是大数据自身的可靠性存疑。我国尚处于大数据技术应用与发展的初级阶段，由于认知偏差、技术局限性等因素，思维模式、技术能力尚不能满足爆炸式增长的海量数据的开发与处理需求。在既有条件下，

大数据本身的价值挖掘可能是有限的,并且数据信息的解读很可能有偏差。运用有局限性的技术和有偏差的数据进行社会治理,社会问题的精准识别和社会需求的有效回应会大打折扣。二是数据垄断与数据霸权会产生严重的社会后果。不同社会治理主体对数据信息的拥有程度和使用能力不同,数据资源的垄断可能会固化已有权力格局,不利于多元共治模式与包容共享治理格局的形成。数据利维坦会导致数据独裁,加剧寡头统治的风险。三是大数据应用在一定程度上增加社会系统的脆弱性。从形式层面看,由于缺乏技术人员的长期维护,农村社会中的信息技术设备通常面临技术漏洞的威胁。数据体量的庞大性与数据结构的复杂性增大了保障数据安全的难度,由于数据保护技术落后和治理主体缺乏安全意识,数据资源成为网络攻击的重要目标,以数据泄露为主要表现的公共信息安全问题频发。数据泄露往往与数据篡改和非正当使用等行为密切关联,对社会安全产生极大威胁。从内容来看,农村社会中存在漏洞的网络环境成为诸多不良信息和谣言渗透的主要渠道,导致大数据技术的应用强化着社会系统不同领域、不同主体、不同要素之间的关联性和依赖性,极易产生"蝴蝶效应"和多米诺骨牌效应,加剧社会系统的脆弱性。大数据技术的应用普及对公众的隐私亦会形成较大的威胁。

第五节 风险思维在农村治理现代化中的重要作用

在农村治理现代化过程中充斥着矛盾、混乱与不确定性,这些现代社会治理的特征衍生出难以界定的风险因子,现代农村治理必须考虑到风险给农村治理带来的各种不确定性与潜在的、可能的损失。风险思维成为农村治理现代化不可或缺的一部分。因此,要确保充分解决民生诉求反馈迟滞、多元矛盾化解不力、治理联动诚信缺失、社会参与激励不足、资源共享技术落后、心理服务意识淡薄等现实问题,进而实现推动社会治理体系和治理能力现代化。

一、农村治理现代化的不确定因素

(一)乡村复杂性治理的现实背景

基于复杂性视角重新认知农村治理需要充分考虑环境的不确定性。乡村复杂性治理是在一个叠杂着地理空间、行政空间和文化空间的综合系统中,农村主体与客体以解决问题为目标而进行整体识别、系统谋划、利益协调、行动协同及凝聚共识的过程。高度复杂多变的环境系统是乡村复杂性治理的基本背景，这意味着在信息快速广泛流动的当下，复杂多变的环境要素成为阻碍治理主体预测事务发展、处理突发事件的主要障碍。多元价值观念并存标志着文化空间的繁荣，但是也冲击着社会思潮的前进方向，对同一事物的多种观点和看法在缺乏权威认知的情况下难以互相说服，导致各行其是的分散化行动，治理环境被进一步复杂化。学界当前对于农村复杂性治理的研究中通常将环境不确定性视作治理主体"不能够有效而准确地掌握复杂多变的环境"，这就意味着农村治理主体不能通过自身掌握到的科学知识和已有经验准确地认识不具有客观规律性的环境，不能有效、合理地驾驭决策运行过程以实现预期目标。从系统论的视角看，农村治理其实是处于乡村这一特定环境中并与乡村之外的其他条件和其他情景相互作用、相互制约的系统。

（二）乡村复杂性治理的阻碍因素

治理资源有限性下的乡村复杂性治理是乡村振兴的重要抓手，然而"抓手"运行需要资源。那乡村复杂性治理的资源指向呢？有学者认为，复杂性治理的资源"就是在政策的制定中所需要的各种条件"。但"公共需求决定着公共事务的多寡"，这意味着农村治理条件的有限性和农村居民需求的无限性存在明显张力。欲望无限、需求无边，资源有限性即为常态。以政府为核心的县域社会之所以没有对存在的公共问题采取解决方案，其重要的影响因素是政府可以获取的经济资源。财政资源是农村治理所遇到的最大难题，除财政资源外，政治资源也是农村治理过程中的重要资源，石路认为政治资源包括"财政、人事、宣传"。另外，无形政策资源也是农村治理意图实现的重要资源。就目前无形政策资源看，这种不足主要表现为基层主体公信力缺失，农村居民信任与支持力不足，乡民情绪化抵制凸显，以及"政府提供的服务、对公共事务的管理能否满足公民需要"的悲观感知等。尽管国家治理能力现代化是党中央积极推动的战略目标，但农村治理理念多停留在过往认知中，农村居民的政治社会化水平较低，部分农村治理缺乏民主的政治文化氛围，这造成文化理念亦陷入资源有限性的复杂困境中。

（三）乡村复杂性治理的主体要求

集体行动一致性中乡村复杂性治理的主要对象是乡村公共事务问题以及农

村居民公共利益问题,其受众广泛繁杂,这使得农村治理必须对集体行动一致性的复杂性予以足够关照。奥尔森认为,"除非集团采用强制力,使个人按照团体目标行动,否则理性人不会积极采取行动以实现团体利益"。按照奥尔森的观点,农村治理主体参加集体行动是他们经过理性分析与选择、利益衡量取舍后的结果,而农村治理主体在应对公共事务、公共利益时常常遭遇"公地悲剧",或者须时时应对"搭便车"现象,因此也造成农村治理行动的一致性困境。郑子峰将公共事务治理称为典型的"集体行动",而乡村公共事务治理与公共利益生成的公共性特征意味着治理主体不能局限于乡村公共治理机构,它涉及的内容更为广泛。故集体行动一致性成为农村治理的重要价值诉求和衡量标尺。在封建王朝的"官本位"思想浸染下,我国农民表达自身利益时会暂时丧失其主体性,成为"官本位"理念的附属品,无论是"父母官"的称呼还是"为民做主"的期许,农民不自觉地依附和臣服政府。正如李锐指出,公民政治参与中非理性的低度参与,以及"公民在政治参与中没有明确的参与动机和利益需求"是治理的最大困境,这也是农村治理主体行为一致性难以达成的重要原因之一。在转型期,农村居民呈现的精神世界空虚、精致的利己主义、享乐主义等情形也影响着个体成员的集体参与行为。如果乡村个体对集体行动无身份认同感,盲目追求物质利益和精神享受而忽视公共利益,则必然导致农村治理主体行动的一致性无法实现。

二、风险治理是农村治理的必然要求

乡村在进入风险社会之后,单纯的危险管理模式虽然能够缓解当前的危险状况,但是却在很大程度上将风险因素掩盖起来,从而进一步加剧了农村社会的不稳定。也正是在这个背景下,党中央提出了创新社会治理的战略方针。在2011年5月召开的中共中央政治局会议中,中央明确提出了加强和创新社会治理要坚持"关口前移、源头治理"的基本原则。所谓"关口前移、源头治理"就是在社会治理的全过程中,要把管理的重心由传统的对危险事件爆发后的应急和控制,转移到对风险前期的预防和管理,转移到对风险的识别与风险认识上。这正是社会风险治理模式的内在要求。社会风险治理是世界银行为应对经济全球化对社会发展的严峻挑战,于1999年提出的社会保护政策的全新理念和一整套应对方案,旨在拓展现有的社会管理思路,强调运用多种风险控制手段、多种社会风险防范与补偿的制度安排,系统、综合、动态地处置新形势下各国面临的日趋严峻的社会风险，实现经济社会的平衡发展和可持续发展。由此可见，风险治理的本质是指在未出现社会危险的情况下所采取的预防性措施，与当前的危险管理截然不同。已经进入风险社会的广大乡村迫切需要创新原有的社会治理模式，从单纯进行危机应对转换为以风险治理为核心的社会治理体系。当然，这并不意味着放弃危险管理，而是强调风险治理的基础地位，以及任何危险管理的开展都要与风险治理对接。

（一）政治风险暗喻：基层组织失能的风险内涵

治理的关键在于基层组织建设。在任何环境中，无论是风险的识别还是风险的治理，其行动主体和价值指向都是人，而作为不同个体的有机结合，组织也成为基层风险治理的执行者与受益者。从静态来看，组织放大了个体的主动性，也放大了个体的受动性。行动还将个体的主观意愿外显化。对于乡村政治风险的治理而言，基层组织的建设、基层政权合法性的损失，源于农民对基层组织的不信任与日俱增。要防止政治风险转化为重大的政治危机，必须从源头上找出农民对基层组织不信任的原因，并提前加以克服。农民对基层组织不信任的原因主要是：首先，基层组织的治理能力弱化，无法对农民诉求进行分类，且没有对农民的合理诉求及时予以解决。当然，国家的维稳体系在很大程度上取代了基层组织进行分类治理的必要性，使得一些不合理的诉求由于无法在基层得到解决而强化了农民对基层组织的失望情绪。其次，农村党组织作为执行党和国家政策的战斗堡垒发挥作用不足，很多农村的党组织甚至呈现瘫痪状态。很多农村党员基本的政治认同出现了偏差，思想觉悟降低，甚至还不比普通群众优秀。最后，群众路线的不畅通使得农民很难有效地参与基层政治生活，无法对基层组织进行有效监督。群众对干部容易产生不信任感。因此，对乡村政治的风险治理，要加强乡村党建工作，并且应重新确立群众路线的核心地位。只有真正地做到"一切为了群众，从群众中来，到群众中去"，才能切实巩固中国共产党在乡村政权中的合法性。

（二）经济风险暗喻：基础设施建设缺位的风险内涵

农村社会的经济风险治理，重点在于加强农村基础设施建设。大集体时代无论是大规模农田水利建设还是民生工程，其本质是风险治理行为，同时，这种治理行为中隐含着对诸多社会风险的预见和防控。比如，通过建立完备的排灌体系，确保在正常年景可以小水灌溉，在大旱年景可以大水灌溉，在大涝年景可以及时排涝，从而尽可能做到旱涝保收。但是，当农村社会经历着市场经济阶段，家户视角下的经济营收成为行动的最终目标。因而，市场风险便成为凌驾于一切价值判断之上的标准。此时的行政权力运行也聚焦于此，如何实现个体脱贫成为亟须回答的问题。但是，被消解的集体却并不意味着原有的风险也随之被消解。更何况是被拆解为个体的农户将要独自面对原本集体应对的风险。因此，原有的农田水利被荒置，代之以自身利益最大化为动机的微型水利设施。且不论在有限空间内的矛盾频发，其水利灌溉效果虽在常态化阶段能够保证单个农户的生产需要，但在灾时任何单个设施很难应对。除生产设施缺位外，伴随被消解的集体一起散去的还有治理组织的动员能力，毫无疑问，基层治理组织的身份受到法律保护，但是，这并不意味着其效能完全适用于农村社会。遵循个体行动逻辑的农户放弃通过集体行动获取利益的路径，取而代之的是个体单打独斗。丢失了动员能力的基层治理组织难以整合农村社会中的各类资源，更无法完善农村社会的基础设施建设体系。而在自利动机驱动下，基础设施也将演变为公地悲剧，此时的农户只能独自面对经济风险。所以，基础设施建设的缺位实则隐藏着经济风险的暗喻。

（三）文化风险暗喻：社会化失能的风险内涵

农村社会的文化风险治理，重点在于完善农民的教育体系。传统社会内生的伦理道德显然已经很难继续发挥社区整合的作用，在此背景下，有必要进一步完善农民的教育体系。建设社会主义新农村，其中一个重要的内涵就是培育具有现代公民意识的新型农民，明确个人的权利义务关系，树立正确的公平正义观。应该承认，农民存在着根深蒂固的小农思想，深入农村调研后发现，被调查对象农户的有些诉求并不完全合理。而如果无原则地满足这些不合理的要求，将会引发更多不合理的问题，导致社会正义原则的丧失。因此，需要加强乡村法治教育、增强农民的法治意识，一方面引导其通过法律渠道维护自己的正当权益，另一方面使其认识到在享受权利的同时也要履行相应的义务。如果每个人都能够在法律框架下思考和处理问题，并且严格遵守一套被普遍接受的社会主义正义原则和是非观，那么农村社会的各种歪风邪气也就丧失了生存和发展的温床。当然，这个目标的实现也许还需要很长的时间，但它应该是进行农村社会风险治理的一个基本方向。当前乡村转型所面临的社会风险要求实现社会治理模式的创新，将单纯的危险管理的模式转换成以风险治理为核心的社会治理模式，除了要对已经发生的危险事件进行有效管理之外，更要将管理有效地转移到对风险前期的预防和控制上，从而建立一个有预见性的基层治理体制，确保乡村政治、经济、社会的长久稳定。

参考文献

[1] 斯科特. 农民的道义经济学：东南亚的反叛与生存［M］. 程立显，刘建，等译. 南京：译林出版社，2001.
[2] 黄振华，张会芬. 农村产权单元与自治单元的关联性及其治理效能——基于全国25个省（区、市）296个村庄的实证分析［J］. 宁夏社会科学，2018（1）：129-134.
[3] 上官酒瑞. 论变动社会中政治信任建设目标的有限性——以社会生态为视野的分析［J］. 浙江社会科学，2013（11）：44-51，156.
[4] 江文路，张小劲. 以数字政府突围科层制政府——比较视野下的数字政府建设与演化图景［J］. 经济社会体制比较，2021（6）：102-112，130.
[5] 张康之. 走向合作制组织：组织模式的重构［J］. 中国社会科学，2020（1）：47-63，205.
[6] 杨宝. 治理式吸纳：社会管理创新中政社互动研究［J］. 经济社会体制比较，2014，174（4）：201-209.
[7] 张佐，陈楠. 推进县域治理体系和治理能力现代化的路径选择［J］. 学术探索，2014（11）：18-24.
[8] 魏治勋."善治"视野中的国家治理能力及其现代化［J］. 法学论坛，2014（2）：32-45.
[9] 苏曦凌. 中国"治理"话语的时空规定性及其政治使命［J］. 探索，2021（4）：120-132.
[10] 蓝捷. 落实党风廉政建设主体责任 加快推进县域治理方式现代化［J］. 中国党政干部论坛，2016（10）：36-38.
[11] 瞿郑龙."法政关系"的重新解读［J］. 中国法律评论，2020（6）：109-124.
[12] 刘义强，胡军. 中国农村治理的联结形态：基于历史演进逻辑下的超越［J］. 学习与探索，2016（9）：70-79.
[13] 谢治菊. 风险社会下农民非制度化政治参与的蝴蝶效应解析［J］. 行政论坛，2011（5）：28-32.
[14] 周庆智. 官民共治：关于乡村治理秩序的一个概括［J］. 甘肃社会科学，2018（2）：2-10.
[15] 宁华宗. 新时代乡村治理结构现代化：方向与路径［J］. 贵州社会科学，2021（6）：148-154.
[16] 周少来."权力过密化"：乡村治理结构性问题及其转型［J］. 探索，2020（3）：2，118-126.
[17] 丁刚. 做好四篇文章推进县域治理现代化［J］. 人民论坛，2018（6）：126.
[18] 王开银. 论县域治理体系和治理能力的现代化［J］. 市场研究，2017（7）：38-39.
[19] 陈家建，赵阳."低治理权"与基层购买公共服务困境研究［J］. 社会学研究，2019（1）：132-155，244-245.
[20] 徐勇. 现代国家的建构与村民自治的成长——对中国村民自治发生与发展的一种阐释

[J]．学习与实践，2006（6）：50-58．
[21] 杨一介．我们需要什么样的村民自治组织？[J]．首都师范大学学报（社会科学版），2017，234（1）：63-69．
[22] 徐雅倩．技术、国家与社会：技术治理的现代面向及其反思[J]．自然辩证法研究，2021（6）：39-44．

第四章
风险社会对农村治理的塑造与反思

农村地区是国家基层治理的重要组成部分，也是风险社会治理的最大短板。要建设完善的社会治理体系，实现基层治理的跨越式发展，其最关键、最艰深的命题在于农村地区的风险治理。一方面，农村社会的治理问题复杂。无论是传统农村社会向现代农村社会的"大转型"中人为风险与自然灾害的交织叠变，还是从"脱贫攻坚"到"乡村振兴"，再到"共同富裕"的"小转型"中风险诱因、风险种类以及风险损失的生发演化，都预示着农村社会的风险治理正朝向复杂多元的态势发展。另一方面，农村社会的治理资源错配。治理的核心是资源与问题的适配，而治理资源既包括用于治理的权力、能力、精力、动力，也包括获得以上资源的机会。然而，长期受制于城乡二元发展格局，农村除了治理资源的流失外，获得治理资源的机会也大多依靠政策倾斜及社会公益，这显然无法满足日益复杂的农村社会治理要求，治理资源的错配也阻碍了农村社会治理的现代化进程。因此，国家治理现代化的关键在农村，而农村治理现代化必须实现治理资源同治理问题的适配。本章研究将聚焦于剖析农村社会风险治理的问题所在，从农村社会进入风险时代的逻辑起点出发，逐步描绘农村风险社会的现实景观，分析农村风险认知实然和应然的张力，并据此分析当前农村风险社会治理的实践路径问题，此外，还就本研究的方法、调查所得的问题及成因进行学理剖析。

第一节 实证调查情况说明

农村社会风险治理所涵盖的多维度内容使之成为宏大的现实叙事，牵涉农村社会中政治、经济、文化、科技、生态等多个领域，继而决定了以此为对象的调查只能分阶段进行，是无法一蹴而就的。

如表4-1所示，此次调查分为四个阶段。首先是预调阶段，其目的有二：一是对编制的问卷和访谈提纲进行测试，并据结果加以调整；二是为家住农村的调研组成员提供培训机会，并初步了解农村的社会风险和治理问题。调研组在预调阶段共调研4省217个村庄，调研结果为180份问卷和14份访谈记录。在此阶段的分析中，调研组发现问卷的题目设计方面尚存在缺陷，题目布局方面欠妥，故部分问卷和访谈记录并未被采用。但是，预调研为正式调研的问卷设计、访谈提纲以及成员熟练程度提供了重要的参考。其次是正式阶段。陕西省内的样本点为课题组成员专门抽出整块时间进行调查访谈，四川、河南、青海、甘肃、山东、内蒙古6省份的调查问卷和访谈采取多种途径完成：假期由课题组老师和研究生与地方农业农村局、县政府联系后组织调研；课题组老师曾教授过并在当地或附近参加工作的往届毕业生帮助完成访谈调查，特别是在乡村基层从事相关工作往届毕业生的帮助下，课题组利用网络平台对样本点进行了在线调研。再次为巩固阶段，其目的在于获取正式调研阶段未问及但是关乎课题研究结果准确性的关键性问题。这一阶段所补充的问题有本村的治理路径、合作社在农村事务中的角色等涉及治理主体的问题。负责该阶段的调研组成员同时也负责调研报告的撰写，故设计的问卷和提纲颇具针对性。总体来看，课题组调研呈现几个特征：一是调研队伍庞大，空间尺度较大；二是内容覆盖面大，涉及维度全面；三是研究方法多样，方法选用灵活；四是调查对象多元、划分标准合理，如根据调查对象在村务中的角色分为村民、村干部、村镇工作人员，调查合作社则将对象分为合作社社员、合作社理事会成员。调查数据整理和实证分析过程使用 SPSS、STATA 软件进行处理，各个阶段均获得不同数量的问卷，详见表 4-1。

表 4-1 调查情况汇总

调研阶段	调查目标	时间	成员	调查省份	所获成果
预调阶段	农村风险社会的具体表现，测试调研问卷是否有效	2020 年 6 月至 2020 年 7 月	延安大学的 12 位本科生	陕西、四川、河南、山东	问卷180份（部分有效）、访谈记录 14 份
正式阶段	风险社会下农村治理的现实策略、措施有效性研究	2020 年 8 月至 2020 年 12 月	延安大学本科生、研究生，课题组成员	四川、河南、青海、甘肃、山东、内蒙古	村干部问卷 343 份、村民问卷 467 份、合作社理事监事问卷 325 份，访谈记录 70 份
巩固阶段	风险社会下农村治理的效应和保障	2021 年 1 月至 2021 年 4 月	延安大学本科生、研究生，课题组成员，课题组负责人	四川、河南、青海、甘肃、山东、江苏、河北	村民问卷 244 份、合作社成员问卷 232 份、村干部问卷 310 份
补充阶段	村民参与政治、经济、文化、科技、生态建设，村民的信任关系，"村两委"、村民和各类合作社的互动形式	2021 年 5 月至 2021 年 7 月	延安大学研究生、课题组成员、课题组负责人	新疆、云南、宁夏、重庆、贵州	村干部问卷 125 份、补充材料 14 份、网格员问卷 210 份、村民问卷 390 份

尽管传统风险认知在一定时期内对村民维系农村生产生活发挥着重要的作用，但是新兴事物和观念对农村生活的冲击以及更为先进的生产工具进入农村生产领域，催生出与以往不同的生产生活方式、培养出更具时代特色的行为习惯，这些都在根本上瓦解着传统风险认知的合理化空间。

回顾农村社会的外部生态发展，早期农村社会的外部生态是传统农业社会，农业生产活动诞生出简单的社会分工，进而造就了此阶段农村社会系统中高度同质化的公共事务[1]。此外，自给自足的小农生产方式，生产活动被禁锢于自耕地中，人口、资源的流动程度极低，农村社会系统表现出静止—封闭的特征[2]。因此，这一阶段的农村治理主要依靠内生的基于血缘、亲缘关系的宗法制度维系。进入工业社会后，工业科技展现出比农耕技术更高的生产力水平以及对生产原料的巨大需求，致使农村社会中各要素流动性、关联性增强，农村事务的不稳定性逐渐超出了血缘宗法的能力阈值[3]。即便如此，"行政国家"体系的完善将行政权力"楔入"农村社会中，一定程度上填充了现实治理要求与宗法治理能力间的空隙，维系了农业社会的动态稳定。然而，伴随着网络科技、生物科技、能源科技等高新技术的诞生、普及和创新，农村社会系统的外部生态进入全新阶段，新兴技术在带来较高经济效益的同时，也将世界卷入不确定性因素编织的网络中，而这些不确定性因素既有技术本身的客观不确定性，又有人类在面对利益时的主观行为选择的不确定性，这对农村社会公共事务的治理提出了更高的标准。处于风险社会中，追求治理手段的革新及治理路径的边际微调难以达至"善治"标准。故此，寻求治理逻辑的变革与治理理念的再塑以回应风险社会对农村治理的提问成为当务之急。

从结构功能理论的角度看，农村社会是一个有机的社会系统。而对于任何社会系统而言，与外部生态时时处处保持契合才能维持自身的生存和发展延续。农村社会系统也不例外，在此系统中，经济、政治、社会、科技、生态等子系统的相互作用及彼此塑造生发出农村社会系统的内部框架，而子系统同外部环境的互动和能量交换构成农村社会系统的外部生态，其中农村社会系统的外部生态是农村静态结构和动态运行逻辑的外生性解释，也是促成农村社会有机变动的关键因素。这意味着，我们在讨论农村治理机制的应然与实然状态时，需要对农村社会外部生态进行深入分析，继而对农村治理生态进行研判，才能透视农村治理所面临的困境以及采取何种措施以纾困。

第二节　现实层面：农村社会风险的时空结构

　　从时空结构角度来观察农村社会系统的外部生态，可知其外部环境正处于农村文明向城市文明的历时性过渡、工业文明与农业文明共时性在场这两种过渡性阶段堆叠而成的特殊环境中。这种时间与空间的叠加状态不仅外显于感官，还内含于农村环境中的社会互动、生计生产、自然保护、政令施行等人类实践中，进而将农村形塑为能够同人类社会演进亦步亦趋却又若即若离的独特景观，亦成为农村社会系统治理命题讨论的外生性背景。整体看，农村社会原有生产方式、生活方式以及建立在血缘、地缘基础上的关系网络几近垮塌，而现代化的生产生活方式尚未完全形成，整体呈现历时性和共时性特征，充斥着高度的不确定性因素。正如当前学术界对农村社会形态的阶段性定义，转型期意味着"进行时"，而在转为"完成时"前，农村社会的复杂性、不确定性将与日俱增。但是，许多农村为应对转型期流变的自发或诱发的行动，如税费改革、进城务工、市场化经营等在发挥其积极作用的同时也加剧着社会系统的复杂化，更有甚者，实践中的流动性及风险因素又回流到复杂的农村社会系统中，并与地区性特色相结合发育为某一地区的突出问题，大有"弄巧成拙"之势。对此类问题的剖析同当前农村的风险研判结果相耦合，故此，我们要从风险的现象特征及现象诱因两个层次做一回答。

一、农村社会中风险的时间结构

　　伯格森讲，时间是不断变异的绵延。时间永远在流动，连接过去、现在和将来。而风险犹如融入"时间河流"的一把散沙，无数沙粒于过去被丢入，又以静止或流动的状态存在于当下，并将沉浮的不确定性留给下游和将来。当风险于过去的某个时间段中诞生时，它便具备了客观性的第一个维度，但同时也只能以过去—现在—将来的时间刻度自我诉说，形成风险客观性的时间表达。对于时间而言，无论是否被撒入风险，它将永远保持着连续无隙的流动形态，而风险仅仅是为无形无色的时间着色、着形的方式，人类感官借此可感知时间，这是时间客观性的风险表达。以上两种客观性是进行农村社会风险时间结构描述的基本原则，故当客观描述农村社会风险的时间结构时，一方面要尊重时间的客观性，即对农村社会风险的整体流变进行概述，得到的是在永恒的时间流中农村社会风险流变的整体结构；另一方面要尊重风险的客观性，通过过去、现在、将来三个时间点观察农村社会风险的流变，得到的是时间流动中农村社会风险的周期性结构。在确定描述时间结构的两部分内容后，还需要在形式上构建描绘社会风险客观性的完整渠道。因此，调研组采取以案例分析为主体，问卷分析、访谈分析为两翼的形式充分挖掘调研资料的信息深度，以期准确描绘农村社会风险的时间结构。

D村地处陕西省关中盆地腹地，其落差较小的阶梯台塬地形与肥沃的塿土土质为发展种植业提供了基础自然条件，加之暖温带半湿润季风气候的四季分明、昼夜温差大、气温适宜、无霜期长等特点，以猕猴桃为代表的果蔬种植也成为D村主要的经济来源。2014年，猕猴桃经济合作社成立，在合作社带动下，D村通过流转1 700亩耕地实现猕猴桃的规模化经营，2018年实现村民年人均收入15 000元，取得骄人的成绩。但伴随猕猴桃种植规模的扩张，所遇到的问题也随之增多。2019年，D村暴发了大面积的猕猴桃溃疡病，发病面积覆盖全村70%的猕猴桃树，几乎涉及果园（猕猴桃园）内所有树龄、品种、根茎，D村果农也因此砍掉所有猕猴桃树，造成的直接经济损失高达600万元。但D村也存在受灾并不明显的农户，在探寻其原因时，调研组发现这部分果农在技术人员的指导下，对猕猴桃种植过程中的苗木选择、果树修剪、园区清理、果树施肥等环节采取了系统的防控措施，并在溃疡病发生的2—3月份对果树进行温控处理，有效地保护着果树免受溃疡病的侵袭。由于猕猴桃从种到收须经过疏花、疏果、浸果等多道工序，同时在生产过程中还存在施肥、喷药、灌水、授粉、套袋、修枝等多个环节，工作量极大，十分耗费劳力，各环节有着不同的技术要求，一旦管理或操作不当，就会严重影响猕猴桃的品质。因此，果农通常会通过合作社雇用技术人员参与猕猴桃的种植工作，但技术人员并非规格一致的机器，不同技术人员的技术素养有差异，因此无法保证猕猴桃的品质稳定。除技术和资金因素外，自然条件和气候也是影响猕猴桃种植的因素。猕猴桃对水分、光照、温度以及土壤中微量元素含量都非常敏感，如同技术员A所说，"近5年自然环境和气候的反常变化加大了猕猴桃的种植难度，增加了猕猴桃溃疡病的发生率"，随后技术人员为调研组展示了2018年D村的降水统计数据，D村在1月、4月、7月、8月以及11月发生过200毫米以上的连续暴雨天气共20余次，2019年1月又遭遇了暴雪、霜冻天气。如此大规模的连续降水，在往年极为罕见。

由于猕猴桃的生长特性，D村果农要收获品质好的猕猴桃需要应对来自经济领域的压力、技术领域的挑战、自然环境的影响，而在整个生产周期中，无论是经济、技术抑或自然环境的事件都符合一个标准，即发生于种植周期的某一阶段，但其影响延伸至未来。比如，前期大量的资金投入致使猕猴桃种植后期维持经费不足，造成果品质量下降；又或是技术人员数量不足、素质不高，未能及时处理果树、预防疫病而造成减收；再有，降水、台风、冰雹等自然现象不仅影响猕猴桃的生长，还会形成引发果树疾病的外部环境，持续影响猕猴桃生产。无论是自然灾害还是发展的不确定性，其负面影响均指向未来，这揭示着此类事件的风险本质。据此初步判断D村果农在猕猴桃种植过程中实际面临着经济风险、技术风险以及自然风险。那么，D村果农所面临风险的时间结构怎样？从时间的客观性角度看，农村社会中风险的时间结构表现出传统风险和现代风险共存，且现代风险逐渐取代传统风险的趋势。

当前，我国农村社会处在传统社会向现代社会过渡的阶段，这决定了农村社会将面临来自传统社会和现代社会等不同时期风险的共时呈现问题。生产力的渐次发展决定了人类社会是拥有阈值边界的有限空间，当生产力突破阈值时文明就会演进，反之则保持着动态的稳定。而当前我国快速发展的社会生产力造就了农村社会正处于农业文明、工业文明和现代文明共时呈现的景观中，不同文明的独有特征在有限的空间内挤压、碰撞、堆叠，彼此制约、构塑，使得当下农村社会的结构呈现更为复杂的形态，极大地挑战农村社会系统的稳定性。在D村，虽然果农开始使用抗病砧木、抗病树苗以及矿物微肥等技术手段，但还是难以避免自然灾害对果树种植的影响，同时，技术设备的复杂性可能会导致操作失误，进一步对农业生产造成影响。同时，技术设备以及人力投入加重了果农的经济负担，引发的经济风险成为影响猕猴桃生产可持续的隐患。不同社会阶段在各个领域的不确定性因素各有差异，如今，原本历时性的不确定性因素汇聚在农村社会空间中共时性地呈现出来。从更宏观的角度看，当前中国社会也处在"农业、工业和信息化"三元共存的转型阶段，社会结构的复杂性不言而喻。D村的农户当前既面临包括自然灾害在内的传统的自然风险，又面临设备操作不当或操作失误所引致的技术风险，还面临生产资料支出产生的经济风险。最后，即便是农村社会处于过渡阶段，但是发展方向依旧以经济社会现代化为趋势，风险行为极易转化为现实灾难，成为危害人类生命安全和身心健康的公共事件。由于这种三元共存与快速转型的社会结构意味着现实利益的矛盾和摩擦、价值观念的冲撞和折冲、生活方式和行为模式的差异和隔阂，风险社会在中国农村的表现既典型又复杂。

纵观人类社会演进历程，农业社会发展至工业社会再到风险社会阶段，各个阶段依附的物质基础存在差异，这决定着各阶段面临风险的异质性。在传统农业社会中，农村生产、生活的资源获取，作息安排，文化习俗等活动很大程度上依赖对自然环境变化规律的把握，同时，实践活动能否达到预期也主要受到自然地理和气候等因素的影响，在这一阶段人类对自然环境的依附力强，因此农村社会主要面临的是来自自然环境的不确定性因素，如大风、冰雹等气象灾害，滑坡、泥石流等地质灾害，以及洪水、凌汛等水文灾害的影响，这种依附性的本质是农业生产活动对自然的依附性。随着现代技术对农业活动的改造，即便农业生产对自然的依附性有所降低，但农业生产依旧无法摆脱对自然环境的依附。因此，步入现代风险的农村社会，其农业生产活动依旧面对固有的传统风险。D村的农户在种植猕猴桃时依旧需要抵御冰雹、暴雨、台风、干旱等自然灾害的影响。但是，不同于农业社会的风险特征，当下农业活动所要应对的是被工业文明改造后的自然环境，被工业活动带来的不稳定性所浸染的自然环境，其风险特征无论是在规模、结构还是影响程度方面都远超传统农业社会。再者，随着科技、市场等深入根植在农村社会，由此产生的现代风险异于传统风险，其破坏性、易发性等危害日渐成为农村社会面临的主流威胁，如市场供需的异常波动、技术设备的使用难度高等，与自然灾害的直接破坏相比，这些影响行为的因素更为隐蔽，也更符合"指向未来"的风险本质特征。同时，这些行为的影响没有像自然风险一样被直接感知，这恰恰意味着它们对生产生活所造成的影响将是空前的。正所谓"新风险之源泉是绝大多数人毫无疑问地认为对我们有益的东西"，且现代风险蕴含并渗透于生产生活的各个环节，因此，与传统风险相比，非传统风险不仅更加复杂、危害更大，而且更难以预防和应对。D村猕猴桃种植过程中防虫、施肥等环节需要专业技术工人的参与。但技术工人参与并不能立刻产生果农增收的效果，技术工人的能力和状态也无法保证其持续有效工作。因此，技术工人雇用与否以及雇用规模对于果农来说是不确定的。而一旦果树发生溃疡病，结果必然是果农减收甚至绝收，其危害程度比自然灾害更让果农难以承受。为理解农村社会中各类风险所产生的实际影响，调研组设置"您认为当前最大的风险是什么？"这一问题。其中有89位果农表示经济风险是他们在生产过程中遇到的主要威胁，占到总调查人数的51.4%；有43位果农认为技术风险造成了不可小觑的影响，占到总调查人数的24.9%；有37户果农则认为资金风险严重影响了其农业生产，约占被调查果农的21%；只有2%的果农认为其他风险对其猕猴桃种植造成了威胁。

从风险的客观性角度来看，农村社会中风险的时间结构表现为风险随时间的进展呈现日常状态—潜伏状态—未发状态—危机状态的阶段性演变。

第一阶段是风险的日常状态。在日常生活中，人的行动选择依赖认知体系提供的信息，而实践过程中又会产生新的认知，故两者相互融合彼此强化。出于对价值的理性判断，人通常根据自身情况采取利益最大化为导向的行为选择，但复杂多变的现实矛盾会将人的行为选择过程置于不确定性要素的包围之中，干扰认知系统对外部信息的收集处理，导致人对客观世界中机遇与挑战的判断失误：一是信息时效受限。更新的速度使得决策行动难以在完整且实时的信息基础上进行。二是思维定式固化。由于无法探知风险的未来发展状况，人们对风险的分析和决策往往依赖先前建立的固有认知，这种"机械经验主义"的做法割裂了人们的主观认知和客观实际之间的联系。三是自利动机影响。除主客观之间的不对称性外，现实中还存在通过有意地掩盖风险以谋取利益的情况。总而言之，当前的风险治理思路存在着基于以往经验对现实情况作出判断，以此预测未来风险发展并制定对策的倾向。其内在地假设了除风险外其他变量的相对稳定以及风险诱因的相对固定，这无疑偏离了风险社会发展的未来趋势，极易诱发矛盾的非均衡状态。在 D 村的案例中，农户根据以往经验规划种植、选购树苗，农户雇用的技术人员也会根据经验判断当前的天气、温度、湿度以及土壤墒情并调整种植计划。在此过程中，无论是农户还是技术人员都是在以往信息的基础上作出决策。因此，农户的种植规划被制订出来时便已存在脱离现实的危险，当计划付诸实践时，行动中人为的不确定因素又被注入已存在的风险事件中，提高了风险的爆发概率。

第二阶段是风险的潜伏状态。在日常阶段中，风险要么被无视要么被忽视，无法引起人们对风险防范工作的重视，更有甚者会不以为然，选择继续从事风险行为，这为风险的积累提供了适宜的环境，风险也由此进入潜伏阶段。囿于人们对信息有限的感知能力，即便风险得到发展也无法获得人们的共识，但这不排斥有识之士对风险的认知。具有相似利益诉求的农户其风险认知能力和水平是相近的，这些人也因此产生了相似的行为选择。具备专业知识的人能够比一般人更真切地发现问题的本质以及事件间的客观联系。因此，他们会采取更有效的手段应对风险。总之，这一阶段的风险得到了发展，虽无法引起公众的普遍认同，但其信息已能为部分专业人士掌握。在 D 村的例子中，2018 年的大规模降水对于一般果农而言是寻常事件，但对于农技专家或经验丰富的果农而言，如此大规模的降水便意味着沤根、恶根、溃疡病暴发的危险，第二年春天的降雪更是进一步加剧了猕猴桃树溃疡病的暴发。因此，2019 年 D 村猕猴桃因溃疡病整体歉收的情况下，部分果农仍然保持增收。潜伏的风险经过日常阶段的积累已能为人们所发现，但它未造成巨大损失，这使得一般人会对其放松警惕，从而忽略事件背后的成因及其发展的结果，极易将该风险认定为正常的事件。而专业技术人员能从当前的信息中分析得出前因后果，并据此作出决策。此时若予以干预，恶劣的境况得以缓解，风险将在质变之前得以化解；若没有进行干预，或者干预不当，则社会对风险的"无害化"认知便会加剧，而风险的成长速度也会翻倍。

第三阶段是风险的未发状态。经济学家哈耶克曾以一个生动的故事形容风险：当一个经济体的经济增长主要靠信贷投放支撑，就如同一个人拽着一只豹子的尾巴向前跑，松手怕被豹子突然回头一口咬死，不松手会被豹子拖死。该理论后来被称为"豹尾理论"。当风险的可能性和现实性逐渐被人们所真切地认识后，在现实中被印证的风险便将以事实进入人们的意识中，风险也进入一段未发期，其特点如其名"未发"，即接近爆发临界点。此阶段也是防范和化解风险最重要的时期。在 D 村案例中，2019 年在 S 省中部、东部和南部发生的大范围暴雪冰冻天气是可以实在感受到的现象，即便再乐观的果农也无法忽视它当前对农业生产造成的影响。雇用专业技术人员的果农基于对低温冻害和溃疡病关联性的认知，在发病期的前夕对果树采取了根基培土、树盘浇灌、树干加固等措施，有效防止其在低温期被冻伤导致病毒入侵，而一般果农虽然认识到了自然灾害的影响，但其防治措施的有效性无法与技术人员相比，此时，人们已经站立在十字路口，行为选择的差异将直接决定风险的走向，具体到 D 村则是农户损益值的大小。

第四阶段是风险的危机状态。在时间流动中的风险并不会因人们的行为选择而停止发展的步伐，行为选择的后果将反馈于行动者。以危机形态呈现的风险将激发农户的自我保护意识，为维护自身在社会、经济、政治等方面的利益不懈努力。但是，个体分散的努力无力扭转危机发展的趋势，而且缺乏整体认知的盲目行动还会加剧危机，使其呈现非线性发展状态，引发危机的连锁反应。当 2019 年 D 村暴发了猕猴桃溃疡病后，果农们纷纷自毁果树，这意味着 2019 年的投入以及 2020 年的收益化为乌有，如果在前期投入过程中有贷款，此时的果农所面临的还有沉重的债务。溃疡病是由潮湿和低温引发的自然风险，其结果却是以债务风险的形式呈现。总之，处于危急状态的风险，不仅是风险影响指向的一种结果，也是风险间关联性的动态呈现。现实的风险时间结构如图4-1所示。

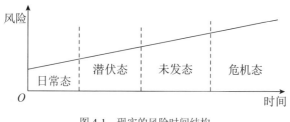

图4-1 现实的风险时间结构

二、农村社会中风险的空间结构

时间和空间是物质运动的存在形式[11]。时间表征物质运动的持续性、顺序性，空间表征物质运动的广延性和伸展性，时间和空间是不可分割的。因此，当风险通过时间维度自我诉说时，也意味着它们同时在空间维度中进行了表达。需要指出的是，风险的空间结构表达是客观的，它不同于我们描述空间的语言，空间结构是物质的自在运动在空间维度上的表达结果，相同地，时间结构也是如此。空间语言作为人类对空间结构的主观描述，其本质是一种意识活动产生的符号，是人类用于标定客观空间结构的标识，甚至"空间"和"时间"二词也仅仅是人们对两种客观维度的称呼，脱离了客观维度两个词汇便是毫无意义的符号。这种主观和客观的差异性意味着同一事物的运动可用不同的空间语言加以描述，因此，应当使用怎样的空间语言描述农村社会中风险的空间结构才能实现客观环境特点同课题研究目标的契合呢？要回答这一问题，首先要明确本节的写作目的及其在本章中的作用。本章的目的在于观察风险社会在农村的现实景观，其中包括风险现实和风险认知间的张力以及以此为基础的风险治理逻辑应然和实然间的距离，而本节的目的是客观叙述农村社会中风险社会的现实景观。因此，本节的重点在于强调风险的空间客观性，客观的空间本身是没有边界的，而农村作为被定义的空间是有范围的，因此描述农村风险的空间结构必然以农村社会内部的风险为观察对象。同时，农村还是人类社会的重要组成部分，也同整个风险社会发生着诸多联系，因此，当前农村社会内部的风险并非孤立存在，它同样也是外力作用的结果，体现着风险社会的规律性，这意味着应该加强从外部视角描述农村中的风险空间结构的研究和实践，即从农村社会同外部环境互动视角进行观察，至此对农村中风险空间结构的描述也成为风险社会在农村的现实景观的重要组成部分。为更完整地呈现农村社会的风险结构，调研组将继续以 D 村为案例进行研究，以期准确描绘农村社会风险的时间结构。

自 2017 年起，由于 D 村所处的 J 镇垃圾处理量增大，而 D 村所特有的台塬地形恰好有沟壑能够为垃圾填埋提供基础场所，因此，J 镇的垃圾填埋场便在 D 村外 1 公里处建设起来，而厂址距离 D 村水源地 H 河仅有 800 米。调研组在采访过程中，问及村民垃圾场的影响，村民 E 十分气愤地说：垃圾场散发的臭味弥漫全村，经过村中的垃圾车还会掉落垃圾。自从垃圾场开办以来，H 河里也开始有垃圾了。调研人员问道："垃圾场不是离 H 河还有一段距离吗？"村民 F 接话道："原本规划的地方早已占用殆尽，现在正往河边移动，H 河污染那是早晚的事。"村民 E 继续说道："他们埋垃圾还从别的地方拉土，看着埋得严严实实，但是那块地能干啥？种地种不成、盖房盖不成，上面都不长草，太可惜了。"垃圾从城里运到 D 村，原本由城市承担的垃圾污染风险却转移给农村，长期城乡二元结构导致的空间不均衡在 D 村展现得淋漓尽致。而这种空间矛盾最终引发毗邻村庄间的冲突，导致城乡矛盾的激化，从最早的设置路障拦截垃圾车到后来 D 村村民采取向镇政府上"万言书"等集体上访的方式抗议，J 镇政府不得不关停垃圾场并"另寻出路"。

作为一条"出路"，Y 市投资 2.5 亿元在距离原址 700 米的位置建立垃圾焚烧处理中心，占地面积达 70 亩，垃圾日处理量高达 500 吨，焚烧产生的热量可满足 J 镇的日常使用。虽然 J 镇及 Y 市工作人员在建立垃圾焚烧处理中心之初向村民承诺该项目不会有污染，但其选址问题仍旧引发了村民集体性的抗议活动，参与其中的不仅有 D 村村民还有邻近的 E 村村民。在调查过程中村民 G 告诉调研员说："村里有人曾经看到过环境评测报告，上面指标显示本地空气和土壤中的二噁英含量超标。所以大家一直不同意建焚烧中心。"但当调研员追问二噁英的危害时村民 G 表示只知道其致癌。与此同时，E 村的调研员从村医 A 处了解到，垃圾焚烧处理厂建成后村中患呼吸道疾病的村民更多了。从上述对话中我们能够体会村民对垃圾焚烧中心的忧虑主要集中在三个方面：一是垃圾焚烧影响农业生产，造成经济风险；二是焚烧垃圾的废气废水污染环境造成生态风险；三是污染环境的有害物质会通过饮食进入人体，造成健康风险。

垃圾填埋、焚烧都是为了缓解城市生活垃圾的压力，但被转移到农村的垃圾却成为农村社会的巨大隐患：无论是填埋场还是焚烧中心，都会占用农村珍贵的土地资源，而垃圾中的化学合成品则超过土壤的生态自净化能力，数十年甚至数百年都无法降解。但是，焚烧这些垃圾会产生大量的有害气体污染空气，残留的重金属又会污染土壤导致无法耕种。无论是土壤污染还是大气污染都严重威胁村民的生命健康。这些原本该由城市承担的风险现在却要由农村来承担，但农村社会并不具备消除此类风险的能力，导致农村充当城市转移风险的"风险洼地"。"洼地效应"原本是经济学概念，指适宜的经济社会环境吸引大量生产要素涌入当地所形成的比较优势，其作用是正面的。而风险的"洼地效应"则被称为"风险洼地"的空间拥有着风险涌入的客观条件以及适宜风险发展的环境，相较其他地区较高的规避风险能力存在着位势差，因而风险通常在这一地区蔓延累积。城乡二元结构的城市和农村，虽然同处于现代化进程中，却遭遇截然相反的境地。因为农业劳动生产率和非农产业劳动生产率的巨大差距，城市被塑造成对生产要素具有巨大虹吸效应的资源洼地，而农村则因农业农村发展动能不足，成为人流、物流、资金流、信息流的流出地。而一同被城市吸走的还有由这些资源所构建的风险抵御能力。此外，弱势群体、落后产业因无法满足城市发展要求而滞留在农村，为风险提供了"宿主"，增加了农村社会风险爆发的概率。至此，城市成为对各类资源存在虹吸效应的"资源洼地"，而农村则在资源流失的情况下逐渐失去原有的风险抵御能力，成为风险更容易涌入的"风险洼地"。Y市为保障J镇的城市功能和结构的稳定性，故将垃圾处理系统从城市社会结构中剥离开来，以免干扰其他城市社会功效的发挥。因而将垃圾处理系统嵌入农村社会结构中，以使之承担原本由城市承担的垃圾处理功能。

从整体角度看，农村社会已经成为风险社会中的"风险洼地"，成为各类风险的集聚地。而大规模、多样化的风险涌入也进一步塑造了农村社会中风险的空间结构：首先，由点到面的网络化结构。任何空间结构均起始于点，网络结构也不例外，当点与点之间被客观联系所连接时，我们可将诸多的点同彼此间的联系视作一个面，这个面所呈现的就是由点和客观联系所构建的网络结构。在风险社会中，网络结构是一种广泛存在的空间结构。如在D村案例中，垃圾焚烧厂、农户（每一户可视作一个节点）、农田等单位可以被视作单个的"点"，当垃圾焚烧厂开始运营后，它所产生的废气、废水、有毒物质能够通过空气、水等媒介同农户甚至农户中的个体直接发生联系，也可以通过土地进入农作物中，经由饮食、接触等方式进入人体。当然，在废气、废水即有毒物质影响农作物生产时，证明垃圾焚烧厂已经同农田建立起直接的联系。而无论是间接联系还是直接联系，对于风险因素而言，都是流动所需的渠道。因此，便不难理解村医和村民对同样是健康风险所作出的差异化解释了。其次，由微及巨的系统化结构。人类社会可视为一个系统，其本身由多要素和多领域构成，且领域之间和要素之间存在着广泛的互动关系，牵一发而动全身。当风险社会来临时，风险因素便通过领域之间的互动和联系从一个领域到达另一个领域，直至遍及社会各个领域，继而从引发微观的局部的风险，逐渐演变为引发多领域、多要素乃至全领域的系统性风险。D村的垃圾焚烧厂是一个会产生污染的风险因素，但是污染物通过生态领域、生产领域、生活领域的紧密互动逐渐蔓延到整个D村，这是经济受损、生态破坏、生存威胁、生活不安等问题所表征的系统性风险的诱致因素。最后，由内而外的差序结构。差序结构是费孝通先生用于描述传统中国社会关系结构的一种模型，其特质是犹如投石入水形成的同心圆波纹结构，"一圈圈推出去，愈推愈远，也愈推愈薄"[12]。而风险的空间结构中也存在类似的差序结构，从正常态发展到危机态的风险逐渐为更多的人所感知，除了变化的形态特征能够为人们的认知体系捕获外，风险的规模扩张也使得人们不得不与风险"打照面"。因此，风险在发展的过程中以风险要素为核心逐渐向外延伸扩展，越靠近核心越能感知风险的存在，而处在边缘以及范围以外的人们，对风险的感知则不会那么强烈。D村村民强烈抗议垃圾焚烧厂和垃圾填埋场的选址恰好说明了这一问题，相比Y市市中心D村更贴近垃圾场，D村村民相比较Y市市中心的居民而言更能感受到垃圾场运作所带来的风险因素，而把视角继续缩小，这样的差序结构同样存在。同处J镇的E村，在垃圾填埋场建成之时离D村有不到10分钟的车程，但是，E村村民对于垃圾场的污染远没有D村村民反应强烈，因此垃圾填埋场的影响范围并未包含E村，所以在最早的抗议活动中并没有E村村民参与，而当垃圾焚烧厂投入运行后，产生的废气、废水能够传播得更广，特别是有害物质的传播能力更是原有垃圾填埋场所不具备的，E村无法幸免。故在后来的抗议活动中E村的村民也参与其中。综合上述三种特点，可以将农村社会中风险的空间结构进行具象化，如图4-2所示。至此，我们从时间和空间两个维度完成了对农村社会的风险存续格局的整体呈现，那么更进一步地叩问，现实场景在农村居民的意识世界中透射出了怎样的形象？对这一命题的分析和回答则直指治理行动的逻辑。

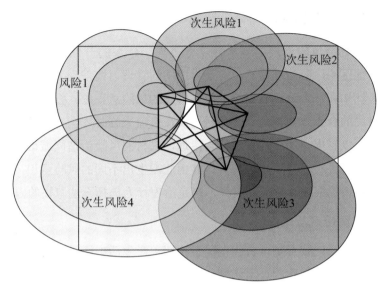

图 4-2　现实的风险空间结构

第三节　思维层面：农村社会风险的认知画像

诸多研究言及风险社会，均将"风险社会"的称呼理所当然地作为当前社会特征的表征，言语间已默认"风险社会"的客观性、准确性。毫无疑问，"风险社会"的确全景式地勾勒了当前社会的客观特征，但是这种对"风险社会"称呼的不假思索及人云亦云，使人们丢失了一次探寻其本质的机会，也是一种风险形象认知的偏差。

风险，自古有之，但生活在古代社会的人类所面临的风险无论从强度还是规模而言均不敌现代社会，同时，彼时人类的认知能力和科技水平亦不足以形成对风险的客观认知以及支撑起可以称之为"强大"的风险应对能力。因此，虽然古代社会的风险同样威胁着人类的日常秩序，但风险并未发展到同人类社会日常秩序针锋相对的阶段，且人类也没有产生足以定义风险的实践和认知。两方面原因共同造成了古代社会未被冠之以"风险社会"。而当下的时代诚如贝克所论断的那样，是一个历史上前所未有的节点，即任何决定都有可能摧毁我们赖以生存的星球及上面的生灵的时代。凭此，便可断定当下的人类社会已经与人类历史上以往的阶段有着根本的差异。那么，客观的风险又会在人们主观的意识中留下什么样的烙印？

一、风险认知的传统画像

当前农村社会风险治理的基本特点有哪些？Q 乡的一位工作人员告诉课题组："农村地区的风险治理特点，一是村之间的管理习惯差别大；二是传统思维对农户风险认知和行为选择有影响；三是村民的风险意识差，抵御风险的能力不足；四是村民的合作意识淡薄；五是村民仅在风险来临时才会有所反应。"在这次谈话中，可以看出，同样为基层社会治理，农村的风险治理同城市的风险治理的不同点源于村民对风险认知的差异，并由此派生出不同的风险意识，风险认知不仅是风险意识的根源、依据和支撑，也是治理行为选择无法忽视的内在动力。

（一）传统的风险认知

纵观古代典籍记载可知，古代先民于长期生产生活中历尽天灾人祸、生灵涂炭，逐渐形成对风险规律的朴素认知。一方面，对风险规律的认知与日常生产生活紧密结合，形成了口口相传的民间俗语、歇后语；另一方面，其又服务于中华民族的政治传统，凝练为经史子集中"知几、察微、持危、救灾"等记载。可见，下至农夫商贩生产生活之实践经历，上达帝王将相治国安邦之国策决断，风险的存在已然被古人所感知。而无论是口口相传还是典籍记载，古人对风险的认知在持续的代际传承中完成了更新，诞生出诸多或能够完整描绘风险全貌或系统讨论解决方案的典籍及俗语。如"知几察微"，其出自《周易·系辞传下》。"子曰：'知几其神乎？君子上交不谄，下交不渎，其知几乎？几者，动之微，吉（凶）之先见者也。'君子见几而作，不俟终日。""知几察微"思想的核心在于强调各类看似突发危机、灾害的背后实则隐藏着对微小和初始状态的失察。未被察觉的风险在完成量的积累后实现质变，导致危机爆发。这种"微末之事，不可轻忽"的思想观念被承袭下来，具象为村民在日常生产生活中根据日月天象、飞禽走兽等现象推断影响农业生产的种种因素，但是随着生产生活日趋复杂，诸多征兆已经失效。又如"持危治乱"，该思想出自《礼记·中庸》："继绝世，举废国，治乱持危，朝聘以时，厚往而薄来，所以怀诸侯也。"其旨在说明"危机"处于不断变化之中，且"安""危"二者间存在着辩证关系和相互转化的可能，这种辩证观点中又延伸出"守时待变""居安思危"的思想。村民在日常生产中会依照农历安排农业活动，并在特定的时节实践着特定的行为，在日常生活中，"居安思危"通常和许多封建迷信相结合，出现很多对偶然事件或自然现象的过度解读，影响正常社会秩序。"天命禳弭"思想，在各种灾祸认知中，天命论是无法绕开的观点,该观点认为无论国家还是个人所遇之危害灾祸均为命数,而要消弭灾祸,只能通过祭祀等非理性手段人为牺牲祷天。仅就其所蕴含的灾前响应思路而言,积极意义尚可,但无法抹消其"天命"思维所带来的消极影响。这种思维为消极应对提供了一种合法性支撑,特别是正处于转型阶段的农村社会,其灾害影响超出了一般农户的能力阈值,这为尚未根除的天命思维提供了客观的生存环境。

由上述三种朴素的风险观念组成的,具有内导农村社会中各主体风险应对行为选择作用的风险认知构成农村社会风险治理体系的观念基础,对当前农村基层的风险治理逻辑演化发挥着显著的作用。D 村的村主任对调研组说道:"村中每每有大事发生的时候,我们村干部要做的最重要的也是最难的工作就是统一村民的看法,天灾人祸说来就来说走就走,应付它们倒不难,关键是过后,村干部要么请专家宣讲,要么组织村民做科普,就是为了对发生的事有个科学的说法。"对于这一观点,N 村的村干部也有类似的喟叹:人们居住分散,所以村里通知都是由网格员上传下达,全村的想法才能更快统一,只有上下齐心了,才能齐头并进。由此可见,尽管农村社会的形态和风险已发生更迭,但应对风险的个体和集体行为选择依旧是在风险认知的内导力下作出的。当调研组询问村民对风险的认知时,有 67.4% 的村民认为这是可以避免的事件,选择该选项的村民是选择"天命所致"的村民数量的 3.2 倍,还有 11.6% 的村民认为此类事件"说不清楚"。那么,村民所遇到的这些不确定性事件或者风险事件是什么状态呢?调研组发现,认为此类事件毫无征兆也没有前因后果的村民占 50.9%,占到全部被调查村民的一半以上;认为它处于发展中但没有任何征兆的村民占 43.9%;而认为其发展分为不同阶段且会留下痕迹的村民仅占 5.2%。究其原因,甘肃 MF 村一位 47 岁担任网格员的村民告诉调研组:"村组中的居民大多是老年人,年轻人和中年人都外出上学、打工了,老年人在村里待得久,教育程度也不高,所以常固守一些'老观点'和'老法子',我们网格员就是要做通他们的工作。"

(二)传统的风险意识和治理思路

风险早已存在于人类社会的各个时期、各个角落,虽然古人并未用"风险"一词进行概括,但是他们已经察觉到在日常生活生产中存在未来的不确定性。因此,古人在生产和生活中形成具有他们所处时代特色的风险意识。第一,求乎身外,求乎怪力。从古人所言"知几其神乎?"的反问中不难体会出,古人将"知几"看作"超人"的行为,是只有神才具备的能力。古人在生产和生活实践中已然认识到事物之间的普遍联系,后认为事物的变化并非毫无根据,而是以不明显的细节展现出来,而这些细节通常会被忽视,故察觉隐微之事的变化,关注被忽略细节的人凤毛麟角,是"神"一样的人。那么这种知几的能力是否是可以习得的呢?古人虽未直接给出答案,但也从话语中流露出对这种能力可获得性的态度,如管仲在《侈靡》中言道:"避世之道,不可以进取,阳者进谋,几者应感。再杀则齐,然后运可请也。"他认为应当谋定显著的事物,而对于几微之事,要求诸"感应"。但"感应"一事在古人的话语中又是统治者的必备能力,如董仲舒在《春秋繁露·立元神第十九》中以"君人者,国之元,发言动作,万物之枢机。枢机之发,荣辱之端也,失之豪厘,驷不及追。故为人君者,谨本详始,敬小慎微"的劝告强调人君当有慎危之心。除人君之外,"感应"也是圣人区别于旁人的重要标志,如鬼谷子在《鬼谷子·抵巇》中所言"事之危也,圣人知之,独保其身",圣人具备感知事情变化的能力,相似的观点在韩非子《韩非子·说林上》中也有记载:"圣人见微以知萌,见端以知末,故见象箸而怖,知天下不足也。"总之,在古人对风险的认知中,识别风险、预测风险成为一项神力,凡人难以获得,且没有义务一定要获得见微知著的能力,而统治者、圣人等统治阶级则被赋予治世之重任理应拥有知几的能力。这否定了普通人进行风险认知的合理性和必要性,更为应对风险要依靠外力、神力、救世主的观点提供了合理性。第二,伺机而动,以等代行。从风险治理的角度而言,当风险演化至"危机"阶段,由于"危机"是一种不同于以往的特殊境况,古人给出的告诫是待时而动,如《周易·需卦》中"将涉水而不轻进之象",便是告诫世人要"等待(时机)"的到来。与此同时,古人对"安危"的辩证转换关系,又为这一思想赋予了特殊的含义:隐忍。当前的危机中总会有好的一面,并且它也会向好的一面发展,故要做的事就是隐忍,等待转变的时机到来。这种看似合理的解释实际上是鼓吹天命,否定在风险和危机面前个人的积极性和主动性,"伺机"而不"造势",消极地等待时机转变。第三,行善治乱,不敢正视。古人认为灾祸来临之前应当有所察觉并予以应对,更应当在日常行善积德以扭转所谓"定数天命":散利(发放物资)、薄征(减少税收)、缓刑(减少刑罚)、弛力(松缓徭役)、舍禁(取消禁令)、去几(停征市税)、眚礼(减少仪礼开销)、杀哀(减少凶礼开销)、蕃乐(减少声色娱乐)、多婚(鼓励生育)、索鬼神(鼓励祈祷)、除盗贼(抓捕盗贼)。类似的举措还有从《周礼》开始,历代灾害过后,都实施相关的补救政策,如《周礼》中所记载"安辑"(妥善安置流民)、"蠲缓"(免征或缓征赋税)、"放贷"以帮助百姓恢复生计,"节约"并使之成为日常致富的良好习惯,"从非常救荒之议,进而为寻常崇俭固本之论"。通过关注民生、崇尚节俭,统治者有效地巩固了政权,百姓也养成了节约的生活方式,有助于涵养家境。但是,普遍意义上的行善同具体的灾害之间的关联性有待商榷,且从目的来看,行善是为"感天动地"以求不要"降罪"而非有针对性地消解风险,这为科技落后的农耕文明在面对天灾人祸时的束手无策提供了充足的心理安慰,却错失了控制风险的最佳时机,形成以行善代替直接治乱的"曲线"思维。正如美国的宗教社会学家米尔顿·英格尔所言,宗教是"人们借以和生活中最终极问题相斗争的信仰与行动系统,是处于匮乏、无力和不确定性情境(既可以是主观的,也可以是客观的)中的人们,向神秘莫测的自然力量和社会力量(被人格化的神灵)寻求帮助,以解决生存、发展的迫切问题"。

二、风险认知的现代画像

(一)风险认知的时间画像:切割与静止

客观时间是连续不断的"流",因而时间是物质运动持续性和顺序性的表现。但是,人们为更好地掌握时间,故将用钟表仪器所记载度量的物理时间认为是时间的客观形态,从而衍生出按照过去—现在—未来依次延伸的,表示人生或事物存在长度的数量概念。但是,物理时间虽然帮助人们勾画出时间的客观结构,却淡化了时间的连续性,时间因此成了无数个点组成的线条。而这样的时间观也造成了人们在观察运动时总是以"点到点"的逻辑去认知,而"时间点"的概念就是对客观时间连续性的否定。永远流动的时间无法被划分成无数个点,这意味着风险不能用静止的视角去观察。但是现实中的人们习惯于物理时间,久而久之就会用静止的视角看待风险。

D村村民从2012年起自发开展环境改造行动,至2017年,各户实现了独门独院式居住。而从整村空间来看,村庄房屋依据本村所处地势特点呈现垛状分布,铺设水泥硬化村道10余条。同时,D村还建成小型污水处理系统,用以处理各户的生活污水,为改变村民垃圾分散填埋、焚烧的陋习,D村设置垃圾桶70余个,并采取村收集、乡镇运输集中分类处理垃圾。毫无疑问,人居环境改造取得一定的成效,但是在实践中也忽视了环境风险的发展和影响。D村环境变化按时间顺序分为三个阶段:第一阶段是2012年至2014年,在采访D村村民和村委班子成员时，他们多次提及一个地点——H 河，紧接着就是对 H 河水质的惋惜，H 河原为 D 村生产生活的主要水源之一，但是在 2012 年夏天出现死鱼后，村民便不再继续从中取水饮用，改用在本村打井的方式获取饮用水，但农业生产用水照旧。直到 2013 年夏天有村民误饮河水中毒，H 河的污染问题才成为附近村民关注的焦点。但村委以及镇政府并未对 H 河的污染作出官方表态或举措，仅由 D 村村支书和村主任在村中进行警示宣传。第二阶段是 2015 年至 2017 年，这 3 年间除了 H 河的水污染问题，村民讨论最多的便是各家地里"草枯、叶黄、果涩"的问题，由于关系到 D 村村民的家庭收入，这些问题以影响生产为契机悄然进入 D 村的舆论场。第三阶段是 2018 年至今，随着 D 村环境问题对农业生产、农民生活的影响越发严重，村民和"村两委"成员开始采取诸如修护管道、土壤整治等措施来缓解此类问题的反复发生，但成效甚微。在 2018 年至 2019 年，D 村多次因管道老化发生污水渗入饮用水管的污染事件，这成为 D 村"村两委"决定使用土地流转收益的 10% 作为全面维护检修饮水管网专项基金的直接诱因。值得注意的是，村支书告诉调研组，早在 2012 年打井时，施工队已经发现土壤的污染问题，但是为减少恐慌并未告知村民，为此，村上花费重金进行了井体和土壤的隔离，还对各家各户的饮用水管进行了隔离。除了饮水污染问题，D 村所在镇政府于 2020 年 10 月颁布禁令，禁止使用 H 河水从事农业活动，此时的 H 河，不仅水量稀少，河水也呈现浑浊黑绿色，刺鼻性气味令人作呕，原有的 H 河生态圈被打破。

在调查污染原因的过程中，调查组从当地村民口中得知，D 村虽然基于两个污水处理池修建了简易污水处理系统，但年久失修且容积较小，处理技术无法适应现代生活的污水处理要求，而处理不当的生活污水排放到 H 河，造成了污染，而 H 河作为 D 村生产生活用水的一大来源，污水中有害物质又通过灌溉等途径污染了土地和浅层地下水，更有甚者，排水沟中未经处理的水遇到大雨时会直接渗入地表 / 井水 / 农田造成直接污染。此外，有部分农户（以年龄较大的长者为主）在用水过后索性将污水乱排，直接倒在田间地头。D 村的饮用水则是通过机井联通自来水管进入每家每户，这解释了在打井时出现水质污染的现象。埋于地下的饮用水管破裂后土壤中的有害物质便渗入管中，污染水质。除了水质问题外，D 村在进行厕所改造和垃圾处理方面也存在着诸多尚未察觉的隐患。首先，虽然 D 村生活垃圾的处理方式已经向集中分类处理转变，但集中分类处理依然采用深填埋和焚烧两种方式，其结果依旧是对土壤、水体和大气的严重污染，且后果是潜在性和长期性的污染。其次，D村虽然实现了全村三格化粪池+冲水式厕所的改造，但尚未修建统一管网，并且化粪池是每两年定期清理一次，因此，时常会出现粪便垃圾堆积无法处理的现象。此外，化粪池还兼顾了部分农户对腐熟农家肥的生产习惯，农户可以直接从粪口取出浇地，2016年曾出现过化粪池泄漏造成环境污染事件。

风险的动态性决定了风险在时间维度上的变迁会因为时间因素的不断变化而不断发展和变化，其基本形式是形态的变迁（Beck，1999）。而当风险以威胁人们生存安全的危险形态呈现时，意味着风险已经发展到了人们无法忽视的危机阶段，这不仅证明风险已完成从潜伏阶段的蜕变，也证明了风险征兆已经发生过。在D村的案例中，H河生态的破坏及村中饮水污染并非"一日之寒"，其环境风险随时间变化遵循着潜在状态—未生状态—危机状态的基本路径。从具体的事件看，在污染早期，D村的污水处理不当造成了H河的局部污染，此时虽未直接影响D村村民的生活，但是鱼类死亡和误饮中毒事件暗示了水污染的形成，而水资源作为人类生命维持和生活维系的基本必需资源决定了H河在D村生产生活中的重要性，H河水污染便因此被赋予了潜在危害人类生命的极大可能性，这一时期便是D村风险的潜在状态。虽然D村的生活用水方式从H河取水转为从机井取水，但是生产活动却仍以H河水为主要水源地，而D村的土地质量问题也由此越发严重，若此时出现管道破裂则D村便会爆发严重的饮水污染事件，故这一阶段D村的风险正处于"一触即发"的状态。而饮用水管的破裂直接导致生态风险的爆发，潜在的威胁从概率事件变成确定性事件，风险也转变为危机状态。从风险的状态阶段性变化可见，当前，H河生态的崩溃以及水污染事件的频发在之前早有预兆，无论是误饮H河水中毒，还是H河死鱼增多，或是农产品的质量下降。虽然这些征兆未直接告知何处污染以及污染来源，但是基于生产生活所联结的水、土、人三方互动关系不难推断出上述事件的关联性，亦不难回溯关联性中的诱致性因素。也正是这种强关联性表征出风险的早期征兆与危机爆发是"一脉相承"的关系，而非两个或者更多的风险。

处于不同发展时期的风险会直接或间接影响人类的生存安全，即便风险的危害性能够为人们所获知，但人们对风险的认知偏差也会导致风险乘虚而入，影响风险治理的有效性。因此，通过对农村环境中各治理主体的风险认知进行描绘，有助于了解其对风险的认知现状，继而解构风险治理行为，为从根本上提高其有效性做好准备。

"您认为咱们村里这些不良事件是突然出现还是早就出现了？"对应的选项分别为"这不是突发事件，现在只是爆发出来了""这是突发事件，但是早已存在""这就是突然发生的事件""这是概率事件，碰巧了""不清楚"。问卷的统计结果如下：有60位被调查者认为"这不是突发事件，现在只是爆发出来了"，占被访者总人数的11.4%；有122位被调查者认为"这是突发事件，但是早已存在"，占到被调查总人数的23.3%；有252位被调查者认为"这就是突然发生的事件"，占到被调查总人数的48.1%；有75位被调查者认为"这是概率事件，碰巧了"，占到被调查总人数的14.3%；有14位被调查者"不清楚"此事，占到被调查总人数的2.6%。由此可见，D村所暴发的饮用水污染事件以及附近H河的生态崩溃问题在村民看来是突然爆发的危险事件，但是，也有11.4%的被调查者没有将D村和H河的污染事件看作突发事件，并认为这类事件只是某种表象。值得注意的是，虽然有23.3%的被调查者将这些事件看作突发事件，却也怀疑它们早已潜伏于此。只有不到1/5的被调查者表示类似事件是碰巧遇上的或对此毫无认知。事实上，随着D村村民在农业生产中感知到D村生态的变化，村民会因生计受到威胁而冷静审慎地思考污染事件，由此形成自己的观点和看法，并在乡村舆论场中进行交换，这种风险认知的雏形都有助于村民形成对污染灾害的警惕与方案。在对"您认为这些恶性事件出现前是否有征兆？"这一问题的回答中，有84位被访者选择了"都有征兆（都有预警）"、145位被访者选择了"有的事件有，有的事件没有"、233位被访者选择了"所有事件都没有征兆（预警）"、57位被访者选择了"不清楚"，以及4位被访者选择了"有无征兆均无所谓"。我们采用的是李克特量表打分，将5分值对应"都有征兆（都有预警）"，将1分同"有无征兆均无所谓"对应，其他以此类推，则农村居民对农村社会风险的认知分值为3.26，对农村社会风险征兆的认知分值为3.47。如果将"有的事件有征兆，有的事件没有""都有征兆（都有预警）"界定为预警感知，将"都没有""不清楚""有无征兆均无所谓"界定为风险预警盲视，则44%的被访者认为农村社会风险存在征兆事件，有56%的被访者认为农村社会风险不存在征兆事件。

不可否认，农村居民当前已经感触到农村社会风险在时间维度上的变化，但是，在主观认知和客观现实间的张力依旧存在，这种张力切割了风险的时间维度。如在回答"您认为咱们村里这些不良事件是突然出现还是早就出现了？"问题时，有近一半的村民将恶性事件视作突然发生的，没有任何前因后果，这意味着原本作为整体的风险被切割成块，且彼此间的联系趋近于无。同时，有

45%的被访者认为这些恶性事件毫无征兆,进一步消解了各部分之间原有的联系,至此,完整的风险被切割为多个"危险",这种切割在时间维度上的画像实质是动态风险在各个"物理时间点"上的静态展现,如图4-3所示。风险在村民头脑中被分解成若干"危险",这样的风险认知图景经由个人、团体和机构间的信息流传递、交换成为不同层级治理行为的格局参考,现实同意识的张力也将转化为风险治理行为目标、手段效果同实际问题的差距,直接影响农村社会风险治理的行为效果。

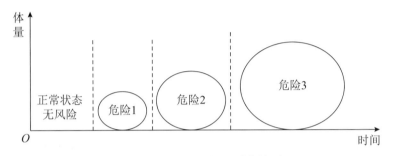

图 4-3 农村居民对风险时间结构的认知

（二）风险认知的空间画像：裁剪与孤立

农民在认知风险时,下意识地对风险进行了时间维度的"裁剪"使之异化为某一个时间语境中的"风险",造成了"风险"在时间维度上的撕裂。而空间使用者对空间环境的认知是一个积累的过程,空间感知程度的变化反映出空间使用者对空间的学习和交互程度。当人随着位置移动和时间变化来认知空间环境时,时间和空间便组成了现实中的四维空间。

在前述D村的案例中,能够清楚地梳理出水资源污染所引致的环境风险在时间维度上经历了三种形态的变迁,此外,D村的环境风险还在空间维度上表征为从生产空间到生活空间、从工业领域到农业领域、从私人空间到公共空间的变化。但是,风险所表达的动态性特征却没有被农村发展主体所获知。

1. 对生产与生活空间的孤立认知

国家统计局数据显示,从2010年开始我国农业生产造成的污染已超过工业污染成为第一大污染源,从污染的影响程度来看,农业污染远大于工业生产和城市生活造成的污染。污染类型主要有两个方面：首先,农业化学产品的过量使用。在调研过程中,村民A向调查员说道：虽然一直在用化肥和农药,但产量并未有显著提高,若不使用,农产品的产量和品质必定大幅度下降,经济损失不可避免。

其次，农业生产废弃物的处理不妥当。每逢秋季，D村村民都会在田间地头堆积大量的猕猴桃树残枝以及玉米秸秆、小麦秸秆等生产残留物，严重占用农田土地，在调研过程中我们看到，虽然明令禁止焚烧秸秆，但D村村民对小麦秸秆和玉米秸秆的处理依旧采用田间焚烧的方法，而残枝则被农户直接作为取火燃料用于烧炕或进行炊事活动，焚烧产生的硫化气体造成了区域性的大气污染，自2015年以来，关中地区空气质量日益下降。在田间走访时，我们还观察到2019年J镇政府在每家每户张贴《禁止焚烧秸秆通知》。调研组同时还观察到D村除了通过燃烧对残枝和秸秆进行处理外，也有农户使用专业粉碎机粉碎秸秆。在深入攀谈后，我们了解到D村早在2004年就引入了第一台粉碎机，用以将作物秸秆粉末返田以培肥土壤。

在初步了解D村农业污染的基本来源后，我们对其空间传递做进一步梳理，发现共有两种途径：一种是大气及土壤中的有害元素及无法自然降解的化学物质通过大气降水及地表水冲流方式向地下渗透，使有害元素进入大型水源地如水库等，继而造成污染传播，农村生活系统的外部生态破坏造成其抗污染能力低下形成环境污染的负外部性效应。另一种是通过农业经济的市场化，土壤污染所引致的环境风险从生产领域进入生活领域。D村的农产品主要供应地是本村和D镇，其所种植的农产品有小麦、玉米等粮食作物，还有草莓等瓜果和豆角、黄瓜等蔬菜。2017年，D村生产的猕猴桃、小麦和豆角被运往D镇超市、商店和当地菜市场等地，但D镇农研所和质监所在对其农作物进行残留抽检时发现，D村的猕猴桃和部分蔬菜样本中存在农药残留、重金属残留等项目的超标问题，其超标率高达49.4%，其中猕猴桃农药残留量最高。被污染的农产品从田间地头运到农家餐桌上，若长期食用被重金属污染的食物，则可引起慢性中毒，严重损害人体健康。农业污染主要是指农民在农业生产和生活中一些外界无机物质和未经合理处理的污染物对农业生产资料和生产对象的污染。由此可知，D村农业污染会从养殖业和种植业两个方面体现。其中种植业污染首先体现为农产品的不合格、不安全，其诱因则是进入农产品市场后的农户被市场机制所裹挟，为在市场上生存故追求高产出低成本，继而使用价格较低、毒性较大、易残留的化学制剂。

村民B告诉调研员，近两年的猕猴桃和小麦市场价格较低，为多挣点钱，只能使用便宜化肥和农药以控制成本，虽然农机站和合作社在农药销售和农业生产过程中指导过农药的正确使用方法，但为追求高额利润，加之缺乏正确生产观念和文化知识，农户们下意识地在生产中不加节制地使用农用化学品，造成残留物超标、土壤污染。调研过程中，调研员问及 D 村农户有关农药、化肥使用的问题，有 57% 的农户偏好于优先考虑效果和价格，34% 的农户盲目从众，仅有 23% 的农户选择优先考虑安全性、毒性程度，如表 4-2 所示。

表 4-2　D 村农户对农药和化肥的使用态度

项　　目	频　数	占比 /%	累计占比 /%
优先考虑安全性、毒性程度	69	23	23
优先考虑实用性和价格	138	46	69
大家用啥我用啥，不考虑这么多	93	31	100
合计	300	100	100

在蔬菜市场中，农业设施技术有效地保障了蔬菜产量，能够满足市场对过季农产品的需求，但在生产过程中农药和化肥的使用难免产生化学物质的残留。村民 G 对调研组说，菜农都清楚，从菜市场和集市购买的菜有残留，需要用洗洁精清洗后才能食用，否则会影响身体健康。残留污染最直接的表现是禽类和畜类的食用安全性，养殖饲料使用了被污染的原料或养殖环境受到污染，引发鸡、鸭、鱼、猪、牛、羊等家禽牲畜的非正常死亡。而肉质食物的新鲜性及安全性对消费者生命的威胁则被视为环境风险的直接后果。

自古民以食为天，但是 D 村所面临的由食品安全引致的健康风险正是对环境风险的忽视所造成的，农户在生产过程中忽视了生态风险的空间延展和影响，故肆无忌惮地追求经济效益，如燃烧秸秆、过度施药，致使生态环境被破坏。但是，生态风险并未因其被忽略而消散，而是通过食品等一般渠道从生产空间进入生活空间，影响着农户的生活方式。值得注意的是，D 村村民已经意识到自己不当的生产行为中存在着对环境破坏的风险，但是他们却不知道风险的动态性以及延展性会将对环境的破坏反弹回村民自身。大自然是食物生产的发源地，农产品、肉制品和奶制品通过两种方式实现从生产空间向生活空间的转移，一是进入城市粮食交易市场直接与当地消费者交易，二是食品工业将其当作原材料先买入再进行初级加工或多次深加工，将加工品返回给农民。而风险如同"疫病"会随着市场中商品和货币所形成的"流"，延伸到各个角落，甚至回流到每一个忽视风险的人那里。

2. 工业领域与农业领域的孤立认知

自从工业生产活动从城市转移到农村，工业生产活动便嵌入农村社会结构，但又是独立于农业循环结构外的存在。因此，无论从资源争夺还是其工业废弃物的产生与再生产过程来讲,乡村工业与农业都存在着深刻的矛盾。工业污染则通过三种形态废弃物,将其不可自然降解的元素成分借助大气、土壤、水、人类、牲畜和农作物等物质载体转移到农业生产中,造成新的农业污染,破坏农业生态循环圈的常态化代谢,影响农业可持续发展。村民 C 说,"当时砖瓦厂离我们住的地方大概 50 米,占地约 10 亩,烧窑期间产生很多灰尘和烟雾,伴随着难闻的味道,有时候生产过程中的残砖不能卖也不能用,所以直接就堆弃在田间,现在想起来污染很大。"砖厂使用的页岩从就地矿山获取,加工过程中不仅会引起粉尘污染,其烧制过程产生的二氧化硫气体和烟尘等有害物质还严重污染了居民区的空气,堆放在田间的残次品以及排放到河流(H 河)中的污水又造成了土壤和水体的重金属超标。

2010 年后,纺织厂、电磨厂(加工面粉)、鞭炮厂先后进入 D 村,村民一开始对于乡村工业的态度都是较为积极的,因为村民可以进入本村的工厂打工,而不需要再外出务工。村民 C 说,纺织厂从开办到关停也只有 3 年时间,虽然经济效益较好,但是也引发村民的不满。首先是噪声问题,纺织厂机器的运行声音很大,影响周边居民的日常生活。其次是污染问题,纺织厂直接从 H 河引水用于布料的上色和漂白处理,然后将掺杂化学染剂的水直接排放到 H 河。作为 D 村居民的"母亲河",H 河也就在那时开始被污染。D 村在水利灌溉工程尚未完工之时,村民的生活用水和灌溉用水均来自 H 河。从村民 C 的描述中得知,纺织厂的运营给 D 村带来了噪声污染和水污染,但当时的村民却没有意识到工业污染对农业生产到底造成了多大的影响。

开办于 2015 年的电磨厂从兴办到停办也只有 2 年时间,那时候农业机械化开始在 D 村普及,电磨机代替了石磨工具,大大提高了粮食的生产效益,然而好景不长,电磨厂的 3 位工人因罹患尘肺病离世,电磨厂也因此被关停。与电磨厂的"短命"经历类似,鞭炮厂于 2013 年开业,并于 3 年后关停,其厂址位于村北 800 米处,至今被 D 村村民所诟病。由于当地村民十分重视传统节日,鞭炮厂的经济效益极好,可鞭炮厂频频发生的爆炸事故,虽然没有造成人员伤亡,但也让村民人心惶惶。村民 D 说,鞭炮厂除了占用本村土地外还造成了周边耕地的污染。2013—2014 年鞭炮厂周围的大面积耕地出现作物减产的现象,此外,鞭炮燃爆后的垃圾也堆放在田间地头,无人问管,得不到处理,村民对此意见也很大,后来鞭炮厂把垃圾倒入 H 河里,H 河变黑了,最后村集体投诉,于是被强行罚款然后关闭。

工业给农村带来经济繁荣的同时，也不可避免地造成污染，其后果不仅仅是对自然环境的破坏，更是对农业生产以及农村生活的干扰。工业污染对村庄人居环境和农业生产环境的严重危害主要表现在三个方面：①土壤中的重金属残留；②污染灌溉水源地；③农作物减产，降低品质。工业所带来的经济效益有目共睹，其造成的污染也是不可忽视的，诚然，村民从未质疑工业致富的合理性，但是在工业路径选择及其选址时的草率，反映出村民认为危害或污染是有空间范围的，而非跨域的。更有甚者，建厂时每位村民都认为这是百利而无一害的利民之举，但实际上诞生于工业领域的风险经由对自然环境的破坏影响到农业领域，单纯以致富为目的的村民在享受工业生产所带来的利好后发现这个利好是"竭泽而渔"，并要花费更大的成本去复原被破坏的环境，否则等待他们的将是农业的彻底萎缩，自己将毫无退路。

3. 私人空间到公共空间的孤立认知

调研组在与年长者交流时发现，5年前D村村民的观念中并不存在现代意义上的"垃圾"，那时村民口中的"垃圾"是指彻底无用之物并可弃之的物品，他们没有意识到垃圾中的有机成分可被土壤降解和生态代谢转换为有用资源或能源再进入生态循环圈被使用。例如，人体或者畜禽粪便以农家肥的方式返还农业生态循环圈内。棉质、蛋白丝质和麻质衣物，破损后可将其撕碎改造为拖把、抹布等清洁工具，用旧后可焚烧成残渣并被土壤降解，而不会造成污染。

随着农村消费市场的持续开发和快速发展，农村生活垃圾逐渐增多，其主要形态有生活性垃圾、建筑垃圾、养殖粪便。生活性垃圾包括三大内容，分别是：生活垃圾、生活污水和生活粪便。生活垃圾通过个体或以家庭为单位产生，由于其成分和处理的复杂性，垃圾量增加，村民无法自行处理，导致生活垃圾从私人场域转移到公共场域。2017年以前，D村仅在主干道与支路交会处设有垃圾桶，后因为生活垃圾的激增，D村又在原有垃圾箱设置点基础上给各住户设置了家用垃圾桶，并与垃圾焚烧处理厂合作对垃圾进行统一处理，从此，每家每户产生的生活垃圾会从小型家用垃圾桶先集中到村垃圾桶，后由垃圾厂派专车将各村垃圾收集至垃圾处理厂进行焚烧处理。D村生活污水主要是指做饭、洗衣、洗澡等生活用水产生的污水，2013年每家每户虽然接通自来水管道，但是没有铺设排污管道，污水仍旧直接排放至田间或河流。其污水的呈现是先在私人场域被制造，然后再被公共领域收集，再进行统一处理而进行污染消解。生活粪便主要指的是人粪尿，人粪尿根据不同阶段有不同的空间呈现特点："传统旱厕"到"田间"；

"水冲式家用厕所"到"化粪池"。

现代社会农村垃圾污染出现于化学工业迅猛发展的时代。农村商品经济市场逐渐被打开,工业产品流入农村社会产生大量难降解、难处理和难代谢的无机物质,人类不仅有了利用大自然的能力,还开发自然资源进行人工合成和加工制造成符合期待的物品进入消费市场,以丰富人类对于物品种类和使用多样化的精神需要。"私人场域"和"公共场域"是相对概念,其本质区别在于物品归属、空间属性和不同场域拥有的权力。例如,"房间—客厅"和"家庭—村庄"等均具有空间意义上的概念。

D村建筑垃圾分为两种:一种是公共工程(如建设村委会)建造后产生的垃圾,这种建筑垃圾往往由专人统一负责处理,不会乱堆放占用公共土地,免遭公共投诉。另一种则是家庭住宅建造产生的垃圾。私人建筑垃圾一般来自盖房行为,废料、残余物难以处理,对于建筑剩料(木材、砖块、钢筋、水泥等)私人则难以回收处理。往往出现私人建筑垃圾公共化的情况,有时则占用农田或堆弃在村中的主干道等,时间长了有人需要就将其收集并处理。我们在调研中观察到有村民装修房屋时会将剩余装修材料堆放在路口、路边,破坏村庄环境。村民F说:"垃圾堆放在家里很碍事,也不好看,暂时不知道该如何处理,先堆放在村口,清洁的人谁看见了就能收拾走。"由此可以看出,村民将自家建筑或装修垃圾堆积在公共区域的原因是:①私人空间的有限性和出于对个体空间秩序性的保护;②个体认为公共区域的容纳性高,故将垃圾处理权由私人转向公共空间。久而久之,垃圾处理的公共性形成对私人空间的保护,却造成了对公共环境的破坏。

D村目前有位于村东的养牛场和村西的养羊场,离居民区大概50米,据村民反映,这两个养殖场所产生的羊粪便由于得不到及时收集和处理,粪便常年堆积,先是堆积在养殖场内,实在堆积不下,再倒入H河或占用公共道路,夏季滋生蚊蝇,臭气熏天,造成空气污染,村民为此怨声载道。

在D村发生的无论是建筑垃圾的乱堆乱放、粪便破坏环境抑或是人粪尿对土壤水源的污染,这些集中爆发于公共领域的风险,严重威胁着公共秩序的正常化,但是这些风险的来源并非天然地属于公共环境,而是在私人领域诞生后蔓延至公共领域:挤占空间的建筑垃圾,并非出自公共工程,而是各家各户的私人工程;私人领域的粪便污水污染了公共领域的饮用水源。无论是下意识地对公共领域的侵占,还是不得已对公共资源的污染,均说明村民没有考虑到其个人行为的风险会集聚至公共领域，甚至村民从未认识到他们的行为存在风险，因而集体选择了对公共领域的"不负责任"行为，经量变汇集成公共领域中"有组织的不负责任"，将私人领域的风险引至公共领域，每家每户仿佛均是最不该负责的人，诚如伏尔泰所言：雪崩时，每一朵雪花都不是无辜的。在公共领域的风险暴发时，私人领域中每个不负责任的风险行为都是有责任的。

被"裁剪"过的风险具备时间的相对静止性，同时也具备空间的局部性，破碎成为某个空间领域内的范畴表达。如图4-4所示。毋庸置疑，相对静止是认知事物的基础，被"裁剪"后的风险虽然丧失了动态性，却能够为农村治理主体所掌握，如合作社可以通过网络信息平台获取对实时行情的相对静止状态，并据此调整种植规模和比例。但是相对静止的风险不仅丢失了时间上的动态性，也掩饰了空间维度的动态性。风险成为在被定义的时间域中呈现有限空间变化的范畴。在时空上被"裁剪"后的风险一定程度上成为治理行为选择的基础参考，但是基于有限信息和对现象孤立认知的行为选择会使措施成为"权宜之计"而非治本之策，甚至造成问题的反复。

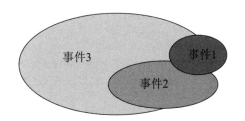

图4-4　农村居民对风险空间结构的认知

第四节　路径层面：风险"应急"治理的本质与失灵

尽管在治理实践环节，各个治理主体坚持在"以人为本"的理念下，尽最大可能地彼此合作、协同并动态地对各类威胁进行再治理。甚至将协同合作的精神作为一种永恒不变的行为共识，试图在每一次关系到人民群众利益的治理实践中践行。但是，思维和现实层面的张力还是限制了协同行动的扩张，有时更直接阻碍了这些理念和要求的产生与遵守，使农村社会中的风险治理陷入困境。

一、"应急"治理:"就事论事"的简化范式

基于对风险时空结构的分析,对比当前农村社会的风险认知画像,不难看出二者之间存在着异常明显的"张力":从时间维度来看,风险从未停止四态演变,呈现从传统向现代过渡的整体特征,而意识世界中的风险则是在不同时间点出现的影响、种类各异的危险事件,如图4-5所示。从空间维度来看,现实中的风险要素沿着事物间的固有联系游荡在社会的各个角落,唤醒了每个领域中所特有的风险要素,风险在成长过程中又会以差序结构的形式扩散其影响,通过领域间的客观联系反复刺激着各领域的风险,加速其成长、扩大其规模,最终形成多风险叠加的景观。对于农村居民而言,风险的空间画像是独立存在于、固定地发生于,乃至有限地影响其所属领域的危险事件,彼此间毫无关联,且发生的诱因、征兆等几乎不可察觉,甚至不存在。

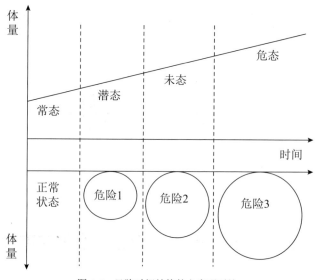

图 4-5 风险时间结构的主客观对比

总而言之,复杂的现实并没有在意识世界中投射完整的形象,而是将其"剪影"投射在了意识世界。然而,在风险治理实践中,这些"剪影"成为行为选择的基本参考。丢失了时空维度上复杂结构和稠密关系的"剪影"被视作风险本身,据此形成的治理行动也将忽略风险的复杂性和多元性,成为消灭"剪影"的行为选择。但是,这些举措对于消灭现实存在的客观风险毫无益处,反之,以人为主体的治理行为难免携带风险因素,这些要素会再次进入原有的风险中,加剧其复

杂化。因此，基于农村社会中风险认知的主观和客观张力梳理当前的风险治理思路，不仅有助于缩小风险治理实践的应然和实然差距，更为应对风险社会发展提供理性的方法论参考。

2019年的猕猴桃溃疡病给D村果农造成了巨大的经济负担，但正如风险的定义所说的，风险是包含机遇和危险的不确定性事件，这场看似必然的果树灾害是可以避免的。猕猴桃的溃疡病是一种高湿和低温冻害导致的果树病害。而2018年丰沛的降水为溃疡病提供了暴发的基础，但是早在2017年冬至时许多果农便已经预测到2018年是一个降水较多的年份，如果农G所说，"'一年雨水看冬至'，2017年冬至的雪下了好几天，第二年肯定雨水多，这道理庄户人都知道"。但是，看似懂得规律并没有成为有效治理的前奏，据果农G反映，由于2017年底的持续低温，"村两委"班子在农技人员的指导下通过微信群、宣传栏、发放传单、网格员传达等形式提醒果农预防果树冻伤，并发布了扎草、扎纸等防冻伤的技术视频。得益于广泛细致的宣传，2018年1月到4月E村虽多次遭遇寒潮降温天气，但只出现过少数果树被冻伤的事件，对于受损的农户，"村两委"也发放了相应的补偿款。正如之前所料想的一样，2018年7月至8月D村遭受了强对流暴雨的侵袭。在暴雨来临的前几日，村干部通过多平台向村民发布了暴雨警报，并带头疏浚了D村排水管网，这使得暴雨并未对村民日常的生产生活秩序造成较大的影响，虽然部分果农因暴雨的侵袭损失了一些果树，但也得到了相应的补偿。2019年初，"村两委"根据气象部门的通知，向村民发布低温冻害预警，村民也像往年一样对果树进行防冻害处理，但是据果农G透露，部分果农在咨询合作社的技术人员后，提前对果树上的病枝进行了剪除，还集中焚烧了剪落的病枝、病斑等，然而大部分果农还是仅完成了传统的防冻害处理。当寒潮过境后，经过除斑剪枝的果树没有发病，但是大部分仅采取防冻措施的果树却患上了溃疡病。面对大面积得病的果树，D村"村两委"只能从市农业农村局请来农技专家指导救援工作，但此时果树大面积成病已经无法完全救治，有鉴于溃疡病极强的传染能力，专家建议D村果农砍掉果树集中烧毁，防止污染土质。同样，这次受灾的农户也得到了相应的补偿，但正如果农G所说，"猕猴桃挂果至少3年，这一得病就前功尽弃了，好多像我一样还借了贷款的，只能出去打工还款了"，这次因灾所得的补偿对于前期投入而言只是杯水车薪。风险空间结构的主客观对比如图4-6所示。

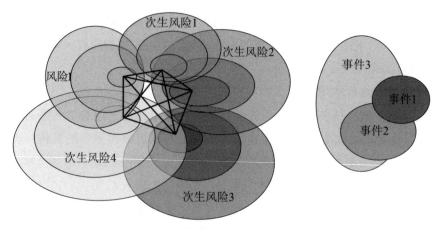

图 4-6　风险空间结构的主客观对比

无论是降水还是低温冻害，"村两委""尽职尽责"、尽可能地通知到每家每户，并提出技术方面的建议，对于不幸受灾的家庭还提供相应的补助。这看似完美、全面的治理思路为何在溃疡病面前就失效了呢？难道溃疡病是一种无法预防、无法救治的病害吗？事实并非如此，溃疡病的防治办法早已成体系，从种苗、砧木的选取到施肥、浇灌的手法，并且，在 E 村的案例中也有果农采取有效的措施成功避免了溃疡病的侵袭。那问题的根源究竟在哪里？值得注意的是，尽管每次治理的对象都需要通过具体的、显性的和客观发生的各类事件来进行表征，且具体事件的差异会导致治理习惯不同、所运用的手段有明显差别，但在治理逻辑上，这些路径都遵循着同样的原则，即以"事件"为中心展开。正如案例中的 D 村"村两委"，无论是面对寒潮、暴雨还是溃疡病，每次都会遵循共同路径，即对发生的灾害性事件采取了几乎相同的方法：发布警告—执行预案—事后补偿。这一逻辑的合理之处在于，它以具体事件为对象，基于对事件的历史记录，剖析其内在演化规律，根据规律形成治理范式，如图 4-7 所示。

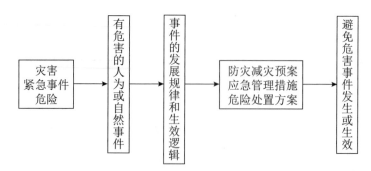

图 4-7　灾害、危险和紧急事件的治理思路

从图 4-7 中可见，尽管灾害、紧急事件和危险的具体治理路径有各自的习惯，但其治理对象都必须体现为各类自然的或人为的有害事件，且它们的研究任务都是对危害事件演化发展机理的探究，尽管不同研究传统采取的措施不尽相同，但它们的最终目标是避免危害事件发生及其不良影响生效，虽然最终目标是避免灾害事件发生及其带来的破坏和威胁，但该治理思路的基本价值取向依然是以"事件"为中心的物本价值取向，这决定了灾害、紧急事件、危险的治理对象、范式、任务和目标无法摆脱各类具体的事件，尽管风险认知等概念涉及人的因素，避免灾害事件威胁人类社会的最终目标具有显著的"以人为本"倾向，但这里的"人"是物本化、抽象的，而不是人本化、具体的。

以具体事件为治理对象、以剖析灾害事件的内在演化规律为基本任务遵循、以灾害事件为中心的同一研究路径以及物本价值取向，是当前灾害、紧急事件和危险治理范式的共同特征，然而，危害事件既是一种自然或人为现象，也是自然系统或人类社会发生的一种"突变"，像地震、海啸等灾害之所以被称为灾害，就在于它们给人类带来了现实的、潜在的或间接的威胁，因此，灾害脱离不了人类社会系统，脱离不了对人类造成威胁这个内在确定性，例如，在荒无人烟地带发生的地震、滑坡等通常不是灾害，而是一种自然现象。

至此，我们总结了当前治理逻辑的一般特征，即"就事论事"的事件中心主义。诚然，以事件为中心存在一定的合理性，它能够让我们在一般性规律的基础上根据具体情况对现实问题作出反应，极大地缩减了决策成本和时间。但是，这种事件中心主义存在一个巨大且不易察觉的陷阱：风险的异化。

"异化"一词在于表征一种主体嬗变为客体，致使主体的自我被削弱，而从主体中分裂出来的客体不仅逐渐替代主体，还出现了反对主体的现象。在当前的农村风险治理模式中，其应对风险的一般思路是在已有预案的基础上，以具体事件为治理对象，以剖析灾害事件的内在演化规律，追求农村环境中的应急救灾有效为目标。结合风险时空结构来看，现有治理逻辑的目标在于避免危害事件发生或生效，故必然着眼于风险表达其危害可能性的阶段——危机阶段，并试图抑制其危害性和破坏性的发展。这一阶段的风险是以危机性事件为表现形式，因此，事件中心主义的风险治理路径可以被视作针对危机阶段的风险事件进行治理。但是，风险不仅仅有危机阶段还有未发阶段、潜伏阶段和日常阶段。这种将处置危险事件视作风险治理的思维方式，实际上异化了风险。从空间上看，风险成为一个孤立地发生在特定区域的事件点，而从时间看，危机事件被视作风险不仅否认了风险的动态发展性,也让风险成为只有一种状态的静态物质。作为风险的"剪影","就事论事"的应急治理实际上简化了风险的结构,也简化了风险治理的逻辑,成为一种简化的治理范式。

二、"应急"失灵:"应急治理"的现实困境

对人类存在威胁是危害的本质特征,故对灾害的研究始终要具有明确的人本价值取向,不能脱离人与人类社会,但目前"应急"治理具有显著的"事件中心主义"研究特征,物本价值取向明显,忽略人本价值,以具体事件的消散和失效为前提。因此,在风险治理的本质价值取向与表象价值取向相悖的情况下,以事件为中心的治理思路陷入了诸多方面的困境。

首先,应急治理具有物本化的评价体系与评价标准,应急治理的措施、工具、制度等通常不以实际绩效为评估依据,而是以"存不存在"和"完整与否"为评估准则,从而难以在风险事件的应对实践中发挥实际的效力。以应急预案为例,它们本质上是"多部门之间事先就某一特定风险达成的合作协议"。而应急预案实效的发挥需要有准确的危险源辨识和安全评价,需要各部门间的有效配合,以及需要切合实际的应急演习演练。然而,目前农村社会中对应急预案的评价并不是看它能不能在各类灾害事件发生之后发挥实际作用,而是看各级部门及相关单位有没有应急预案,应急预案在形式上是否完整。这就引发了一个矛盾的现象:以有效为原则的应急预案接二连三地出现,但始终摆脱不了"纸上谈兵"的结果,其可操作性远远不能满足突发事件的实际应对需要。在E村应对水污染的三个阶段中,不管是村民误饮水导致中毒,抑或是村中水管破裂导致水质污染,"村两委"均按照预案进行了处理。为防止中毒事件发酵,村支书和村主任对村民进行了积极的教育。当饮用水管破裂后,"村两委"立刻按照预案从集体产业发展的利润中拨款对管网进行了修复,防止事件进一步酝酿升级。

其次,风险的承受主体是人或人格化的系统,风险治理的最终目的是保障人的安全,因此在风险治理过程中,需要考虑人的安全感受、受威胁状况和水平、安全需求及其在灾害中的能动性;另外,人又是具体化的,人的生命是难以估价和不可替代的。因此,灾害管理要始终坚持"人的安全"的价值理念,以严格管理保障人的安全。然而,在实际的灾害事件应对过程中受"事件中心主义"思维的限制,管理者通常会走两个极端:"应对不足"和"应对过度"。前者往往因不能有效地采取措施将灾害事件妥善遏制而造成更大的人的安全损害,后者往往

因过于担心事件演化发展而采取过度的应对措施给特定的人造成不必要的损害，例如，E 村的母亲河——H 河，工业和农业生产等产生的污水或有害物流入小流域后逐渐积累起来。但与其他突发事件相比，这类灾害事件的长期性、积累性、隐蔽性和潜存性等特征决定了它不适用当前的《中华人民共和国突发事件应对法》《突发事件应急预案管理办法》等规章制度，而相关部门在这类灾害事件逐步累积的过程中，并不会像对待爆发地震、大规模群体性事件那样采取相应的应急管理措施，如 D 村 H 河污染的第一阶段，在村民中毒后，并没有对 H 河采取措施，使得问题一直没有解决。

再次，尽管受制于目前的认知能力和应对能力，人类还难以避免很多灾害事件的发生，但通过切实有效的预警措施，我们能够在很大程度上避免类似事件造成的危害，并使我们的应对措施取得最佳的效果。但以"事件"为中心的研究模式决定了灾害管理、风险管理、危机管理和应急管理都是"事后被动型"的管理模式，这种管理模式只能在灾害事件已经发生、威胁损害已经实实在在到来的基础上进行被动管理，而不是在事件发生之前采取积极主动的治理方式将灾害事件消灭在萌芽状态或者将威胁损害有效规避在实际操作中。尽管我们按照"纵向到底，横向到边"的思路设计和构建了应急管理体系，且在应对突发事件时明确要"关口前移"，但这仅仅是一种思路或者理念，难以在应急管理实践中得以充分贯彻执行。对灾害事件的"事后被动型"管理的原因是多方面的，灾害事件的潜在性、隐蔽性、突发性等是外在的诱导因素，而认识偏差、习惯惰性、侥幸心态、缺乏演习演练、评价体系的路径依赖等则是内在的主导因素，而要改变这种状况，需要重塑现代风险管理理念，切实做好突发事件的监测预警、应急准备等工作。在 H 河污染的过程中，死鱼死虾、白色垃圾等已经为我们昭示其污染的程度，本来可以采取相应的措施切实降低其污染程度，并且溯源到农村生产和生活领域，但是"村两委"却采取隐瞒的方式。

最后，风险治理即以"事件"为中心的研究理念下，这里的"人"是物化的人，而非具体的人，在灾害事件应对过程中，应对措施的决策或执行主体往往以物化的"人"的安全或利益为借口，使特定人的安全或利益遭受本可避免的损害，或者以大概率安全事件掩盖小概率损害事件的发生，最终仍忽略特定人的安全。并且，在灾害事件应对体系的构建中，通常由相关的学术精英负责灾害事件的演化发展等方面的研究，在此基础上，他们会提出理论上的应对建议，政府部门则根据学术精英的建议或联合学术精英共同设计和构建灾害事件管理体系，这种灾害事件管理体系是"顶层设计"，在实际的运行中需要通过自上而下的官方主导来发挥其应对各类灾害事件的作用，而基层组织和民众需要在上层组织的支配下被动地接受各项指令，我国的突发事件应急管理体系的构建很鲜明地体现了这一点：一方面，"一案制"的应急管理体系是在学术精英和政府部门的合作之下完成的"顶层设计"，它更多的是在参照国外灾害应急管理的基础上在我国进行填补的。另一方面，我国当前的应急管理"一案三制"虽然要求坚持"纵向到底、横向到边"，但只要求县级及以上人民政府设立应急管理机构，乡镇和村并没有权利和责任设立应急管理机构，且对于如何鼓励和发挥基层组织和农民在灾害应对中的能动性，也只是粗略地提了一下，并没有给出明确的制度保障。但人类灾害应对的实践证明，在灾害事件发生后，是底层民众的"互救"而不是来自上层的"施救"或"他救"更能使人们摆脱灾害的威胁。因此，为提高灾害事件的应对实效，需要调动底层民众的能动性，需要切实关注他们的安全需求，灾害应急体系也需要将"顶层设计"与"底层构建"有机结合起来。面对灾害研究的"事件中心主义"倾向及"事件中心主义"所面临的困境，该领域的后续研究者需要重新明确人本价值取向，改变"事后被动型"治理模式，以适应新时代农村风险应对形势。

参考文献

［1］张康之.论风险社会中的合作文化建构［J］.吉首大学学报（社会科学版），2020（4）：12-20.
［2］温锐，邹雄飞，陈涛.家庭小农户与商品经济的互动——以清末民初江西寻乌农村为个案［J］.江西社会科学，2016（5）：123-131.
［3］牛磊.中国传统家族文化的现代审视［J］.齐鲁学刊，2020（1）：25-31.
［4］竟辉，王岩.中国特色社会主义道路的三重超越性［J］.求实，2016（5）：79-87.
［5］杨晓薇.中国哲学的诠释新径——论方东美的"机体主义"［J］.哲学分析，2019（2）：80-90，197-198.
［6］刘富胜.马克思的科学技术思想及其当代启示［J］.自然辩证法研究，2018（10）：124-128.
［7］张旭，隋筱童.中国特色社会主义现代化与新"四个全面"的历史进程及演进逻辑［J］.山东社会科学，2021（2）：12-19.
［8］樊鹏.论国家治理的新型风险与挑战：基于组织、技术与观念变革的视角［J］.学海，2020（2）：68-75.
［9］毕昌萍，田娟.论幸福视界下的中国传统生活方式［J］.学术探索，2013（1）：18-23.
［10］陈巍.读心理论四十年：从常识心理学到心智化系统［J］.西南大学学报（社会科学版），2020（3）：109-116，203.
［11］谢龙.马克思主义哲学原理［M］.北京：人民出版社，1995：55.
［12］费孝通.乡土中国、生育制度［M］.上海：上海人民出版社，2013：24.

第五章

农村治理现代化中风险的识别与分类

风险弥漫在人类社会的各个角落，解构着人类社会业已形成的稳定秩序。当前各个维度的社会治理实践正在面对这样的场景：那些由无数个在先前实践中被证明有效的价值体系、行动规则、组织架构在"一夜之间"被纷纷证伪，但执行惯性没有给执行者反思的空间，反而通过一次次消耗公众的信任实现稳定的维系。幸运的是，无论身处何种语境、何种维度的治理实践中，人们已经开始留意风险社会对治理有效乃至社会稳定的急性冲击和慢性蛀蚀。这为风险社会进入理论探讨提供了深厚的现实基础。步入21世纪以来，"风险社会"概念进入包括政治学、经济学、人类学、社会学等诸多学科的视野中，时而铺陈着学科研究的客观语境背景，时而为学科理论体系扩展提供研究对象。上述学科研究为人类认知风险社会和风险提供了不同的认识论视角，也动态优化着预防风险和控制风险的方法论体系。而风险社会对理论界、实业界造成的冲击和挑战在进入信息滞后、资源匮乏的农村地区后出现了迟滞，但随着工业化、城镇化、市场化和全球化的持续发展，天气变化、征地拆迁、开工建厂、矿产探掘、垃圾处理、借贷资金、换届选举等原本平常无奇的事件却成为经济风险、政治风险、自然风险等动摇农村社会稳定的因素的催化剂，并由此衍生出越发尖锐、越难根除的现实矛盾，加之农村原有的经济落后、污染转入等问题，风险社会成为我国"三农"问题所必须面对的潜在问题。那么农村社会中存在哪些风险？各治理主体应当如何识别风险？要回答上述问题，有必要对当前农村社会中的风险进行识别、分类和评估。

第一节　农村社会风险的生成机理

无论在任何社会实体中，社会风险从产生到发展再到成熟，遵循着从量变到质变的发展逻辑，这不仅是社会风险的生命周期演变，也是人类应对风险的节点参照。当风险从无到有地萌发时，其动态会经由现实存在的载体所反映，继而为人类感官或工具所捕捉，也正是从这一刻开始，人类思维中以往的实践经验与当前的风险信息产生链接，并在比较中逐步形成对风险信息所可能指向的风险来源、发展现状、未来趋势的判读。这种可能影响治理行动路径的风险图景绘制和风险发生机理分析过程就是风险治理的第一个环节：风险识别。风险存在于农村社会的政治、经济、文化等各个领域中，农村社会的各组成部分之间需要在互动中实现互恰才能完成各个预期目标，并维持农村社会的向好发展及健康运行。这也意味着由农村社会系统中各组成部分的特殊性和差异性所导致的协同关系不稳定极有可能向整个社会系统传导,进而加速社会风险的发展,更有甚者,还会诞生出新的脆弱点。除了内生于农村社会的不稳定因素外,农村社会的发展和运行还会受到外部因素的影响。依靠同其他社会子系统的交流和互动,农村社会获取到自身无法生产的资源,这种同外部环境进行物质、能量和信息交换的互动活动,也为外部环境的风险因素传导提供了渠道。农村社会外部诸如国家政策、市场波动和文化价值的多重影响成为农村社会风险发展的外部诱因和动力。

分析风险生成的逻辑是进行社会风险评估的起点,其中的合理性在于社会处于稳定状态时可以被计算,当然,这种计算并不是直接通过指标计算,而是观察处于相对稳定阶段的社会,会将其推向不稳定的风险因素积聚的执行测算。社会稳定风险评估的理论框架是以风险的生成逻辑为起点的,其合理性在于风险是可计算的。风险评估可以对社会稳定的客观现实和主观认知统筹把握,测量风险事件的各类主客观指标是观察稳定的科学途径,稳定状态就是对这些风险坐标集束提炼的评估。

一、农村社会的风险架构:现实存在与意识感知

(一)听天由命驱动下的理性投机

在传统的农村社会中,农民判断自身所处环境是否会走向动荡的依据主要是自然界的灾害因素,如洪涝、冰雹、地震等。除此之外,他们还会将所有人的实践视作引发动荡的因素[1]。但是作为现代社会组成部分的农村,在运行过程中,难以预料且无例可循的各类意外日益增多,这让生长于斯的人们在无力应对之余开始反思,将更多的人为事件划归到不确定的范畴中,但是不确定性并不必然等于不稳定,也有可能会维持稳定,其中包含着正反两种未来可能性的逻辑——风险逻辑,如交通事故、矿产发掘、财产投资;环境污染如大气污染、水资源污染、土质污染;科技风险如新兴农用机械、转基因种苗、新型农化产品等人造或人为事件,在过去的认知维度中,只能被划归为不稳定因素,但现在这些因素只能被视为风险因素。

农村社会作为传统社会和现代社会所共有的组成部分,其特征差异主要通过所处社会阶段的不确定性因素变化来体现。现代农村社会中不确定性因素不仅能快速蔓延,还会以时微时巨、时远时近、时而熟悉时而陌生的形态示人,使得风险因素识别异常困难,因此,需要农户、社会力量、基层政府根据当前的客观环

境，动态地作出维护原有秩序稳定的行为选择。在现有研究成果中，缺少维护秩序的话题，但是他们的视野一直聚焦于动摇原有秩序的"风险"上面，作为认知风险的主体，个人观念中的风险是个人行为的结果，如风险总与投资、消费、借贷等行为密切相关。甚至有的风险行为已经被风险的个人行为所替代，包括个人主动的风险活动，如私人借贷、购买先进设备、过量施用化肥、更换新的种苗、从事缺乏经验的作物种植等行为。个体的风险行为不会改变"稳定"状态，因为稳定的本意是对群体或集合状态的形容。然而，一旦个人行为成为可以被广泛接受、模仿的生产或生活方式，其风险本质便会同已有秩序、制度、政策和治理行为产生对抗，这种"个体—社会"的传导关系，催生出一种观点，即现代社会的最大威胁并非个人层面受到危险威胁，而是一定范围内的群体对于稳定和秩序的观念受到个人风险行为的冲击。基于这一观点，现代社会生活的"正常状态实则是风险生活"[2]，其基本表现形式是风险充斥于社会生活的各个领域，而当日常生活遇到障碍时，风险就会转移。换言之，风险就是社会生活的平常状态。在这种风险即常态的环境中，任何不当治理或是过度治理都会向其中注入大量的风险因素，引发新旧风险的互动叠加。在贝克看来，个体的风险文化或风险观是否进入政治领域的界限是风险是否触及制度，并引起了现有制度的反应。

在任何社会阶段中，"投机"与"冒险"行为都是引发社会动荡的不稳定因素。学术界一般认为，风险的本质带有更为综合的色彩。如方才所言，稳定或动荡是对群体整体的状态判定，动荡必然是社会中全部个体的利益受损，与此相比较，"风险"的概念则又多了一层个体主义的色彩，即它包含着实在的会对人们造成伤害的负面可能性，也包含着风险观同社会互动的结果，因此风险本身所蕴含的危险是客观的。首先，风险必然以一种特殊的、局部的事件为表现形式，这类事件长久或骤然地发生，抑或是表现为客观场景的剧烈变化过程，再或是引发意识层面的激烈动荡。可以发现，风险同动荡、稳定均具备相同的意涵，即相同的本体论指向，同样会带来客观危害，风险则更偏向于现实状态，与此同时，风险在与社会和文化因素的互动中影响客观环境，又会为风险附上一层不确定性的面纱。

揭示当下农村社会的不确定性本质，首先要认知进入现代阶段后社会的不确定性因素，其中占主要部分的是人们理性的投机行为所酝酿的后果，比如，在农业领域，以基因技术、生物化学技术为代表的理性投机行为，即便给农业经济的发展带来了无与伦比的好处，但也在理论界和实业界引起了广泛的讨论，而投机行为的本质是现代社会理性动机驱动下的人为风险。风险因素引发动荡的效用在诸多因素中日益突出，甚至影响到全社会对常态和危急状态的认知。在人类的认知中，秩序的稳定同作为现代文明象征的科学技术密切相关，并逐渐表现为行为选择或政策设计、执行所诱发的公共事件、危机的整体状态。因此可断言，在人类社会的阶段性更替中时时处处地存在着风险，而现代社会空前复杂的社会结构起到了放大器的作用，让人们第一次近距离地感受风险，也承受着风险带来的诸多影响。例如，自然灾害、生态破坏、瘟疫流行、人口迁徙、城市化、高新技术等现代文明发展所产生的意外后果，散落于日常生活世界的各个角落中，左右着人们的行为模式，引导着我们追求确定性的理性博弈。然而，传统的学术研究对这种力量的影响，还未能积累足够的研究成果。而现代性带来的风险后果，在原有的稳定认识框架中还常常无法预知。所以，在漫长的历史长河中，人们还是通常把不稳定归咎于人类无法控制的因素：人类本身的不完美和神力、运气、定数，或者说命运[3]。

幸运的是，伴随着城市化对农村社会的改造，以及对农村社会的探索深度日益增加，农村社会正呈现给我们以全新的景观，而农村社会的风险问题也正在以时代赋予的新面貌和前所未有的新形式投入公众的认知图式[4]；农民对于稳定的关注不只在某些领域、某些部门，其对某些涉及自身利益的相关部门或所谓的官方认证的信心正在减退，不再不假思索地认定绝对的认知。这些现实变化，强化了对稳定研究增加不确定性研究比重的重要性。风险之于稳定的意义，在于风险是一种选择而不是宿命，我们接受风险给稳定带来的挑战，采取行动，我们就能更深入地理解稳定之所在、之所往。

（二）理性计算支持下的公共选择

自风险被人们意识到起，人们便在方法论领域进行着深入探讨。而将如何量化风险、计算风险作为消除风险的前提性命题，也立刻被社会科学的多个领域所讨论。

以理性行为讨论见长的经济学家，将风险问题置于理性视角下讨论，并据此不断地修正着风险的本质。经济学家们通过无数的实例发现，当人们处于风险博弈中时，即便是在获得了丰富的信息前提下，在拥有权衡的时间和机会时，仍旧会陷入矛盾和摇摆不定的境况[5]，这是一个问题。经济学领域的理性尤为强调个体处理信息和预测可能性的能力。在心理学领域，学者们经过实验室调查和实例分析发现，错觉诱导个体对风险的感知。此外，描绘风险问题的途径和方式也常常作用于人们对风险的反应。提及风险认知，经济学领域的"有限理性"概念也揭示出人类有限的认知能力。在此基础上，经济学家的关注焦点逐渐从基于理性行为假设的计算模型，转向对不同语境下理性行为的局限的定位，以此有效地认知、分析风险，并提出相应对策。除了实业界，这一观点在经济理论体系中也为简单理性行为者范式的校正提供着系统动力。而在业余—精英的对立争论中，社会学对于风险的剖析和研究日渐兴起。经济学领域、心理学领域都将社会学的研究观点作为本领域发展的重要坐标参考。有观点认为，计算风险是理想政策的重要标准，它决定了政策的客观性与否。这一观点决定了学者在政策的制定、执行、评估过程中会建议政策制定者采用风险评估的专家决策模式，相比之下民意表决则难以具备其优势。矛盾双方不会孤立出现，因此，与之相对立的一种科学研究观点认为，"专家会贯彻科学精神并始终从客观的观点出发"这种绝对理想的说法是幼稚的[6]。同心理学和经济学剖析风险的逻辑相反，社会学并非遵循个体—社会的逻辑进路来研究风险，而是沿着从社会向个体的顺序进行。这一思路的独特性在于，它所关注的主要问题是个体差异化风险感知的碰撞、风险应对行动，以及二者在互动中的相互作用和发展。民众作为风险的直接感知者、承受者、应对者的观点和看法是专家知识体系的重要来源，而在政策设计过程中，对专家观点的过度重视将会引发其在普通民众当中的合理性，因此，专家观点和公众意见应当处于相同的层级，社会学领域鼓励通过新视角、新方法来观察公众对于不确定性因素，特别是对曾引发社会反对或者议论的不确定性因素的反应，在此基础上构建客观且有效的新方法来研究民众对新技术，特别是遭到社会运动反对的核工业等新技术的反应，以建立真正有利于健康生活的方式。

（三）政策分析失效后的文化解答

在人类与风险抗争的历程中，使用更先进的技术和管理方法已经成为一种方法论的必然倾向[7]。如果理论研究对风险的预测没有在人们的生活实践中得到佐证，那么无论理论研究的前期基础多么客观理性，研究者都会陷入过度反思中。

而社会学领域则为解释现实中民众"不合理论"的行为提供了一种诠释学视角——社会文化变迁，如贝克在阐明"新风险"和社会结构变迁对现代性的影响时，采用了风险社会和"自反性"现代化的思路，现实的需要为此路径提供了绝佳的合理性，该思路旋即在英国得到发展。同诠释风险的思路截然不同，在西方理论界还存在着一种经由社会治理方式的变迁来观察风险意识变化的视角。此外，当风险从客观升级到意识维度的过程中，特别是渐入人类的意识世界中，整个过程都离不开社会心理学的支撑，通过意识对现实的反映功能，社会心理学通过心理测量的方法能够观察到不同社会领域的风险对主观意识层面所造成影响的异同点，这一点对于分析判定秩序稳定的阶段而言格外关键。相较于稳定状态的确定性而言，非稳定性所引致的问题，以及人们对这些问题的感知和判断，而非此类问题所造成的客观危害，极大地丰富了对风险感知的研究主题。在农村社会中，有些人担忧附近的垃圾焚烧站对健康和生产造成潜在危害，以至于听信某些未经证实的谣言，但对于生活垃圾随意堆放、生活污水肆意倾倒或产生的巨大风险却总是漫不经心。此类研究针对具体的不确定性事件形成了在个人对风险的感知和应对过程中文化变量的作用，如探究不同文化背景下的群体风险承受能力的高低。

不同的学科领域中，研究对象以及逻辑起点有着天壤之别，社会学前提假设的"消解风险的最优解"是经由规制和文化的力量实现的[8]，这与经济学的理性规划和心理学的情感塑造是截然不同的路径。风险研究开始深入浅出地关注文化变量，以及风险发展过程中的制度变迁。

二、农村社会的风险来源：制度变迁与科技发展

（一）制度变迁中的风险弥漫

客观认知风险事件的发生规律、提高风险管控能力，对强化农村基层治理具有重要的现实意义。农村社会正在经历来自外部环境的形塑力量所催生的整体转型：市场化、信息化、科技发展和全球化。这些外力在直接冲击原有治理秩序的同时，还附着于农村社会的各个领域潜移默化地优化着治理生态，对农村治理提出新的要求和挑战。风险事件爆发的原因中利益导向的效用逐渐成为主流、风险事件的波及范围较之以前更广阔、风险事件中科技因素占比越来越大，针对这样的变化，农村治理亟须通过新的维度、新的价值起点以及新的研究方法来观察、应对社会稳定的新内涵。毋庸置疑的是，风险社会的预警以及风险视角亟须被认同为实现农村治理现代化的核心部件，但已经固化的治理方式是以事件为核心的事后响应，沉浸着思路的僵化和时效的滞后性。网络技术渗透使得每一个风险事件都像投入水中的石块，在农村社会内部的关系网络中引发无数的波动，同时，这些波动会继续沿着关系网络向整个农村社会传递，这使得原有的治理模式无法再准确地把握风险变化的过程，各类不确定性事件显著增多。治理生态的剧烈、

快速变化让我们重新反思风险与制度的真实关系,通过有计划地采取前瞻性的治理行动,并配合成熟的制度化举措来化解风险,抑制风险带来日益增加的负面结果。

(二)科技发展中的风险伪装

科学技术的进步及其成果的广泛应用扩展着风险研究领域的边界,但风险社会中观念层面和文化层面的诸多变量却依旧未被提及。研究人员试图将应急管理中危机状态的风险所产生的问题推及更广的领域,如危机事件的信息扩散过程、大众传媒在维持社会秩序中的作用等。上述视角都是对社会风险感知、评价开展的有益探索,如通过风险社会视域观察人们如何将个人问题社会化,如何应对风险及次生风险;解释个体的社会经历、认知同风险承载力间的逻辑关系;通过整合定量和定性研究的优点,基于个案调查以及差异化细节的深入分析,充盈、细化大而化之的理论。这些问题表现在:第一,科学技术和制度体系的复杂性逐渐增强。随着科技成果的推广,农村社会成为许多科技成果的试验场[9],也因此产生诸多由技术创新导致的失败事件,如日本水俣病事件、黄孟营癌症村等。这些事件都说明技术进步给农村社会原有秩序的稳定所带来的新挑战,而农村社会原有的制度秩序和政策工具缺乏应对这些新情况的能力。对不确定性进行风险评估是现代社会进步的产物,我们不应忽视这些新问题,这种复杂性也需要我们重新审视"稳定"概念,并据此对社会行为进行协调规划,对社会稳定的观念进行新的修正。第二,技术与风险的联系无处不在。农村社会中的生产与生活领域所拥有的科学技术和制度秩序无法从根本上消除风险和不稳定因素,只能通过制度-环境的二元互动来化解,这种认识日渐为人们所接受。国外的经验已经证明,很多创新如转基因食品、农药化肥的发展和各类大型工程建设,都可能引发激烈而强硬的政治呼声和政治抗议[10]。稳定问题一旦成为政治问题,单从技术角度去解决显然不够。这也将成为农村社会稳定发展过程中可能出现的新问题,技术和价值观念的冲突在现实生活中的应用已经或即将引起争议。

三、农村社会的风险转移:动态结构与特有路径

(一)风险转移:农村社会承担着现代性后果

在科学技术发展、能源资源投入和信息流动的刺激下,城市的现代化飞速发展,但是城市的脆弱性却无力承担现代化产生的后果,因此,向农村转移成为处理现代化后果的一种办法。这种转移并不仅仅是城市和农村的空间特有,不同阶

层之间、不同利益群体之间财富的分配和风险的承担并非均衡，通过特定生产关系所产生的政治、经济、文化、科技、生态需求具有权力、需要、审美、信息、环境五要素的现代财富分配便应运而生。

风险可以在任何空间领域间移动。贝克曾断言，特别穷困、特别风险之间有系统的"吸引"，风险能够从富裕之区转移到贫困之地。对我国而言，城市扮演着风险流出地的角色，而农村社会则是"风险洼地"。例如，存在污染风险的夕阳工业不仅无法为城市发展提供产能还加重了城市社会的发展阻碍，因此，这类产业便由具备了风险意识的城市所规避进而转移到了农村，剧烈扩张的利益在风险流出地散播扩展，而以致风险流入地将必须承担环境污染、资源匮乏和劳资纠纷等各类矛盾，风险的社会景观由此诞生。美国克拉克大学罗杰·卡斯帕森指出风险是兼具生物属性和社会维度的复杂现象，意指风险传递在信息高度发展的现代社会，并非单一模式、简单线性的形式，以致使世界社会组成了一个风险社区。

其一，风险转移具有"跨域"传播的特性。风险首先作为科学的专业知识，被不同领域的科学权威作为不确定性进行认定，再在实证研究的基础上得出专家结论，因此专家系统的专业化是风险因素传播的技术源头。农村社会的方方面面越来越依靠技术和科学，这是现代性带来的必然结果。而这些专业信息经由高度发达的大众传媒在农村社会进行传播，再进行二次筛选，而风险也通过信息传播的形式实现了扩散；最后，作为风险后果的承载者，以自身的经历或间接道听途说，最终成为风险转移的承受者。在这个过程中，风险转移历经解构、传播和重组的过程，形成了风险层级转移的三个阶段。

其二，风险转移纠缠于社会关系网。风险传递同信息的性质、传递通路以及社会文化属性密切相关，这种相关性的现实指向不仅限于分析信息作为风险载体其隐含的风险大小，还同社会个体的信息解读方向有关。此外，处于与社会个体相同背景中的行政体系、经济系统、舆论民声、专家系统、公共传播、社会大众和组织联盟等主体交流互动，从各自利益角度对相同的风险信息进行夸大或减弱，造成社会舆论空间中多种风险感知结果的并存，而这种信息不对称甚至信息失真成为影响社会规制、社会信任、沟通互动、预测评估、治理路径等领域健康运行的基础性因素[11]。

其三，风险转移具有全域趋势。从社会物理学的时空视角来看，风险由量变到质变过程中所表征出的互动性使之成为一种未来指向的不确定性范畴，同时也具备了空间的不确定性，这赋予风险以摆脱文化和地理空间限制的属性。由于风险的脱域机制,任何一种风险转移都将呈现全球化效应[12]。然而,在风险转移的链条中,既有专家系统—公共传媒—社会大众这种从专业化到普通人的风险转移模式,亦有社会大众—公共传媒—专家系统这种从普通人到专业化的风险传递模式,前者常常被视为自上而下的理想风险转移模式,后者则往往被视为自下而上的被动型风险转移模式。因此,正是由于公共传媒展示、操纵和批判功能的存在,作为风险传递的关键,话语权在专家系统和社会大众间出现漂移的可能性。公共传媒是专家系统和社会大众的传声筒,不仅肩负向社会大众告知、传达、解释作为科学知识代言人的专家的意见和建议的功能,更要有意识地扮演指导、监督、预警的角色,不仅要培育民众的风险意识,更要建构专家系统和社会大众间良好的信任关系。

(二)和而不同:农村风险社会的图景异同性

得益于其脱域性,风险能够在不同的时空环境中表现出不同的特点[13]。就农村社会而言,我国农村社会的脆弱性和边缘性能够充分发挥风险社会理论的解释力,可以有效地分析农村社会转型中结构性变动所生发的风险问题。这不仅是风险社会理论中风险评估的理论发展需求,还是推动农村治理迈向现代化、科学化和具体化的现实需求。而风险研究的理论结果又需要在广泛的实务领域被充分证实,中国的农村社会正处于向农业农村现代化转型时期,风险特征十分明显。而农村社会的不确定性表现与全风险社会的表现有着诸多本质上的相同点。从全社会来看,风险没有明显的地域区分,而是被置于全领域的语境中,成为各阶层关注的话题,就农村社会而言,风险则被置于不同领域中,成为不同语境下言说治理的重要话题。此两种研究,研究对象虽相似但却有差异,揭示了我国农村社会同全风险社会相似却不尽相同的发展路径。随着农村社会同外部环境的联系进一步加强,某些后现代社会的特征在农村社会中逐渐凸显出来,风险社会作为一种形态开始展现,已经在稳定研究的构成中显露出来。风险会贯穿中国社会转型的全过程。因此,要发掘全风险社会同农村社会风险之间的异同点,需要从源头分析消散和化解风险的基础。从我国的现代化发展路径看,其潜伏着较多的风险。中国的现代化道路不同于欧美发达国家,更没有社会主义发展现代化的先例,也不是趋同于其他发展中国家的现代化道路。但人类社会的现代化存在两种基本路径:一是以工业文明对农业文明、城市对农村的全面吞并为基本方式,这是发达国家广泛采取的方法,其历史根源是工业革命中工业通过对农业的剥夺完成原始积累;二是通过先进技术成果对落后技术成果的"剪刀差",为前沿技术成果提供发展基础,其历史溯源是农副产品同工业产品的不等价交换。但是,上述两种路径都存在着极强的风险因素,现代化道路中时时处处弥漫着高风险。因而,中国的现代化不能采用发达国家的全面吞并方式,也不能进行技术的"剪刀差",而要根据国情走出中国特色的道路。

对于农村社会的现代化进程而言,文化建设、科技发展、制度创新、经济发展、社会稳定从来都是一个系统[14],且农村现代化也是中国现代化进程的重要组成部分。换言之,我国农村社会的现代化建设既不会以农村消亡为代价[15],也不会单纯依赖经济或科技领域的突破性进展,这在人类社会的现代化建设史上是前所未有的。而也正是"首创"的地位,使得中国农村社会的现代化进程时常陷入经验不足的尴尬境地,再加上城乡二元结构增强了农村脆弱性,农村社会中政治、经济、科技、文化、生态间的发展关系时而协调、时而互掣。尤其涉及公平和效率问题、个体和整体问题、理论和现实问题时,由于思维转变得不及时,在很多时候,农村社会都以牺牲环境、社会公平为代价,实现经济的发展,但是经济发展所创造的财富往往并不能弥补这种代价,长此以往,当积累的问题爆发,经济发展便可能陷入困境,因此农村社会极易陷入发展的悖论之中。毫无疑问,这种以牺牲换取发展的方法同发达国家的发展极为相似,但是我国农村社会的现代化发展也有自身的特点,即风险一直以潜伏状态存在于现代化进程中。以西方社会学家们的理论视角看制度变迁存在隐性风险。在过去很长的一段时间内,我们认为社会不稳定的影响因素除了阶级矛盾外,就是来自自然界的"外部风险",即来自自然界不确定危害对社会秩序带来的损害,如传染病、台风、洪水、地震等自然灾害。但政治威胁方面的风险,如来自霸权主义、侵略战争等的威胁,我们却将其忽视,认为团结的内部不应具有风险。而事实上,绝对稳定也同样具有风险。

(三)因素分析:农村社会现代化的风险特质

第一,农业居于"三农"问题之首,意味着经济问题是农村社会发展的首要问题,也是关键问题[16]。无论处于人类社会发展的何种阶段,农村社会的发展都依附于农业经济的发展,以此构建农村社会秩序的存续基础。当下出现一种观点,即农业产业波动的结果必然造成农村治理的稳定问题。事实上,这种声音忽略了经济、文化、政治的相对独立性。我国农业经济发展虽然是农村社会的重要组成部分,但农业经济的发展问题并不是一切问题的根源,问题症结在于人为造成的城乡二元格局使得农村游离于现代化进程的边缘[17],农村社会中的政治、经济、文化等领域的现代化面临着起点低和难度大的困境,同时城市对农村的虹吸作用又加剧了这种困境,农业经济发展陷入结构性矛盾中。城乡间以及阶层间的意识形态差异加速了风险发展成为危机[18]。这些正在演变为危机的风险要素在日常事务中通常表现为:劳动力人口以及非劳动力人口的"离土离乡"、老幼妇残等弱势群体留守农村等社会风险问题,以及由上述事件所引发的次级风险是很难预测的。

第二,从治理体系的构建来看,差序关系网维系下传统规范秩序与现代规范秩序之间的矛盾、经济发展对道德观念的冲击等风险广泛存在于农村社会。我们应当客观地观察、预测和分析这些矛盾背后隐藏的危机可能。一旦传统价值体系和现代价值体系的冲突激化,会严重阻碍农村治理现代化的进程。故此,应当尽可能地探索能够舒缓矛盾和冲突,不致引发秩序变迁的强烈应激的治理手段和方式。农村社会的现代化进程中,传统秩序规范的价值无法在整合中被赋予时代内涵,就会引发次级风险,这是包括农村社会在内的任何社会形态中风险因素的来源。例如,为获得政策便利,某些经济组织的带头人会向供职于特定岗位的人施以亲情、友情等托词,从而实现利益最大化。农村社会中的不确定性因素骤涨,迫使原有农村社会秩序、制度以及社会结构、价值观念和生活习惯等发生变化,引发冲突事件、造成病态现象。某些群体性事件大多源自这种错位。

第三,囿于农业经济发展的相对滞后,农村社会的政治、文化建设也陷入困境。无论是依靠经济能人还是乡贤带动,实际上是个体将自身资源向农村的转换和输入,但农村社会发展的内生动力并未完全有效地生发。此外,农村社会中经济领域的成功为经济精英进入政治领域以及社会治理领域提供了合法性,因此,农村社会的政治、经济和社会精英极易走向一体化,由此所形成的"精英—群众"互动关系久而久之会导致贫富分化。若有意改变上述状况则必须将经济发展同政治建设、社会改革结合起来,尤其要注意的是,社会领域在三者当中具有一种空间载体的角色,这意味着无论是经济发展还是政治建设都需要来自社会领域的动力,只有通过社会改革,实现对大众的积极性、主动性和创造性的唤醒,才能激发农村发展的内在动力。同时,经济和政治发展的效益只有反馈于大众才能保障农村社会内生动力的可持续性,这需要构建个人利益和集体利益的合理分配机制,否则极易激化阶层间矛盾,导致大规模的冲突。

第二节 农村社会风险的识别准备

  风险识别的准备工作对于社会稳定的风险源类型识别，一直有两种取向的争论：一种是社会稳定中的风险，通过经验层面上的感性认识来判断，这种判断在过去主要是阶层对立和意识形态方面的，也包括过去对处理不稳定事件的既有经验，这是一种经验积累基础上的主观判断；另一种是风险意识指导下带有客观数据支撑的判断，通过不同领域（自然灾害、技术灾害、人为事故等）的专业资料积累或数据记录，从中重新找到数据的内在价值，进行合并与总结、分析与归纳，依赖专家理性判断，找出爆发规律，提出可能出现的明显或潜在风险。这个争论到现在也没有一个比较成熟的结论，但这个对峙可以归纳为，过去在多大程度上决定着未来，且对于风险评估来说，我们不能量化未来，因为未来是不确定和未知的。但是，我们可以尝试分析过去发生的事。风险识别在风险评估中是一项基础准备工作，其是指对社会即将面临的、尚未发生的、仍处于潜在阶段的各种风险，进行全面系统的归类分析，从而加深对社会稳定风险的深层次认识。因此，风险识别必然包含任务量庞杂的排查工作。由于社会系统高度分化，其蕴含的风险关系极为复杂，识别需要大量的具体工作落实，其中还涉及很多公共部门和社会组织。所以，风险识别的准备工作一定要严格按照流程有条不紊地推进，这是整个风险评估体系信度与效度达到满意程度的根本保障。

一、农村社会风险的识别对象：风险团簇

  农村社会中的风险来源多元且复杂，呈现因事而异、因时而变的特征[19]，一般研究视角会聚焦于单一风险，但是现实不同于理论研究，农村社会的复杂性使得现实中的风险呈现复合团簇的状态。按照社会系统的复杂性理论，形成团簇的对象包括以下不同方面：首先，环境的因素。其是指社会运行的外部环境发生意外变化，扰乱了正常的社会运行状态，继而引发不稳定因素。例如，农产品市场的经济环境发生了根本性转变，而农户、合作社等主体没有因此作出相应的调整，由此遭受了极为严重的经济损失，其巨大程度非个体所能承担。某个地域情景下，与社会规范相违背的群体越轨行为将受到大范围的制裁，引发风险。由于相当一部分群体导致的风险，其影响将会遍及一定的空间领域。某个地区的社会文化、道德风俗习惯发生了重大变化，原有的基本人际交往活动受到新规则变化的影响，从而导致群体内个体间价值观念呈现差异化。其次，市场的因素。市场

已经成为社会运行的基础条件,一个成熟市场中的重大主体如果发生重大变化,如订单式农业种植模式中的发单方或承包方因市场因素调整订单规模造成预期收益受损,那么个人或群体既定的生产生活规划将被干扰。再次,技术的因素。现代社会进步迅速,各种不成熟技术由于受到商业或者市场等力量的驱动,可能流入市场销售,但也有可能是技术创新和进步的方式尚未受到民众的承认或认可,从而导致技术无法获得大众的支持,进而导致意外变化甚至创新失败。这种影响社会稳定的例子在当今社会越来越频繁爆发,各种环保类型的群体性事件多源于此。如农药化学技术存在隐患、转基因种苗可能由于监管不严流入农户等科技风险。最后,自然的因素。有些社会不稳定容易和自然灾害联系在一起,如暴雨、地震、冰冻等。

二、农村社会风险的识别目的:脆弱环节

作为农村社会风险治理的第一步,甄别出存在于农村社会各领域中的各类风险因素,并能较为准确地预判出各类风险因素发展的未来走向,并依照系统判断结论采取有效的手段和工具加以预防,以代替事中和事后的仓促应对和损失弥补。因而识别阶段的目标实际体现着风险治理的本质,即为保障农村社会的制度秩序稳定、制度目标顺利实现,尽可能将导致农村社会正常运行以及治理行动偏离预期目标的不确定性因素识别分离出来,其是与农村治理的目标联系在一起的。农村基层治理格局正处于创新变革的关键时期[20],迫切需要对治理生态以及治理行动过程中所隐藏的风险因素加以识别评价,进一步完善制度设计。

农村治理的目标基本包括但不限于民生服务供给、设施管理、社会安保水平显著提高,"三治融合"下的"善治"目标,农村社会朝向安定、繁荣发展,治理理念、治理手段、治理结构等现代化程度显著增加[21]。实现人群代际和阶层间的社会再分配,经济持续发展,公共事务处理的有效性、个人激励、个人权益的便捷性;其附属功能包括促进经济增长、政治社会稳定,扩大消费内需能力、强化农村发展人才队伍建设。在甄别风险时,甄别农村社会系统运行和发展时的风险动态应当优先于甄别外部系统输入的风险因素,内部因素往往同环境中各类主体的生存和发展密切相关。当风险发展至危机形态时,其损失和危害不仅限于农村场域,其会直接进入国家经济发展和社会稳定的语境中,这将对政府的管理能力和民众信任的提高形成巨大的挑战。总之,加强农村社会风险识别、提高农村治理水平对现代化建设、"两个一百年"奋斗目标实现具有非常重要的现实意义。

三、农村社会风险识别的原则

与应对风险不同,风险识别的潜在内涵包括对风险未来性的思考。故农村社会风险识别是为了切断风险的生长进路,通过精准定位、有效制约等手段消弭风险的生长和蔓延。

（一）整体性

整体性存在的前提是分析对象的系统属性,将系统目标的实现作为行动引领,有效统筹安排各子系统的关系和行动,使得整体呈现结构完整、功能齐全、高效协同的状态。系统是由相互作用、彼此依存的各子系统有机结合而成的,因而具备其作为个体时的功能和结构。相比之下,作为互动结果的系统,其内部的各子系统也可视作由更小的微系统或微成分组合而成[22],此为整体和部分的逻辑辩证关系。作为整个国家治理体系的一分子,农村治理在彰显其系统性特征的同时也表现出其作为系统部分的特殊性。故而,在甄别农村社会中存在的风险时,应优先将各农村社会中子系统的个性特征置于农村社会这一完整系统的语境中加以权衡,其并非以识别风险因素的种类为单一目的,其最终指向于酝酿风险的诱致性因素的本源,以及根植其中的因素存在条件。此外,基于对风险发展的方向以及结果进行预视,模拟其发展的结果及其所带来的损失、所造成的社会发展偏离程度。遵循系统原则的社会风险识别帮助研究者和实践者掌握各类风险的生发脉络和存续条件,从而强化风险治理措施的有效性和针对性。由此进一步引出农村社会风险识别的组织原则,风险识别的全面性必然是社会主体全员参与的结果。换言之,政府、组织、个人、社会团体等在风险治理语境下均是利益攸关方,应该积极参与农村社会风险因素识别,应以风险识别为目的,通过增强风险意识,特别是提高乡镇基层政府中管理人员的风险意识,实现风险认知能力的提升,保障农村治理向预期目标发展。

（二）运动性

一方面,识别风险的过程既需要观察也需要反馈,故而是一个循环往复的动态行为,其意义在于修正原有的认知以切合现实的具体情况[23]。引导农村社会发展的内部秩序及其制度外显形式由诸多发展的子制度或子规则组成,在统一执行原则的引导下,其效用领域和生效逻辑间保持着相互联系又相互制约的关系。与此同时,农村社会的正常运转,不仅是制度体系作用的结果,也是其自身条件发展的结果，受到外部其他有关因素的影响和制约，并随着时间、地点以及人们的不同态度而发生变化。另外，风险的识别不是一次性活动，而是一个持续改进的过程，与农村环境中的人类活动息息相关。随着农村治理制度的推进，风险识别必须是一个连续不断的、动态的、制度化的过程。同时，由于研究人员能力有限，加上研究工具的局限性，识别结果的精准性难以保证，只能通过反复的检验与验证将误差减到最小。

（三）全面性

从动机来看，风险识别是追求确定性以及客观不确定性存在的矛盾所致，因此，在完成风险要素的属类甄别工作之后，并不是片面地罗列当前显著的农村社会风险因素，而是尽其所能地全面分析农村社会环境中各类活动所面临的所有的风险因素，全面系统地考察、了解农村社会运作过程中各种风险事件存在的环节和可能发生的概率以及损失的严重程度。由于当前隐性的、微小的风险可能转变为日后显性的、重大的风险，若某些风险因素在风险识别阶段被忽略，则谈不上对其进行评估确认、选定衡量指标或制订应对方案，从而导致严重的风险后果。因此，在农村社会风险因素识别过程中，不得发生遗漏，尽量覆盖所有业务及管理的全过程，以免留下隐患。

（四）核心性

风险识别内在地包含着为防范风险和社会管理提供参考和数据的目标指向[24]，在降低政府部门、集体和农民的治理行动成本的同时要保证治理效能的最大化，有效降低风险损失。位于资源占有次级地位的农村社会，其治理的全面性必然是排在针对性之后的。面对整体和各类资源均受限的情况，农村社会的风险治理应当瞄准对核心风险的治理。在确定目标后，具体的操作和实践还需要基于对资源规模和种类的了解。依照现有条件制订执行的方案和计划，并量力而行地采用治理工具。因此，在农村社会的风险因素识别和衡量中，必须作综合的考察分析，在对制度的目标、战略和内外部环境全面分析的基础上，分清轻重缓急，关注整体风险与重大风险，抓住关键风险。把主要资源放在关键、重大风险的防范方面，减小损失发生的概率及其后果的严重程度，以便及时、清楚地为决策者提供比较完备的决策信息。

（五）实效性

农村社会是一个涉及亿万群众的经济、政治、地理概念，农村治理的有效性和可靠性具有重大意义[25]。无效的或虚假的信息会造成重大影响乃至不可挽回的损失。应主要关注两个方面的内容：首先，是否合规和科学。对风险进行识别的过程，同时是对单位、家庭、个人在农村社会运作过程中的利益状况及其所处环境进行量化核算的具体过程。风险的识别和衡量要在习近平新时代中国特色社会主义思想指导下，以严格的数学理论和方法为分析工具，在普遍估计的基础上，进行统计和计算，以得出比较科学合理的分析结果。其次，是否可操作。农村社会中风险要素的识别，识别方法的选择、组织，结果的考察等不能仅从理论上的最优化出发，而应考虑到我国农村所特有的文化、经济、科技、生态特点等其他因素，而非简单地选择理论上最优方法。

四、农村社会风险识别的方法

自风险社会进入学术界的研究视野以来，关于风险的识别问题便一直是热点。由此诞生的风险识别方法多种多样，但优劣势兼具，只有遵循风险识别的原则将各种风险识别方法综合灵活应用，才有可能达到风险识别的理想目标。具体到农村社会风险识别，有其相应的特殊性，农村社会风险识别方法有如下几种。

（一）流程图法

对农村社会中的风险要素进行识别，有助于通览农村社会的各个领域，继而在识别风险的过程中，尽可能做到不遗落、不交叉重复。农村社会中的风险涌现并不是单纯的空间占据，而是根植于某一领域，通过该领域中的人类活动将风险特质展现出来。整体来看，其基本的行动逻辑总共有六大环节，这六大环节形成闭环：“现实和价值的对比—问题溯源—行动规划—资源筹集—常态管理—效果反馈”（图5-1）。每一环节都潜伏着农村社会的风险因子，致使行动的实际效果偏离规划的期望。

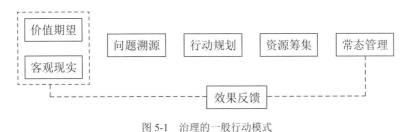

图5-1 治理的一般行动模式

结合领域特点同一般性行动流程的过程分析，可以揭示每个环节中潜在的风险因素，找出影响行动整体效果的风险因素，包括根源性风险因素、结果性风险因素等。其中以常态管理中的风险因素为例，在政治领域的这一阶段中极易出现政策执行不力、干预失当等问题，而经济领域中极易发生失业风险和损失风险，文化领域则会出现以斗殴、酗酒、赌博等为表现形态的精神生活单调问题，而科技领域则会出现技术使用不当的风险，生态领域则会出现自然灾害和环境污染的风险。

（二）环境扫描法

环境扫描法是企业环境分析方面最早提出的一种方法，它一般是指企业对有关外部环境变化的信息进行系统收集和处理，其目的是使管理者了解或感知外部环境的变化状况及趋势，为企业决策提供参考。环境扫描通常是对与企业的生存和发展相关的政治、经济、社会、科技以及参与者等外部环境因素变化的信息进行收集与整理，即扫描"一般环境"和"任务环境"因素。农村治理作为一项综合性社会工程，在一定的政治、经济、社会和自然环境下运行，一方面，环境的变化会给农村社会的正常运行带来不确定的负面影响；另一方面，农村社会的运行也会对我国的经济、社会、政治等产生影响，根据本书的定义，我们主要关注的是与预期目标背离的影响。针对外部输入农村社会的风险，在甄别阶段需要从政治、经济、社会、法律以及自然环境等组成人类社会的各个方面加以考虑，同时还要从静态和动态两种视角分析上述领域中风险因素的初始状态以及在互动叠变后诞生的新风险因素。对于农村社会系统而言，内部风险因素的发展已经在农村社会中形成了较为成熟的容错机制，但对于外部环境因素以及时代演进中发生变异的风险因素而言，农村社会尚未形成能够有效消解其负面影响的应对机制，故而，在分析各种外部因素时，应当重点考虑人类社会进入风险社会后所展现出的上述特点。

（三）层次分析法

风险的量化是学术界一直以来都致力于解决的问题[26]，而层次分析法的优势在于以定量的视角来观察定性问题，实现定量和定性的灵活结合，且因其决策方法的多准则逻辑，层次分析法适用范围较广。农村社会中的风险不仅在规模方面对社会的整体秩序提出挑战，此外，组成农村社会的多元子系统以及子系统之间复杂的互动关系又为各子系统中的风险因素叠变提供了路径。不同的风险因素对于农村社会的影响差异较大，因此使用层次分析法尝试对农村社会风险因素的权重进行定量化的识别分析，从而找到引起风险事故，进而造成损失的权重较大的风险因素。比如，农村社会风险包括政治领域风险、经济领域风险、文化领域风险、生态领域风险和科技领域风险，同时也可以被解剖为生产风险和生活风险两大类。而无论何种分类方法，均是将农村社会风险分解为子系统风险，每个子系统下面又包含多个方面的风险。以政治领域风险为例，该子系统风险包括政策执行不力的风险、监管缺失的风险、公信力缺失风险、政府干预不当风险。其中，无论是静态观察还是动态分析，公信力缺失的风险影响相对较小，而农村社会中监管缺失的风险，特别是本该由基层自治组织发挥的监管职能缺位，会放大农村社会的脆弱性，这就需要通过层次分析法对风险因素进行权重划分，识别出其中的关键风险，为后期的风险控制提供有的放矢的依据。

（四）德尔菲专家预测法

不同于一般的专家预测法，农村社会风险识别不仅需要理论的专家，还需要实践领域的专家进行论证、预测，以保障方案的客观性和可操作性。在初步识别农村社会风险因素时，需要集中确定核心风险因素，进而为核心风险因素的定量识别和评估提供依据，既可用于长期预测，也可用于短期预测。德尔菲专家预测法的基本流程是由众多专家根据其知识和经验对研究对象作出判断，而对于农村社会风险而言，除了理论界的专家意见还需要采集实务界专家的意见，因此，课题组将农村职业经理人纳入专家行列中。

德尔菲专家预测法主要适用于两种情况：首先，缺乏历史资料却具有特有发展规律的领域，专家们凭借学识能够准确识别风险；其次，研究对象受到非技术因素影响明显。农村治理已经成为人们广泛讨论的话题，但是农村社会的风险问题是一个新兴话题，不仅往期数据匮乏，且农村社会的风险形态多受到政治、经济等人为因素的影响。此外，仅仅依赖历史数据也很难对研究对象作出正确的识别和预测，同时社会治理领域，很多人为的、社会的因素时时刻刻影响着制度的运行，全面的、详细的历史数据由于种种原因无法获取，而德尔菲专家预测法这时就具有举足轻重的作用，它将识别建立在专家们的知识经验和主观判断能力的基础上，借助专家的知识和经验，凭借其专业敏感性和专业的判断思维，能较好地实现对农村社会中的核心风险进行诊断。

课题组在农村社会风险的识别中采用了德尔菲专家预测法，综合多种通用的风险识别方法，包含问卷调查、访谈等调查方式。农村社会中的风险景观异常复杂，在对已有研究成果凝练的基础上，利用访谈充分收集农村社会风险的认知，将收集到的有关风险因素通过进一步的访谈整理编制成问卷初稿，对各个风险因素的重要程度采用李克特量表形式进行评分。选择20位左右农村治理领域的知名专家、10位亲躬于农村治理实践的专家，由专家填答问卷并配以深度访谈的方式，向专家小组成员获取对研究相关的看法和观点。同时，要保证专家之间的静默，防止横向交流，多轮反复征询后，确定专家意见的集中点或集中方向，以此得出相关结论。

（五）现场调查法

在识别农村社会风险时，需要亲临现场。因此，需要采用现场调查法和经验反馈法等。由于农村的情况并非千篇一律，各地自然、人文等环境千差万别，因此要全面检视农村社会风险因素，需要采取现场调查法。现场调查法需要完成准备工作、现场调查和访问、调查结果反馈，获取有关农村社会风险的一手资料，最后形成调查报告。基于调查报告的内容，通过经验反馈法，在"操作人员最清楚所行之风险"的假设下，有选择性地对部分有代表性的农村基层组织进行调查，借助合理的奖惩鼓励操作人员细致梳理农村社会中诸多领域的小事件。

第三节　农村社会风险的识别过程

一、农村社会风险要素指标体系的构建

（一）指标选取的原则

指标体系中指标的数量与测量结果有效与否直接相关，建立一套科学的风险要素指标体系能为风险社会中农村治理的对策提供精准的导向[27]。为保证指标体系的有效性和可信度，农村社会风险要素指标体系的建立主要遵循六个原则：第一，独立性。准则层指标的选择和指标层指标要避免重复，保证各个指标的选择可以从各个角度真实反映评价对象实际情况。第二，一致性。所选的指标应可以直接和间接反映评价对象，不可选择与评价对象或内容不相关的指标，从而充分反映评价活动的意图。第三，系统性。明确评价对象的主要影响因素，并保证评价的可信度和全面性。明确各层指标的层次关系，确保其结构合理、关联度高和协调一致的关系，指标体系整体评价能力大于各个指标体系评价能力的机械加总。第四，科学性。坚持科学理论的指导，采用定性与定量结合的分析，科学反映评价系统整体和个体关系、具有内部关联关系指标的数值。第五，可比性。评价指标与评价标准都要客观实际，易于比较。在评价进程中，评价指标可比性越高，评价结果的可

信度也将越高。第六，可测性。评价指标必须符合农村基层治理的政策法规要求，评价指标意义明确，资料收集简便，使评价指标可测性和可度量性较高。

（二）指标的选择与体系的建立

诚如社会系统理论对人类社会的基本定义，人类社会是由诸多子系统组成的内生态以及外部环境所扮演的外生态构建而成的开放系统[28]，子系统在社会系统内部搭建出运行的制度秩序，为社会成员的社会化提供基本通路并形成社会化的基本内容，社会系统理论强调从系统的角度来审视内外生态之间互动以及内生态的内部互动，最终目标是实现社会系统要素的互恰和谐，达到社会系统的平衡状态。农村社会也不例外，它涵盖了政治、经济、文化、科技、生态等多个领域，呈现典型的社会系统形态。农村治理的基本要求也因此涵盖了政治、经济、文化、科技、生态等多个环节的有序性和融洽性，这一过程并非仅靠某一领域的单独发力，而是全领域共同作用的系统性工程。基于此，课题组结合农村治理的全流程，勾画出农村治理的基本逻辑进路，以此锚定风险因素出现的前因后果，如图 5-2 所示，根据要素间的互动和影响整体分析农村治理的风险，据此搭建起包括政治风险、经济风险、文化风险、科技风险、生态风险五个维度的农村社会风险因素指标体系。

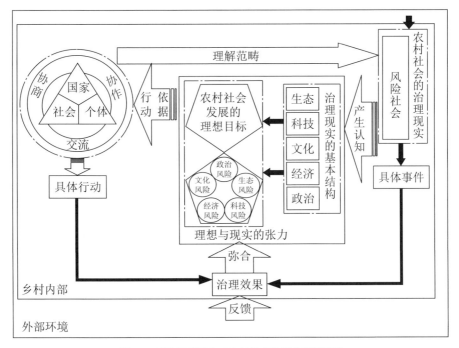

图 5-2　风险因素视角下农村治理的基本逻辑进路

政治作为人类社会发展的上层建筑，反映着人类社会的根本性运动[29]。对于农村社会而言，政治是农村社会现代化发展的保障。农村社会发展的经济本质是生产关系的转型和升华，价值本质则是多维利益的彼此适恰。而作为对利益的权威性分配，农村社会中的政治如果忽视了对利益关系的调整以及机制体制的动态完善，将会引发政治风险。然而现实却是，在农村社会中形成一种更倾向信任高层而对基层缺乏信任的信任格局，动摇了基层治理的合法性、基层执行的有效性以及基层政权的动员能力。因此，党的十八大对行政管理改革提出的基本目标是以行政管理的方式创新强化政府公信力和执行力，并推行政府绩效管理以巩固改革成果，课题组将政治风险维度分为政策执行不力（B1）、公信力缺失（B2）、政府干预不当（B3）、监管缺位（B4）4个二级指标。

乡村振兴的核心在于实现将新一代科学技术手段同农业发展有机结合。然而科学技术的推广和使用是一把"双刃剑"，在带来效率的同时也存在不确定性，从而产生风险。首先，在农业生产和农村生活中，技术的使用环境是开放的、缺乏统一规制的，甚至是不同标准的技术一同使用，因此统一技术标准的缺位，导致新技术成果在引进、使用过程中难以同其他技术相融合，造成技术间的冲突和矛盾，酝酿着巨大的科技风险。其次，由于农村社会的教育水平较低，对于技术的掌握和理解无法达到熟练的程度，或是在理性的冒险主义动机下有意地不当操作，同时又缺乏监管，易于诱发科技风险。最后，技术从诞生到成熟需要在实践中通过与现实的磨合逐渐完善，在此期间技术会展露其缺陷，而农村社会的复杂环境对技术有着空前的考验，更快地暴露技术自身的缺陷，同时就农村社会的脆弱性而言，某些技术的负外部性过大极易导致风险。因此，本研究将科技风险划分为技术规范缺位（B5）、技术使用不当（B6）、技术负外部性强（B7）3个二级指标。

经济不仅仅是农村社会的基础，更为农村社会的发展提供动力。农业的弱质性、农民社会保险的相对不充分以及农村社会生态的脆弱性都降低着农村抵御经济风险的能力。由于农户的教育条件受限，勉强达到义务教育的水平，接受过高等教育的少之又少，很难满足生产技术革新的要求，因此个人发展受到限制，造成经济风险。农户将农业生产作为满足生计的来源，在此之外农户还会选择进城务工或其他途径获取收入，但是农户的素质普遍较低，又缺乏其他方面的技能，极易面临失业的风险，失业后再就业更为困难。农业经营过程受到自然环境因素的影响较大，农业收入无法做到持续稳定，极易导致损失，且农户在生产生活过程中通常有借贷行为，这在一定程度上加剧了经济负担，导致其经济脆弱。由于医疗保障和基础设施建设相对滞后，农村社会的医疗开销、子女学费开支通常会造成经济负担，引发经济风险。因此，本研究将经济风险划分为发展风险（B8）、失业风险（B9）、损失风险（B10）、开支风险（B11）4个二级指标。

与城市相比，农村的文化建设投入明显不足，更遑论高质量的文化服务。传统文化产品以及新兴文化产品在农村社会的普及率明显低于城市。在这样的文化环境中，农村居民的闲暇时间通常花费在棋牌等活动中，而由此滋生的各类违法犯罪行为，如偷盗、斗殴等时有发生，农村社会语境中的文化建设投入实际上是一种关乎社会稳定的因素。与此同时，市场逻辑的入场加速了农村社会中传统价值观的瓦解，传统价值观念被大量与主流意识形态相左的，甚至对立的价值动向所改变，潜移默化地诱导人们的所作所为，使之与社会所倡导的主流标准背道而驰。邪教、极端主义、自私主义、拜金主义等擅长精神俘获的思潮盛行，要么引发农民消极处事的态度，要么利用农民对社会的不满情绪诱发越轨和犯罪行为。农村的文化建设事业有两个基本维度：第一是农村社会的文化产品呈现形式，农村社会中文化类型的多样化决定了要采取批判精神对待文化产品。第二是唤醒村民在文化建设领域的参与精神并配置其参与能力，作为农村社会文化建设的受益者和实践者，村民的参与程度直接决定了农村社会文化的"人民属性"和"公共属性"。但是在调研过程中，村民无论面对政治事务还是文化事务均表现出冷漠的参与态度，只有能够立即获得经济收益或有较好收入预期的经济活动才能引起村民的兴趣，这种利益短视心理渗透在农村社会各类社会事务中，左右着农村居民的参与动机。因此，本研究把文化风险划分为精神文化生活单调乏味（B12）、受教育水平低（B13）、精神世界被俘获（B14）3个二级指标。

我国是世界上遭受农业自然灾害最为严重的国家之一，农业自然风险始终是影响农村经济发展和制约农户增收的主要因素之一。环境风险的最主要方面是污染与贫困形影相随。同其他社会领域中自然风险的诞生和发展相似，农村社会中的自然灾害同样可以归因于生态系统在自为和人为作用下所产生的对人类社会的不良影响，它们不仅会改变农村社会整体的发展，还会制约个体的发展。农业生产资料的天然属性，使之在生产过程中不得不思考过度依赖自然界所产生的脆弱性和因动性，所以农业也成为受到自然风险影响最为显著的领域。值得注意的是，不同于人为造成的风险因素存在大概率的消除和预测可能性，自然风险因素的预测和消除需要投入极大的成本，且效果也难以保证。因此，本研究把生态风险划分为自然灾害（B15）、环境污染（B16）、资源开发（B17）3个包含自然和人为两个维度的二级指标。综合上述分析，本研究构建的农村社会风险要素指标如表 5-1 所示。

表 5-1　农村社会风险要素指标

目标层	一级指标	二级指标	指标释义
农村社会风险要素指标	政治风险	政策执行不力（B1）	政策执行并未按照公开的准则，或是不足或是过度
		公信力缺失（B2）	行使自身权力时未依法依规，没有做到公平公正
		政府干预不当（B3）	政府行政不作为、不当指导、不当确认、不当处理
		监管缺位（B4）	需要监管的地方出现了监管主体或监管行为的缺失
	科技风险	技术规范缺位（B5）	技术使用缺乏统一的执行标准，标准混乱
		技术使用不当（B6）	有意识或无意识地忽略技术要求
		技术负外部性强（B7）	技术本身的设计缺陷等因素造成的损害
	经济风险	发展风险（B8）	文化素质不高，不具备生产技术，个人发展受阻
		失业风险（B9）	土地流转以及未流转的农户无法再进入其他行业实现增收
		损失风险（B10）	农业经营、市场波动等原因造成的收入和财产损失
		开支风险（B11）	医疗、学费、食品等硬性开支造成的沉重经济负担
	文化风险	精神文化生活单调乏味（B12）	乡村文化基础设施落后，造成不良生活嗜好
		受教育水平低（B13）	受教育水平低、受教育意识淡薄、教育认知有偏差
		精神世界被俘获（B14）	受到邪教、个人主义、拜金主义等思潮控制
	生态风险	自然灾害（B15）	不可抗的自然因素
		环境污染（B16）	自然生态被人为因素破坏
		资源开发（B17）	对自然资源的过度开发利用

二、基于模糊 DANP 的农村社会风险要素识别

识别风险要素的价值意涵中不仅有对风险细致入微的观察和剖析，还有对风险发展方向的预测，后者则直接决定了治理实践环节的行动宗旨。若将风险治理

视作特定时代背景和客观条件下的治理优化,其必然带有对"善治"价值的思考和标定。基于这一认知,课题组在融合三角模糊数学法、ANP(网络分析法)以及 DEMATEL(决策实验与评价实验室法)各自的优势基础上,形成模糊 DANP 法,以求通过优势的互补在对农村社会中风险的不确定性因素加以分析的同时,还可以进一步把握不确定性因素的现实效度、实践指向的分析。该方法的具体实施过程如下。

(1)专家小组评分。将存在互动关系的二因素进行因果关系评估,将关系分为五个等级,邀请对农村社会风险研究领域熟悉的专家和课题组成员组成咨询小组,对各影响因素间的直接影响关系进行强弱度评分。根据专家语言变量模糊化转化关系将专家打分的具体数值转换为三角模糊数。语言变量与模糊数的转化关系如表 5-2 所示。

表 5-2　语言变量与模糊数的转化关系

词条	效能度数值	三角模糊数
影响很大	5	(0.7,0.9,1.0)
影响较大	4	(0.5,0.7,0.9)
影响不大	3	(0.3,0.5,0.7)
影响很小	2	(0.1,0.3,0.5)
没有影响	1	(0,0.1,0.3)

(2)直接影响矩阵构建。使用重心法对任意一组三角模糊数(S_{ij},N_{ij},U_{ij})去模糊化,计算过程如式(5-1)所示。得到直接影响矩阵 T。

$$T_{ij} = \frac{(U_{ij}-S_{ij})+(N_{ij}-S_{ij})}{3}+S_{ij} \tag{5-1}$$

(3)影响矩阵规范化。通过式(5-2)对直接影响矩阵 T 进行标准化,可得到规范化的影响矩阵 U。函数中的 $\max\sum_{i=1}^{n}a_{ij}$ 表示各行要素和的最大值;$\max\sum_{j=1}^{n}a_{ij}$ 则是各列元素之和的最大值。

$$U = \frac{T}{\max(\max\sum_{i=1}^{n}a_{ij},\max\sum_{j=1}^{n}a_{ij})} \tag{5-2}$$

(4)综合影响矩阵计算。将矩阵 B 代入式(5-3)得出综合影响矩阵 B,其中 I 表示单位矩阵。

$$B = \sum_{i=1}^{\infty}U^{i} = U(I-U)^{-1} \tag{5-3}$$

（5）计算各个因素的影响度、被影响度、原因度和中心度。每行的行和 f 为该行所对应因素的影响度，每列的列和 z 为该列所对应因素的被影响度，每个因素的 $f+z$ 则为中心度 d，$f-z$ 为原因度 m。

（6）计算未加权超矩阵 V。首先将综合影响矩阵 B_z 表示为以下形式：

$$B_z = \begin{bmatrix} B_z^{11} & \cdots & B_z^{1j} & \cdots & B_z^{1n} \\ \vdots & & \vdots & & \vdots \\ B_z^{i1} & \cdots & B_z^{ij} & \cdots & B_z^{in} \\ \vdots & & \vdots & & \vdots \\ B_z^{n1} & \cdots & B_z^{nj} & \cdots & B_z^{nm} \end{bmatrix} \tag{5-4}$$

然后，对综合影响矩阵 B_z 中每一个子矩阵 B_z^{nm} 进行标准化处理，得到 B_z^a。以子矩阵 B_z^{a13} 为例，其标准化过程的计算式为

$$B_z^{a13} = \begin{bmatrix} \dfrac{b_{11}^{13}}{f_1^{13}} & \cdots & \dfrac{b_{1j}^{13}}{f_1^{13}} & \cdots & \dfrac{b_{1m_2}^{13}}{f_1^{13}} \\ \vdots & & \vdots & & \vdots \\ \dfrac{b_{i1}^{13}}{f_i^{13}} & \cdots & \dfrac{b_{ij}^{13}}{f_i^{13}} & \cdots & \dfrac{b_{im_2}^{13}}{f_i^{13}} \\ \vdots & & \vdots & & \vdots \\ \dfrac{b_{m_1 1}^{13}}{f_{m_1}^{13}} & \cdots & \dfrac{b_{m_1 j}^{13}}{f_{m_1}^{13}} & \cdots & \dfrac{b_{m_1 m_2}^{13}}{f_{m_1}^{13}} \end{bmatrix} \begin{matrix} \to f_1^{13} = \sum_{j=1}^{m_2} b_{1j}^{13} \\ \to f_i^{13} = \sum_{j=1}^{m_2} b_{ij}^{13} \\ \to f_{m_1}^{13} = \sum_{j=1}^{m_2} b_{m_1 j}^{13} \end{matrix} \tag{5-5}$$

再将标准化的矩阵 B_z^a 进行转置处理，得到风险因素的未加权超矩阵 V，矩阵 V 中的元素即为标准化并转置处理后的子矩阵。

$$V = (B_z^a)' \tag{5-6}$$

在此基础上构建加权超矩阵，同理得到一级影响因素的标准化矩阵 B_F^a，将二级影响因素的未加权超矩阵 V 与一级影响因素的标准化矩阵 B_F^a 进行处理即可得到加权超矩阵。V_a 计算公式为

$$V_a = \begin{bmatrix} V_{11} \times B_z^a(1,1) & \cdots & V_{1j} \times B_z^a(j,1) & \cdots & V_{1n} \times B_z^a(n,1) \\ \vdots & & \vdots & & \vdots \\ V_{i1} \times B_z^a(1,i) & \cdots & V_{ij} \times B_z^a(j,i) & \cdots & V_{in} \times B_z^a(n,i) \\ \vdots & & \vdots & & \vdots \\ V_{n1} \times B_z^a(1,n) & \cdots & V_{nj} \times B_z^a(j,n) & \cdots & V_{nn} \times B_z^a(n,n) \end{bmatrix} \tag{5-7}$$

式中，V_{ij} 为 V 的子矩阵；$B_z^a(j,i)$ 为 B_z^a 的元素。

最后，根据公式对加权超矩阵 V_a 进行极限计算，极限超矩阵中各行元素稳定的数值即为各影响因素的权重值。

$$V^* = \lim_{k \to \infty} V_a^k \tag{5-8}$$

将对比后的打分结果进行统计，采用最大隶属度原则确定各因素之间的影响度数值。利用公式（5-1）将农村社会风险要素的三角模糊数转化为具体数值，得到直接影响矩阵。由公式（5-2）将直接影响矩阵进行标准化，并由公式（5-3）计算可得到农村社会风险要素的综合识别矩阵。最终得出各级因素影响度、被影响度、中心度和原因度，具体如表 5-3 所示。

表 5-3　农村社会风险因素影响指数

目标层	一级指标	影响度	被影响度	中心度	原因度	二级指标	影响度	被影响度	中心度	原因度
农村社会风险因素指标	政治风险	2.346	2.138	4.485	0.208	政策执行不力（B1）	1.855	1.214	3.068	0.641
						公信力缺失（B2）	0.995	2.127	3.122	-1.133
						政府干预不当（B3）	1.241	1.454	2.695	-0.213
						监管缺位（B4）	2.051	1.694	3.744	0.357
	科技风险	1.380	2.685	4.065	-1.305	技术规范缺位（B5）	2.442	1.092	3.534	1.350
						技术使用不当（B6）	1.196	1.064	2.259	0.132
						技术负外部性强（B7）	1.596	1.050	2.646	0.546
	经济风险	2.973	1.300	4.273	1.674	发展风险（B8）	1.257	1.714	2.971	-0.458
						失业风险（B9）	1.428	1.804	3.232	-0.376
						损失风险（B10）	1.184	1.976	3.160	-0.793
						开支风险（B11）	2.366	1.395	3.760	0.971
	文化风险	1.414	1.429	2.843	-0.015	精神文化生活单调乏味（B12）	0.999	1.056	2.055	-0.057
						受教育水平低（B13）	1.960	1.398	3.358	0.563
						精神世界被俘获（B14）	1.718	1.713	3.431	0.004
	生态风险	2.269	2.548	4.817	-0.279	自然灾害（B15）	2.535	1.867	4.403	0.668
						环境污染（B16）	1.137	1.330	2.467	-0.192
						资源开发（B17）	1.278	1.883	3.160	-0.605

为准确地呈现各影响因素在农村社会风险治理中的效度以及厘清因素之间的

影响与被影响的关系，以中心度为横坐标、原因度为纵坐标构建起农村社会风险因素因果关系象限图，将5个维度和17个要素进行了门类划分（图5-3）。

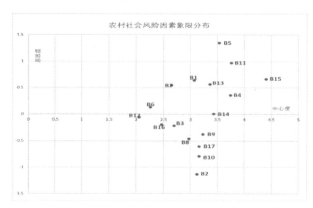

图5-3　农村社会风险因素的象限分布

从因果关系四象限图中可以直观地看出，动力要素和辅助要素处在象限图的第一象限中，从其横、纵坐标变化可知动力要素对农村社会的影响力最大，成为风险因素体系生效的驱动核心；而辅助要素作为农村治理中次要的风险因素，它的作用虽然没有动力要素强劲，但也是非常重要的。此外，如名称所揭示的，它在其他要素发挥作用的过程中通常起着辅助作用，比如，放大或者传导作用。位于第四象限的因素称为独立要素和核心要素，独立要素居于被影响地位，是发挥影响作用的风险要素的效果集中展现，能够反映出作用方向和着力点。同时，作为观察时的结果，它在某种程度上是一种静止视角的结果，同时它也反映出一种极易受其他要素影响的属性，即核心要素的属性，二者的不同之处在于，核心要素除了极易受到影响外，还作为要素间相互作用的结果呈现，如表5-4所示。

表5-4　农村社会风险因素象限指示

象限	名称	因素	特征
一	动力要素	$B_1 B_4 B_5 B_{11} B_{13} B_{14} B_{15}$	原因度为正数，中心度在3以上
二	辅助要素	$B_6 B_7$	原因度为正数，中心度在3以下
三	独立要素	$B_2 B_9 B_{10} B_{17}$	原因度为负数，中心度在3以下
四	核心要素	$B_3 B_8 B_{12} B_{16}$	原因度为负数，中心度在3以上

进而根据式（5-4）至式（5-7），由一级影响因素的综合影响矩阵 B_z 和标准化矩阵 B_z^a，即农村社会风险因素的加权超矩阵，如表5-5所示。

表 5-5 农村社会风险因素的加权超矩阵

因素	B1	B2	B3	B4	B5	B6	B7	B8	B9	B10	B11	B12	B13	B14	B15	B16	B17
B1	0.025	0.029	0.046	0.027	0.039	0.034	0.042	0.044	0.04	0.046	0.026	0.032	0.037	0.045	0.042	0.042	0.036
B2	0.057	0.041	0.04	0.047	0.059	0.085	0.068	0.05	0.055	0.063	0.048	0.073	0.069	0.069	0.06	0.068	0.076
B3	0.033	0.04	0.025	0.043	0.047	0.037	0.037	0.049	0.054	0.04	0.048	0.047	0.04	0.033	0.039	0.044	0.039
B4	0.03	0.033	0.033	0.026	0.05	0.04	0.048	0.073	0.065	0.066	0.046	0.036	0.042	0.042	0.051	0.037	0.04
B5	0.044	0.043	0.047	0.041	0.038	0.038	0.04	0.036	0.036	0.025	0.044	0.038	0.044	0.041	0.04	0.04	0.038
B6	0.037	0.042	0.039	0.039	0.037	0.037	0.039	0.029	0.029	0.03	0.059	0.036	0.033	0.034	0.039	0.039	0.045
B7	0.035	0.031	0.03	0.037	0.035	0.035	0.031	0.027	0.027	0.036	0.056	0.034	0.031	0.033	0.037	0.038	0.034
B8	0.024	0.03	0.027	0.022	0.024	0.026	0.031	0.026	0.024	0.026	0.053	0.022	0.034	0.044	0.028	0.029	0.027
B9	0.043	0.038	0.045	0.042	0.046	0.043	0.032	0.042	0.047	0.042	0.055	0.044	0.028	0.035	0.047	0.038	0.034
B10	0.056	0.056	0.051	0.059	0.046	0.048	0.053	0.049	0.045	0.049	0.062	0.049	0.052	0.035	0.048	0.056	0.062
B11	0.094	0.106	0.097	0.096	0.099	0.101	0.125	0.08	0.076	0.079	0.072	0.07	0.07	0.075	0.048	0.065	0.073
B12	0.05	0.045	0.061	0.065	0.084	0.064	0.055	0.082	0.075	0.065	0.045	0.053	0.053	0.051	0.056	0.041	0.049
B13	0.096	0.089	0.082	0.078	0.081	0.098	0.082	0.079	0.09	0.097	0.072	0.09	0.09	0.087	0.067	0.065	0.049
B14	0.076	0.09	0.088	0.113	0.05	0.098	0.088	0.078	0.077	0.077	0.063	0.077	0.073	0.078	0.11	0.085	0.097
B15	0.107	0.081	0.084	0.071	0.086	0.044	0.07	0.07	0.07	0.071	0.047	0.074	0.083	0.074	0.076	0.079	0.089
B16	0.071	0.082	0.082	0.07	0.065	0.058	0.041	0.072	0.072	0.072	0.082	0.074	0.069	0.073	0.088	0.11	0.089
B17	0.089	0.07	0.08	0.073	0.073	0.067	0.068	0.072	0.072	0.074	0.059	0.084	0.098	0.096	0.072	0.072	0.062

最后，对农村社会风险因素的极限超矩阵进行式（5-8）的计算，得到农村社会风险影响因素以及权重并对其进行排序，具体如表 5-6 所示。通过式（5-8）可算得农村社会风险影响因素的极限超矩阵。至此，本研究完成了对农村社会风险因素影响因素权重的量化，并得出各因素的权重值，如表 5-6 所示。

表 5-6　农村社会风险因素的权重数及排名

关键因素	权重	排名	关键因素	权重	排名
B1	0.037	15	B10	0.04	13
B2	0.061	7	B11	0.074	5
B3	0.041	12	B12	0.031	17
B4	0.044	10	B13	0.042	11
B5	0.083	2	B14	0.053	9
B6	0.073	6	B15	0.084	1
B7	0.074	4	B16	0.058	8
B8	0.036	16	B17	0.079	3
B9	0.04	14			

三、农村社会风险的关键影响因素分析

（一）根源性风险因素分析

第四章分析了农村风险因素的相互影响关系，可知农村社会的风险因素中存在着引发、因发、影响以及相互影响的关系。其中原因因素（原因度大于 0）主要有：政策执行不力（B1）、监管缺位（B4）、技术规范缺位（B5）、开支风险（B11）、受教育水平低（B13）、精神世界被俘获（B14）、自然灾害（B15）、技术使用不当（B6）、技术负外部性强（B7）。

具体看，政策工具的实践价值在于其产出或者预设效果的实现，政策工具作为对资源整体配置的方式和手段，对资源相对匮乏的农村社会而言发挥着不可替代的作用，在前期，能够为农村社会的发展提供资金、政策、技术、人才、产业等方面的支撑，从而为孕育农村发展的内在动力提供环境保障；在后期，则通过政策进一步巩固农村改革发展的成果。

因而政策执行不力的直接后果是政策预期同实际政策效果不相匹配，但其影响却是对农村发展的全面阻滞。农村发展相较资源的需求而言，政策引入的资源依旧是有限的，而这种供需的不平衡催生出个体对资源的贪婪，成为农村社会中投机行为的主观动机，抑制投机行为的最直接手段是严格的监管，一方面，对农

村社会各领域的客观失误进行动态纠偏,同时对投机行为起到警示教育作用,降低不道德行为的发生概率;另一方面,通过"管理"直接降低不道德行为的负面影响。在引入的资源中,科技作为一种特殊的资源,除了转化为科技成果直接作用于农村的经济社会发展外,还会发挥一定的教育作用,将植根其中的规律传递给使用者,但是,不同领域的技术标准存在差异,且在使用过程中无法避免主观因素造成的误差,从而诱发科技风险。此外,技术本身的缺陷也会在此过程中逐渐暴露。而作为技术成果直接接触者,农村居民的生命健康极易受到科技风险的威胁,而农户收入往往难以承受突如其来的、数额巨大的医疗开支,特别是在缺乏完善的医疗保障的前提下。同样保障乏力的,还有自然灾害和市场波动等因素引发的经济损失。除了上述物质方面的风险因素外,传统文化根深蒂固的农村社会难免影响农户行为,而传统文化中的落后部分则成为农村社会文化领域的重大隐患,而教育领域由于具备一定的公益性质,无法从农村社会中汲取充足的发展资源,严重阻碍了农村居民的社会化进度,这使得农村成为社会文化建设的薄弱一环,而以宗教教义为掩盖的歪理邪说、宣扬个人中心主义的价值观念、鼓吹享乐主义的文化产品等"俘获"了个体的意识形态,使之成为傀儡。以上风险因素在农村治理的过程中容易对其他因素产生影响,诱发"多米诺效应",造成风险团簇的形成。

(二)结果性风险因素分析

作为极易受影响的风险因素,虽然没有根源性风险因素的触发性和主动性,但是结果性风险因素的存在揭示了农村社会的脆弱点。可以得出社会化平台用户知识协同影响因素的结果性因素包括公信力缺失(B2)、政府干预不当(B3)、发展风险(B8)、失业风险(B9)、损失风险(B10)、精神文化生活单调乏味(B12)、环境污染(B16)、资源开发(B17)。以上因素主要涉及政治层面、文化层面、经济层面、生态层面的风险。它们在农村社会中容易受到其他因素的影响,常常在此领域形成次生风险。

具体来看,农村社会的权威合法性来源不同于城市,除了法理外还基于民众对其有效性的认同。同时,法理性和有效性也存在一定的因果联系。如果缺失对有效性的公共认同,准权威主体将无法通过基层自治的选举环节获得法理层面的合法性。而干预手段也并非完全主观所为之,除治理理念外,组织的设计和管理、政治体系的设计等也影响着干预的效果,同时组织内部的协同效果以及组织同外部环境的互动深度也是重要的影响因素。而这些因素的缺失都会引起政府的不当干预。因此，农村社会中的权威一旦因干预过度或治理不力等问题在公众认知中形成无效或低效的形象，就会丢失公信力，继而无法维持其法理的合法性。对于个人而言，教育、技能和素质是决定其发展广度和深度的因素。而农村社会相对贫乏的教育投入降低了教育质量和教育的完整程度，从而使个体在劳动力市场中的竞争处于劣势，影响个体发展，同时使农村社会中的个体难以从失业的困境中脱离，极易诱发失业风险。受教育程度越高其接收信息的能力越强，而农村社会中的个体在面对实时变动又真假难辨的市场信息时手足无措，经济损失也成了不可避免的"偶然"事件。有限的教育水平以及文化投入的不足，造成了农村社会中个体精神文化生活的空虚。而环保意识匮乏的主观动机会造成利益短视，即在发展中忽视对长远效益的考虑，而进行无视自然规律的掠夺式发展，这无异于"慢性自杀"。

（三）风险因素的整体性分析

根据表 5-3 农村社会风险因素指标，一级指标按权重排序如下：经济风险、政治风险、文化风险、生态风险、科技风险。这意味着在农村社会中，经济和政治的脆弱性是农村风险景观形成的主要动因，而科技风险、文化风险和生态风险则处于被影响的地位，成为农村风险格局的主要呈现形式。经济形态决定社会形态，生产力进步与经济发展决定着人类社会的文明裂变，同时也决定着治理的发展进步。经济决定政治、社会以及治理。当有效性成为合法性的内涵要素之一时，相应地，绩效——作为"有效性"的实践结果——便自然成为合法性的来源基础或影响因素。然而，相对滞后的农村经济发展预示了农村社会中的法治建设和治理实践的相对缓慢。同时，在经济绩效和环境绩效的权衡中默许了村镇企业污染农村环境的行为，从而获得地方经济效益和地方政府的绩效最大化，这加剧了农村环境的恶化程度。生态环境直接关系到农村居民的基本生存条件，也关系到农村居民的生活质量，对农村居民的生存与发展具有重要的影响，故而农村生态环境的恶化会进一步引发基层治理的合法性危机，引发政治风险。除引发政治危机与生态危机外，农村社会的经济发展还发挥着塑造角色的作用，在现代经济模式下，文化商品化不断将文化包装成推动经济发展的工具，农村社会中的风俗习惯和文化活动失去了教育、警示等核心的意义，剩下单薄的活动形式，这暴露出农村文化建设工作中存在忽视文化及道德的短板。毋庸置疑，引进先进的生产要素是提升农业生产效率的关键，但是，农业生产活动作为具有地域性、历时性的文化，其生产方式、种苗的变化也必须考虑本土农业文化和生物资源，也应尊重农业发展规律、农业生产的习惯，不能盲目引进新的农业技术，更不能急功近利、揠苗助长。然而现阶段农村一心一意发展经济，不可避免地实施一些缺乏长远考虑、近乎急功近利的举措，如在技术崇拜的动机下，盲目引进不成熟、难掌握的技术，抑或是追求高产量、好品质而大量使用化学制剂等，这在一定程度上造成了生态危机，而技术使用不当或不熟练等问题还会造成经济损失甚至人员伤亡的科技风险。这些问题提高了基层治理的门槛，进一步影响治理的有效性，加剧农村社会的政治风险。总之，农村社会中存在的五大类风险彼此相互独立又紧密互动，虽然经济风险和政治风险是农村社会中诸多风险的主要诱因，但经济风险和政治风险也会受到来自其他风险的影响，继而形成了风险的强化闭环，如图5-4所示。

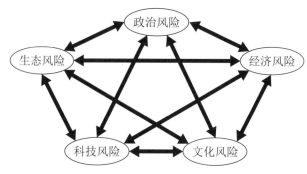

图5-4　农村社会的风险互动结构

参考文献

［1］　燕连福，程诚.中国共产党百年乡村治理的历程、经验与未来着力点［J］.北京工业大学学报（社会科学版），2021（3）：95-103.
［2］　王磊，王青芸.韧性治理：后疫情时代重大公共卫生事件的常态化治理路径［J］.河海大学学报（哲学社会科学版），2020（6）：75-82，111-112.
［3］　孟筱筱.人工智能时代的风险危机与信任建构——基于风险理论的分析［J］.郑州大学学报（哲学社会科学版），2020（5）：120-125.
［4］　吴松江，夏冬平.农村社会矛盾演化机理——一个基于"双向力场"分析的理论框架［J］.理论探讨，2017（2）：167-171.
［5］　徐选华，马志鹏，陈晓红.大群体冲突、风险感知与应急决策质量的关系研究：决策犹豫度的调节作用［J］.管理工程学报，2020（6）：90-99.
［6］　刘然.跨越专家与公民的边界——基于后常规科学背景下的决策模式重塑［J］.科学学研究，2019（9）：1537-1542，1569.
［7］　王静.产业链供应链"逆卷化"研究［J］.上海经济研究，2021（7）：91-104.
［8］　陶鹏.迟滞、分化及泛化：避责政治与风险规制体制形塑［J］.云南社会科学，2016（6）：89-94.

[9] 郭芸芸，杨久栋，曹斌．新中国成立以来我国乡村产业结构演进历程、特点、问题与对策［J］．农业经济问题，2019（10）：24-35．

[10] 陈景辉．捍卫预防原则：科技风险的法律姿态［J］．华东政法大学学报，2018（1）：59-71．

[11] 陈忠，赵聪．复杂社会，我们应树立何种风险观？——基于城市哲学与文明批评史的视角［J］．天津社会科学，2021，238（3）：19-25，41．

[12] 李春雷．媒介技术与现代文明的演进逻辑［J］．探索与争鸣，2020（6）：12-14，157．

[13] 凌双，李业梅．新媒体情境下邻避项目社会稳定风险的演化机理：一个"结构—行动"的分析框架［J］．中国行政管理，2021（7）：126-134．

[14] 王春光．迈向共同富裕——农业农村现代化实践行动和路径的社会学思考［J］．社会学研究，2021（2）：29-45，226．

[15] 卢晖临．村庄的未来——来自田野的观察和思考［J］．学海，2019（1）：57-64．

[16] 刘桂芝，白向龙．新时代农地"三权分置"改革的共享发展机制研究［J］．当代经济研究，2021（7）：37-47．

[17] 胡志平．基本公共服务、脱贫内生动力与农村相对贫困治理［J］．求索，2021（6）：146-155．

[18] 王文娟，张世青．农村社会秩序重建的社会政策向度［J］．山东社会科学，2021（4）：109-115．

[19] 胡昳昀，范丽珺．后疫情时代高等教育国际化发展的风险及规避策略研究——基于风险社会理论的视角［J］．高教探索，2021（5）：12-19．

[20] 毛一敬．构建乡村治理共同体：村级治理的优化路径［J］．华中科技大学学报（社会科学版），2021（4）：56-63．

[21] 冯留建，王宇凤．健全自治、法治、德治相结合的乡村治理体系［J］．中国高校社会科学，2021（4）：64-72，160．

[22] 蒋兴华，汪玲芳，范心雨，等．基于一般系统模块论的协同创新体系运行机制研究［J］．科技管理研究，2020（19）：9-14．

[23] 郑瑞强，施国庆．西部水电移民动态协同风险管理模式设计［J］．重庆大学学报（社会科学版），2010（4）：1-6．

[24] 张秀东，王基铭．大型石化项目风险管理与项目绩效的关系［J］．北京理工大学学报（社会科学版），2021（1）：41-52．

[25] 行龙．集体化时代农村研究的思考与实践［J］．湖北大学学报（哲学社会科学版），2019（6）：85-92，173．

[26] 陈振．农地流转风险：国内外研究进展、述评及改进［J］．农业经济问题，2021（6）：76-88．

[27] 张学敏，史玲燕，薛艳，等．乡村振兴视阈下返贫预警评价指标体系构建与实证［J］．统计与决策，2021（13）：58-62．

[28] 王青．新时代人与自然和谐共生观的哲学意蕴［J］．山东社会科学，2021（1）：103-110．

[29] 程农．休谟与社会契约论的理性主义［J］．社会科学，2021（1）：126-137．

第六章

农村社会风险及承载能力评价指标体系的构建与实证分析

第一节　指标体系构建义旨

评价指标体系的构建不仅为了形成对风险的直观认知，更是通过可计算的形象建构为风险治理提供基本的行动参考。全流程风险治理是一个涵盖风险识别、风险评估、风险沟通，依靠风险控制策略和风险控制措施的动态系统，是具有整体性、专业性、科学性和综合性的工作。第五章对风险的识别是认知风险的第一步，即基于风险来源划分风险种类。作为风险治理的有效工具，指标体系除了充当我们观察风险的窗口和标尺外，还为构建风险承载能力提供了基本坐标。风险承载能力并非独立存在于客观环境中，从表象上来看，它虽然表现为客观的实在物，但是要实现资源向承载能力的转变必须与人结合。因此，风险承载能力评价指标体系除了涵盖农村社会中的各类资源外，还要测度出人同资源的结合程度，即人因和物因的结合程度。此外，风险的时空结构要求风险承载能力的有效性适配风险的不同阶段特征。总之，风险评价指标体系和风险承载能力评价指标体系作为问题现实和能力现实的计算性描述，间接地指引了风险治理发展的方向和目标，二者是风险治理的正反两面。在各类资源相对贫乏的农村中，风险评价指标体系和风险承载能力评价指标体系的重要性更为突显，精准识别风险，有针对性地制定措施强化风险承载能力能够最大限度地节省发展资源、减少损失。因此，出于将风险评估同风险承载能力评估紧密结合的目的，我们将通过指标体系设计的意义、特点、基本要求等方面综合阐述二者的构建思路和过程。

一、指标体系设计的意义和特点

（一）指标体系设计的意义

1. 形成农村社会风险及其治理能力的评估框架

风险渗透于社会的各个领域，农村也不例外，但农村社会的风险治理不仅表现出经济、政治、科技、文化和生态等领域间的治理主体与治理形式的差异，还包含农村社会风险治理与城市风险治理的行动逻辑分异。农村社会的治理主体有农户、合作社和"村两委"，如何在资源有限的情况下，统筹不同层次主体的风险抵御能力，以实现农村社会风险抵御的最优化，是农村社会治理的一般命题，其中包含着的基层政权稳固、社会领域稳定、风控能力稳健、农村整体韧性等话题又极具当代风险社会治理的时代特色。从客观条件来看，历年的国家统计年鉴中包含着类目多元且口径多样的指标体系，其并非服务于特定的行业或实践，需要我们在进行农村风险评价指标体系和风险承载能力评价指标体系的构建时，从多方面、多角度进行细化研判，从而精准描绘农村社会风险和风险承载能力的现状。

2. 检视农村社会风险治理中理论与现实的差距

指标体系是理论理解现实的尺度，通过指标体系对农村社会风险的整体测度能够观察到理论与现实之间的差距。从实践的角度来看，能够从多个角度反映农村社会风险分布的指标体系，是行动前评估现实不可或缺的工具。指标体系对经济、政治、科技、文化和生态等领域的测度，能够反映农村社会风险治理思路和方法的运行逻辑。在结果上，它们主要体现为不同的领域风险承受能力的水平；在有效性方面，相关指标侧重于反映不同实体的治理水平和能力提高以及承担风险的能力；整体评估体系也有利于反映当前的不足，有利于政府对当前风险的应对。对风险承载能力的清晰理解可以促进解决农村风险社会中的各种问题。同时，农村社会风险治理评价指标体系的建设也给政府制定提高农村社会风险承载能力的扶持政策带来诸多好处，使政府资助的项目能够立足并专注于不同领域实际问题的解决，这将大力支持农村地区经济的发展、新型合作社的发展以及不同主体承担风险能力的提升，以实现农村风险社会治理的健康发展。

3. 为强化农村风险治理能力提供路径和起点参考

评估风险及承载能力的目的是为未来的行动决策提供支持，最终实现农村治理能力的强化，补齐国家治理体系的基层短板。农村风险社会治理是领域间、部门间、主体间的协同，是政治、经济、文化、科技、生态的全面善治。在经济领域，农村产业发展中合作社的持续增长，在资源方面合理整合农村不同主体间的风险承载能力以及农村居民收入的增长；在政治方面，农村治理必须构建完备的政策体系；在科学技术方面，则必须恰当地引进和推广适合本地农业发展的技术；在文化方面，则必须营造能够激发农村居民积极性、主动性和创造性的文化氛围，并整体强化农村社会的教育水平；在生态方面，农村治理必须坚持绿色发展和可持续发展。通过构建完整而具体的指标项目，总结各个方面的发展状况和存在的问题。通过下一个发展周期的规划，将有重点、有针对性地改善农村社会治理结构，最终实现农村经济、政治、科技、文化和生态的全面发展。

对农村社会风险分布的评估主要是分析和研究治理过程中经济、政治、科技、文化和生态五个方面与农户、"村两委"和合作社之间的相互作用。其目的是充分发挥农民的积极性、"村两委"的领导作用和合作社的经济发展功能，努力实现农村区域经济、政治、文化、科学技术和生态的共同改善。依托"村两委"的政策支持以及合作社的资本支持和技术支持，农村社会中的农业生产经营的规模化态势逐渐显现，农村居民的收入和生活水平随之提高，农村精神文化生活的物质基础日渐雄厚，风险社会语境中农村善治的实践图景有利于改善拥有不同承载能力的主体应对风险的效果。

（二）指标体系设计的特点

如前文所述，农村社会风险评估指标体系和农村社会风险承载能力评估指标体系是反映农村社会风险治理现实全貌的两大领域。风险治理的针对性要求风险承载能力精准应对农村社会的风险，故二者存在联对关系。这种联对关系具体体现在其所涉及的领域和行动主体两个层面。

从所涉及农村社会领域的角度看，风险已经威胁到农村社会系统中经济、政治、科技、文化和生态等领域的正常运行。农村社会中的农村、农业、农民互为因果，农业领域的风险往往带来农民与农村发展受阻。农业生产对资源的过度占有和使用导致农业灾害发生的频率和程度提高，灾害发生的频率及造成的影响又加剧农户对土地、水资源等的过度开采，从而形成恶性循环。农业经济竞争的不断深化，逐渐演变成对农业资源的竞争和超负荷使用，引发矛盾冲突和信任危机，进一步加剧风险的破坏性。要有效遏制这种趋势，就必须重视农村社会风险的承载能力问题。最初的农村社会风险建立在其灾害、地理、生物等自然属性上，强调其形成机制及其危险性，研究成果也趋向自然工程维度。20世纪80年代，农村社会风险的社会属性逐渐被认识并贯穿风险研究、管控的始终，逐渐形成农村社会风险的"自然—社会"双重属性，即农村社会自然风险是自然致灾因子与承载能力（自然与社会脆弱性）双重因素共同作用的结果。整体而言，农村社会自然风险研究从自然属性视角向社会维度的承载能力兼容，并形成二者有机融合的局面。相对自然工程维度较为成熟的研究及应用而言，农村社会风险中的政府维度承载能力引入时间相对较晚，尚处于起步阶段，且政府维度的风险应对能力强和能动性空间较大，诸多社会脆弱性因素如经济、文化、科技等还没有或是未被有效发掘，相关作用机制不够清晰。所以进一步补充其遗漏之处，选择将经济、政治、科技、文化和生态作为风险评估以及农村社会风险承载能力的重要组成部分。

从农村社会中的治理主体来看，农村社会风险损失影响很大程度上取决于农业承灾体的风险承载能力。以农村社会中不同主体的风险承载能力为主要工具，不仅可以实现不同层次主体的风险分配正义，长期看还可以提升风险的抵御能力和经济的恢复能力。从不同的主体来看：第一，政府在农村社会风险治理过程中的有效参与和职能。诸多研究成果皆表明风险防治具有较强的准公共物品特性，市场应对方式必然存在"市场失灵"。目前，关于公共物品的供给较为一致的结论即是通过政府的有效介入来消除和吸收外部性。另外，政府作为农村社会行为的主体，对相应的社会活动具有组织和协调功能，对相应的农村社会风险的产生及应对负有主要责任，农村社会风险管理是政府本身重要职能之一。政府介入的最关键问题是"边界"问题，在恪守自身义务的同时，不与市场形成竞争和职能重叠；在农村社会风险管理方面，政府的介入方式主要有法律制度供给、组织机构、应急机制、救助机制、风险再担保等。农村社会风险的承载能力可通过将我国相应的政府行为作为主要的影响因素得以体现，并对其行为方式和效果进行一定的评判。第二，合作社对农村社会风险的应对。农村社会风险的应对方式尤以合作社对市场介入最为重要。在政府提供保障的情况下，合作社组织对市场的介入可以最大限度地提高农村社会风险应对效率。市场对农村社会风险的介入大大提升了农村社会风险损失的分散效率，相关理论如"风险期望理论""风险分散理论""风险分解理论"是其重要的理论支撑。合作社组织进入市场，在农村社会风险的介入中虽然存在一些问题，但是市场的有效性必然是解决农村社会风险不可或缺的主要因素，也是农村风险承载能力的重要影响因素。同时，农村社会风险承载能力管理的有效发展也会弥补市场介入的不足。第三，农民个体对农村社会风险的认知与应对。农民个体对农村社会风险的认知决定了其风险应对行为方式和效率，从而决定风险造成的损失。风险周期性的作用机制表现为信息获取，风险应对策略选择与准备，风险抵抗与适应、恢复与重建。风险的认知及行为往往受教育程度、年龄、性别、收入、信息源、信仰、风险偏好、预期等因素影响。

二、指标体系设计的基本要求

（一）指标体系设计的目标要求

在风险社会背景中，现有风险治理的研究疲于应对风险特殊性的外在表征，将农业、基层民主、农村文化建设等领域视作独立且可分割的部分，该思维不仅从风险治理滑退至应急管理，还因其分类过于粗糙，极易导致：一是农村社会作为一个完整的系统，其所包含的子系统在内容和维度方面很容易被忽略或重置，容易使所有相关因素的权重被低估、忽略或夸大[1]；二是简化了风险的客观结构，忽视风险内部和风险之间的交互和传动连锁，继而造成认知有限引发治理有限，严重影响基层治理的效果；三是主系统和子系统的相关性，层次结构和层次结构性质、传导和作用机理尚不清楚，在农村社会基层治理中无法识别风险之间的关联以及风险的本质，扭曲了治理行动的系统性；四是单一制度下的结论过于笼统，对策薄弱，主体不明确，自上而下的政策传导效果差。因此，有必要构建一个合理的农业系统的子系统。当前，相对较成熟的相关系统建设理论是"塔式"模型和"和谐管理"模型。基于此，有学者构建起以政府、企业和社区为子系统的整体社会承载力体系，并得到广泛的认可[2]。

农村社会的风险承载能力系统建设主要是：第一，"塔式"模型强调系统内部灾害综合风险管理模型，并采用了纵向和横向的协调管理理念，形成了"螃蟹"多腿步行，提高了灾害风险的管理响应效率。第二，"和谐管理"是指在复杂和不确定的条件下，强调系统中人与物的元素和结构。其中，它利用系统中不同个人的能力来维持现有的可持续发展[3]。第三，许多学者针对社会承载力形成了以个人、社区和服务获取组织资源的指标体系[4]。第四，从社会角度将风险分为农业生产、生命、生态和外部投入体系[5]。第五，根据英国国际发展署（DFID）可持续农民的生计框架，农业的外部环境表现为人力资产、自然资产和以农民为载体的金融资产、物质资产与社会资产五个维度[6]。上述风险承载能力的研究结论，为我们构建风险承载能力提出以下基本要求。

1. 多措并举，系统思维

无论是在农村社会还是其他语境中，风险的"多米诺效应"成为地区稳定的最大威胁，但这也是风险社会的正常状态。换言之，风险社会中的治理问题是牵涉全社会的系统性问题，同时也是结构性问题。因此，农村治理也应当是系统工程。基于这一认知，农村社会风险的承载能力系统的框架应当覆盖全社会领域，在风险发展的不同阶段，针对不同形态的风险，结合差异化的社会领域特征进行既有针对性又有系统性的治理行动，全面准确控制风险。

2. 人物协配，活化效能

人类的行动依赖对外界环境的认知所形成的信息体系，主观能动性能够使人在行动之前在头脑中产生具体的行动步骤。这是人类劳动与动物行为的最大区别。

但是，风险社会的不确定性会给头脑中的规划带来极大的挑战，人类行动所依靠的工具、资源、环境等物质基础却无法在头脑中直接形成，这意味着我们治理行动通常处于这样的境地：基于过时信息作出规划，依靠动态环境提供的当前物质资源，对风险的事实状态作出临时反应，人因与物因的配合。而扭转这一状况的关键在于人因与风险的即时互动，而物因正是这样的一个"桥梁"。规划行动时，以人因和物因的协配弥补意识对现实的有限认知，实现风险的动态监测和预测；实施行动时，以人因和物因协调为基础，发挥合力有效地应对风险。实现人因和物因协配的风险承载能力能够有效地应对风险的动态变化，达到自身效能的活化。

3. 因效对应，回助预测

不确定性因素的复杂性加剧了人们对风险的认知难度，加剧了风险的潜伏性，而风险和风险之间的连锁关系又掩盖了风险内部的因果链，因此，无论是应对风险社会的整体方案，还是单一领域的风险治理思路都要以因果联系的清晰化为着力点。同时，认清风险内部的因果联系是划分表象和本质范畴的认知过程，这对实践阶段的资源配置和方向指引有着重要的参考作用。构建风险承载能力系统的目的在于对全生命周期的认知及控制风险，其基础就是对风险因果联系的准确认知，被明确区分过的风险各阶段特质以及表象和本质将为治理主体预测风险提供参考坐标。

（二）指标体系的基本要素

由政治风险、经济风险、文化风险、科技风险、生态风险表征的风险体系已在第五章进行了阐述，而要实现为风险治理实践提供系统性参考的预期目标，还需充分利用农村社会中人、财、物、信息等各类资源以组建强大的风险承载平台，这意味着指标体系中的基本要素必须综合全面。此外，指标的可测量和可操作性也是构建指标体系的要求。因此，风险评价指标体系可以通过对农村社会的领域分类实现，而承载力的部件则需要从主体、环境、产业三方面着手构建。首先，从农村主体层面构建。农村社会主体的种类多种多样，但其基本的构成单位是村民（家庭农场），同时，农村主体也是各类风险的最终承担者，故风险承载力的基本部件中必须有农村村民为表征的农村主体。其次，从农村环境层面构建。作为农村主体的主要活动空间，它在承担所有人类活动的同时也成为风险的主要承载空间，同时环境中的诸多要素、资源能够同主体结合产生风险承载能力。最后，从农业产业层面构建。农业产业不仅决定农村主体的经济水平，还反映了该区域在治理风险时所能使用的资源总量，因此，它是表征风险承载能力的重要指标。

1. 农村主体

随着城镇化和市场化的不断深入，农村社会开始与城市社会逐渐建立起共存关系，这为资源的涌流和共享提供了渠道，其中资本的因素尤其活跃。资本嵌入后的农村社会，构建起了复杂的利益网络，但无论利益网络中个体的角色或者身份如何多元复杂，其最本质的属性还是农民。因此，农村风险承载能力构建的目标实际上是农民的风险承载能力的提升。

2. 农村环境

风险承载能力是承受风险的能力阈值，超阈的风险会毁灭主体，主体只能从阈内风险中恢复。而了解风险的来源和是否超阈仅凭借生理器官是无法完成的，需要借助环境中的设备等人造工具，如湿度计、水位表等，这些工具成为人们了解空间规律、掌握空间动态的重要工具，它们为风险治理提供了充足的信息。除设备外，农村的基础设施建设能够有效地降低社会系统的脆弱性，增强人们的风险防范与抗御能力，是社会风险治理的重要物质基础。除上述人造因素外，从风险的角度看，作为人类面对的第一大风险，自然风险触达的是环境而非个体，而环境中的诸多要素本身就是迟滞风险发展的重要资源。所以，作为风险的承载空间的农村环境本身就具有一定的抗风险能力，直接表现为对自然风险的承载能力。总的来看，农村环境为农业发展主体和农民提供了资源和行动空间，也为风险提供了发展的空间同时迟滞了风险，故农村环境应当成为风险承载能力的必要内容。

3. 农业产业

农业发展作为"三农"之首，其重要性不仅源自经济基础决定上层建筑的政治经济学论断，还同农业在人类社会中的角色、地位有关。农业活动生产出维持生命的食物，解决了人类的生存问题，在此基础上人类才能创造文明成果。因而，具体到农村社会中，农业劳动是农户维持生计的主要经济活动，在解除了生计困扰后，农村社会中的劳动力才能通过额外的农业劳动生产出抵御风险的社会财富，或是参与其他种类社会财富的生产过程，如文化文艺活动、环境保护活动等，进而实现农村社会风险承载能力的整体强化。总而言之，农业生产除作为物质财富创造的一种方式外，它还是其他种类社会财富创造的重要基础和物质前提。因此，农业生产应被视为农村社会风险承载能力的重要内容。

第二节 指标设置与评价方法选择

一、指标体系的构建

（一）农村风险分配评价指标体系

基于第五章对农村社会风险的识别和解释，本章对已有的两级指标体系进一步细化。考虑到风险分配的内涵、特征以及指标的统计意义、可得性与可比性，设计出由5个方面、3个层次、37个指标所构成的评价指标体系，具体如表6-1所示。

表 6-1 农村社会风险指标体系

一级指标	二级指标	三级指标
经济风险指数（X1）	发展风险（B8）	生产规模
		工作经验
		技术资格
	失业风险（B9）	失业人口占比
	损失风险（B10）	财产损失
		收入损失
	开支风险（B11）	支出结构
		消费习惯
		理财习惯
科技风险指数（X2）	技术规范缺位（B5）	技术指导
		安全监管
	技术使用不当（B6）	掌握熟练程度
		技术使用动机
	技术负外部性强（B7）	维护成本
		使用寿命
		配套设施投入
政治风险指数（X3）	政策执行不力（B1）	政策执行手段
		政策执行效果
	公信力缺失（B2）	治理行为预期评价
		基层政权信任评价
	政府干预不当（B3）	公共服务质量评价
		行政效率评价
	监管缺位（B4）	管理队伍结构
		村务管理标准化程度

续表

一级指标	二级指标	三级指标
文化风险指数（X4）	精神文化生活单调乏味（B12）	文化设施状况
		文娱活动情况
	受教育水平低（B13）	义务教育情况
		人口学历比重
	精神世界被俘获（B14）	生活习惯
		信教人数占比
生态风险指数（X5）	自然灾害（B15）	气象灾害
		有害生物入侵
		病虫害状况
	环境污染（B16）	污染源类型
		废弃物处理
	资源开发（B17）	土地类型占比
		工矿点数量

我们将农村风险分为经济风险、科技风险、政治风险、文化风险、生态风险等五方面。经济风险指数表示为经济行为所带来的风险，依据风险识别的结果划分为发展风险、失业风险、损失风险、开支风险。经济状况体现为主要灾害的应对，以及分散社会能力[8]，并将之区分为绝对收入和相对收入，地区间的收入存在差异性[9]。从风险发展角度来看，分别从生产规模、工作经验和技术资格三方面来反映，用1、2、3、4、5依次体现发展风险的强弱状态，其中5代表最理想状态，即风险爆发概率最小的状态。从失业风险的角度来看，用失业人口占比来表示。用1、2、3、4、5依次体现该地区失业人口的占比状况，其中5代表占比最小。从损失风险角度来看，分别从财产损失和收入损失两方面来反映，财产损失是现有财产的损失，而收入损失则是财产积累增幅的减小。从开支风险来看，医疗、教育费用以及应对突发的高消费都是易引发经济风险的支出，而消费时的习惯和动机理性与否则决定了个体经济的脆弱性程度，而理财习惯既包含风险部分又包含风险承载部分，其指标的正向影响分别赋值为1、2、3、4、5。农户家庭投资理财以经济风险作用机制表达风险分配能力过程中亦起着至关重要的作用，投资理财水平代表着一种长期资本状态，灾害发生后农户家庭住房、机械、个体康复等功能恢复最大程度上依赖家庭内部的预防性储蓄水平[10]，且有学者发现，投资水平和意愿一定程度上影响农户的收入水平和结构，从而也会对农业风险的应对产生重要的影响，投资意愿较高则体现为风险应对较强[11]。从应对

风险的角度来看，以消费差异作因变量[12]则是通过农户灾前灾后的消费差异来表征农户的风险适应能力强弱，消费水平变化率越低说明其适应能力越强。对风险规避家庭风险进行成功的测度和差异性分解，其变量指数由低至高分别赋值为1、2、3、4、5，其中5代表调查范围内家庭投资水平最高的一档。

科技风险是指科技发展带来的风险，依据技术使用和效果两个阶段来进一步细化，形成技术规范缺位、技术使用不当、技术负外部性强三个科技风险的诱发点。从技术规范缺位角度看，各类技术的更新毋庸置疑能够提高生活质量和生产效率，但技术之间存在规范差异性，地区之间因为适用条件的差异也存在规范的不同，甚至使用的技术种类也会存有差异[13]。在缺乏指导和监管的情况下，专业素养受限的农民不仅难以处理好不同技术间的规范差异，更难以因地制宜地使用技术，因此可以用前期技术指导和中后期安全监管来表示风险强弱，其变量赋值为1、2、3、4、5，其中5代表各阶段的指导均已到位，此时的技术规范缺位问题发生概率最小。即便是技术规范被使用者所理解后，在使用过程中村民也不可避免地出现使用不当的情况，其诱因可能是逐利行为也有可能是熟练程度不够导致的操作失误，比如，随着技术水平的不断提升，设备操作问题引发了人员或者农作物损失的风险[14]。在农户生活中，互联网的高速发展也带来了诸多潜在风险，农户在网上销售农产品或者网购时，就可能遭遇个人信息泄露和网络诈骗[15]。食药安全与家电的安全使用也存在不安全因素，因此用1、2、3、4、5来分别表示五种情况，其中5为农户严格按照安全规范熟练地使用相关技术设备。从负外部性的方面看，任何科技成果都会产生外部性，而其中的负外部性则会变成使用者的成本继而产生脆弱性。比如，设备耗件寿命短需要经常更换，设备使用要同时搭配配件，产生额外的支出，抑或是设备的维护成本过高，超出了它产生的收益，这类指标由低至高分别赋值为1、2、3、4、5，其中5代表调查范围内技术负外部性最低的一档。

政治风险是政治引发的风险。现代意义上的风险有人为性的特征，人类行为中的不确定性不断积累破坏了原有的稳定性造成风险。而政府行为作为典型的人类行为，往往因为政策执行不力、公信力缺失、政府干预不当、监管缺位等问题而引发风险。政策的目的在于增进人民群众的利益，故在农村社会中政策执行的质量需要通过政策的受体即农户来体现。任何政策执行的手段不当会迟缓政策推进，而政策效果则直接反映政策的综合质量。因此，通过考察调查对象对执行手段和结果的态度，能够直观地了解政策执行是否得力。具体数值设置为1、2、3、4、5，分别用以表示农户对政策执行手段和执行效果的差异化评价，其中5为最高评价。无论何种政策指令都需要农户的配合实施，农户参与配合程度能够反映基层政府的公信力，若农户在以往的政策实践中遇到利益受损或预期落差等问题，极易产生对基层政府的不信任情绪，进而影响后续的政策实施，基层政权的公信力危机由此诞生。因而考察农户对基层治理行动中的预期偏差认知以及对基层治权的信任评价有助于确定基层政府的公信力状态。除了政策手段外，司法执法、监督管制以及转移支付等都是政府干预的手段，但是，治理过程中难免出现干预过多、干预缺位或干预不当等导致的农户利益受损，如灾后补偿不足、过度干预农村的公共物品或服务供给等，因此，需要对基层治理中的不当干预进行评价，以获得相关政治风险诱因的估值。除了政策指令的执行外，日常监管也是政治风险爆发的重要节点。农村作为"风险洼地"成为城市转移风险的重要目标，但是这并不意味着风险肆虐农村社会是理所当然的。基层政权除对自然灾害进行监管外，对人为风险因素的监管和控制也是治理职能的重要组成部分。而监管队伍的素质决定了监管的有效性，同时，制度设计也为治理行动提供了有效的路径遵循，标准的制度规定能够有效地控制风险因素滋生，而"有制无行"或者"无制乱行"的制度失能和缺位都会为风险的滋生提供空间。因此，需要对制度的有效施行程度进行评估。

文化风险是由文化因素引发的风险。文化风险从精神文化生活单调乏味（B12）、受教育水平低（B13）、精神世界被俘获（B14）三个方面表征。农村社会的文化建设构建起个体文化生活的基本环境，而文化设施投入的多少意味着个体文化生活的物质基础是否宽厚。实际情况是，农村文化基础设施欠缺[16]、文娱活动不足[17]、精神文化生活单调乏味，并且，农村教育设施资源上的落后对教育事业的发展造成巨大障碍[18]，同时，农村人口学历偏低也成为当前以及未来农村社会发展的重要问题[19]。教育问题也导致农村社会集体精神脆弱[20]，因此农村居民极易被不良大众文化或者宗教信仰所"俘获"，并形成不良的生活习惯。因此，通过了解生活习惯、生活态度等主观指标以及信教人数这一客观指标能够了解当前农村社会中个体精神世界，进而判断文化风险的阶段。

生态风险是指由生态变化引发的风险。现代风险的本质是人造风险[21]，因而生态风险中除了要考虑自然灾害外，还需要考虑人为造成的环境污染和资源过度开发。在农村社会中，生产和生活两大板块对自然灾害和病虫害影响极其敏感，农业农村部也将自然灾害的防治减灾、农作物重大病虫害防治工作作为重要工作职责[22]。而环境污染程度的决定性因素除了污染源外，还有持续造成污染的各类废弃物。除了造成污染外，人类行为还会造成农村社会的脆弱性，例如在农村社会中出现土地类型比例失调，造成了农村生态环境的脆弱性[23]，再如工矿点不仅破坏了原有的生态，还会排出"三废"破坏环境，引发生态脆弱性[24]，因而需要对其进行评估。

（二）农村风险承载能力指标体系

考虑到风险承载能力的内涵、特征以及指标的统计意义、可得性与可比性，设计出由3个方面、3个层次、26个指标所构成的评价指标体系，具体如表6-2所示。

表6-2 农村风险承载能力指标体系

一级指标	二级指标	三级指标
农村主体（Y1）	预测能力（Y11）	从业时间长短
		职业资格数量
		风险知识储备
	应对能力（Y12）	风险应对态度
		劳动力规模
		从事职业种类
	恢复能力（Y13）	家庭储蓄规模
		整体教育水平
		银行信贷力度
		保险购买状况
农村环境（Y2）	预测能力（Y21）	组织支持力度
		监测设备规模
	应对能力（Y22）	历史资料研判
		减防工程建设
		医疗卫生机构
		信息传输设施
	恢复能力（Y23）	交通运输网络
		专项资金数量
农村产业（Y3）	预测能力（Y31）	合作经济组织
		信息共享渠道
	应对能力（Y32）	工作时间长短
		产销衔接状况
		防灾技术使用
	恢复能力（Y33）	经营业务种类
		固定资产规模
		财政扶持力度

我们将农业主体风险承载能力分为三个方面，分别为农村主体、农村环境和农村产业。农村主体即农民，农民是农业生产计划制订者及农业劳动执行者，从农村主体的预测能力来看，农村预测能力下的从业时间长短、职业资格数量、风险知识储备是我们着力考察的关键[25]；从业时间长短反映出经验的多寡，具有丰富经验的农村主体能够根据以往经历的诸多风险抑或是见识的诸多风险迹象，发现风险的踪迹并作出反应。专业化培训通过将经验告知农户来提高农户对风险的辨识和应对能力，比从实践获取经验效率更高，讲座培训与实践总结都是在储备风险知识。从应对能力的角度看，如何应对风险取决于农户对风险的认知，而劳动力规模则指征农村社会应对风险的人力资源，劳动力同时也是对风险影响的分担载体，能够更好地消解风险。此外，劳动力的职业经验结构也能够反映风险应对能力的强弱。风险的潜伏爆发以具体的事件为基础，这意味着如果劳动力从事的职业受到风险影响时，能够选择另一职业作为营生手段，则可减小风险的影响。在遭受风险影响后，家庭储蓄能够为风险后的恢复期提供直接的资金支持。还有，银行贷款越容易获批越能够缓解风险对农户经济状况的影响。若是农户提前购买了保险，则保险的赔偿可进一步减少风险的影响，强化农户的恢复能力。上述指标均以1、2、3、4、5来表明评价等级，其中5为最理想的状态。

风险的诞生最早接触的是环境，并且风险也在环境中不断地发展，因此，强化环境的预测能力能够对风险形成有效的控制，如果仅凭农户来实施，不仅效果差还易引发谣言和恐慌。因此，无论是政治组织还是经济组织，在受灾期间应当承担起责任。除了自然灾害本身，其造成的社会问题也需要各类组织的共同努力解决。"村两委"作为政治组织需要发挥其自身对政治风险的敏感性，识别农村社会中引发政治风险的不稳定因素，而合作社组织需要凭借其自身经济实践和农业实践的经验识别引发经济风险的因素。而组织支持作用的发挥并非单纯依靠人力以及人的感知，还需要安装监测设备，对人文和自然两个领域进行监控，能够第一时间发现风险的诱发因素，还能够记录诸多风险行为，为日后做参考。这些记录下来的风险历史资料和数据，通过纸质和电子版等多种形式留存，可供治理者查阅。在完成信息收集后，还需要根据信息的提示进行减灾防灾的工程建设，其包括物质的排水管网、水利工程、防火设施等，也包括风险预案等制度举措，这可全方位地强化农村环境对风险的应对能力。此外，风险除了造成财务上的损失外，还会威胁村民的生命安全，这时医疗卫生机构可从医学角度指导农村居民对抗风险。卫生部门、水利部门等机构将所监测的信息及时反馈给村级单位，需要信息网络的畅通。在遭受影响后，农村交通运输网络的发展则为风险治理所需物资提供了完备的输送渠道，而专门用于救灾补偿的款项能够缓解风险的影响。对以上各项指标，具体数值设置为 1、2、3、4、5，分别代表各项指标应对风险能力的高低，其中 5 代表应对能力较强。

对于农业而言，在调查过程中农村合作社对农村的生产活动发挥了整体规划的作用，合作社组织掌握着丰富的风险信息，为预测能力提供强大基础。此外，各类以聊天软件为依托的群聊平台能够实现信息的共享，"村两委"同气象、水利等部门之间的工作信息平台以及合作社组织同许多工厂商户之间的市场信息平台，都能实现各类信息的充分共享。在应对风险的过程中，参加工作时间的长短不仅能表明风险认知的经验多少，还能够表征风险应对的经验积累程度。产业的产销结合紧密能够减少农产品进入市场后的不确定性因素和市场信息的失真，从而有效应对风险。防灾技术的使用能够第一时间阻止风险的扩大。而农业产业链越长、业务范围越广，受到的风险影响就越小，当某环节和领域受影响时其他部分可以正常运转，并为受风险波及环节的灾后恢复提供物质支持。当风险来临时，固定资产可以通过变卖成为帮助产业恢复的资金，而财政扶持的力度更是直接决定了农业的恢复能力。

二、农村社会风险及其承载能力的评价方法选择

（一）风险及其承载能力的评价方法

人类社会中难以被测量的不确定性是风险社会形成的根本原因，而在理论界与实务界学者的不懈努力下，风险通过精准分类逐渐实现了可测量。在现阶段农村社会风险的定量研究中，学术界的一贯做法遵循了风险发生逻辑：先聚焦于特定的空间以及特定的领域，从具体事件着手分析风险，从而实现风险的量化。因此，在每次具体的实证分析中，科学合理的指标体系成为风险评估及其承载能力评估的关键，也成为影响其推广性的重要因素。目前形成的对农村社会风险的评价方法有：Monte Carlo 模拟法[26]、敏感度分析法[27]、模糊数学评价法[28]、专家调查法[29]、因子分析法[30]、层次分析法[31]。在具体的研究中，上述方法通常结合区域数据对农村社会风险及其承载能力进行评估分析，如基于新疆喀什地区的统计数据，使用层次分析法分析当地水资源所赋能的对干旱等自然灾害的承载能力[32]，又如，统合重庆地区统计数据和实地调查数据，采用模糊综合

评价的方法确定农民宅基地和集体宅基地投资额,对农民和村集体在投资中所承担的风险进行综合评价,并结合实际情况提出建设性的对策建议[33]。

关于农村社会风险评估的定量研究,成果颇丰。根据不同类型的风险,发挥各类定量研究方法的特性,基于对调查区域实地观察以及统计数据分析,分别得出了农村社会不同种类风险的特点。虽然在现有的研究结果中,学者们采用的方法以及数据各有差异,甚至所得出的结论也不尽相同。但是基于大量的对同一类风险不同地域或不同阶段的实证评估研究,结果中的相似性能够为我们逐步还原风险的全貌,有利于推动客观的、完整的、科学的农村社会风险指标体系的形成,同时也有助于为风险治理实践提供最为广泛的经验借鉴。当前学术界达成了一定的共识,相较传统农村社会的风险,现代的农村社会中潜在的社会风险不仅难以辨认、识别,且其爆发愈加迅猛,连锁反应的速率也更快,传播的范围大,传播速度更是非常之快,破坏程度也是农村社会所难以承受的,这就要求构建现代化治理体系的农村社会必须具备防范风险的功能,同时也必须依靠多元化的主体,重新锚定农村基层组织的治理功能和治理角色,这必然成为防范农村社会风险的基本要求。

在农村社会的风险承载能力方面,学者们从多种角度提出了风险承载能力的不同内涵。如以乡村振兴为背景的"抗逆力"构建,其目的在于强化风险治理中对风险的主动抵御功能。以此为基础,着眼于教育[34]、生计[35]、社会工作[36]、社会保障[37]等领域提出强化农村社会抵抗风险的能力体系。同时也提供了用于测量农村社会风险承载能力的指标体系。从农村社会的常态角度看,构建有韧性的农村社会成为防止返贫及推动乡村振兴的系统性解决方案。相关研究聚焦于留守儿童、农民工、老年人及女性等群体,也关注了劳动力转移、基础设施建设、综合绩效评估等特定领域。上述两种研究视角为农村风险承载能力体系的认知及内容提供了基本参考,同时,也提出了一系列可用于实际测度农村社会风险承载能力的指标体系。

无论是农村社会的风险研究还是农村风险承载能力的研究,国内的学者从不同的研究维度、差异化的研究视角、现实主义的研究对象对风险进行了客观描述,揭示出风险治理同农业与农村健康稳定发展的密切关系。固有的治理元素(如村规民约、伦理文化)与新的社会因子(如权利意识、法治文化)相互交错、彼此消长,农村治理也将面临体制张力与系统风险[38]。

综上所述,课题组在测度农村社会风险和农村社会风险承载能力时将根据现有的研究以及两者的特点分别选定方法。无论是风险还是其承载能力，其客观性毋庸置疑，但从最终目的来看，风险承载能力的构建才是认识风险的目标，而弥合实践与理想的张力也是我们研究的价值追求，所以，认知风险和风险承载能力的同时，我们还需要找到承载能力距离最优解的适应值，以此为风险承载能力的发展方向提供理想的指引，实现治理发展全方位地趋向于最优解。

（二）农村社会风险及其承载能力的评价方法

（1）层次分析法。通过有序渐进的层次结构来分析复杂系统中的相关元素和相互关系。经由模型级别的不断发展和结构的重新分配，最终将整个系统减化为最低级别的系统内容和结构分布，能够很好地融合定性和定量目标决策分析方法。层次分析结果中，每种影响指标对于评估结果的影响及重要程度都是具体量化的，并通过权重值的高低直接反映出来，直观明确。使用AHP法（层次分析法）建立风险分配的层次模型，该模型是目标标准和指标的层次结构。比较同一级别的每个因素，根据先前级别标准或目标级别的重要性进行判断，并根据缩放判断值进行标记以构建判断矩阵。

第一步，建立层次结构分析模型。对拟解决的决策问题与影响指标及备选方案三层要素间建立一个层次结构分析模型。其中决策问题位于模型中的最高层，通常只设置单一指标；影响指标位于中间层，可根据实际情况设置多级多个指标；备选方案位于最底层，通常设置一级多个指标。

第二步，构造判断矩阵专家评分。构造层次结构分析模型中涉及的所有判断矩阵之前，应做如下假设：最高层决策目标存在 1 级且只有 1 个指标；中间层第 1 级指标中存在 n 种影响指标，且在每种影响指标之下分别对应存在 i_1, i_2, $\cdots$, i_j 共计 j 种影响指标，共同构成中间层第 2 级指标；最底层备选方案存在 1 级 k 种指标。将中间层第 1 级指标中的 n 种影响指标相对于最高层决策问题的重要性，两两指标间建立判断矩阵进行重要性评估，便会构造出 1 个维数为 n 的判断矩阵 U_1。然后将中间层第 2 级指标中的 j 种影响指标相对于中间层第 1 级指标的重要性建立两两指标间判断矩阵进行重要性评估，便会构造出 n 个维数分别为 i_1, i_2, $\cdots$, i_n 的判断矩阵 U_2。最后将中间层第 2 级指标中的 j 种影响指标相对于最底层 k 种备选方案的重要性，两两建立判断矩阵，便会构造出 j 个维数为 k 的判断矩阵 U_3。

$$U=\begin{pmatrix} P_{11} & P_{12} & \cdots & P_{1n} \\ P_{21} & P_{22} & \cdots & P_{2n} \\ \vdots & \vdots & \vdots & \vdots \\ P_{n1} & P_{n2} & \cdots & P_{nn} \end{pmatrix} \quad (6\text{-}1)$$

判断矩阵的构造结果如式（6-1）及表 6-3 所示，其中 U 表示判断矩阵，P 表示影响指标，P_{ij} 表示第 i 种影响指标相对于第 j 种影响指标的重要性，并具有如下特征：首先，判断矩阵中左对角线上的 P_{11}，P_{22}，$\cdots$，P_{nn} 表示同一指标自身与自身相互比较的重要性，因此所有判断矩阵中左对角线上的数值均为 1，即 $P_{11}=P_{22}=\cdots=P_{nn}$。所有判断矩阵构造完成后便可根据判断矩阵的构造情况制作专家评分表，并以评分问卷的形式发放给各位专家，由专家组成员对判断矩阵中的各个影响指标相对于决策目标与备选方案的重要性进行评分。

表 6-3　判断矩阵的一般形态

P_n	P_{n1}	P_{n2}	$\cdots$	P_{nn}
P_1	P_{11}	P_{12}	$\cdots$	P_{1n}
P_2	P_{21}	P_{22}	$\cdots$	P_{2n}
$\cdots$	$\cdots$	$\cdots$	$\cdots$	$\cdots$
P_n	P_{n1}	P_{n2}	$\cdots$	P_{nn}

第三步，权重分配及一致性检验。评估打分工作完成后，回收整理专家评估结果，获得各类影响指标相对于最高层决策目标及备选方案的重要性初始判断矩阵。为简化重复繁重的矩阵求解过程，确保求解结果具有较高的精确性与可信度，可通过在软件的操作系统中编入程序求解所有初始判断矩阵。

$$B\omega = \lambda_{\max} \cdot \omega \quad (6\text{-}2)$$

并求出 $\lambda_{\max}$ 和 ω，先对 B 进行归一化处理得到

$$Q = (q_{ij})_{3\times 3} \quad (6\text{-}3)$$

其中，$q_{ij} = \dfrac{\delta_{ij}}{\sum_{i=1}^{n}\delta_{ij}}$，$\delta_{ij}$ 为 B_{IJ} 相对 A 的标度值。

然后将矩阵按行相加得到向量 $C=(C_1, C_2, C_3)^T$，其中 $C_i = \sum_{j=1}^{n} q_{ij}(i=1,2,3)$，并对 C 进行归一化处理，求得最大特征向量 $W_J = \dfrac{C_J}{\sum_{i=1}^{n} C_K}(j=1,2,3)$，并计算 $\lambda_{\max}$，

得 $\lambda_{\max} = \frac{1}{n}\sum_{i=1}^{n}\frac{\sum_{j=1}^{n}\delta_{ij}W_{ij}}{W_i}$，然后计算其一致性指标 CI=$\frac{\lambda_{\max}-n}{n-1}$，并查看一致性 RI 表再通过 CR=$\frac{CI}{RI}$<0.10 判断一致性。

（2）粒子群优化算法（Particle Swarm Optimization，PSO）。对不满足一致性要求的初始判断矩阵进行修正，可使迭代和优化矩阵元素的过程以定向、有序、加速进行，在较短的迭代时间内获得问题的最优解。

粒子群体中，每个粒子都对应有一个位置矢量、速度矢量以及由既定目标函数所决定的适应值[39]。粒子 i 在 n 维空间的位置矢量表示为 $\boldsymbol{T}_i=(T_1, T_2, \cdots, T_n)$，飞行速度矢量表示为 $\boldsymbol{W}_i=(W_1, W_2, \cdots, W_n)$，各维度中粒子都有一个最大限制速度 $W_{\max}$，如果某一维的速度超过 $W_{\max}$，那么该维度速度便被限定为 $W_{\max}$。

粒子可根据目标函数来计算当前位置距离最优解的适应值，并且知道迄今为止发现的最好位置（pbest）和现在的位置 T_i，即粒子自身的飞行经验。此外，每个粒子还知道整个群体中所有粒子已经发现的最好位置（gbest），即粒子群的飞行经验。粒子通过自己的经验和群体中最好的经验来决定下一次迭代时如何调整飞行的方向和速度。就这样逐步迭代，最终整个种群的粒子就会逐步趋于最优解。每次迭代中，各个粒子通过追踪自身已获得的最优解（pbest）和群体中获得的最优解（gbest）两个极值，并根据式（6-4）完成自我的迭代更新。

$$W_i = W_i + S_i \times \text{rand}(0\sim1) \times (\text{pbest}_i - T_i) + S_2 \times \text{rand}(0\sim1) \times (\text{gbest}_i - T_i) \quad (6-4)$$
$$T_{i+1} = T_i + W_i$$

其中，i 表示群体中粒子总数，W_i 表示粒子的速度，rand（0~1）表示 0~1 的随机数；T_i 是粒子的当前位置；S_i 是学习因子，通常取 $S_1=S_2=2$；pbes_i 表示个体最优值；gbest 为 pbest 的最优值，即全局最优值。

第三节 农村社会风险评估实证分析过程

由于存在风险承受能力和损失规模口径不一且无法量化的情况，宏观整合方法不失为一种可行的方法。但是，也带来了相应的问题：首先，研究的针对性被削弱。评估过程中有特定指向的政策效果难以凸显，研究的反馈价值被削弱。其次，研究的推广性被削弱。开放的自变量没有与对策形成明确的"点对点"

逻辑关系，这也是对现实世界复杂性的无奈，研究结果在推广过程中需要结合具体的情景作出进一步判断。最后，从传统风险承担能力得出的研究方法将更多地侧重于农业风险的灾害特征，而相对忽视了农业风险应对的研究领域本身的学术连续性。以上方法大多从宏观的角度出发，微观研究的思想领域应适当扩大。

由于上述机制，农业风险分配的评价方法和指标体系主要集中在宏观研究的角度，政策指导不足。传统的农业风险研究始于特定的学术背景，而社会学科的整合并不牢固，尝试建立一个索引系统，将微观个人和组织的社会属性整合在一起。一方面，它可以为实践提供有效的政策支撑。另一方面，它可以逐渐发现各种相关因素的重要性以及作用机理的差异。

一、样本确定与数据获取

为对农村社会及其承载能力进行较为准确的把握，我们从微观视角对农村风险分配的因子及其指标进行设定。同时，也通过相关风险分配的研究理论成果加以佐证，我们采用调查分析的研究方法，对中西部地区进行了实地调研。根据研究要求，结合实际情况，我们对陕西省、四川省、河南省三个典型农业大省进行问卷调查和深度访谈。调查方式主要是通过对周边农户家庭进行简单随机抽样调查，原则上在同一村庄的调查户数不超过 5 份。总共发放 1 500 份调查问卷，问卷分别按照每省 500 份的方式进行平均发放，并回收 1 378 份，回收率为 91.9%，其中 1 353 份为有效问卷（其中陕西省回收 469 份，四川省回收 426 份，河南省回收 458 份），有效率为 90.2%。结构上，被调查人员中男性占 53.3%，女性占 46.7%，年龄上 15~25 岁占 25.6%，25~45 岁占 50.2%，45~65 岁占 24.2%。本调查问卷问题基本涵盖了相关理论成果所包含的风险分配的主要影响因素。

调查过程中，在确保调查结果真实性和全面性的同时，也有必要做好调查本身的合规性，以消除被调查者的相关疑虑和后顾之忧。调查人员必须首先向被调查者充分解释调查的目的和内容，并解释相应的部分。此外，在实际调查中，尽量不要在年龄、性别、收入、受教育程度等方面对受访者进行区分，并努力更全面地了解各种类型农民的风险差异。

二、农村社会风险的评估与分析

首先确定各中间层指标权重,进而对每一项指标进行归一化处理,所得数据如表 6-4 所示。

表 6-4 中间层相对重要程度矩阵

A	经济风险	科技风险	政治风险	文化风险	生态风险
经济风险	1	2	1/3	2	6
科技风险	1/2	1	1/4	1/2	5
政治风险	3	1/4	1	3	8
文化风险	1/2	2	1/3	1	5
生态风险	1/6	1/5	1/8	1/5	1
总和	5.167	5.45	2.035	6.7	25

进而对各项指标进行归一化处理,所得数据如表 6-5 所示。

表 6-5 中间层相对重要程度矩阵归一化处理

B	经济风险	科技风险	政治风险	文化风险	生态风险	特征向量
经济风险	0.193 5	0.367 0	0.133 8	0.279 4	0.240 0	1.091 3
科技风险	0.096 0	0.183 5	0.144 6	0.144 8	0.200 0	0.324 7
政治风险	0.580 6	0.045 8	0.401 6	0.089 1	0.320 0	2.081 7
文化风险	0.096 0	0.366 9	0.133 8	0.389 7	0.200 0	1.246 0
生态风险	0.033 9	0.036 8	0.050 0	0.097 0	0.040 0	0.326 3
总和	1.000 0	1.000 0	1.000 0	1.000 0	1.000 0	5.000 0

对特征向量进行归一化处理,处理结果如表 6-6 所示。

表 6-6 中间层相对重要程度处理结果

B	特征向量	正规化 W	W/%
经济风险	1.091 3	0.27	26.274 8
科技风险	0.324 7	0.10	8.193 7
政治风险	2.081 7	0.38	45.073 2
文化风险	1.246 0	0.20	15.324 3
生态风险	0.256 3	0.05	5.134 0
总和	5	1	100

为操作便捷,我们对调研采集的数据进行标准化处理,并加入时间因素,处理结果见表 6-7 至表 6-11,其中 A 表示陕西省,B 表示四川省,C 表示为河南省。

表 6-7 陕西省、四川省、河南省农村经济风险标准化处理结果

经济风险		2017 年 A/B/C	2018 年 A/B/C	2019 年 A/B/C	2020 年 A/B/C	2021 年 A/B/C
生产规模	0.036 9	0.742/0.765/0.792	0.898/0.743/0.856	0.849/0.864/0.805	0.768/0.914/0.799	0.852/0.867/0.798
工作经验	0.015 8	0.765/0.824/0.814	0.715/0.963/0.804	0.820/0.704/0.891	0.713/0.845/0.891	0.787/0.865/0.911
技术资格	0.279	0.720/0.794/0.832	0.836/0.864/0.953	0.869/0.824/0.863	0.863/0.887/0.743	0.824/0.821/0.785
失业人口占比	0.356 1	0.853/0.862/0.891	0.926/0.863/0.846	0.852/0.856/0.823	0.891/0.714/0.832	0.844/0.921/0.871
财产损失	0.023 9	0.662/0.751/0.883	0.864/0.813/0.763	0.745/0.757/0.834	0.942/0.848/0.810	0.826/0.819/0.859
收入损失	0.075 8	0.867/0.706/0.821	0.853/0.739/0.863	0.808/0.876/0.846	0.889/0.819/0.745	0.759/0.842/0.921
支出结构	0.064 3	0.922/0.879/0.857	0.859/0.863/0.801	0.845/0.805/0.786	0.912/0.878/0.852	0.846/0.851/0.812
消费习惯	0.082 5	0.699/0.669/0.765	0.837/0.735/0.962	0.855/0.845/0.765	0.815/0.845/0.756	0.865/0.741/0.841
理财习惯	0.065 7	0.648/0.678/0.739	0.862/0.804/0.792	0.856/0.871/0.823	0.741/0.898/0.823	0.892/0.738/0.841

表 6-8 陕西省、四川省、河南省农科科技风险标准化处理结果

科技风险		2017 年 A/B/C	2018 年 A/B/C	2019 年 A/B/C	2020 年 A/B/C	2021 年 A/B/C
技术指导	0.025 4	0.715/0.963/0.804	0.732/0.828/0.899	0.922/0.879/0.857	0.902/0.854/0.877	0.814/0.724/0.852
安全监管	0.036 5	0.862/0.804/0.792	0.862/0.804/0.792	0.853/0.862/0.891	0.806/0.844/0.836	0.821/0.982/0.828
掌握熟练程度	0.252 1	0.852/0.856/0.823	0.713/0.859/0.813	0.639/0.852/0.745	0.735/0.858/0.817	0.711/0.841/0.965
技术使用动机	0.265 2	0.745/0.985/0.741	0.935/0.846/0.811	0.762/0.752/0.852	0.869/0.756/0.877	0.852/0.774/0.814
维护成本	0.121 1	0.933/0.851/0.871	0.987/0.859/0.912	0.911/0.841/0.821	0.921/0.720/0.818	0.752/0.844/0.918
使用寿命	0.155 6	0.952/0.741/0.874	0.798/0.853/0.813	0.721/0.814/0.765	0.765/0.801/0.766	0.741/0.815/0.844
配套设施投入	0.265 2	0.714/0.765/0.822	0.802/0.765/0.831	0.913/0.752/0.899	0.846/0.911/0.766	0.841/0.847/0.911

表 6-9 陕西省、四川省、河南省农村政治风险标准化处理结果

政治风险		2017 年 A/B/C	2018 年 A/B/C	2019 年 A/B/C	2020 年 A/B/C	2021 年 A/B/C
政策执行手段	0.156 5	0.852/0.867/0.798	0.922/0.879/0.857	0.679/0.845/0.815	0.813/0.709/0.856	0.839/0.816/0.846
政策执行效果	0.101 3	0.856/0.871/0.823	0.755/0.741/0.812	0.865/0.741/0.841	0.865/0.811/0.915	0.879/0.880/0.816

第六章 农村社会风险及承载能力评价指标体系的构建与实证分析

续表

政治风险		2017年 A/B/C	2018年 A/B/C	2019年 A/B/C	2020年 A/B/C	2021年 A/B/C
治理行为预期评价	0.239	0.926/0.863/0.846	0.921/0.846/0.811	0.787/0.865/0.911	0.835/0.715/0.823	0.799/0.823/0.840
基层政权信任评价	0.356 1	0.935/0.846/0.811	0.747/0.877/0.873	0.903/0.814/0.864	0.765/0.785/0.815	0.837/0.735/0.962
公共服务质量评价	0.036 5	0.902/0.854/0.877	0.765/0.856/0.911	0.825/0.816/0.874	0.826/0.829/0.871	0.836/0.864/0.953
行政效率评价	0.062 5	0.849/0.864/0.805	0.815/0.865/0.814	0.746/0.822/0.914	0.865/0.715/0.811	0.922/0.879/0.857
管理队伍结构	0.025 2	0.720/0.794/0.832	0.801/0.869/0.876	0.823/0.846/0.819	0.846/0.874/0.829	0.742/0.765/0.792
村务管理标准化	0.084 6	0.713/0.726/0.802	0.765/0.734/0.812	0.794/0.831/0.840	0.826/0.829/0.846	0.879/0.849/0.856

表6-10 陕西省、四川省、河南省农村文化风险标准化处理结果

文化风险		2017年 A/B/C	2018年 A/B/C	2019年 A/B/C	2020年 A/B/C	2021年 A/B/C
文化设施状况	0.185 6	0.853/0.739/0.863	0.846/0.911/0.766	0.808/0.876/0.846	0.819/0.767/0.945	0.755/0.741/0.812
文娱活动情况	0.211 3	0.987/0.859/0.912	0.871/0.811/0.803	0.919/0.874/0.808	0.863/0.883/0.815	0.935/0.846/0.811
义务教育情况	0.305 5	0.912/0.878/0.852	0.791/0.846/0.799	0.892/0.833/0.815	0.792/0.818/0.869	0.769/0.861/0.814
人口学历比重	0.171 6	0.841/0.847/0.911	0.910/0.869/0.817	0.740/0.788/0.851	0.849/0.837/0.874	0.743/0.841/0.895
生活习惯	0.075 5	0.987/0.859/0.912	0.855/0.819/0.932	0.767/0.846/0.746	0.915/0.851/0.880	0.837/0.735/0.962
信教人数占比	0.048 5	0.922/0.879/0.857	0.810/0.795/0.746	0.826/0.823/0.871	0.859/0.837/0.785	0.762/0.752/0.852

表6-11 陕西省、四川省、河南省农村生态风险标准化处理结果

生态风险		2017年 A/B/C	2018年 A/B/C	2019年 A/B/C	2020年 A/B/C	2021年 A/B/C
气象灾害	0.228	0.715/0.819/0.754	0.876/0.911/0.832	0.746/0.822/0.914	0.935/0.846/0.811	0.863/0.859/0.813
有害生物入侵	0.137	0.731/0.707/0.721	0.765/0.824/0.814	0.831/0.798/0.853	0.912/0.833/0.814	0.816/0.827/0.888
病虫害状况	0.119 5	0.723/0.814/0.808	0.808/0.876/0.846	0.877/0.819/0.761	0.820/0.704/0.869	0.815/0.963/0.804
污染源类型	0.150 6	0.768/0.714/0.799	0.813/0.877/0.910	0.862/0.899/0.840	0.822/0.808/0.871	0.863/0.883/0.815
废弃物处理	0.210 5	0.691/0.745/0.765	0.877/0.812/0.910	0.792/0.818/0.869	0.917/0.823/0.841	0.835/0.818/0.911
土地类型占比	0.079 1	0.746/0.625/0.814	0.802/0.765/0.831	0.714/0.783/0.841	0.837/0.735/0.962	0.919/0.923/0.879
工矿点数量	0.025 3	0.825/0.791/0.807	0.767/0.819/0.825	0.852/0.867/0.798	0.882/0.876/0.893	0.987/0.865/0.911

我们依据时间序列建立各个风险中间层的综合评价集，因此，

2017 年经济风险指标 C_1 的评价值为

$$C_1 = [0.036\ 9 \quad 0.015\ 8 \cdots 0.065\ 7] \begin{bmatrix} 0.742 & 0.765 & 0.792 \\ \vdots & \vdots & \vdots \\ 0.648 & 0.678 & 0.739 \end{bmatrix} = (0.797\ 5 \quad 0.788\ 6 \quad 0.800\ 3)$$

2018 年经济风险指标 C_1 的评价值为

$$C_1 = [0.036\ 9 \quad 0.015\ 8 \cdots 0.065\ 7] \begin{bmatrix} 0.898 & 0.743 & 0.856 \\ \vdots & \vdots & \vdots \\ 0.862 & 0.804 & 0.792 \end{bmatrix} = (0.835\ 4 \quad 0.811\ 3 \quad 0.821\ 4)$$

2019 年经济风险指标 C_1 的评价值为

$$C_1 = [0.036\ 9 \quad 0.015\ 8 \cdots 0.065\ 7] \begin{bmatrix} 0.849 & 0.864 & 0.805 \\ \vdots & \vdots & \vdots \\ 0.856 & 0.871 & 0.823 \end{bmatrix} = (0.840\ 9 \quad 0.815\ 6 \quad 0.818\ 6)$$

2020 年经济风险指标 C_1 的评价值为

$$C_1 = [0.036\ 9 \quad 0.015\ 8 \cdots 0.065\ 7] \begin{bmatrix} 0.768 & 0.914 & 0.799 \\ \vdots & \vdots & \vdots \\ 0.741 & 0.898 & 0.823 \end{bmatrix} = (0.816\ 3 \quad 0.799\ 3 \quad 0.798\ 8)$$

2021 年经济风险指标 C_1 的评价值为

$$C_1 = [0.036\ 9 \quad 0.015\ 8 \cdots 0.065\ 7] \begin{bmatrix} 0.852 & 0.867 & 0.798 \\ \vdots & \vdots & \vdots \\ 0.892 & 0.738 & 0.841 \end{bmatrix} = (0.850\ 4 \quad 0.853\ 3 \quad 0.862\ 1)$$

2017 年科技风险指标 C_2 的评价值为

$$C_2 = [0.025\ 4 \quad 0.036\ 5 \cdots 0.265\ 2] \begin{bmatrix} 0.715 & 0.963 & 0.804 \\ \vdots & \vdots & \vdots \\ 0.714 & 0.765 & 0.822 \end{bmatrix} = (0.801\ 3 \quad 0.787\ 9 \quad 0.792\ 3)$$

2018 年科技风险指标 C_2 的评价值为

$$C_2 = [0.025\ 4 \quad 0.036\ 5 \cdots 0.265\ 2] \begin{bmatrix} 0.732 & 0.828 & 0.899 \\ \vdots & \vdots & \vdots \\ 0.802 & 0.765 & 0.831 \end{bmatrix} = (0.842\ 2 \quad 0.807\ 6 \quad 0.799\ 7)$$

2019 年科技风险指标 C_2 的评价值为

$$C_2 = [0.025\ 4\quad 0.036\ 5\cdots 0.265\ 2] \begin{bmatrix} 0.922 & 0.879 & 0.857 \\ \vdots & \vdots & \vdots \\ 0.913 & 0.752 & 0.899 \end{bmatrix} = (0.808\ 7\quad 0.791\ 9\quad 0.806\ 3)$$

2020 年科技风险指标 C_2 的评价值为

$$C_2 = [0.025\ 4\quad 0.036\ 5\cdots 0.265\ 2] \begin{bmatrix} 0.902 & 0.854 & 0.877 \\ \vdots & \vdots & \vdots \\ 0.846 & 0.911 & 0.766 \end{bmatrix} = (0.842\ 1\quad 0.804\ 3\quad 0.857\ 1)$$

2021 年科技风险指标 C_2 的评价值为

$$C_2 = [0.025\ 4\quad 0.036\ 5\cdots 0.265\ 2] \begin{bmatrix} 0.814 & 0.724 & 0.852 \\ \vdots & \vdots & \vdots \\ 0.841 & 0.847 & 0.911 \end{bmatrix} = (0.851\ 1\quad 0.876\ 5\quad 0.852\ 6)$$

2017 年政治风险指标 C_3 的评价值为

$$C_3 = [0.156\ 5\quad 0.101\ 3\cdots 0.084\ 6] \begin{bmatrix} 0.852 & 0.867 & 0.789 \\ \vdots & \vdots & \vdots \\ 0.720 & 0.794 & 0.832 \end{bmatrix} = (0.809\ 1\quad 0.790\ 1\quad 0.793\ 5)$$

2018 年政治风险指标 C_3 的评价值为

$$C_3 = [0.156\ 5\quad 0.101\ 3\cdots 0.084\ 6] \begin{bmatrix} 0.922 & 0.879 & 0.857 \\ \vdots & \vdots & \vdots \\ 0.801 & 0.869 & 0.876 \end{bmatrix} = (0.812\ 2\quad 0.793\ 9\quad 0.804\ 4)$$

2019 年政治风险指标 C_3 的评价值为

$$C_3 = [0.156\ 5\quad 0.101\ 3\cdots 0.084\ 6] \begin{bmatrix} 0.679 & 0.845 & 0.815 \\ \vdots & \vdots & \vdots \\ 0.823 & 0.846 & 0.819 \end{bmatrix} = (0.796\ 3\quad 0.782\ 9\quad 0.817\ 5)$$

2020 年政治风险指标 C_3 的评价值为

$$C_3 = [0.156\ 5\quad 0.101\ 3\cdots 0.084\ 6] \begin{bmatrix} 0.813 & 0.709 & 0.856 \\ \vdots & \vdots & \vdots \\ 0.846 & 0.874 & 0.829 \end{bmatrix} = (0.809\ 9\quad 0.823\ 7\quad 0.828\ 9)$$

2021 年政治风险指标 C_3 的评价值为

$$C_3 = [0.156\ 5\quad 0.101\ 3\cdots 0.084\ 6] \begin{bmatrix} 0.839 & 0.816 & 0.846 \\ \vdots & \vdots & \vdots \\ 0.742 & 0.765 & 0.792 \end{bmatrix} = (0.810\ 3\quad 0.866\ 9\quad 0.813\ 0)$$

2017 年文化风险指标 C_4 的评价值为

$$C_4 = [0.1856 \ 0.2113 \cdots 0.0485] \begin{bmatrix} 0.853 & 0.739 & 0.863 \\ \vdots & \vdots & \vdots \\ 0.922 & 0.879 & 0.857 \end{bmatrix} = (0.7893 \ 0.7840 \ 0.7961)$$

2018 年文化风险指标 C_4 的评价值为

$$C_4 = [0.1856 \ 0.2113 \cdots 0.0485] \begin{bmatrix} 0.846 & 0.911 & 0.766 \\ \vdots & \vdots & \vdots \\ 0.810 & 0.795 & 0.746 \end{bmatrix} = (0.8141 \ 0.7914 \ 0.8102)$$

2019 年文化风险指标 C_4 的评价值为

$$C_4 = [0.1856 \ 0.2113 \cdots 0.0485] \begin{bmatrix} 0.808 & 0.876 & 0.846 \\ \vdots & \vdots & \vdots \\ 0.826 & 0.823 & 0.871 \end{bmatrix} = (0.8092 \ 0.8371 \ 0.7892)$$

2020 年文化风险指标 C_4 的评价值为

$$C_4 = [0.1856 \ 0.2113 \cdots 0.0485] \begin{bmatrix} 0.819 & 0.767 & 0.945 \\ \vdots & \vdots & \vdots \\ 0.859 & 0.837 & 0.785 \end{bmatrix} = (0.8329 \ 0.8232 \ 0.8309)$$

2021 年文化风险指标 C_4 的评价值为

$$C_4 = [0.1856 \ 0.2113 \cdots 0.0485] \begin{bmatrix} 0.755 & 0.741 & 0.812 \\ \vdots & \vdots & \vdots \\ 0.762 & 0.752 & 0.852 \end{bmatrix} = (0.8274 \ 0.8562 \ 0.8277)$$

2017 年生态风险指标 C_5 的评价值为

$$C_5 = [0.228 \ 0.187 \cdots 0.0253] \begin{bmatrix} 0.715 & 0.819 & 0.754 \\ \vdots & \vdots & \vdots \\ 0.825 & 0.791 & 0.807 \end{bmatrix} = (0.8059 \ 0.7934 \ 0.7886)$$

2018 年生态风险指标 C_5 的评价值为

$$C_5 = [0.228 \ 0.187 \cdots 0.0253] \begin{bmatrix} 0.876 & 0.911 & 0.832 \\ \vdots & \vdots & \vdots \\ 0.767 & 0.819 & 0.825 \end{bmatrix} = (0.8341 \ 0.8079 \ 0.8033)$$

2019 年生态风险指标 C_5 的评价值为

$$C_5 = \begin{bmatrix} 0.228 & 0.187 \cdots 0.025\ 3 \end{bmatrix} \begin{bmatrix} 0.746 & 0.822 & 0.914 \\ \vdots & \vdots & \vdots \\ 0.852 & 0.867 & 0.798 \end{bmatrix} = (0.805\ 0 \quad 0.842\ 2 \quad 0.847\ 0)$$

2020 年生态风险指标 C_5 的评价值为

$$C_5 = \begin{bmatrix} 0.228 & 0.187 \cdots 0.025\ 3 \end{bmatrix} \begin{bmatrix} 0.935 & 0.846 & 0.811 \\ \vdots & \vdots & \vdots \\ 0.882 & 0.876 & 0.893 \end{bmatrix} = (0.835\ 4 \quad 0.819\ 9 \quad 0.852\ 1)$$

2021 年生态风险指标 C_5 的评价值为

$$C_5 = \begin{bmatrix} 0.228 & 0.187 \cdots 0.025\ 3 \end{bmatrix} \begin{bmatrix} 0.863 & 0.859 & 0.813 \\ \vdots & \vdots & \vdots \\ 0.987 & 0.865 & 0.911 \end{bmatrix} = (0.856\ 8 \quad 0.857\ 3 \quad 0.867\ 4)$$

2018—2021 年计算过程同上，各省的评价值整理见表 6-12 至表 6-15，如图 6-1 至图 6-4 所示。

表 6-12 陕西省评估结果汇总

指 标	2017 年	2018 年	2019 年	2020 年	2021 年
经济风险	0.797 5	0.835 4	0.840 9	0.816 3	0.850 4
科技风险	0.801 3	0.842 2	0.808 7	0.842 1	0.851 1
政治风险	0.809 1	0.812 2	0.796 3	0.809 9	0.810 3
文化风险	0.789 3	0.814 1	0.809 2	0.832 9	0.827 4
生态风险	0.809 5	0.834 1	0.805 0	0.835 4	0.856 8

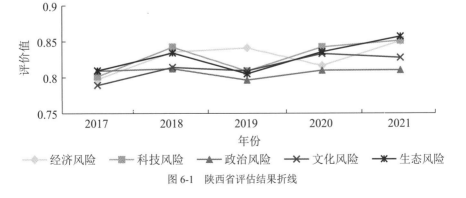

图 6-1 陕西省评估结果折线

表 6-13　四川省评估结果汇总

指标	2017 年	2018 年	2019 年	2020 年	2021 年
经济风险	0.788 6	0.811 3	0.815 6	0.799 3	0.853 3
科技风险	0.787 9	0.807 6	0.791 9	0.804 3	0.876 5
政治风险	0.790 1	0.793 9	0.782 9	0.823 7	0.866 9
文化风险	0.784 0	0.791 4	0.837 1	0.823 2	0.856 2
生态风险	0.793 4	0.809 7	0.842 2	0.819 9	0.857 3

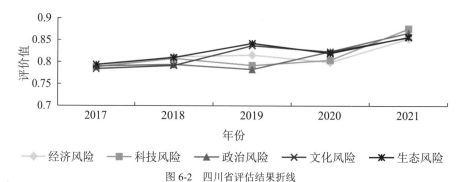

图 6-2　四川省评估结果折线

表 6-14　河南省评估结果汇总

指标	2017 年	2018 年	2019 年	2020 年	2021 年
经济风险	0.800 3	0.821 4	0.818 6	0.798 8	0.862 1
科技风险	0.792 3	0.799 7	0.806 3	0.857 1	0.852 6
政治风险	0.793 5	0.804 4	0.817 5	0.828 9	0.813 0
文化风险	0.796 1	0.810 2	0.789 2	0.830 9	0.827 7
生态风险	0.788 6	0.803 3	0.847 0	0.852 1	0.867 4

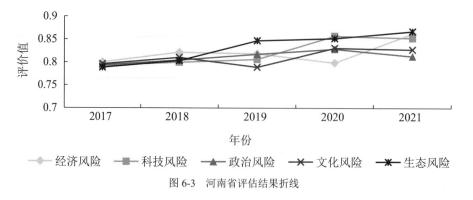

图 6-3　河南省评估结果折线

表 6-15　风险综合评价汇总

地　　区	2017 年	2018 年	2019 年	2020 年	2021 年
陕西省	0.801 3	0.827 6	0.812 0	0.827 3	0.839 2
四川省	0.788 8	0.802 7	0.813 9	0.814 0	0.862 0
河南省	0.794 1	0.807 8	0.815 7	0.833 5	0.844 5

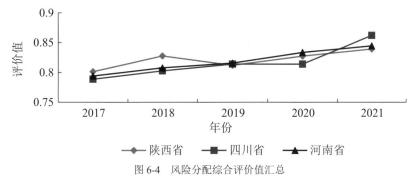

图 6-4　风险分配综合评价值汇总

从表 6-12 至表 6-15 中可以看出，陕西、四川、河南三省时间序列的风险分配存在一定程度的波动，但总体上是随时间推移而增大，三省的经济风险、科技风险和生态风险在 2021 年均在 0.85 以上，有较优异的表现；政治风险和文化风险虽然与 0.85 还存在一定的距离，但均在 0.8 以上。从表 6-14 中可以看出，农村社会风险的评价指数也存在一定程度的波动，但整体呈现上升趋势，2018 年以来平均达到 0.8 以上，我们对呈现的结果较为满意。从中间层元素的角度来分析，可以得出不同风险在进行风险分配时的发展状况（表 6-16），因此，我们从以下五个方面来进行分析。

表 6-16　中间层相对重要程度矩阵归一化处理结果

目　标　层	规　则　层	重　要　性		
	初始判断矩阵 A1	农村主体	农村环境	农业产业
农村风险承载能力	农村主体	1	7	5
	农村环境	1/7	1	1/3
	农业产业	1/5	3	1

（1）从经济风险指标看，三省的经济风险治理水平虽然存在波动，但整体上呈现升高的趋势。三省中被调查区域的生产规模在 2017 年到 2019 年稳步上升，仅在 2020 年出现短暂的波动，造成波动的原因主要有两方面：一方面是"十四五"规划对以往各项政策的调整所导致的政策衔接偏差，另一方面则是疫情对农业生

产的影响。农业从业人员的工作经验水平呈现稳健上升的趋势，工作经验的积累是循序渐进的过程，在短期内无法看到确定的变动方向。在 2019 年达到峰值后，便呈现轻微下滑后又回弹上升的趋势。国家统计局数据显示，2019 年中国农民工数量 2.9 亿多人，同比增长 0.8%，同时，我国 7~10 等高质量耕地的面积占总耕地面积的比重逐步提升[40]。在调查过程中，课题组观察到在区县政府的领导下，以村为单位开展了土地整改，改善土壤肥力并将撂荒和半撂荒的土地集中复垦为高质量耕地，既增加了耕地面积还实现了耕地的规模化、集约化经营。

农户的技术资格是影响农村社会经济风险的重要变量。三省的农户技术资格水平整体向优，于 2018 年和 2019 年达到峰值并出现短暂持平。农业合作社对土地的规模化经营，需要大量的高素质劳动力，因而通过开设技术培训班或是现场指导的方式教授农户之前少有接触的作物种植方法、农具设备使用方法，由此形成了合作组织发展同农户技术积累的共进关系。此外，农户技术资格的强化也削弱了农村社会风险的影响。调查组成员在调查中走访农户以及对村干部访谈发现，被调查地区在 2018 年的失业人数比重降到了有史以来最低水平，整体呈现平稳的趋势，这与农村的股份合作社密切相关，通过开展乡村旅游、农居环境改造等项目创造了大量的工作岗位，涵养了失业人口。2019 年及 2020 年的有增有降，恰恰说明农村合作经济组织的涵养作用较大。陕西省和河南省在股份合作社的基础上，大胆探索农业同二、三产业的融合发展，在强化农产品赋值的同时也提供了诸多就业岗位，相比之下，四川省的合作组织则是在土地经营权入股合作社的创新做法基础上，探索出农户、合作社、职业经理人和专业服务组织共同发展的"农业共营"共生体，其本质是农业生产的专业化，对于失业人口的涵养程度较低。课题组在调查过程中发现，在财产损失方面，无论是农村社会中的合作组织还是农户，其财产状况的波动依旧明显，虽然在 2018 年达到了顶峰，但是三者的差距依旧很大，并且同比变化幅度较大。2018 年全国自然灾害灾情较过去 5 年均值明显偏小，这对维护农户财产安全而言极为利好。

农村社会中的最基本单位是农户，因而农户的收入损失最能直接影响农村经济风险的发散或收敛，通过数据分析可知，虽然各地情况不一，且波动较大，但整体向平稳的方向发展。且随着我国城乡居民医疗保障体制机制的不断深化，越来越多的农户加入其中，2018 年底，城乡居民医保参保人数进一步增加到 10.28 亿人，相比"新农合"更加有效地降低了农户的医疗开支。农户消费习惯的评价整体呈现上升趋势，并在 2020 年达到峰值。其中物流网络的发展以及网络消费的渗透对农户的消费习惯产生了显著的影响,商品种类的丰富刺激了农户的消费欲望、改变着原来的消费习惯,而整体生活水平的提升也激发了农户的消费数量和质量[41]。除消费习惯变化外,当前各大金融机构推出储蓄小额信贷、微型商业保险业务,提供农户进行农业生产或创业所需要的风险保障,故整体发展呈现上升态势,在2020年达到峰值。

(2)从科技风险指标看,三个省的科技风险都呈现不同程度的波动,但风险水平整体不高。三地的技术指标从2017年到2021年呈现上升趋势,并在2019年达到峰值,随着合作社组织不断引入资本和技术,农户的生产活动不再是简单的体力劳动,从选苗到收获都浸透着农业技术,合作组织聘请了专业技术人员对农户进行指导,但是,指导的程度从2019年开始呈现下滑趋势。造成该问题的主要原因是,当生产活动的形式和内容固定以后,农户的经验积累将使之逐渐摆脱对技术指导的依附,这意味着农户生产技术掌握的熟练程度提高。而安全监管作为生产单位和治理单位的重要职责,覆盖农户的生产和生活领域,因此,整体趋势仍旧趋向平稳。随着科技的发展,农户对生产生活中的技术成果掌握日趋娴熟,但是,技术成果更新的速度依旧超出了农户的承载能力,网络诈骗、欺骗性营销等对辨识能力不高的农户造成了损失。同时,农业技术的发展也超出了当前教育程度下所能培养出的农户的能力阈值,农村专业合作社或股份经济合作社为减少生产事故处理以及技术普及的费用,开始聘用专业人员进行设备操作,上述原因共同导致了2019年的谷值。技术使用动机在科技风险的影响效果中十分突出,这也印证了贝克对现代风险本质是"人为影响和科技的不确定性"的论断。从逐利的角度出发,农户更愿意追求农作物产量,但现实的指标得分并未完全遵循"经济人"规律,这说明农户的动机在逐渐改善,"可持续发展"的理念正在形成。技术设备的使用需要维护,而三省的专业合作社承担大部分的设备维护成本。除农户拥有的小型机械和设备外,水利设施、大型机械等个人难以负担的设施设备由合作社或村级治理组织负责维护,其费用逐年攀升。此外,即便有专门负责维修的技术人员,但由于是供给全村甚至全镇的农户使用,农用机械的损耗将远超私人拥有时的损耗程度,因此,维护成本也远超从前,三者这一指标的得分整体上呈现下降趋势。维护并不能解决技术设备的寿命问题,任何设备都有自己的设计寿命,农业的规模化经营对农用机械、水利设施、动力设备、运输车辆和机械设备都提出了一定的要求,因此,三者这一指标的得分存在一定的波动,整体上呈现减小的趋势,这也是规模化经营对硬件设施的要求。除了维修外,相关配套设施的使用也会反映科技风险，农机具存放、农作物育秧育苗、农产品产地烘干和初加工等农机作业服务配套设施的使用可以减少机械的非生产损耗，在生活场景中，电力、供水、排污等设备也需要配套设施的投入，三地的农居环境改造最大限度地为上述技术设备提供了配套设施和服务支持、保障。因此，三地这一指标的得分呈现缓慢上升的趋势，并且在 2019 年达到峰值。

（3）从政治风险指标看，政治风险指标评价表明农村社会中政治的脆弱程度。从 2017 年到 2021 年，三省"三农"政策执行方式以及执行效果的不断优化增强了农村社会的政治韧性。在政策执行方面，被调查地区的村民评价整体呈现缓慢上升的趋势，虽然幅度不大，但说明基层的政策执行流程正在不断优化。造成上升缓慢的主要原因既有主观的，也有客观的。从主观来看，由于政策执行者在选择政策执行方式时通常以推动政策落地为主要目标，因而会习惯性忽视农户对政策的认知和主观感受。从客观看，农村社会中关系结构的复杂性以及可支配物质条件的匮乏也会制约政策执行的效果[42]。因而在 2017 年、2018 年政策执行效果方面的评价指标下滑。治理行为预期方面整体上呈现下滑趋势，课题组在实地调研中观察到，三省在 2016 年至 2018 年进行的土地整改、农居环境改造等活动虽然取得了显著的成果，但在垃圾处理、排污排废等领域的表现却不尽如人意，导致基层政权信任评价整体上呈现波动趋势。信任程度的不断变化，一方面是对"村两委"班子在治理过程中取得的成效的肯定，另一方面也是对个别行为或者个别阶段出现问题的负面反馈，但整体而言处于上升阶段，此外，经济收入的改善以及人居环境的优化在一定程度上强化了农村居民对基层政权的正面认知。政府公共服务的质量呈现波动的趋势，但整体出现下滑的态势，其原因是基层治理主体的角色转变，受制于集体收入的影响，公共服务的提供只能维持在及格的水平，大部分收入用于基础设施的建设，这对公共服务造成了一定的挤出效应。行政效率整体呈现上升的趋势，这得益于"村两委"同合作社的联动发展机制。管理化标准程度整体上稳健提升，这表明基层治理实现了制度上的规范化和行动上的系统化，在调研过程中，课题组在入户调查中会有网格员对每家每户的情况进行详细讲解，同时，他们对于日常业务处理的流程烂熟于心，同时农户也对各项业务的负责人以及处理流程非常熟悉，可见当前基层治理不仅实现了标准化还做到了简洁、快捷、直接，提高了行政效率。

（4）从农村文化风险分配来看，各项指标都存在一定程度的波动，但整体上依旧走低，这意味着农村治理中存在着文化的脆弱性。

文化设施状况整体上呈现下降趋势，并且在2021年跌至谷值。在人居环境改造的过程中，文化设施的投入集中在文化长廊、宣传栏、运动器械以及图书室等硬件方面，而在初步建立后，文化设施的投入便减少了，仅用于维持上述设施以及进行文化活动的开支。因此，会出现谷值，这种运动式的文化建设极易导致后劲不足，且很难形成对农户的持续影响。实际上，农村有充足的文化资源尚待发掘，这些文化往往潜藏在农户的精神世界，既需要挖掘还需要引导；文娱活动情况整体上呈现下降趋势，这印证了运动式的文化建设后劲不足。义务教育情况对农村社会文化风险的影响更为明显，三省五年来的义务教育情况呈现波动趋势，并在2019年出现了谷值。课题组在后期的资料整理中探测出造成这一现象的原因，伴随着农村教育资源的整合，许多村中原有的中小学由于学生数量达不到规定的最低标准而被就近并校，这导致了许多学生每天需要搭乘校车或者顺风车才能到镇上或者邻村的学校接受教育，使得义务教育呈现极低的评价值。人口学历的比重也呈现下降趋势，主要原因是随着年轻人外出务工，村内的"留守儿童"和"空巢老人"居多，稍有学历的村民大多选择去城市定居，或者去外地发展，留在村中的大多是学历较低的人。生活习惯的指标出现了较大的波动趋势，并且在2017年达到顶峰，在2019年达到最低值。这说明2017年开展的人居环境改造活动不仅改变了外在的设施和环境，还改变了人们的生活习惯，特别是对生活陋习的约束，如丢弃垃圾，现在集中在垃圾收集点，但是之前却是随意堆放，同时水电以及卫生厕所的设置也起到了改变村民生活习惯的作用。农村社会中有宗教信仰的农户规模非常庞大，这反映出科学文化在农村社会中的普及有待深入。

（5）从生态风险指标的变化特征来看，生态风险从2017年到2021年持续升高，2020年更是呈现爆发式增长。三省的气象灾害指数的波动情况各异，但均呈现总体下降的趋势。有害生物的入侵情况也呈现逐年向优的发展态势，并在2020年达到最低水平。得益于合作社组织对农业生产活动的组织化和规范化，农业生产中的病虫害侵害也在平稳减少。在污染源类型方面，评价较为理想，这不仅说明农户的环保意识在增强，同时，治理行动应将生态价值考虑在内。在生产过程中，科学施肥施药已经得到了广泛的普及，在绿色有机生态农业成为农业农村发展的趋势后，施肥施药将会得到更加严格的管控，故而污染物的种类会逐渐减少。在废弃物处理方面，人居环境的改善也为垃圾处理寻找到了比较合适的路径，使其评价不断提高，原本随意堆放后露天焚烧，现在是农户分类、村集中、镇处理的三阶段废弃物处理路径。从土地类型看，三省在整地阶段提高了耕地的质量和数量，同时，在环境保护、林业等部门的监督下，林地、草地的规模和比重有严格的规定，退耕还林还草举措依然有效，这些条框保护了土地类型的合理比重，进而维护了基本的生态平衡。工矿点数量的评价也处于较高水平，并呈现缓缓上升的趋势，这不仅得益于国家对于矿业的管制，也得益于村民环保意识的形成，有效避免了矿业对地表生态的破坏，2021年三省的该指标评价达到峰值。

三、农村社会风险承载能力的评估与分析

待评估打分工作完成后，需要回收专家评分结果，并对评分数据进行整理。考虑到需要咨询的专家数量较多，且职业背景不一，无法将某一位专家的评分结果作为确定补偿方案权重分配的最终依据；此外，影响农村社会风险承载能力权重计算结果的因素来源是多方面的，需综合考虑各位理论与实践专家的评估意见。此外，考虑到规则因素层基层指标相对于第二级指标及备选方案的重要性评分结果与下文中矩阵权重分配的求解结果具有大量的相似信息，因此将其对应的重要性评分结果进行整合并集中展示。

（1）规则因素层第1级指标中农村主体、农村环境、农业产业3个指标相对于农村社会风险承载能力的权重，求解结果如下：

$$\begin{bmatrix} 1 & 7 & 5 \\ 1/7 & 1 & 1/3 \\ 1/5 & 3 & 1 \end{bmatrix}$$

矩阵特征值为

3.064 9；-0.032 4+0.444 8i；-0.032 0-0.444 8i

特征向量矩阵为

$$\begin{bmatrix} -0.963 & 0.318+0.909i & 0.318+0.909i \\ -0.107 & 0.070-0.081i & 0.070+0.081i \\ -0.249 & -0.244-0.047i & -0.244+0.047i \end{bmatrix}$$

归一化最大特征值 λ_{max} 对应的向量为

0.731；0.081；0.189

一致性检验：

$$\lambda_{max}=3.064\ 8$$

$$RI=0.52$$

$$n=3$$

$$CI = \lambda_{max} - nn - ICI = \frac{\lambda_{max} - n}{n-1} = \frac{3.064\,89 - 3}{3-1} \approx 0.032\,4$$

$$CR = \frac{CI}{RI} = \frac{0.032\,4}{0.52} \approx 0.062\,3$$

由于 CR<0.1，初始判断矩阵的权重分配符合一致性要求，因此规则因素层第 1 级指标相对于农村社会风险承载能力的权重分配如表 6-17 所示。

表 6-17　判断矩阵：农村社会风险承载能力的权重分配

初始判断矩阵 A1	农村主体	农村环境	农业产业	权　重
农村主体	1	7	5	0.730 6
农村环境	1/7	1	1/3	0.081 0
农业产业	1/5	3	1	0.188 4

（2）规则因素层第 2 级指标相对于第 1 级指标的权重分配。计算规则因素层第 2 级指标中直接使用价值、间接使用价值、湖泊水质 3 个指标相对于第 1 级指标湖泊环境的权重，求解结果如下：

$$\begin{bmatrix} 1 & 1 & 1/3 \\ 1 & 1 & 1/5 \\ 3 & 5 & 1 \end{bmatrix}$$

矩阵特征值为

3.029 06；-0.014 531 9+0.296 353i；-0.014 531 9-0.296 353i

特征向量矩阵为

$$\begin{bmatrix} -0.264 & 0.080+0.251i & 0.080-0.251i \\ -0.223 & 0.150-0.165i & 0.150+0.165i \\ -0.939 & -0.917-0.201i & -0.917+0.201i \end{bmatrix}$$

归一化最大特征值 λ_{max} 对应的向量为

0.185 174；0.156 182；0.658 644

一致性检验：

$$\lambda_{max} = 3.029$$
$$RI = 0.52$$
$$n = 3$$

$$CI = \frac{\lambda_{max} - n}{n-1} = \frac{3.029 - 3}{3-1} = 0.014\,5$$

$$CR = \frac{CI}{RI} = \frac{0.014\,5}{0.52} \approx 0.027\,9$$

由于 CR<0.1，初始判断矩阵的权重分配符合一致性要求，因此规则因素层第 2 级指标中预测能力、应对能力、恢复能力 3 个指标相对于第 1 级指标农村主体的风险承载能力的权重分配如表 6-18 所示。

表 6-18 判断矩阵：农村主体的风险承载能力的权重分配

初始判断矩阵 A2	预测能力	应对能力	恢复能力	权　　重
预测能力	1	1	1/3	0.185
应对能力	1	1	1/5	0.156
恢复能力	3	5	1	0.659

（3）计算规则因素层第 2 级指标中预测能力、应对能力、恢复能力 3 个指标相对于农村环境的风险承载能力的权重，求解结果如下：

$$\begin{bmatrix} 1 & 1/3 & 1/5 \\ 3 & 1 & 1/5 \\ 5 & 5 & 1 \end{bmatrix}$$

解得初始判断矩阵的 $\lambda_{max}=3.135\,61$，一致性检验如下：

$$\lambda_{max}=3.135\,61$$

$$RI=0.52$$

$$n=3$$

$$CI = \frac{\lambda_{max}-n}{n-1} = \frac{3.135\,61-3}{3-1} \approx 0.068$$

$$CR = \frac{CI}{RI} = \frac{0.068}{0.52} \approx 0.131$$

由于 CR>0.1，初始判断矩阵不符合一致性要求，需要通过粒子群优化算法对初始判断矩阵进行修正，重新对其求解并计算权重分配，以优化层次分析结果。

（4）计算规则因素层第 2 级指标中研究预测能力、应对能力、恢复能力 3 个指标相对于农业产业的权重，求解结果如下：

$$\begin{bmatrix} 1 & 1/5 & 3 \\ 5 & 1 & 5 \\ 1/3 & 1/5 & 1 \end{bmatrix}$$

解得初始判断矩阵的 $\lambda_{max}=3.166\,77$，一致性检验如下：

$$\lambda_{max}=3.166\,77$$

$$RI=0.52$$

$$n=3$$

$$CI = \frac{\lambda_{max}-n}{n-1} = \frac{3.166\,77-3}{3-1} \approx 0.083$$

$$CR = \frac{CI}{RI} = \frac{0.083}{0.52} \approx 0.159\,6$$

由于 CR>0.1，初始判断矩阵不符合一致性要求，需要通过粒子群优化算法对初始判断矩阵进行修正，重新对其求解并计算权重分配，以优化层次分析结果。

按照上述求解思路，我们继续计算规则因素层的基层指标相对于第 2 级指标的权重分配、规则因素层指标相对于备选方案的权重分配，分别求解各自对应的初始判断矩阵。经计算及对求解结果进行一致性检验，所有构造出的初始判断矩阵的权重分配均符合一致性要求，求解结果如表 6-19 所示。

表 6-19 规则因素层基层指标相对于第 2 级指标的权重分配

规则因素	基层指标	重要性程度			
预测能力	初始判断矩阵 A5	从业时间长短	职业资格数量	风险知识储备	权重
	从业时间长短	1	7	5	0.730 6
	职业资格数量	1/7	1	3	0.080 9
	风险知识储备	1/5	1/3	1	0.188 3
应对能力	初始判断矩阵 A6	风险应对态度	劳动力规模	从事职业种类	权重
	风险应对态度	1	5	7	0.730 6
	劳动力规模	1/5	1	3	0.188 4
	从事职业种类	1/7	1/3	1	0.081
恢复能力	初始判断矩阵 A7	家庭储蓄规模	整体教育水平	银行信贷力度	保险购买状况	权重
	家庭储蓄规模	1	1/3	1/3	1/5	0.072 1
	整体教育水平	3	1	3	1/3	0.157 4
	银行信贷力度	3	1/3	1	1/5	0.072 1
	保险购买状况	5	3	5	1	0.613 2
预测能力	初始判断矩阵 A8	组织支持力度	监测设备规模	权重	
	组织支持力度	1	5	0.833	
	监测设备规模	1/5	1	0.166 7	

续表

规则因素	基层指标	重要性程度				
应对能力	初始判断矩阵 A9	历史资料研判	减防工程建设	医疗卫生机构	信息传输设施	权重
	历史资料研判	1	5	5	3	0.56
	减防工程建设	1/5	1	1	1/3	0.11
	医疗卫生机构	1/5	1	1	1/5	0.11
	信息传输设施	1/3	3	5	1	0.3
恢复能力	初始判断矩阵 A10	交通运输网络	专项资金数量	权重		
	交通运输网络	1	3	0.75		
	专项资金数量	1/3	1	0.25		
预测能力	初始判断矩阵 A11	村民自助组织	信息共享渠道	权重		
	村民自助组织	1	5	0.833		
	信息共享渠道	1/5	1	0.166 7		
应对能力	初始判断矩阵 A12	运营时间长短	产销衔接状况	防灾技术使用	权重	
	运营时间长短	1	7	5	0.730 6	
	产销衔接状况	1/7	1	1/3	0.080 9	
	防灾技术使用	1/5	3	1	0.188 3	
恢复能力	初始判断矩阵 A13	经营业务种类	固定资产规模	财政扶持力度	权重	
	经营业务种类	1	1/5	3	0.25	
	固定资产规模	5	1	3	0.63	
	财政扶持力度	1/3	1/3	1	0.1	

采用 PSO（粒子群优化算法），针对指标权重计算中规则因素层第 2 级指标与第 1 级指标之间构造的不符合一致性要求的三阶初始判断矩阵进行修正，并对修正后的判断矩阵再次进行求解和一致性检验，以优化层次分析结果。通过一致性检验计算获得判断矩阵，并对修正后的判断矩阵再次计算权重分配。

（5）修正规则因素层第 2 级指标中预测能力、应对能力、恢复能力 3 个指标与农村主体构造的初始判断矩阵，修正情况如下。

$$\text{初始矩阵：} \begin{bmatrix} 1 & 1/3 & 1/5 \\ 3 & 1 & 1/5 \\ 5 & 5 & 1 \end{bmatrix}; \text{修正后：} \begin{bmatrix} 1 & 0.343 & 0.180 \\ 2.915 & 1 & 0.216 \\ 5.563 & 4.639 & 1 \end{bmatrix}$$

矩阵特征值为：3.088 2；-0.044 1+0.520 i；-0.044 1-0.520 i
特征向量矩阵为

$$\begin{bmatrix} -0.127 & -0.127+0.002\,1i & -0.127-0.002\,1i \\ -0.276 & 0.142+0.236\,8i & 0.142-0.236\,8i \\ -0.953 & 0.462-0.832\,9i & 0.462\,4+0.832\,9i \end{bmatrix}$$

归一化最大特征值 $\lambda_{\max}$ 对应的向量为
0.093 9；0.203 6；0.702 5

$$\lambda_{\max}=3.088\,3$$
$$RI=0.52$$
$$n=3$$
$$CI=\frac{\lambda_{\max}-n}{n-1}=\frac{3.088\,3-3}{3-1}\approx 0.044\,1$$
$$CR=\frac{CI}{RI}=\frac{0.044\,1}{0.52}\approx 0.084\,8$$

结论：经修正判断矩阵的 CR<0.1，表明初始判断矩阵经粒子群优化算法修正后符合一致性要求，重新计算得到的权重分配如表 6-20 所示。

表 6-20　修正后矩阵：农村主体的风险承载能力的权重分配

初始判断矩阵 A2	预测能力	应对能力	恢复能力	权重
预测能力	1	0.343	0.180	0.094
应对能力	2.915	1	0.216	0.204
恢复能力	5.563	4.639	1	0.702

修正规则因素层第 2 级指标中研究预测能力、应对能力、恢复能力 3 个指标与农村环境的风险承载能力构造的初始判断矩阵，修正情况如下。

初始矩阵：$\begin{bmatrix} 1 & 1/5 & 3 \\ 5 & 1 & 5 \\ 1/3 & 1/5 & 1 \end{bmatrix}$；修正后：$\begin{bmatrix} 1 & 0.243 & 2.996 \\ 4.112 & 1 & 4.939 \\ 0.333 & 0.202 & 1 \end{bmatrix}$

矩阵特征值为：3.093 57；-0.046 784+0.535 975i；-0.046 784-0.535 975i
特征向量矩阵为

$$\begin{bmatrix} -0.310 & -0.195+0.241i & -0.195-0.241i \\ -0.940 & 0.337-0.878i & 0.337+0.878i \\ -0.140 & -0.139-0.022i & -0.139+0.022i \end{bmatrix}$$

归一化最大特征值 λ_{max} 对应的向量为

0.223 0；0.676 1；0.100 9

$$\lambda_{max}=3.093\ 6$$

$$RI=0.52$$

$$n=3$$

$$CI=\frac{\lambda_{max}-n}{n-1}=\frac{3.093\ 6-3}{3-1}\approx 0.046\ 8$$

$$CR=\frac{CI}{RI}=\frac{0.046\ 8}{0.52}\approx 0.09$$

结论：经修正判断矩阵的 CR<0.1，表明初始判断矩阵经粒子群优化算法修正后符合一致性要求，重新计算得到的权重分配如表 6-21 所示。

表 6-21 修正后矩阵：农村社会环境的风险承载能力的权重分配

初始判断矩阵 A2	预测能力	应对能力	恢复能力	权重
预测能力	1	0.243 1	2.996 1	0.222 9
应对能力	4.112 3	1	4.939 1	0.676 0
恢复能力	0.333 8	0.202 4	1	0.100 9

基于粒子群优化算法获得初始判断矩阵的权重计算结果与修正求解结果，将计算出的所有权重数据整理归类，获得层次分析权重计算的优化结果，如表 6-22 所示。各评价结果标准化如表 6-23 至表 6-31 所示。

表 6-22 规则因素层权重优化结果

指标	全局权重	同层权重
农村主体	0.730 6	0.730 6
农村环境	0.080 0	0.081 0
农业产业	0.188 4	0.188 4
农村主体预测能力	0.135 3	0.185 2
农村主体应对能力	0.114 1	0.156 2
农村主体恢复能力	0.481 2	0.658 6
农村环境预测能力	0.007 2	0.093 9
农村环境应对能力	0.016 6	0.203 6
农村环境恢复能力	0.052 7	0.702 5

续表

指　　标	全局权重	同层权重
农业产业预测能力	0.041 3	0.222 9
农业产业应对能力	0.128 1	0.676 1
农业产业恢复能力	0.018 9	0.100 9
从业时间长短	0.051 6	0.730 6
职业资格数量	0.090 7	0.188 4
风险知识储备	0.039 0	0.081 0
风险应对态度	0.093 7	0.730 6
劳动力规模	0.010 4	0.188 4
从事职业种类	0.024 2	0.081 4
家庭储蓄规模	0.009 8	0.072 1
整体教育水平	0.021 3	0.157 4
银行信贷力度	0.009 8	0.072 1
保险购买状况	0.083 0	0.613 2
组织支持力度	0.034 4	0.833 2
监测设备规模	0.006 9	0.166 7
历史资料研判	0.060 1	0.562 4
减防工程建设	0.022 5	0.110 9
医疗卫生机构	0.022 5	0.110 9
信息传输设施	0.039 0	0.336 1
交通运输网络	0.016 6	0.75
专项资金数量	0.025 5	0.25
村民自助组织	0.034 4	0.833
信息共享渠道	0.032 8	0.166 7
工作时间长短	0.074 3	0.731
产销衔接状况	0.011 5	0.081
防灾技术使用	0.013 7	0.188
经营业务种类	0.004 7	0.259
固定资产规模	0.057 2	0.631
财政扶持力度	0.017 4	0.102 2

表 6-23 陕西省、四川省、河南省农村主体的风险预测能力评价结果标准化

农村主体的预测能力		2017 年 A/B/C	2018 年 A/B/C	2019 年 A/B/C	2020 年 A/B/C	2021 年 A/B/C
从业时间长短	0.730 6	0.625/0.631/0.572	0.781/0.655/0.684	0.826/0.746/0.782	0.895/0.799/0.821	0.925/0.859/0.878
职业资格数量	0.188 4	0.581/0.604/0.426	0.756/0.654/0.622	0.801/0.719/0.693	0.838/0.763/0.764	0.869/0.827/0.888
风险知识储备	0.081 0	0.647/0.625/0.593	0.782/0.669/0.631	0.857/0.899/0.841	0.893/0.921/0.901	0.815/0.963/0.965

表 6-24 陕西省、四川省、河南省农村主体的风险应对能力评价结果标准化

农村主体的应对能力		2017 年 A/B/C	2018 年 A/B/C	2019 年 A/B/C	2020 年 A/B/C	2021 年 A/B/C
风险应对态度	0.730 6	0.729/0.824/0.701	0.851/0.937/0.776	0.875/0.948/0.801	0.901/0.952/0.851	0.925/0.975/0.878
劳动力规模	0.188 4	0.696/0.724/0.735	0.786/0.811/0.774	0.885/0.921/0.808	0.899/0.931/0.871	0.902/0.956/0.897
从事职业种类	0.081 4	0.432/0.511/0.363	0.553/0.576/0.591	0.731/0.759/0.834	0.681/0.787/0.832	0.815/0.963/0.965

表 6-25 陕西省、四川省、河南省农村主体的风险恢复能力评价结果标准化

农村主体的恢复能力		2017 年 A/B/C	2018 年 A/B/C	2019 年 A/B/C	2020 年 A/B/C	2021 年 A/B/C
家庭储蓄规模	0.072 1	0.659/0.575/0.72	0.632/0.683/0.722	0.809/0.742/0.796	0.871/0.811/0.848	0.895/0.841/0.868
整体教育水平	0.157 4	0.622/0.726/0.022	0.706/0.827/0.626	0.842/0.862/0.903	0.871/0.902/0.913	0.894/0.912/0.957
银行信贷力度	0.072 1	0.662/0.604/0.624	0.642/0.619/0.632	0.668/0.622/0.649	0.702/0.644/0.648	0.791/0.736/0.691
保险购买状况	0.613 2	0.822/0.844/0.81	0.812/0.883/0.841	0.825/0.901/0.912	0.851/0.927/0.941	0.894/0.944/0.992

表 6-26　陕西省、四川省、河南省农村环境的风险预测能力评价结果标准化

农村环境的预测能力		2017 年 A/B/C	2018 年 A/B/C	2019 年 A/B/C	2020 年 A/B/C	2021 年 A/B/C
组织支持力度	0.833 2	0.655/0.677/0.633	0.660/0.698/0.650	0.667/0.695/0.659	0.688/0.704/0.664	0.695/0.739/0.692
监测设备规模	0.166 7	0.750/0.758/0.738	0.767/0.769/0.751	0.770/0.776/0.746	0.769/0.777/0.757	0.783/0.792/0.769

表 6-27　陕西省、四川省、河南省农村环境的风险应对能力评价结果标准化

农村环境的应对能力		2017 年 A/B/C	2018 年 A/B/C	2019 年 A/B/C	2020 年 A/B/C	2021 年 A/B/C
历史资料研判	0.562 4	0.646/0.664/0.641	0.685/0.667/0.675	0.652/0.673/0.687	0.681/0.696/0.696	0.895/0.841/0.868
减防工程建设	0.110 9	0.723/0.791/0.782	0.826/0.886/0.854	0.985/0.923/0.916	0.993/0.943/0.929	0.894/0.912/0.957
医疗卫生机构	0.110 9	0.618/0.558/0.610	0.721/0.756/0.683	0.849/0.861/0.795	0.862/0.884/0.821	0.791/0.736/0.691
信息传输设施	0.336 1	0.333/0.413/0.388	0.354/0.542/0.533	0.523/0.694/0.711	0.562/0.701/0.763	0.894/0.944/0.992

表 6-28　陕西省、四川省、河南省农村环境的风险恢复能力评价结果标准化

农村环境的恢复能力		2017 年 A/B/C	2018 年 A/B/C	2019 年 A/B/C	2020 年 A/B/C	2021 年 A/B/C
交通运输网络	0.75	0.595/0.622/0.423	0.751/0.653/0.622	0.804/0.825/0.702	0.857/0.891/0.792	0.891/0.921/0.833
专项资金数量	0.25	0.624/0.601/0.591	0.785/0.664/0.632	0.819/0.856/0.893	0.872/0.913/0.927	0.902/0.976/0.947

表 6-29 陕西省、四川省、河南省农业产业的风险预测能力评价结果标准化

农业产业的预测能力		2017 年 A/B/C	2018 年 A/B/C	2019 年 A/B/C	2020 年 A/B/C	2021 年 A/B/C
村民自助组织	0.833	0.655/0.687/0.643	0.660/0.698/0.650	0.667/0.695/0.659	0.688/0.702/0.666	0.691/0.792/0.683
信息共享渠道	0.166 7	0.751/0.759/0.739	0.768/0.770/0.752	0.771/0.777/0.747	0.780/0.794/0.758	0.802/0.876/0.779

表 6-30 陕西省、四川省、河南省农业产业的风险应对能力评价结果标准化

农业产业的应对能力		2017 年 A/B/C	2018 年 A/B/C	2019 年 A/B/C	2020 年 A/B/C	2021 年 A/B/C
工作时间长短	0.731	0.821/0.847/0.813	0.812/0.889/0.843	0.822/0.935/0.902	0.872/0.968/0.913	0.895/0.975/0.980
产销衔接状况	0.081	0.895/0.929/0.886	0.925/0.983/0.896	0.937/0.936/0.928	0.952/0.981/0.963	0.968/0.995/0.978
防灾技术使用	0.188	0.654/0.728/0.702	0.684/0.747/0.771	0.691/0.779/0.764	0.701/0.770/0.762	0.815/0.963/0.965

表 6-31 陕西省、四川省、河南省农业产业的风险恢复能力评价结果标准化

农业产业的恢复能力		2017 年 A/B/C	2018 年 A/B/C	2019 年 A/B/C	2020 年 A/B/C	2021 年 A/B/C
经营业务种类	0.259	0.752/0.826/0.910	0.858/0.893/0.925	0.876/0.903/0.946	0.923/0.931/0.961	0.895/0.975/0.980
固定资产规模	0.631	0.696/0.724/0.735	0.786/0.811/0.774	0.885/0.921/0.908	0.894/0.971/0.931	0.968/0.995/0.978
财政扶持力度	0.102	0.594/0.560/0.472	0.672/0.573/0.591	0.734/0.795/0.837	0.686/0.782/0.854	0.815/0.963/0.965

根据时间序列建立各中间层指标的综合评价集 W_l，因此 2017 年农村主体预测力指标 W_1 的评价值为

$$W_1 = [0.7306 \quad 0.1884 \quad 0.0814] \times \begin{bmatrix} 0.625 & 0.631 & 0.572 \\ 0.581 & 0.604 & 0.426 \\ 0.647 & 0.625 & 0.593 \end{bmatrix} = [0.6188 \quad 0.6257 \quad 0.5464]$$

将被调查地点的风险承载能力评价结果排列为表格，具体数值如表 6-32 至表 6-34 所示。

表 6-32　陕西省榆林市农村社会风险承载能力评价结果

指　　标	2017 年	2018 年	2019 年	2020 年	2021 年
农村主体的预测能力	0.625 7	0.776 7	0.824 1	0.884 5	0.905 9
农村主体的应对能力	0.698 9	0.814 8	0.865 5	0.883 1	0.912 1
农村主体的恢复能力	0.697 2	0.700 9	0.744 9	0.772 3	0.810 5
农村环境的预测能力	0.670 8	0.677 8	0.684 1	0.701 4	0.709 6
农村环境的应对能力	0.623 9	0.675 8	0.745 9	0.777 6	0.990 7
农村环境的恢复能力	0.602 2	0.759 5	0.807 7	0.860 7	0.893 8
农业产业的预测能力	0.670 8	0.677 8	0.684 1	0.703 1	0.709 3
农业产业的应对能力	0.795 6	0.797 1	0.806 7	0.846 3	0.885 9
农业产业的恢复能力	0.694 7	0.786 9	0.860 3	0.873 3	0.925 9

表 6-33　四川省眉山市农村社会风险承载能力评价结果

指　　标	2017 年	2018 年	2019 年	2020 年	2021 年
农村主体的预测能力	0.625 7	0.656 2	0.753 7	0.802 5	0.861 8
农村主体的应对能力	0.780 0	0.884 3	0.927 9	0.935 0	0.970 8
农村主体的恢复能力	0.716 8	0.765 5	0.786 5	0.815 3	0.836 1
农村环境的预测能力	0.690 4	0.709 8	0.708 4	0.716 1	0.747 8
农村环境的应对能力	0.661 8	0.739 4	0.809 6	0.829 7	0.973 0
农村环境的恢复能力	0.616 8	0.655 8	0.832 7	0.896 5	0.934 7
农业产业的预测能力	0.698 8	0.709 8	0.708 5	0.717 1	0.805 8
农业产业的应对能力	0.831 3	0.869 9	0.905 8	0.931 8	0.974 4
农业产业的恢复能力	0.728 0	0.801 6	0.896 3	0.933 8	0.978 8

表 6-34　河南省鹿邑县农村社会风险承载能力评价结果

指　　标	2017 年	2018 年	2019 年	2020 年	2021 年
农村主体的预测能力	0.546 4	0.668 3	0.770 3	0.817 1	0.887 3
农村主体的应对能力	0.680 2	0.760 9	0.805 3	0.853 6	0.889 0
农村主体的恢复能力	0.597 1	0.711 9	0.805 6	0.828 6	0.871 3
农村环境的预测能力	0.650 4	0.666 8	0.673 4	0.679 4	0.704 8
农村环境的应对能力	0.645 3	0.729 2	0.815 1	0.841 9	0.994 3
农村环境的恢复能力	0.465 0	0.624 5	0.749 7	0.825 8	0.861 5
农业产业的预测能力	0.658 8	0.666 8	0.673 5	0.681 1	0.698 8
农业产业的应对能力	0.798 0	0.833 8	0.878 2	0.888 7	0.977 0
农业产业的恢复能力	0.747 7	0.788 4	0.903 5	0.923 6	0.969 6

农村社会风险承载能力综合评价如表 6-35 所示。

表 6-35　农村社会风险承载能力综合评价

地　　区	2017 年	2018 年	2019 年	2020 年	2021 年
陕西省	0.692 3	0.739 8	0.780 0	0.813 1	0.849 5
四川省	0.718 9	0.768 8	0.814 6	0.844 3	0.881 2
河南省	0.624 4	0.721 6	0.802 3	0.832 1	0.883 7

结合表 6-32 至表 6-34 可以清楚地看出，从时间维度来看，三省的农村社会风险承载能力虽有一定的波动，但大体上都在随着时间的推移而增大，三个样本地的农业产业恢复能力以及农村环境应对能力的指标评价值在 2021 年均在 0.9 以上，表现优异；农村主体的恢复能力虽然超过 0.8，但是三者间的差距也是显而易见的。从综合评价来看，农村社会的风险承载能力评价指数也存在一定的波动，但整体趋势是稳中有升，在 2021 年都在 0.8 以上，农村社会的风险承载能力相对乐观。从中间层元素的角度来分析，可以确定农村社会风险承载能力的具体发展情况，所以应当从以下几个方面展开分析。

（1）从农村主体层面看，三省的农村主体的风险承载能力均处于上升趋势。农村主体的风险预测能力从 2017 年至 2021 年稳步上升，这得益于三方面原因：其一，农民素质的提升。随着具有丰富工作经验的农民比重增加，他们掌握的风险应对经验和方法强化了他们的风险承载能力。其二,风险知识的普及。农村中的风险影响农村社会的正常运行,影响到与农村共生共存的基层政府、农科院所、社会企业等组织,在自身利益与社会责任的推动下,各类科普讲座、经验报告等风险知识普及渠道增多,消除了农户对风险的错误认知,强化了农户的风险预测能力。其三,治理主体的扩大。返乡就业的外出务工人员成为基层治理行动中的新成员,也是农村社会中风险识别的新视角,他们通过向家庭成员传播和科普在外出务工时的经验与见闻,在一定程度上提升了家庭的风险识别能力。农村主体的风险应对能力亦在 2021 年达到峰值,这与风险应对的态度改善、劳动力规模扩大以及村民从事相关职业的种类增多有关。作为风险应对的内在决定性因素[44],新冠病毒感染疫情使人们开始反思风险,进而形成积极的风险应对态度。而滞留于家乡的外出务工人员就近在村中的企业打工,扩大了本村的劳动力规模,为应对风险提供了人力支持,同时,这些涉及二、三产业的岗位丰富着个体从事的职业种类,能够从更多的途径获取抵御风险的方法和能力,从而强化风险应对能力。农村主体的风险恢复能力于 2017 年与 2021 年均稳步提升,通过"三变改革",覆盖全体村民的利益联结机制逐步完善,为农户从风险中恢复正常生产生活提供了稳定的储蓄积累途径。教育资源的整合优化了资源的分布格局,提高了教育活动的质量,使村民能够接受更多的风险知识,提高村民从风险中恢复的能力。银行的信贷额度增加,可以帮助农户从风险损失中尽快恢复,同时,银行种类丰富的保险服务也为村民提供了适合自己发展需要的选择,加之科普讲座等活动的增多,农户对保险的购买欲望更加强烈了[47],这也进一步强化了农户的风险抵抗能力。

(2)从农村环境层面看,三省农村环境的风险承载能力均于 2021 年达到历年最高,其余各年份也都有不同程度的上升。组织支持力度和监测设备规模的连续增长的动力一方面来自政府,另一方面来自合作社,随着村社联动深度不断增加,合作社反哺农村地区的资金和设备也会增加,这部分资源将转化为获取环境内风险信息的物质基础,强化农村环境的预测能力。在历史资料的研判方面,从 2017 年开始至 2021 年,历史经验的分析总结频率增多,这主要是由于记录风险历史的工具越来越多,同时人才开始进入农村社会中,他们能够科学分析风险发展的历史资料,并将其转化为应对环境风险的能力。农村防控工程的建设从 2017 年至 2021 年稳步增加,这是因为在人居环境改造工程中,针对不同功能区的风险制定了与之对应的预案并安装了相应的防控设施设备,有效降低风险连锁发生的概率，还有效提升风险应对的效果。2017年至2021年医疗卫生机构的建设水平平稳提升，国家医疗卫生服务体系建设的持续投入使农村的医疗卫生机构不断优化，卫生工作能够有效地识别并化解农村环境中存在的风险及次生风险，并采取有效防控手段提高应对风险的能力。信息传输设施在2017年到2021年的不断强化能够保障农村和外部环境的信息沟通，从而能够及时且充分地引入外部力量来应对风险。农村环境的恢复能力在2021年达到峰值，这主要是因为交通运输网络的完备以及灾后专项恢复重建资金的设立，前者加速了物质流、能量流和信息流快速投入农村社会的灾后恢复中，而后者则提供了农村灾后恢复的物质基础。

（3）从农业产业的角度看，2017年至2021年，农业产业的风险承载能力持续提升，在2020年呈现爆发性增长。在风险预测能力方面，专业合作社以及股份经济合作社等组织利用各类信息共享平台获取来自市场和农户的各类信息，综合分析其潜在的风险，提高风险预测能力。在风险应对能力方面，合作社通过吸纳养殖大户和种植大户等有丰富经验的农民进入生产环节，能够有效应对风险对农业生产的影响。生产环节中，"村两委"和合作社投入资金修建引水蓄水设施、消防设施以及排水管网等防灾设施，并购置防灾减灾设备，有效降低了农业生产领域的风险。销售环节中，订单式生产、对接电商平台等形式降低了销售过程中的不确定性，强化了风险应对能力。紧密的产销衔接能够降低市场波动带来的农民收入受损。在风险恢复能力方面，合作社组织在扩大生产规模的基础上还会延展产业链，以降低运输、加工、销售等环节的成本，同时也分散了风险的影响，降低了风险恢复的难度。延展产业链还需要额外购置设备厂房等固定资产，当产业遭受风险影响时，可转换的固定资产可以变卖，为恢复生产提供物质基础。此外，政府部门还会设立专门的扶持资金帮助受灾产业恢复发展。正是因为上述能力的不断提升，三地2017年至2018年的农业风险承载能力评价值一直处于持续上升的状态，并于2021年达到峰值。

通过对三省的风险承载能力的分析可知，无论是农村主体、农村环境还是农业产业，三省的风险预测能力、风险应对能力以及风险恢复能力均处于较高的水平。因而，当风险在量变到质变的发展过程中进入平常态—潜伏态—未发态—危机态的阶段性四态循环（图6-5）时，三省的风险承载能力能够有针对性地消弭各形态的不良影响，甚至逆转风险的发展，使其退出阶段性循环。

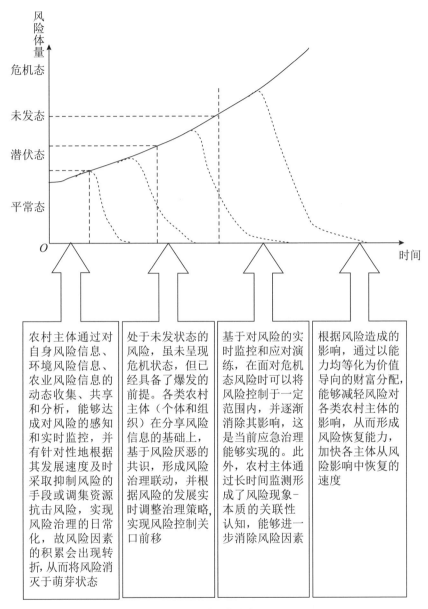

图 6-5　风险阶段性演变与治理

参考文献

[1] 曹海林.农业灾害管理中的政府责任及其战略安排[J].中国行政管理,2010(11):41-44.

[2] 曹卫芳.农业保险与农业现代化的互动机制分析[J].宏观经济研究,2013(3):106-111.
[3] 陈鸿起.防汛物资协同储备模型研究[J].系统工程理论与实践,2007(4):91-98.
[4] 陈利,谢家智.农户对农业灾害赔偿满意度的测量与减灾行为研究——基于15个省524户农户的入户调查[J].农业经济问题,2013(3):56-63.
[5] 谢家智,车四方,林涌.农业旱灾风险管理脆弱性评价及驱动因素分析[J].西南大学学报(社会科学版),2017(3):43-53,189-190.
[6] 董昕,张翼.农民工住房消费的影响因素分析[J].中国农村经济,2012(10):37-48.
[7] 杜晓燕,黄岁棵.天津地区农业旱灾脆弱性综合评价及区划研究[J].自然灾害学报,2010(5):138-145.
[8] 何爱平,赵仁杰,张志敏.灾害的社会经济影响及其应对机制研究进展[J].经济学动态,2013(11):130-141.
[9] 贺大兴,姚洋.社会平,等.中性政府与中国经济增长[J].经济研究,2011(1):4-17.
[10] 何小伟,王克.农业保险大灾风险分散机制的财政支持依据及路径选择——以吉林、安徽、四川三省为例[J].农业经济问题,2013(10):36-40.
[11] 何平,高杰,张锐.家庭欲望,脆弱性与收入—消费关系研究[J].经济研究,2010(10):78-89.
[12] 胡洪曙,鲁元平.收入不平等、健康与老年人主观幸福感——来自中国老龄化背景下的经验证据[J].中国软科学,2013(11):41-56.
[13] 黄匡时.脆弱性分析与脆弱性人口的社会保护[J].中国人口与资源环境,2009(19):21-29.
[14] 黄季焜,杨军,仇焕广,等.本轮粮食价格的大起大落:主要原因及未来走势[J].管理世界,2009(1):15-25.
[15] 黄英君.社会风险管理:框架、风险评估与工具运用[J].管理世界,2013(9):176-177.
[16] 李雪萍.反脆弱发展:连片特困地区贫困治理的新范式[J].华中师范大学学报(人文社会科学版),2016(3):24-29.
[17] 许丹.中国农村公共文化服务制度创新动力分析——基于理性选择制度主义的考察[J].行政论坛,2021(2):90-98.
[18] 施琳娜,文琦.相对贫困视角下的精准扶贫多维减贫效应研究——以宁夏彭阳县为例[J].地理研究,2020(5):1139-1151.
[19] 孙久文,林丽群,傅娟."十四五"期间巩固拓展脱贫攻坚成果研究[J].学术研究,2021(1):83-89.
[20] 刘亮,高汉,章元.流动人口心理健康及影响因素——基于社区融合视角[J].复旦学报(社会科学版),2018(4):158-166.
[21] 董幼鸿.社会组织参与城市公共安全风险治理的困境与优化路径——以上海联合减灾与应急管理促进中心为例[J].上海师范大学学报(哲学社会科学版),2018(4):50-57.
[22] 王建平,李臻.破解"农村不设防"的公共品依赖瓶颈——以"农业农村优先"思维的视角[J].农村经济,2020(11):20-29.

[23] 张宇硕,吴殿廷,吕晓.土地利用/覆盖变化对生态系统服务的影响:空间尺度视角的研究综述[J].自然资源学报,2020,35(5):1172-1189.

[24] 刘迪,陈海,耿甜伟,等.基于地貌分区的陕西省区域生态风险时空演变[J].地理科学进展,2020(2):243-254.

[25] 李经中.政府危机管理[M].北京:中国城市出版社,2003.

[26] 李连友,林源.新型农村合作医疗保险欺诈风险度量实证研究[J].中国软科学,2011(9):84-93.

[27] 石晨曦.城乡居民基本养老保险隐性财政负担——基于长寿风险背景下的精算分析[J].兰州学刊,2018(12):196-208.

[28] 张南.地方政府防范征地冲突群体性事件话语产生研究[J].广西社会科学,2019(8):63-71.

[29] 柳建坤,张云亮.贫困对农村居民自评健康的影响及机制分析——来自中国家庭金融调查的证据[J].中国农业大学学报(社会科学版),2021(3):55-71.

[30] 王建华,布玉婷,杨晨晨,等.养殖户风险偏好度量的潜在偏误——基于实验经济学和量表法的对比研究[J].中国软科学,2021(4):150-162.

[31] 陈利,夏青,吴玉梅,等.基于农户视角的农业巨灾风险评估与测度[J].中国农业资源与区划,2020(2):194-203.

[32] 孙钦珂,周亮,唐相龙,等.干旱区绿洲城镇扩张对耕地空间影响及预测——以河西走廊区域为例[J].自然资源学报,2021(4):1008-1020.

[33] 梁发超,林彩云.经济发达地区宅基地有偿退出的运行机制、模式比较与路径优化[J].中国农村观察,2021(3):34-47.

[34] 姚进忠,林佳玲.残疾人家庭复原力培育过程的社会工作研究[J].中州学刊,2020(9):80-87.

[35] 易法敏.数字技能、生计抗逆力与农村可持续减贫[J].华南农业大学学报(社会科学版),2021(3):1-13.

[36] 王晖,刘霞.积极资源和压力风险对农村青少年幸福感的累积效应[J].北京师范大学学报(社会科学版),2020(2):38-47.

[37] 翟绍果,周淼森.非正式支持、抗逆力与老年人因病致贫——基于西部三省九县农户调查的实证分析[J].云南民族大学学报(哲学社会科学版),2020(4):69-79.

[38] 朱智毅.论乡村振兴立法的功能定位与基本原则[J].中国农业大学学报(社会科学版),2020(2):84-95.

[39] DEHGHAN S,DARAFSHIAN-MARAM M,SHAYANFAR H A,et al. Optimal load shedding to enhance voltage stability and voltage profile based on a multi-objective optimization technique [C] // 2011 IEEE Trondheim PowerTech. IEEE,2011.

[40] 冷博峰,李谷成,冯中朝.从不种地农民也能领取农业补贴谈起——兼论农业"三项补贴"改革后的补贴发放方式[J].农业经济问题,2021(5):54-65.

[41] 耿鹏鹏,张路瑶,罗必良.农地确权如何影响农户消费?[J].华中农业大学学报(社会科学版),2021(4):155-164,185-186.

[42] 闫生金.和谐社会建设视域下的教育公平问题论析[J].理论导刊,2010(11):18-19,22.

［43］张海东.风险应对视角中的社会治理精细化［J］.社会发展研究，2020（2）：29-36.

［44］薛亚利.多元价值观和风险的可接受性［J］.社会科学，2020（5）：82-91.

［45］易行健.新冠肺炎疫情对经济金融的冲击研究——基于国际文献综述及其扩展分析［J］.金融经济学研究，2020（3）：3-16.

［46］彭文英，刘丹丹.公众生态文明认知-行为逻辑路径及影响因素研究——基于疫情期公众调查［J］.干旱区资源与环境，2021（3）：1-7.

［47］徐婵娟，陈儒，姜志德.外部冲击、风险偏好与农户低碳农业技术采用研究［J］.科技管理研究，2018（14）：248-257.

第七章

农村社会风险承载能力的本质、获取与强化

乡村振兴战略的内涵不仅包括农村脱贫致富与农村有效治理实现常态化，还包括在风险社会背景下科学地进行乡村风险治理。农村社会的风险治理旨在通过应对、控制、预防农村纷繁复杂的各类风险的实践，探索在风险社会语境中如何实现构建回应现实需求的基层治理格局，推动治理理念在治理实践中完成现代化转型，构建基层现代化治理机制，培育现代化治理能力，实现并维持"善治"目标，推动并深化国家治理体系和治理能力的现代化。农村社会的风险治理强调的不是单纯地应对农业或农村社会发展中的各类突发事件，而是以抵御和预防农村社会中各类自然、社会风险的影响为目标，形成农村社会风险承载能力，开展农村综合建设运动。尽管目前农村社会的风险治理以及风险承载能力的构建正处于摸石过河、爬坡过坎的艰深期，但乡村振兴语境下农村社会风险治理正在茁壮成长。本章旨在解析农村社会风险承载能力的本质特征、力量来源和强化路径。首先，从风险和财富的自然关系入手，揭示农村社会风险承载能力的本质以及风险承载能力的来源；其次，基于现实案例的分析，观察农村治理行动所产生的经济效应、政治效应和社会效应，以及三大效应对风险治理过程反映的显示程度；最后，从案例中凝练出风险分配和财富分配的互构关系，并分析实现互构关系的行动思路和机制遵循。

第一节 农村社会风险承载能力的本质揭示——社会财富

近现代以来，在服务于现代化、工业化的"人类中心主义"意识的驱使下，人类仿佛"享受"着自我营造出来的征服自然、主宰自然、凌驾于自然之上的威严，但也实实在在地品尝着环境恶化、生态危机所产生的恶果。这种看似人类意识的觉醒并非产生自"自然的人化"，而是资本主义"异化劳动"的恶果。正是有感于此，贝克于1986年对人类的现代化进程作出了"风险社会"的判断。同时，不同于工业社会和农业社会相对稳定的社会运行逻辑，风险弥散暗示着"风险社会世界"的最终结局。其中的不确定性因素超出了普遍性规约的控制阈，规训的行动失效瓦解了对已有权威的信任，个人利益至上的行动准则将所处之环境塑造为"有组织的不负责任"，而脱去原有的"权威"约束的个人行为开始盲目地将不确定性因素注入环境中。曾以主宰者自居的人类，处在风险社会中既是观众，又是参与者，还是被害人，更是自救者。

一、局部表象：风险社会中主体的矛盾性角色

处在风险社会中的农民，既观看着风险社会，也切身体会着风险的伤害。在第四章对农村社会风险的结构性观察中，我们发现即便是在地缘、经济、科技方面均处于现代社会边缘地带的农村，风险也从时间和空间两个维度深刻地渗透在了人们的日常事务与生活之中，农户们的生计经营和日常生活成为风险的来源。无论是处于农村社会，还是处于人类社会的其他空间中，风险的呈现必然依赖政治、经济、文化、科技抑或是生态等具体的时空，但是风险却未止步于此。换言之，风险的超政治、超经济、超文化、超科技的属性，会将风险从农村社会中的一个领域推向另一个领域，从发展的某一个阶段延伸至另一阶段，即风险有"全域性"。这便解释了为何农村社会中的生态问题会引发经济的震动，甚至是群体性的社会事件，而农业经济的发展为何是单一政策所无法实现的，需要覆盖政治、经济、文化、技术等各领域的系统性手段。另外，风险弥散是人们风险治理"二律背反"的结果。比如，当农户企图以增加产量的方式实现经济增收以消除经济风险的威胁时，就存在过度使用农药、化肥等农业投入品的可能性，也就有造成农药残留、土壤污染的风险，而这类风险还会引发食物中毒、作物减产，生态风险也因此演变为经济风险和健康风险。原本抑制风险的行为却造成了风险的再生产，并且引发了其他领域的风险，助推了风险的弥散。可见，夹杂着诸多风险因素的"风控"行动成为新风险因素削弱环境稳定性的渠道，是否控制原有风险有待查验，但却真切地将我们的"开拓"行为拒斥于稳定之外[1]。这种对未来的拓殖行为，实质是人类私欲诱导下对科技的盲目信任和无限制使用。知识和科技是人类主观能动性对客观规律认知和利用的产物，但是，认知的真理性并非永恒，当真理滑向谬误时，一切在其指导下的行为也将发生质变。故而，在此番无风险意识的行为中，新的风险因素加速了风险社会最终形态的形成，也固化了实践中不确定性的路径依据[2]。根植于不确定性风险，自然是一种不确定性的表达，它既不是确定的危害也不是确定的利好，而是包含危害可能性的不确定性事件，但是，当风险一旦变成现实，就会产生强大的破坏力。在农村社会中，预测、抵御自然灾害的方法早已在农事活动的传统实践中得以凝练并广泛被农户掌握。与传统风险不同，由技术和经济领域衍生出的现代社会所独有的风险，如各类化学污染、生态环境骤变、有害物种入侵等风险，早已突破了原有行动主体对风险的处置和善后能力，遑论预测。

面对并感受着前所未有的风险，农民在扮演观察者和被害人的同时也必须承认自己是风险的参与者，并力争将风险对自身的伤害降到最低限度。现代社会之所以被称作风险社会，原因是它在系统地构建自我的同时也成功地构建出了生产风险的机制，并且无法阻止风险的蔓延。农村社会也不例外，现代化的知识和科技、市场化资本、高速流动的信息将现代化时空搬移到农村社会，也将风险的"生产线"带到了农村社会：一套极大限度地发掘、释放并利用人的欲望和"合法"释放自利的机制。农户们在利益的驱动下充分发挥着主观能动性，无限制地开发、创造、生产、消费，创造出一个个崛起的经济体同时也导致了环境污染、人口老龄化、精神文明建设跟不上节奏等蔓生的风险，层积和叠变的步伐加速向前。风险社会的理论本质是对现代化进程合理性的维护，最终目标是使人类社会在风险丛林中进行系统性的自我革命，从而"摘除"社会系统中生产、扩散风险的机制，为人类社会的发展保驾护航。但是，现代化在赋权现代社会的种种实践时，也通过自身难以克服的缺陷，隐蔽地生产出现代化的风险因素。无论是通过国家财政拨款的"输血式"援助，还是借助经济能人物质捐助、就业扶持、对口帮扶，以吸引投资、进行技术下乡、招揽人才回乡等"造血式"帮扶，都无法彻底消除经济领域的风险影响，更没有考虑政治领域和生态领域的风险问题。可见，风险的生产和扩散是在农村社会主体的行动中完成的。但是，造成这一困境的原因是什么呢？如同贝克对风险社会诞生自现代社会的成功之处一样，受现代性增能的风险抑制行为也会产生风险。风险的诞生正是源自人性欲望的不加节制，被现代化所增能的欲望不断膨胀，超出了人类感知和预控风险的能力范围。旧式的现代化通过将人类规训为"商品拜物教"的方式卸除了人类对欲望的节制，同时又将这股无限的欲望引入生产与消费循环中。于是，一场无限膨胀的个人欲望同有限的自然资源和承载能力之间的对决正在上演[3]。在"产出导向型"和"收入导向型"的引导下，过度依赖农用机械、过度消耗土壤肥力、过度使用地膜等造成对农业生态效率的抑制。其次，风险生产的基本形式是"有组织的不负责任"。但是明知存在缺陷又为何要构建"有组织的不负责任"的机制框架呢？我们依旧要回到对人性欲望无原则、无限制放纵的反思中寻找答案，很明显，处在贝克所批判的比我们想象中更不道德的风险社会中，困扰我们的是集体利己动机主导下的投机行为和不道德，而包括农村社会在内的人类社会中都存在着一块"公地"能够容纳这种私欲的溢出，这赋予了每个个体追求自我实现最理想状态的行为动机足够的道德缓冲。塑造、规划、实现意识层面的"自我"，将此作为自我主宰以及身份认同的方式的，是"现代化"对个体增能的主要方式之一[4]。因而，建构出一个包容得了所有个体私欲的机制，为个人或群体组织的利欲最大化动机找到表达的合理性；"合法恶"与"平庸恶"通过趋利避险的合法化动机，以"有组织的不负责任"的形式，外化在制度设计和运行机制中。面对政策执行的"压力型"体制以及绩效"横向竞赛"的机制，在经济发展相对重要的前提下，基层政府往往会在权责不对等的处境中，倾向于接受发展优先的逻辑，从而牺牲生态保护以优先发展经济，在相同行动逻辑的诱导下产生共谋，"有组织的不负责任"由此形成。

二、本质核心：风险承载能力的社会财富本质

没有选择坐以待毙的农村社会主体何以自救？这需要我们回答以下几个问题：农村社会主体凭借什么以自救？所凭借之物来自何处？世界不再仅仅处于资源稀缺的冲突中，而是处于各种风险引发的矛盾和问题相互叠合的状态。因而，在阿玛蒂亚·森看来，社会的正义应当集中体现于社会当中人的行动能力，而非人所占有的资源。在风险社会的语境中，正义价值的表达是通过对社会资源的分配以完成个体风险识别和应对能力的强化，因而，需要在理性评估个体风险行动能力的基础上，对处于劣势的群体进行"增能"，如教育培训、补贴或是专业援助。这里的"行动能力"指的是一种可能性边界，即个体能够达成某种状态以及从事某种实践的上限。而"可行能力"则聚焦于个体的行动选择取向，这与其能力无关，而是一种对自由价值的思考结果，而这种对自由的追求同马克思对共产主义的描述产生了共鸣。马克思认为，人的发展呈现由低到高的"三阶段"图景，各阶段衡量财富的尺度亦不相同。但总体而言可以总结为两个基本的标准——劳动时间和支配时间的自由。在第一阶段，度量财富规模的标准是劳动时长；而在第二阶段，度量尺度从劳动时间转变为自由支配时间，它所度量的除了同其他人相同的被市场所肯定的财富外，也产生出仅同自我能力的全面发展相关的财富[5]；在第三阶段，财富的尺度升华为人的发展（自由支配时间）。在完成二阶段中个体发展的物质奠基后，人类开始关注自身精神层面的需求满足，因而按照个性进行社会交往以及人际关系的建构。这意味着，物质财富只是人的自由全面发展的一个前提条件和经济基础，是必要条件而非充分条件。因此，风险社会中认知和防范风险的行动能力可以表征为自由，而实现这种自由需要包含物质财富在内的多种社会财富共同作用。换言之，社会财富是构建风险应对能力的重要基础，这

也就回答了农村社会主体的自救所凭。

与马克思对财富的认知不同,经济学对何为财富以及如何计量财富的阐释则将财富的含义狭隘化了。作为经济学领域的核心问题之一,财富的定义及计量问题非常重要,当归因于财富对于经济学基本价值的阐述:人类社会中的各个领域,特别是经济领域,物质利益及其效用是"理性"价值的对象化,也是"经济人"的动力来源(这一观点是古今经济学家的共识,最起码是市场语境中的合理化假设)。因此,财富成为经济学理论体系中影响最为深远的概念之一。亚当·斯密将财富具象为生活的必需品[6]。在词典中,财富又被阐释为两层基本的含义:首先,财富是社会中物质资料的综合,包含劳动产物和天然资源;其次,财富是一切有价值的东西。在英文语境中,财富通常被具象为金银钱币、财产等物品的拥有。可见,无论是何种语言环境下,财富的概念符合经济学界对其含义的一般性理解,只有同人类欲望发生关联后,物体才具备财富的属性,因而,财富仅仅是人类所有产品的一个子集,其是指所有人们想取得的物品,即人类欲望的对象化。甚至还有一种观点认为,财富就是外在财货中能够用货币度量的部分。显然,这种财富"工具化"的概念是所有语境里、各类经济学派间、不同学术发展阶段中对"财富"概念阐述的总结和升华。显然,贯穿于经济学和日常生活的财富定义中的共性认知是,物质产品和服务可视作财富的同义词。然而,财富的本质应当包含更广阔、更深刻的内容。

以财富的形式差异为标准,可以将其划分为自然财富、社会财富以及精神财富等形式。而作为劳动的产物,财富也可以被视为人类能力的对象化体现。在形式与内容的统一中,财富是处于一定社会关系中的人的劳动创造物,处于一定社会关系中的人是财富生成的根本源泉及度量财富的最终尺度。那么,财富是人的两种本质——"劳动力"和"社会关系"的统一,处于一定社会关系中的人的劳动能力构成财富的最根本属性。任何历史记载都应当从自然基础以及它们在历史进程中由于人们的活动而发生的变更出发[7]。因而,财富的基本定义应当是物质财富、政治财富、精神财富、社会财富和生态财富的统一。

在风险社会中,财富是劳动的对象化体现,也是风险承载能力的对象化体现,风险承载能力的构建需要财富,而财富应当是包含物质财富、政治财富、精神财富、社会财富、生态财富在内的人类财富的集合体。但是,如何生产这样的财富呢?人类社会财富的诞生过程是怎样的呢?

三、现象根源：风险社会中风险与财富的共生

诞生于现代化进程中的"风险社会"概念，其不确定性空前膨胀的本质中蕴含了以综合决策为条件，使社会中无法预见的后果变得能够预见和控制[8]的基本治理思路。在农村社会中，为了管理农民生计的不确定性，通过增加交通设施、水利工程、通信设备等基础设施的财政支出和建设力度，同时完善农产品价格的保障和补偿机制，并发挥保险等金融工具的效力，建立健全与农户风险保障需求相一致的农业保险体系等一系列措施提高农民抵御风险的能力。作为现代化进程的产物，风险社会是人类生产的结果，人类生产活动缔造了风险社会，影响风险社会形成的不仅包括科技因素，还有社会因素，人类行动的高度制度化导向也为风险社会的诞生增加了制度条件。农业社会和工业社会没有被认定是风险社会开端的原因在于，这些社会形态不能提供风险社会完整的生发条件，只有现代化社会才完整规划出风险从生产到积累再到爆发的全生命周期：在"各种决策"的驱动下，以社会阶层为标准，以制度和政策为基础，以财富的生产为路径。在被科学技术高度赋能的社会形态中，财富的生产必然伴随着风险的生产[9]。财富的生产积累以风险伴随为代价，财富生产则成为风险社会的基本条件。人类文明所无法规避的风险社会，是"财富—分配"社会的社会问题和冲突开始与"风险—分配"社会的相应要素结合起来时[10]才真正形成。总而言之，风险因素作为人类在现代化进程中最不愿意看到的一种"副产品"，却揭示出"财富"与"风险"自人类社会诞生时便已成型的"孪生"关系；在农村社会中，农民创造财富的途径是农业生产经营活动，即将土地、房产等生产要素和农民的"活劳动"结合起来来实现财富生产。但是，市场需求、价格波动、化肥使用、农作物种植面积和种类、农机普及程度、农机自动化程度、信息化程度以及干湿度、天气、温度等自然和社会风险因素充斥在农业生产经营的各个阶段，在生产财富的同时也创造着风险。

当人类意识掀开风险生产的遮盖后，风险的生产成为人类财富生产和分配的诱因，也即强化自身风险承载的财富生产。从时间的层累性来看，只要现代化的逻辑尚未被替代，财富生产和分配便会在人类对风险的恐惧驱动下不断循环，同时，风险因素的生产、积累与爆发也进入不可逆的环节；空间的开放性也将延展风险要素生产、积累和爆发的维度，全球风险社会的趋势不可逆转。若要控制风险社会膨胀与失控则必须批判现代化对个人欲望的过度刺激；反之，失控的风

社会是财富生产和分配无序化的结果，当风险积累超出财富所转化的风险承载能力上限时，风险的生产和分配与财富的生产和分配产生了角色互换：风险成为人类生产活动的主要产物，任何财富的生产与分配成为以化解风险为目的的实践活动，与自由全面发展无关。这也是风险社会的最终样态。

对财富的渴望使得人类在思考问题时不由得进入量变—质变的简单循环中，因而，在单向度的逻辑线索中，人类对社会现象的解释均可统辖于阶层-利益的互动关系之中，即获利规模随着阶层的提高而扩大，此类结论充斥于教育、健康、就业等社会各个领域的学理分析中。因而，社会结构可以看作一套满足不同阶层利益预期的行动模式。乡村也不例外，在乡村场域的内部结构是对乡村中不同主体的"分工"，其目的在于生产物质财富，各类财富通过社会结构实现分配，并强化不同主体的行动能力，同时，在一定程度上满足了主体的利益预期，维持了社会结构的运行。由此诞生出财富与社会结构的互动关系，社会结构是物质财富生产的结构性基础，而物质财富成为社会结构维系的合理性来源。人类之所以被划分为群体，其根源在于社会结构的专业分工。然而，风险社会的日渐成型，各种不确定性动摇了这种社会结构的固定形态，尤其是生态、科技、饮食、生产领域的各类风险，其影响不是由客体属于何种阶层来决定的，它超越了阶层、性别等人类社会属性所规定的边界，成为人类需要共同面对的问题。因而风险分配带有一种天然的对社会分工的批判。但是，在现实中风险仿佛是同阶层紧密相关的：财富成为高阶层群体的专属，风险却沉淀在中下层群体中。这并非风险的自然结果，而是社会结构干预下的结果。经济发展、基础设施水平高于农村的城市将风险转嫁至农村，而农村中占有收入、权力、信息等所创造的财富较多的群体可以用财富购买到部分风险的"豁免"。然而，风险不会因为是否有人购买了"豁免"而减小自身的规模，但是空间中能够与之对抗的客体更少了。于是，风险进一步扩大了贫富差距，至此，在进入风险社会的时代，社会结构在财富分配的过程中也分配了风险，但是，这种分配是"损不足而益有余"的非正义形式，其最终的结局是社会结构走向瓦解。若风险因素持续积累，直至超出社会整体的承载能力，任何群体都不太可能规避风险，包括最富裕者和最强大者[11]。

我们的结论是，处于风险社会中的农民在观看上演在农村社会中风险的同时，也切身感受着风险对自己的影响，但是作为观众和被侵害者的农民必须意识到自己的行为也是风险产生的重要来源，若采取相应措施加以规避，那么自己也能成为风险消散者。对风险社会的在场者而言，是否有对"未来的预期"或是未来怎样预期,均取决于自己,因为不可逆转的风险为当下提供了"适者生存"的运行空间。

第二节 农村社会风险承载能力的具体展现——治理效应

生产力和生产关系的矛盾运动塑造了社会的基本形态,对于农村社会而言,其诞生与形塑同农业的发展密不可分,因此,农业对土地资源的依赖使得围绕着地权展开的诸如"三权分置"、土地确权、土地流转、收益分配等话题成为治理过程中无法绕开的话题。土地产权是农村治理的制度基础[12]。这也是产权-治理问题在乡村场域中的具象形式。同样也是讨论农村治理问题必然涉及的命题。那么,以产权为基础的农村治理将会产生怎样的治理效应?这些效应又将如何作用于农村社会的各个领域?农村社会的基本秩序将发生怎样的变化?上述问题又将为农村社会的风险治理提供怎样的方法论支撑?这是本节所要讨论的主要问题。

一、案例描述及相关分析

M 村位于陕北黄土丘陵沟壑地带,全村有 5 个村民小组,共有 261 户 800 人,占地 7.8 平方公里①,合 11 700 亩②(其中耕地、林地和撂荒地共计面积 5 300 亩,人均耕地 3.3 亩)。从 2013 年开始,M 村在农村产权制度改革领域积极探索,触发了农村治理的变革,为农村集体产权制度改革与基层治理模式创新提供了新的思路和经验。M 村农村集体产权制度改革与基层治理创新跨度近 10 年,大致经历了三个阶段。

(1)试验阶段:以土地流转+规模经营为基调。M 村的耕(林)地的总面积虽大,但其空间分布和产权结构却较复杂。由于地力差异,包产到户后长期形成了大量的全村耕地以狭长条块状零散地分布于沟壑间,甚至有的农户一次要种 20 余块地,而其中最大的有 3 亩,最小的只有 1 分③。这种土地细碎化的现象限制了机械化作业,生产力被束缚的农户陷入人力投入大、作物产出低的恶性循环中。为讨生计,占到总人口 75% 的青壮年纷纷选择进城务工,致使全村 50% 的

---

① 1 平方公里 =1 平方千米
② 1 亩≈ 666.67 平方米
③ 1 分≈ 66.67 平方米

耕地长期撂荒，同时加剧了村庄"空壳"、集体"空心"、民居"空巢"的"三空"问题。此外，除了将耕地撂荒，还有部分农户选择由亲戚或邻居代为打理土地，久而久之，土地的承包权或是承包土地的地理界线逐渐模糊，产权结构变得十分混乱。2013年，由村民和创业能人自发筹资成立的HY农业发展有限公司（以下简称"HY公司"）以每年每亩100元的价格从全村流转土地960亩，开始"土地流转—适度规模经营"的实践探索。通过平整流转土地，HY公司建起了桃、葡萄种植的温室大棚，同时还建立起现代化的肉羊养殖基地，在此基础上，HY公司又成立FJ种植专业合作社以及JRY养殖专业合作社专营种植和养殖业务。在M村开始农业的现代化探索后，基层政府又配套推出了大量的项目投入M村基础设施建设工程，用于环境治理、民居居住条件改善、移民搬迁和土地整理开发项目投资。

（2）深化阶段：以三变改革＋股份合作为主轴。2015年，在移民搬迁项目结束后，村集体决定利用改造后的老旧房舍发展乡村风情游。为保障村民的权益，M村"村两委"决定开展全面清产核资。首先，M村在土地"三权分置"的基础上开展了耕地资源的确权工作，核定5 300亩耕地。其次，为弥补缺乏集体经营性资产的短板，M村又将土地、人口、劳龄、资金、旧房产等五项要素转化为股权（其中，土地和人口股为基本股，共占60%），并详细界定了股权拥有者的身份，确定出股民630人。至此，M村的"三变改革"完成，村民拥有的资源转变为股权、资金转变为股金、农民转变为股民。在此基础上，M村于2016年前后成立了股份经济合作社，并注册了乡村文化旅游公司。在2016年的国庆期间，M村的日游客访问量最高时达1万人，其间收入高达7万元。与此同时，2016年M村村民的景点务工率超过80%，工资性收入180余万元，折合户均3万余元。值得注意的是，2016年的收益也吸引了在外打工的200多名农民工返乡就业创业。

（3）蜕变阶段：以三产融合、四治共举、生态宜居建设为深化。在M村集体产权制度改革完成后，农业形态也在发生变化。M村结合本村实际，充分整合地理、村貌、生态优势，依据景点特色互补、产业延伸融合、主体协同合作、城乡统筹均等、身份认同长存的策略部署，将农村空间按功能划分为"时令果蔬采摘""现代养殖种植""新农村住宅""水上休闲娱乐""农家特色休闲""乡村文化观光"等六大区域，奠定了三产融合发展的物质基础：由400余亩时令果蔬采摘区、1 000余亩旱作种植区、1 500余亩生态经济林区、35亩养殖区以及100余套样板农居组成第一产业的基础，逐步形成特色种植同旅游采摘、农业观光的融合发展；在 300 亩葡萄生产基地和葡萄酒庄运营的基础上，第二产业发展出以生产葡萄饮料、葡萄酒和葡萄保健品为主业的农村小型加工业，逐步形成特色种植同农产品加工的融合发展态势；第三产业则以 266 亩的农家休闲垂钓区、1 500 亩的杏树文化观光区为"舞台"，让"杏花溪谷、崖上人家""难忘乡愁、老家记忆"等文化主题"唱戏"，打造出以玻璃栈道、彩虹滑道、高空滑索、水上游乐、森林穿越、小吃街区、民俗客栈、培训研讨等新业态为代表，集"观光、采摘、休闲、旅游、户外运动、学习"于一体的乡村旅游综合体，推动农村变景区、田园变园林、农舍变客房、作物变商品的重大转变，实现了种植业、加工业和旅游业的深度融合。M 村用了两年时间完成了旅游产业收入突破 1 000 万元的成就，村集体收入更是高达 350 万元。M 村也摘掉了省级贫困村的帽子，进入美丽乡村建设示范村、全国美丽宜居示范村、全国生态文化村的行列。

与经济发展同步推进的是 M 村的生态建设，M 村村民曾于 20 世纪末退耕还林 2 567 亩耕地，种植 1 000 余亩的大扁杏，形成了鲜食李、杏等生态经济兼具林 1450 亩。2016 年，M 村开展核算集体资产、折股量化的工作中，将原有退耕还林的 2 000 余亩林地纳入集体资产的清算过程，推动了林权制度的改革，也为当地拥有林地较多的村落进行清产核资以及折股量化提供了可借鉴的经验。一方面，发挥生态环境优势，开发文化旅游线路，以"优美的人居环境、丰富的文化内涵"为理念引导，对村主干道、民居房屋、村落广场及村庄周边环境等进行了高标准绿化美化；另一方面，通过造林、种草、封山育林、育草，培植出"山青水绿"的高原美景，M 村林木覆盖率从 23% 上升到 52%。其先后被评为"美丽宜居示范村庄""全国生态文化村""中国美丽休闲乡村"等称号。

M 村的生态和经济发展离不开基层治理的保障。无论是自然条件，还是人居环境，M 村都是难以摘掉"贫困村"帽子的落后典型。随着 2014 年中央一号文件《关于全面深化农村改革加快推进农业现代化的若干意见》发布，M 村成为 Y 区集体产权制度改革的首批试点，通过改革，M 村不仅摘掉了"贫困村"的帽子，甚至还成为脱贫致富的小康村、旅游休闲的度假村和 Y 区平安建设示范村。因 M 村在推进产权制度改革时的创新，M 村的改革历程被 Y 区树为典型，M 村也成为其他村镇争相学习的集体产权制度改革示范村。总之，M 村的经济发展水平和农民收入获得了大幅度提高，村民的法治意识也逐渐增强。面对复杂的村情，在借鉴"枫桥经验"的基础上，M 村又摸索出一条社会治理的新路子。该村通过"共治、自治、法治、德治"四治融合的基层治理模式，保障"三变"（资源变股权、资金变股金、村民变股民）产权制度改革和发展乡村旅游。

从社会形态变迁看，农村集体产权制度改革仅仅是 M 村基层治理模式创新的触发源，集体产权制度改革需要同其他要素相融合才能发挥更广泛的效用。在农村建设项目不断下沉、展开的宏观背景下，基层政府进入农业化过程，并在基础设施建设中，触发了农村治理秩序。然而，对于类似 M 村缺乏明显农业特色产业资源的村庄，农村集体产权制度改革不仅能极大地解放生产力，还能最大限度地激活区域内所有可用于经营的资源，在农业经济、社会和政治层面产生更为复杂的效应。因此，M 村的三变改革和集体资产的股份制经营是集体产权制度改革的重要内容，它打破了造成生产要素分割的重要障碍：品质差异。通过一种公认的价值体系对生产要素进行定位，以股权流动的方式降低交易成本，为实现规模化经营奠定基础，而这也是农村治理变迁的关键性力量，强化着农村治理的制度基础。

从案例中不难看出，M 村的集体产权制度改革在经济、政治和生态领域均产生了一定的效应，它们又是如何作用于风险治理过程的呢？通过课题组对 M 村的调研和访谈，定位了农村集体产权制度改革的多重效应，并动态地描绘出效应传导的过程，以此为线索发现了经济领域的改革如何影响治理秩序和治理格局的变动。

二、乘数效应：经济形态、内部结构、经营形式的演变

随着集体产权制度改革的深入推进，产权变革开始显露出对乡村经济诸要素的反作用，在嵌入市场逻辑的乡村中，土地、资本和劳动力等要素被市场识别出并赋予其相应的价值，开始参与市场流动，进一步诞生出"资源积累—再生产"以及专业分工两种机制。承包地经营权流转实现了土地和劳动力的分离，农村资源要素商品化激发了经济效能，村庄发展实现了从小农经济、兼业农业向一定程度的产业融合的经济形态转变。在这一转变中，农业的生产力得到解放、农户的经济收益与日俱增、农村集体经济提质增效，治理的乘数效应呈现较明显。得益于乘数效应，农村社会中个体和集体经济的脆弱性得以缓解，在物质财富基础上，农村社会开始加快精神财富、政治财富、生态财富等一系列社会财富的生产，并逐渐提升个体和集体的风险承载能力，达成风险治理的目标。具体看，乘数效应可分为三个基本环节：推动农业经济整体形态的演变、推动农业经济内部结构的变迁、推动农业经济经营模式的优化。

（一）推动农业经济整体形态的演变

将近10年的发展历程中，Y区已经摸索出一条围绕着乡村风景游，同步发展设施农业、现代养殖、高标准农田、文化观光等项目的现代化道路。这与集体产权改革前的"三空"严重的农村形态相比，朝向现代化形态演变的Y区农业经济逐步形成了对生产要素的吸引力，推动了农业生产与劳动力再生产的动力革新。农业生产与再生产的变迁就是劳动、资本和土地要素投入不断更新、演进的过程。那么，这种变迁的内在动因是什么？

从M村的案例分析可以清楚地看到，集体产权制度改革是引发M村农业生产与再生产形态变迁的初始动因，通过设股、定股将大量的生产要素挖掘并集中起来，成为吸引资本下乡、技术下乡的基本前提。当进入农村的资本和技术同土地、劳动力等要素结合后，市场机制也随之嵌入农业领域，并引发农业经营形态的变化，M村也因此被塑造成产业发展和要素集聚的重要经济空间。M村的村民为获取稳定的收益，选择将自己拥有的土地、房产、资金等生产要素交由村集体经营，而M村本村的股份经济合作社以及在此基础上产生的各类以农业为主业的公司、集团同专业合作社共同运营生产，降低了外来资本同农户合作时的交易成本和交易风险。集体产权改革和股份经营实现了农村闲置生产资料的规模化、集中化，面对这样一块"蛋糕"，各主体只有分工协同、发挥互补优势才能将生产要素转变为财富，主体间利益分配也正是通过集体产权制度改革和集体经营的方式实现了"帕累托优化"。总而言之，"资源集中-集体经营-依股分红"的利益获取和分配机制带动了当地经济的发展。在同当地村干部访谈时，他们认为："假如没有搞集体产权改革，这些农业技术和农业机械就不能在这里使用；农民担心土地流转有可能丧失原有的各项权益，大规模的种植、养殖和旅游也不可能在这里生发；农村集体产权制度改革后不光土地，原本没有注意到的生产要素也流动起来，更重要的是，改革不仅盘活了经济，还盘活了农民的脑子。"

（二）推动农业经济内部结构的变迁

从内部来看，M村依托合作社等"订单式"农业生产呈现集约化的特征：首先，业务经营严格遵守市场导向。无论是股份经济合作社还是其下属的旅游公司、专业合作社抑或是农业发展公司，其业务和项目选择的标准在于盈利，因而其生产经营极度依赖市场供需信息。M村的种植和养殖专业合作社已经把销售渠道扩展到全省乃至全国，"杏花溪谷、崃上人家""难忘乡愁、老家记忆"以及杏文化节等旅游项目吸引了来自全国各地的游客。其次,形成以"初期积累+再生产"的运行机制。借助人口入股,种植和养殖合作社组建调动 M 村村民参与山地苹果、葡萄、酥梨的种植以及羊子的养殖,他们负责作物种植、土壤配肥、饲料调配等种植养殖专业工作,工资维持在每月 3 000 元左右。股份经济合作社通过种植养殖和旅游等业务获取的收益除了分红外,还留一部分用于再生产、扩大生产,如优化基础设施、扩建工厂以及吸纳更多流转的生产要素、研发农产品加工业环节。最后,M 村的农业经营建立在精细分工的基础上。其既包括合作社、公司等组织内部的分工(有专门负责农作物种植、生产、管理的专业职能部门),也包括村民作为劳动力要素与耕地脱离,使之能作为产业发展的要素进入合作社。此外,M 村以市场为导向发展的集约型农业经济形态还呈现产业间融合发展的特征,经过一段时间的经营,M 村的种植业、养殖业和旅游业在彼此融合的过程中发育出了内源性动力,且构建起"集约经营、科学分工、扩大生产"的内在增长模式,M 村的农业经营已经脱离了政府集中指导或是包产到户的分散经营。从对葡萄种植园的工人 ZML 的访谈中得到印证:"园里第一次引进的种苗是晚熟种葡萄,随后规模扩大,又引入了早熟种的葡萄;这几年葡萄饮品、葡萄酒在葡萄保健品市场中很有市场,所以又规划修建葡萄酒庄,既能酿造酒又能储藏酒,现在市场是有的,我们一方面是通过葡萄园旅游线路搞旅游采摘,一方面也通过葡萄加工制作饮品和酒,不管是消费者还是游客都有不错的反馈。"除利用流转土地进行规模化经营外,养殖大户 LFH 选择利用杏树文化观光区中的林下养殖区,发展林下养殖产业,共饲养 2 000 余只鸡、50 余只羊,并成立 JDD 养殖公司,每年可获得 15 万~16 万元的纯收入。同时,饲养的鸡、鸭等禽类不仅能减少虫害,还能为杏树施肥。到 2020 年,JDD 养殖公司的承包养殖区已经发展至刚成立时的 3 倍面积。由此可见,虽然养殖大户的经营模式依旧需要劳动力的持续投入,却展现出明显的资本投入-扩大再生产的特征。而随着生产规模的扩大,生产经营中需要额外的劳动力加入,其雇用工资每天 150~170 元。完全不同于以家庭为单位的小农经营模式,这种以家庭为起始、依靠资本积累不断扩张的农业运营模式其市场导向的程度更高。"我是 2017 年回到村里的,听说村里可以承包搞养殖,我就用前几年务工挣下的钱承包了观光区里的养殖区搞养殖,两年的时间,规模翻了一番,现在还得雇人帮忙打理。一年就回本了,现在每年发完工资自己最少挣 15 万元,比在外面挣得多。明年我还打算再承包一块,加养 1 000 只鸡。""过了今年我就八十了,干不动了,儿女都在外打拼,我也把土地流转出去了,自己腿脚不适合干体力活了,现在养殖场打工,一年能挣个 3 万元左右,足够养老了。这比前些年在外面工地上打工挣得还多。"

(三)推动农业经济经营模式的优化

市场导向的集约型农业经营同种植养殖能人引领下的小范围规模经营、家庭承包的小农经营截然不同,集约式的农业经营模式在农村社会形成了强劲的经济效应:首先,解除了半工半农式的家庭农业经营模式对生产力的束缚。资本、技术同人力、土地两种要素空前紧密地结合,失去了资本和技术支持的家庭经营模式自行退出了历史舞台,全村的耕地、林地和撂荒地都经由流转完成了向集约化、规模化的经营模式转变。其次,培育出农业现代化发展的赋能组织。至 2020 年底,M 村共有种养合作社 2 个,农业发展有限公司和乡村旅游发展公司各 1 个。以乡村旅游发展公司为例,它是建立在 M 村股份经济合作社的基础上,以土地流转为突破口,并集中、利用了已颇具规模的杏树林发展出"杏花溪谷、崀上人家"及"难忘乡愁、老家记忆"等文旅产品,同时带动设施蔬菜的观光采摘以及农产品销售等一、二产业的发展。最后,吸引外流劳动力返乡。流动人口的相关统计资料显示:2016—2018 年,返乡人口约 300 人,其中近九成为返乡就业、创业。

M 村的集体产权制度改革为村中生产要素的流动提供了渠道,而资本、技术下乡则重新为被激活的生产要素赋能,为生产要素的价值实现提供经济机会,推动农业生产与经营形式的变化。原本利益诉求异质化的分散家户逐渐联合成有共同诉求、关系紧密的村落,而限制的生产要素被配置于其中,借助人际互动关系实现了要素之间的搭配组合,并进入新的生产和分配网络中。而 M 村农业经营模式的转变以及积累-再生产的模式变迁,在为 M 村的治理提供物质基础的同时,也引发了治理结构以及秩序的微调。当 M 村的生产要素同资本结合后,M 村的经济社会运行便处在市场和资本的控制下,而以经济为基础的社会和政治领域,其运转逻辑也不可避免地处于资本的控制中,农村社会中各主体间的关系属性开始由社会性转变为经济性,基于利益博弈的行为预期成为不同主体行动逻辑的起点,M 村也从一个空间型共同体逐步蜕变为利益型共同体。组建成当前利益型共同体的节点不再是以家庭为单位的小农经济体,而是以功能性分工为基础的经济体网络,联结网络中各结点的纽带是经济利益以及共同利益目标下的功能耦合。

三、社会效应：社会主体、关系网络、治理核心的迭代

附着在产权上的社会关系成为社会分工的主要依据，这也决定了社会分工成为财富分配的次序表达，即不同主体收入分配和经济地位的相应变化。M 村的集体产权制度改革改变了原有的土地经营模式，农户的地权关系发生变化，而依托原有地权经营关系的生产方式、权力结构、互动关系、组织结构、权威结构等逐渐被取代。乡村超出了地缘概念，成为统合差异化利益、多层次空间、多元化行动、跨域互动等范畴的共同体，而原有分散经营基础上的农户、村干部、乡贤等主体之间的关系随之发生演变。在这种健康有序的关系形态中，主体间能够实现信息共知、协同共建、价值共鸣、风险共识以及成果共享，这为设计出能够被公众所认同的风险和财富分配规则提供了环境和条件，保证风险分配和财富分配实践的有效性，继而助推与提升农村社会的风险治理进程和治理效果。具体来看，治理的社会效应可分为三个方面：再生过程与多元主体的形成、多元主体的分化与利益关系的重构、精英权威的迭代。

（一）多元主体的再生

农村集体产权制度改革的效应跨越经济领域有效性的边界，进一步扩散到农村社会的多维度、多层面，在农村社会的内部必然形成差异化、特色化的生产经营主体，并逐渐演化为农村社会主体的再生过程。在 M 村的集体产权制度改革前，农村社会是以"村两委"成员以及呈原子化分布的农民为主体，而再生主体主要包括返乡经济能人、公司管理人员（内部和外部）、受雇产业工人等。

在不同的社会经济环境下，农村社会产业发展主体间的生产过程与行为逻辑各有差异，就 M 村而言，原子化的农民在耕地无法满足其生计要求的条件下，更多地将外出务工视作谋求生计和生活收入的主要手段，而返乡经济能人、公司管理人员、受雇产业工人的产生与生产要素的流转以及 M 村农业的专业分工密切关联，充分挖掘并利用农村的一切资源发展农业是当下农民最优的选择。内部和外部的公司管理者是当前 M 村农业的引领者，当他们依照市场导向寻求、组合并流转 M 村的生产要素时，公司需要拥有所需资源的返乡经济能人，有时返乡经济能人甚至就是内外部公司的管理人员。而掌握技术的种植养殖大户、致富能人、返乡就地就业的村民以产业工人的身份加入公司中，并服务于不同的产业项目。

从上述主体的行动内导力来看，发展到特定阶段的农业，受到社会分工所产生的匹配性收入预期鼓舞，产业规模扩张的利益诉求同个体收入增加的诉求逐渐

统一，两种利益诉求在同一个生产环节中得到体现和满足。比如，被村民称为致富能手的曾在外务工的 LTB 于 2017 年回乡开办"农家乐"，他如此描述自己的初心："我非常看好村里搞的水上乐园、生态旅游等项目，现在村容村貌、杏树生态园、葡萄园等都建起来了，区上也支持，肯定能吸引游客前来，之前村里不要说生态园了，连一个干净舒适的农家乐都没有。在我们回家创业就业的人里面，有不少都是动用自己之前的人脉、客户等资源，带回来不少自己的关系，好在只用投入十几万元就能办起条件不错的农家乐，这点在外面是不可能办到的，经济效益自然也不错。"

返乡经济能人、公司管理人员除了凭借家庭成员来实现运营、生产和服务外，还需要在农业经营和服务的诸多环节雇用劳动力，特别是有经验的劳动力。因此，便产生了长期和临时的产业工人群体。2019 年，M 村的葡萄园以及时令水果采摘区就有长期雇用的产业工人近 200 人，每年雇用的本村和邻村的临时产业工人有近 2 万人次。从对 Z 农户的采访中不难发现，农业的专业化分工已经深植于 M 村，返乡就业创业的村民能够从中获取工资性和经营性收入。"2017 年，我和妻子商量让她先回来，一方面能照顾身体状况不好的父母，另一方面还能在空闲时在村里找一份活计，一天 100 元的收入。一年之后，妻子的反应也让我觉得在家就业能照顾老人也能增加收入，于是我也在第二年回家来了，在杏生态园里当产业工人，一个月能拿 3 000 多元，旺季的时候拿得更多。我还用前些年攒下的钱承包了一部分林下养殖园，养了一些兔子、鹅和鸡，虽然规模不大，但也足够开销。"可见，M 村的返乡经济能人、公司管理人员、受雇产业工人等主体并非依靠单一的业务经营，他们更多的是通过专业化分工所提供的经济机会从事多种业务的经营活动，甚至既当老板又当工人。这揭示出 M 村的农业发展除了根据劳动力能力的分工外，还产生了产业层面的分工。劳动力分工能够提供给拥有不同能力、水平和要素的主体以差异化的工作岗位选择，从而代替以家庭为单位、单一业务的均质化小农经营模式，异质性的主体通过专业化分工被挖掘出来，从而从事各有差异的业务经营、服务提供和其他事务。

（二）利益关系的重构

进一步从经济和权力两个层面来剖析上述主体的具体特征，首先，他们的经济来源或经济收益均是从 M 村内部获得。以职业经理人为代表的经济权威群体，因其收入受制于乡村场域内整体经济状况，因而利益诉求同乡村集体利益高度重合。其次，新生成的利益关系重置了身份认同。村域中不同主体可以凭借自身的资源禀赋获得市场价值对其身份的认可，禀赋优异主体如外来资本拥有者和掌握技术的能手、大户等，他们在新一轮的收益资格配置中具备较高的博弈优势，这意味着他们也将拥有较高的收益预期。返乡经济能人属于高收入群体，公司管理人属于中等收入群体，而长期或临时的产业工人则属于低收入群体，M 村的社会结构以及各类主体的收入状况见表 7-1。

表 7-1 M 村的社会结构以及各类主体的收入状况

各种群体	家庭年收入 / 万元	来自村庄的收入占比 /%	占全村家庭比例 /%
外出务工人员	3.7	20	39.6
长期产业工人	5.2	75	22.5
临时产业工人	4	65	18.9
返乡经济能人	11	80	12.8
公司管理人	9	80	6.2

在 M 村，专业分工导致农村场域中的身份认同出现分化，诞生出不同的群体，利益关系的重置将新的身份赋予了原有的主体，因而发生了"再阶层化"的社会分层现象，这集中呈现为各主体的角色符号变动。"老板""经理""监事""理事"等职位作为表征关系中秩序的角色"符号"被固定下来，这些主体通过作用于农村社会的经济事务，从而也产生了在权力运行过程中的不同效用，跻身农村社会权力结构的中上层。他们在一定程度上可以有效地掌握、控制甚至修改农村社会中利益、资源等要素的分配逻辑，表现出有别于普通村民的社会行动能力。

"产权改革前，村里的人都穷，现在就不同了，如 S 老板、Z 老板、K 经理，他们是见过大世面的，之前在外面挣钱了，已经当了老板，有资源、懂管理、会做生意；ZFJ、ZHN 这些也是很'牛'，他们搞的规模小，是'经理'，办个民宿、农家乐，算'小康'水平，别看他们没有那些老板钱多，但是他们会来事，能交际。"

最后，乡村场域的权力主体与经济主体形成了各自领域的利益互动网，虽然都是基于"交易-分配"的基本逻辑所形成，但是其运行的内容大相径庭。在农村社会中，经济收入与治理权力并非平行关系，而是因具体形式的诞生时序差异而存在地位落差，M 村也因此产生了两种强势行动网络：一是政策帮扶互动网络。合作社受到基层政府的政策项目支持，成为区域经济发展的基本抓手，从而使本地的财富总量增加。二是"互动合作"行动网络。农村经济能人通过成立专业合作社在生产和经营中互助合作，凭借在农村社会中较好的社会关系，与内部和外部的公司管理人员、村组干部和普通农民都建立起利益纽带。这两大行动网络嵌入乡村组织结构中，在正式的权力运作之外形成一种非正式权力运作机制。在这个行动网络中，政策帮扶行动网络最具有影响力，其他主体在同这两个强势行动主体构筑的行动网络联结时，呈现相对的弱势权力地位。

（三）精英权威的迭代

随着经济因素持续在社会层面发生作用，主体再生的后果便是农村社会精英的再生和迭代。通过在 M 村的调研，课题组发现返乡经济能人和内部公司的管理人通常主持各方面的工作，无论是与外部公司的合作，还是与"村两委"干部、合作社的沟通洽谈，这说明他们之间已经形成了充分协同关系。同时这也意味着，在"村两委"成员等农村政治骨干或宗族骨干外，M 村中形成了扮演农业发展、农村经济运营主导者的经济精英，它涵盖了 M 村内部的公司管理人员以及外部公司的管理人员，还包括返乡的经济能人。M 村党支部书记 ZCP 在访谈中说道："无论是什么样的农业公司，种植也好养殖也罢，村里的种植养殖大户都是非常关键的角色，当然不全是因为要用到他们掌握的技术，还要用到他们的能力和他们的成就所衍生的村民们对他们的肯定，所以，每当村民对村上、合作社或是公司有看法时，免不了要他们出面从中斡旋、协调；另一个角度来说，村里决定要开展工作，也需要这些大户的帮助，他们知道得多，也通情达理。所以，村里做很多决定时也确实要照顾到他们的实际利益，不然工作开展就会遇到很大的阻力。"

主体再生改变了乡村社会组织结构和治理主体，乡村经济精英利用强大的关系网络和社会资源，参与乡村治理的日常运作。一方面，这些经济精英多为土地合作社、村集体经济股份合作社的理事和其他专业合作社的发起人，而合作社是乡村治理的重要载体和组织化力量。另一方面，乡村精英对乡村公共事务也较为关心，他们具有较强的关系和资源整合能力，在农民组织和动员中扮演着关键角色，敢于对乡村事务治理提出自己的意见。

农村主体的再生和各领域精英骨干的再生产对农村社会有不可忽视的作用，他们推动了农村社会内部权力结构的变迁。同时，再生出来的农村主体通过在经济领域发挥效用改变了农村社会以家庭为单位的小农经济结构，新生主体间形成的利益关系网络以及新经济组织又重塑了乡村治理的组织结构。从 M 村的案例看，以"村两委"为主体的政治精英影响力减弱，经济精英开始走上乡村治理的舞台，现任村支书 ZCP 就是当地很有名气的民营企业家，拥有较高的威望和影响力。因此，农村社会中的不同主体在土地资本化过程中的权力、经济机会和经济地位出现了分化，拥有资本要素、能够参与土地经营的能人崛起为农村经济精英。主体再生过程中的经济分化、利益网络和权力重组是农村土地产权变革传导到乡村政治与治理的社会过程，社会关系的深刻变迁是乡村治理转型的基本维度。

四、政治效应：行动秩序、系统力量、约束规范的构建

产权变革的经济和社会变迁重塑了乡村治理过程及治理结构，利益密集的产业型村庄与利益松散的原子化村庄的日常政治明显不同：后者遵从传统村组干部的政治权威，而前者在农民的组织和动员方面则发生了改变，主体再造重塑了乡村社会权力关系，最终演变出一种"市场支配—多元主体联结"的新秩序。产权变革的经济效应、社会效应和政治效应聚合在一起时，诱发了农村治理秩序的渐进式转型，农村集体内部的公共利益、多主体参与过程和治理资源都发生了改变，这是乡村结构变迁中对新的治理框架需求的结果，也是治理的政治效应的体现。从风险治理的角度看，这套行动秩序、系统力量和约束规范除了通过行动约束构建协同的风险治理行动外，还能对不同主体的风险信息进行收集汇总，并通过对利益诉求的整合构建起统一的以风险分配为引导的财富分配路径，继而同步强化个体和集体的风险承载能力。

（一）农村治理中的新行动秩序

客观上，农村土地产权改革在激活土地要素的流动性之余，还对村庄中其他生产要素产生了效果，被激活的市场需要的生产要素的种类不断增多，它们彼此又相互组合。同时，精细化的分工又引发了农村社会主体的再生和各领域精英的迭代，处于相同利益网络中的不同主体间形成的新行动秩序冲溃了旧有的秩序。在农村集体产权制度深化改革的过程中，随着经济因素、政治因素、社会因素等在农村治理中的力量配比变动，以及经济和社会因素在嵌入乡村内部时与社会因素的联结形态，M 村最终形成了一种"市场导向—多元联结"的农村新型行动秩序。村里的老支书感叹道："产权改革以前，村里人都想着往外跑，离开这个'穷窝子'，M 村是省上挂了名的空心村，上面有任务，村里就统一给干部说一声，村干部再通过告示、微信群、口头传达等方式通知村民，然后大家相互帮衬解决，两委成员能不干涉就不干涉；现在不一样了，每户的耕地都流转给了合作社搞项

目,合作社又把项目承包给大户、养殖户、公司来运营。再看村民现在都关心什么?自己能从入股的项目里拿到多少分红;村中事务日渐复杂繁多,事事要管,还要事事管好、时时处处能管,不然村民会有看法,这个村干部并不是谁都能当的。"

在老支书的介绍中我们可以看到,M村进入了一种"市场导向-多元联结"的农村社会行动秩序,它建立在不同主体之间的利益关系网络上,这种利益联结与集体产权制度改革后的生产要素流转有密切关联,在经济层面和社会层面,权力和资本扭结的合作关系行动网络逐渐搭建,而这种行动网络在社会治理环节中的具体体现是:首先,农户间的利益关系。在整体上的普惠型的利益分配关系外,农户同经济精英构建起了利益纽带,而各类经济精英又因为是从股份经济合作社流转各类要素,故而被合作社聚拢在一起,所以农村社会中各类各级别的产业发展主体之间存在着紧密而不间断的利益交换关系,这些主体之间的利益交换关系是基于经济逻辑的基础搭建而成的。其次,村民与村集体在治理方面的利益联结。在产权改革后,村民的经济利益取决于整个村庄持续发展的程度和综合治理的水平,两者之间的关系从"分散"演变为"紧实"。村支书ZCP这样说道:"这几年村里的事情比较多,做起来虽然更繁杂,但比以前还是好一些;产权改革后,村集体经济收入增加,村里面掌握了一些资源,组织动员老百姓要容易些;另外,大家都知道村里的事务涉及自身利益,参与的积极性比以前高。"由于农户与村集体建立起紧密的利益关系,村民普遍比较关心集体的公共利益,愿意参与公共事务治理。

"市场导向—多元联结"的新行动秩序决定了农村治理的基本维度。村副主任W在接受访谈时谈道:"当前村里的各项事务开展要容易些,因为我们的集体经济效益好。"所以,以后发展的方向还是要以文化旅游为主、种植养殖为辅。主干道也要再增建,形成四通八达的网络,依托这些,就能打造一个休闲旅游路线品牌。村民判断村干部是不是实干派,就看村里变化大不大,村民口袋鼓不鼓,所以,还是要发展产业。可见,产业的兴衰关联着基层治理的能力强弱,此外,M村2017年还规划了10件大事,其中有7件涉及文旅产业、生态农业种植养殖提供道路、绿化和公共设施,另外3件为修缮民居、修建公共厕所和村里的道路。从这里可以看出,村集体治理更多地服务于农业经营和生产,反映了市场因素支配乡村治理的内在逻辑,这源于依托土地进行的农业经营为村集体治理提供了治理资源,在乡村发展能够为村民带来现实利益的情况下,大多数村民对这种市场因素决定的乡村治理也相对能够接受。

（二）农村治理中的新结构力量

"市场导向—多元联结"的产业运营和管理模式引发了利益关系网络的调整，这种新的结构力量为关涉其中的各个行动主体安排了不同的行动逻辑。清产核资后的土地由合作社集中规模化经营，其涉及租金分配、收益分红以及产业发展这三个关系到 M 村村域治理的基础问题。拥有大量资本的外来老板、种植养殖大户和其他经济能人等乡村经济精英由于能够满足村民实现收入增长的预期，因而在村务治理中的权威愈加明显，这些主体能够提高土地租金、带领乡村发展，具有较高的权威，这就造成了农村治理权威的再生产与替代。M 村的村民对村组干部的要求十分具体，不少村民都表示村干部"要有资源、有能力""能让村民致富""有点子"。在同 ZGH 访谈时，他更直接地说道："农村社会的发展起决定性作用的是选好带头人，优秀的村委班子得有这样的能力：善于协调各方面关系；能够争取到资源，既有市场的也有政府的；坚定的实干主义者，对农村以外的世界有足够的了解，他们做生意更专业、更有经验；不能有私心，不能天天只想着通过村上给自己捞点好处，要把大家的事务管理好和经营好。"

这种系统性力量的典型代表是农村社会的经济精英，特别是诞生自农村的返乡经济能人以及种植养殖大户抑或是内部公司管理人员等，他们在农村治理中逐渐崛起并扮演举足轻重的角色。在 2013 年"村两委"换届选举中，民营企业家 ZCP 被村民一致推选为村支书，村里的 13 名种养大户也被推举为村民代表、村副主任、村组织委员等，在村中小规模流转土地经营设施蔬菜种植的 ZYF 的妻子被选举为村妇联主任。这些新的系统性力量之所以能够进入农村社会治理领域，其根源在于：一是他们凭借自身的能力建立起同村民直接的利益关系，同时自己拥有从被认可的经济成就中衍生出来的威望以及一定的话语能力、组织能力；二是他们的务实精神使他们能够建立起良好的关系和经营能力，成为农村的实干派；三是经济精英是农村集体利益的发展引领者和代表者，有能力管理好、运营好集体利益的集中体现——股份经济合作社及其下属组织，并且能够以公认的价值标准协调村民间、村民和经济精英间、经济精英间以及农村内部与外部之间的利益关系。

治理秩序的转向代表着场域内正在发生"秩序图腾"的变动，象征着原有秩序的"权威人物"以及人物的相关属性、秩序的价值尺度均处在潜移默化的变动中。这些变化在村中的老党员、老支书看来是非常有益的："村子要想发展，就像人一样，只有年轻了才能发展，所以放手给有能力、有见识的年轻人去做是对的。能想到把撂荒地用起来、耕地集中起来为大家谋利就值得表扬！尤其是把耕地、林地、劳动力、资金等要素统筹起来交给村集体统一经营，必须考虑生产要素流转后的利益分配问题。大老板们流转了老百姓的生产要素，能够分到很丰厚的利益，那么农户的分红问题，绝对不是固定地按亩发钱就行。"

在对社会经济的发展成果表示认同之余，我们从老支书的话语间还可以嗅到一丝不安，这丝不安首先表现为村民同精英间的治理张力：农村社会的精英由于在规则制定环节有足够的话语权，因而能够在生产要素的流转过程中获得比其他人更多的利益，这会引发村民对象征公信力的"村两委"成员与经济精英间的关系的强烈不满，使得村民对生产要素的流转产生怀疑，在行动中出现"同意而不满意"的现象。而隐藏在这种治理张力背后的却是村民同农村社会精英共有的对农村社会发展的美好期许，正如承包采摘园的老板 Z 所言："从上到下都希望从村里走出去的'能人'们能够发光发热，带动大家致富，但除了给大家创造就业机会外，很难再找到其他的方法了；大家都知道，要搞现代农业，市场统一的标准需要规模化后进行高标准的机械化种植，单靠人工根本达不到质和量的要求，更不要说是分散到农户搞家庭经营，前几年就有想回乡搞蔬菜种植的，结果把种苗发给农户，收上来的有七成不合格，都赔进去了；总之，在村里搞经营，把自己的事做好足矣。"也正是共同的美好期许下，象征着内部利益主体的村民同象征着外部利益主体的返乡经济能人才能形成互动关系，同时，也将村民同精英间的治理张力进一步深化为集体利益内生逻辑与外来主体外生逻辑之间的张力。从早期的返乡经济能人到后期引进外来资本、技术，从客观实在的角度看，这些因素的进入是实现农村社会中生产要素有序化，为生产要素赋值的重要前提，但是，他们在经济领域的市场化、逐利化、资本化，同样也阻止了他们进入农村社会的复杂关系网络中，因而也就无法找到一条直接组织农户参与经营的渠道，只能间接地通过合作社进行。值得庆幸的是，这种张力通过民营企业家向"村两委"成员的转型得以弥合，返乡经济能人的身份转变同时也伴随着其立场的变化，通过在设股定股等关系到村民利益的节点事件中作出能够统合村民和自身利益的决策，返乡经济能人赢得了村民的支持，从而消除内部集体利益同外来主体间的张力。

（三）农村治理中的新约束规范

返乡经济能人和公司管理人在农村社会的经济和社会结构中处于支配层，不同于行政意义上的基层治理组织。村民对"能人"的信任与听从并非因为他们拥有权力，而是因为经济能人给予了农户以预期：他们能够解决农户的问题，因而村民更愿意将经济能人和致富能人作为他们的"代言人"。这种期望的具象化形式就是村民们会不遗余力地在选举中为致富能人们投票。这势必引起干部结构的变动。在 2013 年村干部选举中，各村的致富能手开始担任村小组组长一职，且原本的上级任命、选前协商等非正式程序被村民选举所替代。无论是成员构成还是诞生习惯均发生转变，新的主体及其所凝结的关系和架构逐渐瓦解了乡村治理原有的习惯。

"往常'小组长'就是个苦差事，送给人家都不干，可是最近几次村组调整的时候，居然开始竞争小组长的岗位了；先后经过了村党委和村职位推荐、村民大会投票、村小组代表投票等过程，村里六位能人都选为村民小组长，全村人的脑子都在琢磨怎么致富。"

值得注意的是，随着 M 村种植业、养殖业、农产品加工以及生态旅游和乡村文化旅游项目的进一步开展，当前农村治理模式还成功消解了两种矛盾：首先，通过制定收入分配章程，M 村弥合了集体利益与农民个人利益之间的分离。经过村委会、村民代表 60 余次的激烈讨论，通过了《M 村集体股份经济合作社章程》，其规定了用于分红、公积金、风险金、公益活动的收益比例，如此便解决了农户发展和村集体协调发展的问题。其次，M 村通过在产权改革前多次召开民主会议制订了清产核资的行动方案，并进行了彻底的清产核资。这不仅清算了农户占有的土地情况，还清算了集体的资产。在此之后才开展设股定股、折股量化的工作，同时，在量化股份的工作环节中，村两委在公布各项决定前都邀请区委和村民代表参加，并听取各方意见，以保证决议能够为农户所理解，能够符合农户的利益。这有效避免了日后在利益分配环节农户、合作社以及公司之间的矛盾。

第三节　农村社会风险承载能力的强化路径——社会分配

在一个公正的社会中，其财富分配和风险分配是尽显公平价值的，由此形成的社会风险承受能力和治理能力也是最强的。虽然，农民正在发挥主观能动性以各种极具智慧的方式积极地开展自救运动，但这无法掩盖一个事实：中国的农村社会正进入一个风险集中爆发的时期，历时性风险的共时性呈现正赋予每一种风险以多重且复杂的属性，极大地挑战着风险和财富的公平分配过程及其结果，这不仅是对公平正义价值的威胁，还是对风险社会危害性的强化。故而，取经自成功实践、凝练以核心逻辑、笃行于系统手段，才是强化风险治理能力之行动要义。

一、风险与能力：一种抵达公平的互构逻辑

在对 M 村集体产权制度改革的治理效用进行剖析后不难发现，产权制度改革作为 M 村在经济领域的一大举措，其连锁效应却波及社会、政治等领域，从而触发了 M 村风险分配和财富分配（风险承载能力分配）机制的建立。农村集体产权制度改革在不稀释农民利益的前提下实现了集体经济的发展，优化了财富分配机制，实现财富的合理分配，同时也强化了农户的风险行动能力。可以说，风险分配和财富分配通过集体产权制度改革实现了耦合。以 M 村为例，在集体产权制度改革的过程中，"村两委"在设置股权比例时考虑到农户的经济脆弱性，故将"土地股""劳力股"的比重加大至 60%，使得发展成果更多惠及农户，加快农户的财富积累，并逐渐转化为农户应对风险的基本能力。由此可见，集体产权制度改革中风险分配和财富分配遵循着"风险分配指导下的财富分配-财富分配强化下的风险分配"的实践轨迹，二者处于彼此建塑、型构的关系中，我们将这种相互增益、同构谐变的关系界定为风险分配和财富分配的互构。那么，尚需廓清的问题是：既然风险分配和财富分配在农村集体产权制度改革的行动中实现了互构，二者的互构能否实现分配公平？风险分配和财富分配的互构实现分配公平的基本逻辑是什么？

M 村在进行集体产权制度改革的过程中虽然规定了股民身份的时间和空间要求，但是行动所涉及的所有村民可以被视作处于相同的风险环境中，具有类似的风险背景，均面临着足以构成威胁的经济风险、生计风险，在进行集体产权制度改革前，面对风险环境生活在农村社会的个体，要么选择逃离，要么选择接受救济，但是有效的风险应对策略却迟迟没有生发，经济风险及其连锁发生的其他各领域风险纷至沓来，这就是风险的"多米诺效应"，经济的脆弱性限制了主体的健康资本积累，维持健康能力下降的主体又将面临健康的脆弱性，进而限制主体应对风险的行动能力，导致风险的堆叠层积，农民陷入这样的恶性循环中，只会面对更严重且更广泛的脆弱性。而农村集体产权制度改革的举措扭转了这一局面，当身处贫困境地所导致的经济脆弱性状态时，如果经济风险转变为现实的经济困境，如农户因病、因学或因其他问题丧失经济来源，生计面临严重威胁，流转了农户生产资料的股份经济合作社将在政府财政转移政策发挥作用后，再次提

供物质性托底，以临时支取分红的形式给予农户以经济支援，可在短时间内有效地缓解身处经济脆弱性状态。日常状态下，多种生产要素入股又给农户提供了稳定的经济来源，如此，农户便得到了生计要素的临时性和突发性的有效供给，直接或间接地强化了农户的健康资本、物质资本、社会资本等生计来源和生活必需品。而生计资本和生活资本的补充则改善农户的脆弱性属性，改变农户生计维持的基本路径，强化其行动能力，客观上降低了农村社会中风险对贫困户的影响，带来更多的良性生计输出。此外，在风险尚未转变为现实的情况下，经济发展状况尚未恶化到无法维持的境况，农村集体产权制度改革实际上为农户内生行动能力提供了强劲原动力，并且提供了行动能力强化的可持续路径。此时，作为股民的村民所享受的股份分红成为生计资本培育的主要方式，其在周期性地转化成为农户生计资本的同时，还为农户提供了更强大的心理保障，缓解了生计问题给农户带来的心理压力。如果说农村集体产权制度改革在农村社会内部强化了农户的行动能力，那么培植农户的行动信心这一行动能力的内在动力可以被视为"内在之内在"。同时这种信心会逐渐衍生出对基层政权的信任，为民生政策的执行提供良好的环境和实施条件。对于农户而言，行动信心的提升将激励农户采取更为积极的风险应对策略，将以往逆来顺受、束手就擒抑或消极避世的紧缩性行动策略转化为发展性行动策略。因而，同风险转化为现实危机的农户所经过的"行动资本培植—行动能力强化—行动策略优化"的进路有所差异，尚未遭遇危机折磨的农户则通过的是"行动信心强化—行动能力提升—行动策略改进"的风险承载能力强化路径。故不论是否处于现实危机，农户所面临的农村社会风险都通过行动能力的强化和提升而得以消散。总体来看，顶梁柱公益保险阻断了"风险—脆弱"的恶性循环链，将农户带入"资本强化—能力提升"的良性循环轨道。

　　风险分配和能力分配是耦合的，而包含了物质财富在内的社会财富又是行动能力的源泉，故而，财富分配同风险分配也是耦合的。而从分配正义的角度更深入地观察风险同能力耦合的机制，还需要对一个问题进行回应：分配正义的价值如何体现在风险、能力的耦合机制当中？换言之，我们应当在事件中如何理解正义价值？对此，可以将风险和能力的分配状况以高低两种描述性评价集中表达，二者的分配关系展示在图7-1中，即（甲）强能力—弱风险、（乙）强能力—强风险、（丙）弱能力—弱风险、（丁）弱能力—强风险四种情景。其中，甲类状态是最理想阶段以及最优的行动选择，乙、丙类为次理想阶段和次优选择，丁类为最坏阶段和最差的行动选择。通过专家打分或统计分析，能够测度不同地区农户的能力、风险值,并能够进行区域间的比较研究,这是一种很好的研究方法和研究理路。

图 7-1　风险与能力组合判断矩阵

M村以农村集体产权制度改革为起点的农村治理系统性手段所涉及的农户,大部分处于丁类状态,且采取的风险应对方案也属于最差的行动选择,可以被视作拥有极差的行动能力以及极高的风险脆弱性,成为风险影响的薄弱环节。因此,风险治理要从两个方面同时发力:一方面,以提高其行动能力为目标;另一方面,以抑制其风险积累为目标。而农村集体产权制度改革,在风险—能力耦合机制的作用下,以经济风险的降低为物质基础,强化应对社会风险、生态风险、政治风险、文化风险等诸多风险时的行动能力,并培植农户的行动信心。风险消散和贫困户的行动能力强化具有同位性,二者并无明显区别,其实现方式是通过资源配置补全农户的行动能力短板,并通过宣传教育的方式使之具备识别能力的知识以及运用资源组织自身行动能力的知识,这看似毫不相干的两条路径在目标上是殊途同归的。其在强化了农户的行动能力之余,还降低了信息不对称、资源匮乏而导致的脆弱性。因此,"丁—乙—甲"的策略路线所表征的就是农村集体产权制度改革治理逻辑演进,这是一种能够统合风险和能力分配正义的路径。

二、共生与共赢:实现分配正义的行动思路

在风险社会中,财富分配逻辑与风险分配逻辑作为社会运行的"双面",互为前提、共生共存。作为引导财富分配活动的价值动力,共享同时也是一种分配活动的理想状态,它蕴含着追求效率同分配正义的互动关系。在风险社会语境中,分配正义并非一种程序或结果的正义的代表,而是能力正义的表达,能力正义实现了程序正义和结果正义的耦合。因而,共享在风险社会中还指向了对风险的应对策略,不同于以往的规避,共享之"共"便是要求对风险的共责和共担。由此可知,共享所追求的社会公平正义,是基于经济增长与分配正义的双目标协同,是成果共享与风险共担的统一。

风险和财富的共生关系决定了财富分配和风险分配的同步实现。农业活动的生产力有待解放，农业社会物质财富的匮乏使得生产活动的目的始终是扩充物质财富，以物质财富的量变方式实现社会的进步，因而这一阶段的分配以物质财富的分配为主。现代科技极大地解放了生产力，因而物质财富的积累速度非农耕和工业时代所能比，同时，风险和危险等威胁人类生存的因素也伴随着物质的丰富而快速积累，同样也达到了前所未有的水平，财富与风险的骈行，风险生产和财富孪生。从整体来看，现代社会必须重视风险，将风险纳入人们基本的认知体系中。无论是在农村社会还是人类社会的其他领域，风险始终同利益缠绕在一起，而风险也必须依附于一定的领域和主体才能自我表达，这为风险的分配提供了可能性前提。在农村社会中，财富的生产系统虽然掺杂了诸多现代性因素，但其基础却是农业生产活动，是人类活动与自然环境的直接互动。植被退化、环境污染等农业生产所造成的问题，是财富与风险孪生关系的真实写照。同时，生产力相对较低的农业生产活动所造成的分配问题和矛盾，又混合了现代科技缺陷以及个人私利动机所引发的风险，多种因素交互重叠、彼此激化。换言之，与思索农村社会中财富的分配问题同等关键的是农村社会中的风险分配问题，而后者又在一定程度上决定了前者的正义性与否。至此，风险同物质财富、社会资源的共时在场以及紧密互动，使得乡村场域中分配问题的讨论扩展至风险维度。

乡村的风险景观使得风险分配成为财富分配价值体现的前提，并且在一定程度上决定财富分配的合理性。风险分配除了字面意思所表达的对风险结果和成本的分摊外，还意在表达各主体共进退、同命运的共同体逻辑，无论是收益还是损失均是全体成员所共同承担的。财富分配的含义是物质及非物质财富在不同主体之间的分配。在短缺社会的时代境遇下，财富分配是分配行为的主体，其基本价值追求是解决饥饿等基本生存问题；相比之下，在现代风险社会中，风险成为人类社会中各类问题的主要化解对象，因而，人们普遍性地思考着如何认知风险和应对风险，这时的分配活动对正义价值的追求将是以风险承载能力的分配为主要形式，进而抹平主体之间风险承载能力的差异。正义价值也被时代赋予了解决普遍的关于未来和不确定性的恐惧问题的责任，即"我担忧"的问题。显然，财富分配和风险分配在价值取向、分配方式等方面的差异表明其逻辑必然是不同的，但是，风险与财富的共生关系却又将此二者交织于一体。在农村社会中，现代化所表征的信息化、快节奏等普遍性特征同信息相对闭塞、生活节奏缓慢以及地理、政治、经济等领域的边缘性等农村社会的特殊属性相碰撞，"压缩"了农村社会。

我们能够看到的是，各类风险集中、连锁式地在乡村上演，甚至出现了诸多之前未遇到的情况，即便是能够预见的风险也会以之前从未有过的形式现身，而造成这些问题的原因就是风险因素在被"压缩"的空间内互动，产生了不同于以往的形式内容。风险因素快速积累，同时生产力又没有发展到足以为酝酿风险预警、防范、补偿等治理机制提供足够的时间和空间，使得农村社会成为社会风险肆虐的适宜地带。可以说，农村社会成为风险耦合集聚的高危地区，农村社会也将进入风险集中、连锁爆发的高危阶段。农村社会的发展将进入不同领域的风险加速积累甚至集中爆发的特殊时期。因此，农村社会中的主体所面临的重大风险，既涵盖环境、物种、资源等生态领域，也包括经济、意识形态、政治、文化等来自人类文明的社会风险。风险问题也将成为乡村振兴战略以及一切乡村发展措施、规划实施过程中所要面对的问题，农业农村现代化，是我国农村社会发展转型的方向，以解放和发展生产力为基本思路的财富积累和分配仍旧对社会进步有着举足轻重的作用。但是，尚未取代财富分配成为农村社会发展逻辑的风险分配也在不断地干预人类在各领域的实践活动，其影响在不断深化。

  风险分配支配下的风险分配和财富分配在共赢的逻辑中走向统一。共赢，现代语境使之成为一种讨论合作或者协同的合理性基础，是一种对结果的预期。而合作是人类为了寻求个体无法得到的安全和发展所形成的行动，其中包含自利的动机。因而共赢反映着从集体利益向个体利益的过渡预期，即利益分配的合理性预期，这种预期同样也是在集体中个体身份存在的证明。因而，共赢所指涉的是合作中个体与集体的统一性。这意味着共赢不应仅包含对有形合作收益的分配，还隐含着对资源基础、风险因素、后果责任等要素的分担。具体来看，首先，共赢以价值尺度的形式作用于社会（资源）分配，解决了"由谁拥有、怎样拥有"的问题。于我国而言，共赢是坚持以人民为中心的互利发展，人民群众是共赢发展的践行者，更是其价值的集中体现。作为社会财富的生产者，也是农村社会的单元，农户应当充分且公平地享有社会发展的成果特别是农村社会发展的成果，相应地也要分担发展的成本。农村社会存在自然禀赋不足且后天处于极度脆弱（状态）的群体，如失独失孤者、残疾人等，农村社会的相对脆弱性会进一步放大这类群体的脆弱性，因此，能否维持他们的利益水平及其"获得感"处于正常状态，直接决定了分配对共赢这一价值的表达充分与否。此外，共赢还内涵了"怎样共享"这一路径问题的答案。社会分配既要"有的分"还要解决"分给谁"的问题。而共赢中的"赢"为每个个体所"共"之内容，又因"赢"为博弈的结果，故而共赢的主体需是博弈的参与者，换言之，共创"赢"之人才有共享"赢"的权利，也即"共赢"一词还包含着社会成员既是社会财富分配主体也是社会财富创造主体的意涵。在市场逻辑中，竞争无处不在，而农业生产的同质化会激化竞争，因而，如何共赢才是一种包容性的行动逻辑，这种逻辑的包容性体现为不同个体的差异化的主体性和创造性得到充分发挥。其次，共赢复位了社会分配的应然范围。从纵向来看，共赢概念会复原分配的层次范围。共赢中所隐含的对社会资源的分配，能够有效弥补市场中个体间差异所导致的分层，抑制市场分配中的不正义、不正当的动机，特别是已经处于现代化边缘的农村社会，相比城市中的个体，农户在市场中的竞争力始终处于劣势。共赢理念强调每个社会成员在分配各类财富的机会、质量方面是均等的，财富包含着有形的和无形的社会财富，而均衡指的是起点、过程以及结果的均衡性。对农村社会成员而言，市场行动逻辑本就将其置于不公正的地位，使之成为社会中的弱势阶层，在农村社会中生活的主体同城市生活中的主体间又显著地存在着机会和要素的非共赢，这造成了城乡之间发展机会与实现路径存在着难以弥合的差异。从横向来看，共赢强调了均衡性的实现范围。共赢可以视作全面的共享，以物质财富的共赢为基础，生命安全、经济收入、健康医疗等基本权益以及由此衍生出的诸如工作、住房、交通、教育、社会保障等也应成为共赢所统纳的对象。此外，分配的客体除了上述的资源禀赋外，还有风险、危险、后果等发展成本。共赢是新发展理念的落脚点和归宿，是有效性的衡量标准之一，体现了分配与发展理念的统一，是新时代实现社会分配正义的实际的、可行的当代形式。面对财富占有和风险承受比例失调的事实，共赢发展作为以社会公平正义为导向的发展方式和分配理念，不能仅仅局限于发展成果的分享、物质财富的分配正义，更应该突破传统的财富分配模式，关注社会发展成本的责任与承担，将风险的正义分配纳入其中，强调共赢与共担相统一。在现实中，发展成果的享有者与发展风险及相关损失的承担者常常相分离，对社会现实利益或者说是可计量的利益给予过多的关注，对预期利益或者说是不可量化的利益如风险等没有突出和强调。共赢发展注重关注社会主体风险承受能力的非平衡，纠正现有分配体制中，风险、收益、责任匹配不统一的缺陷，化解弱势群体风险分配正义缺失不足，在成果共建-成果共赢-风险共担的内在逻辑中得到统一。

三、基础与起点：公正分配机制的基本遵循

风险分配必须坚持平等原则、差别原则、整体原则。在风险分配中，对没有

明确制造主体的风险,要强调责任共担;对有明确制造主体的风险,要坚持"谁制造谁负责",坚决反对无限制地转嫁风险的行为。要坚持分配结果的正义性,在风险分配中,由于不同地区、组织、个体在财富占有、社会地位和文化教育水平等方面存在事实上的不平等,因此要对规避风险能力较弱的地区、组织、个体给予特殊照顾,如在自然灾害和各种事故救助中,对处于困难和危险状态的社会成员给予特殊的政策倾斜和财富支持,以实现风险分配的结果正义。在风险分配中要关注社会整体发展,不能拿整个社会的生存去冒险,不能局限于某个地方、某个部门、某个群体的局部利益,不能拘泥于眼前的得失。既要着力解决关系群众切身利益的问题,又要引导群众着眼于大局、着眼于长远,合理表达利益诉求,使风险分配能最大限度地化解社会矛盾,促进社会和谐稳定发展。

构建政府、社会组织和农民"三位一体"的风险分配机制,使"风险成本、风险责任、风险损失由主体承担"。对于现阶段的中国农村社会而言,政府、社会组织和农民作为风险分配的三个主体,应当根据权利与义务对等的原则,积极参与风险分配。政府掌控公共资源,一方面,建立风险管理、应急(灾害)管理、危机管理、常态管理"四位一体"的社会风险集成治理体系,使整个社会在风险来临时能够充分动员、有序协调、高效应对,通过补贴或救济等方式来减少社会支付的风险总成本,任何个人和组织都存在投机或"搭便车"的行为取向,政府必须进行干预,确保社会风险的公正分配。另一方面,建立各种风险强制分担制度(如环境污染责任保险制度、巨灾保险制度)、防止风险转嫁的制度(如污染物排放许可证制度、生态保护补偿机制、垃圾无害化处理机制)等制度,使风险责任分担更加公平合理。从农民层面来看,要不断增强公众的风险意识和责任意识,提高其自身预防和应对风险的能力,从而避免或减少风险对其带来的损害。

风险分配和财富分配应当完善社会保障制度。社会保障是社会发展的稳定器和安全网。当前,我国农村社会保障还存在保障体系不完善、城乡分割、法律法规不健全、政府资金投入不足和管理不善等问题,不利于分散社会风险。必须立足我国当前农村社会的实际,不断完善以城乡居民基本养老保险、基本医疗保险、最低生活保障为核心,以商业保险为补充的社会保障体系,健全农村留守儿童、妇女、老年人关爱服务体系,健全残疾人权益保障、困境儿童分类保障制度,最大限度地降低民众因各种社会风险而产生的损失,全面提高人们的生活质量,为人的全面发展创造更好的条件。

参考文献

[1] 贝克.世界风险社会[M].吴英姿,孙淑敏,译.南京:南京大学出版社,2004.
[2] 贝克.自由与资本主义[M].路国林,译.杭州:浙江人民出版社,2001:118.
[3] 贝克.风险社会[M].何博闻,译.南京:译林出版社,2004.
[4] 贝克.世界风险社会:失语状态下的思考[J].张世鹏,译.当代世界与社会主义,2004(2):88-92.
[5] 贝克.世界主义的欧洲:第二次现代性的社会与政治[M].章国锋,译.上海:华东师范大学出版社,2008:57.
[6] BECK U. Power in the global age: a new global political economy[M]. Cambridge:Polity Press, 2006.
[7] BECK U. The cosmopolitan vision[M]. Cambridge: Polity Press, 2006: 19.
[8] 麦克尼尔.瘟疫与人[M].余新忠,毕会成,译.北京:中国环境科学出版社,2010.
[9] 伍德.追寻文明的起源[M].刘耀辉,译.杭州:浙江大学出版社,2011:184.
[10] 唐代兴.气候失律的伦理[M].北京:人民出版社,2017:44-49.
[11] 唐代兴.生态理性哲学导论[M].北京:北京大学出版社,2005:111-114.
[12] 吴晓燕.农村土地产权制度变革与基层社会治理转型[J].华中师范大学学报(人文社会科学版),2013(5):7-12.

第八章

农村社会风险分配与财富分配的互构机制研究

社会再生产过程是由生产 - 分配 - 流通 - 消费四个环节所构成，分配环节衔接于生产，并反作用于生产，分配环节的正义价值是由适配生产环节所决定的。因此，农村社会的发展正义应当基于一套生产与分配相适应的再生产框架。从现实来看，工具理性主导的农村社会发展往往固守"效率至上"的价值导向，在大量引入外来资本、技术、制度、模式等生产要素后，农村社会确实实现了财富的快速积累，但是也"生产"了大量成本，由于缺乏足够的识别能力，这些发展的成本没有得到及时治理逐渐演变为风险诱因，这也是当前历时性风险共时性呈现的风险结构成因。一个基于风险与财富结算的分配不仅是农村社会历史与现实的发展所需，也是风险社会语境下农村社会实现再生产的必备环节。除却独特的风险结构外，农村社会利益关系和社会网络的历史习惯在现代因素的介入下发生改组，政治结构、社会关系、主体功能定位等系统变迁造就了农村社会不同于城市的行动逻辑。因而，农村社会中风险和财富会在各个主体的实践过程中发生怎样的互动，风险和财富的关系将如何展现，又会带来什么样的治理效果，这值得我们深入探讨。

第一节　互构关系的内涵与类型

以风险社会的视角窥伺农村社会，环境中的风险与财富之间的互动，将会通过农村社会中主体的实践活动表现出来，故而，风险与财富的关系本质上是农村社会中一系列社会关系的集中体现。一般而言，关系是一种纽带，是连接社会关系网络中各个节点的桥梁，联结各类主体，进而通过主体间的行动加以体现，同时，关系也是节点，它被诸多实践所渲染、展现和连接。总之，关系可以被视作一种通路，它会导向财富的流动方向，其效应好坏同其导向能否符合外部环境要求相关；同时，在导向价值和财富的流向时，它会借助社会要素的互动关系触发农村社会结构的变迁，其结果理想与否难以预料。风险与财富的关系超出了一个结构性概念，它表征着农村社会中行动者之间的互动状况等，决定了主体间行动或组织行为的基本逻辑。透视农村社会风险分配与财富分配的互构机制，首先要掌握机制的根本所在，廓清治理机制的核心——风险分配和财富分配的关系，通过描绘农村主体间的风险与财富的互动关系，系统地构建风险社会语境下的农村治理的合理框架，进而揭示农村治理机制的动态和静态结构。

一、互构的内涵

互构作为一种关系,其底色属性为"关系"概念所锚定。关系,无论在理论界还是实务界已为各类观察、研究所广泛使用,其理论和实践成果自然不可胜数。言及关系,由表,可概论人、事、物、群体等客体性实在间的动态和静态关联,及里,则可意旨于主体内部各要素、矛盾、子系统等组件的动静联系。总之,凡论及关系其必涉及至少两个对象间的动静逻辑[1]。同理,"多元"作为"互构"的前置条件,单一则是对结构性的否定,因而无所谓"互构"。总而言之,互构至少包括三个方面的含义:参与互构的主体之结构存在弹性,即具备可塑和构变的一面,这是互构的前提;参与互构的主体之结构存在刚性,如此才不至于完全被同化;互构双元中,刚性与弹性必然是共时呈现于其中的。

自"互构"的概念进入社会结构、社会行动等社会有机态的研究视野后,其便为研究者们开辟了一种分析现实的创新性视角。国内学者郑杭生在描绘社会转型阶段人们的生活方式、生计维持、关系网络和行动模式的流变时,发现个体同社会间存在一种相互建塑的形态[2]。个体同集体之间产生了谐变关系,从而将个体与社会的行动关联构成一种新型的关系性状,在此,对于互构关系的理解是参与互构的双方各具有特定的意义指向,在互动性建塑与型构过程中,互构双方表达、彰显与输出自身行动的意义能量,同时又受到对方的影响,摄入了对方传递的能量流。互构造成参与者对自我行动意义的重新调适,行动实践的样式、策略、目标等均构成参与者自我修正和改变的使能因素。与此同时,互构双方并非存在固定的主客体地位以及强弱对比关系,互构双方的强弱对比也并非永恒不变,双方位置在不同情形中会互换,其转换过程可以是双向的也可以是多向的,可同时也可先后而变且在转换过程中各方时而强、时而弱。当风险分配与财富分配的建塑和型构关系被构建起来后,主体间配合顺畅,制度框架合理,互动日渐频繁则为强互动,反之为弱互动。作为《弱关系的力量》的理论基础,格兰诺维特强调弱关系构成了信息流运动的纽带,强关系则不具备此类属性。但是,格氏的强弱关系讨论不仅因带有浓厚的西方文化背景,难以解释儒家文化圈中的强弱关系,还因为其强弱关系的力量讨论仅被置于信息流运动的语境中,而丢失了对物质、能量等其他社会组成要素运动的解释力量。在农村社会环境中,农村社会虽然正处于现代化进程之中,但是,它依旧保留了以农耕文明为代表的匮乏社会的生产方式,财富分配的逻辑始终占据主导地位,但是,全社会却浮现出风险社会的特征，风险分配将成为支配包括农村社会在内的人类社会发展的主要逻辑，于是，农村社会的财富分配无法应对风险的涌现，而农村社会中风险分配难以找到能抵消风险的任意主体，于是风险分配与财富分配间不协调的弱关系便诞生了。若按照格氏的理论，这种弱关系将会成为信息流的主要纽带，但是，现实却是风险分配的信息依旧难以为财富分配提供参考，而财富分配的信息甚至被肆意扭曲，成为部分利益既得者规避风险的信息依据，不仅无法指导风险分配的实践，更会加剧风险分配的非正义风险。有鉴于强—弱关系的理论缺陷，我国学者积极对其进行完善和补充，如在"强关系"论中，将人际互动的强弱与权益维护的可能性视作存在正相关关系，而信息传递仅为互动关系的必要工具。这一观点直接反驳了格氏所构建的强弱关系和信息流动的框架；又如，从强—弱关系的分析过程出发，提出强弱关系假设忽略了关系在双方间的不对称性，仅聚焦于能否给分析带来方便的对称性；再如，针对格兰诺维特将社会空间建构为由多元离散群体组合的观点，提出在离散群体间存在着由离散关系所重叠而成的彼此相交的凝聚性的亚群落，能够联结较远位置上的行动者。

不难发现，上述看似对格氏强-弱关系理论的反驳，实际上是在完善其理论体系。因此，在对风险分配和财富分配进行定义时要从实际出发，将关系放置于现实的实践场景中，继而深刻剖析互构关系。那么，在互构关系的不断演化中，以静态观之难免偏颇，因而从动态性、多维性的角度来观察更为恰当。在具体的事件中，互构是人们连续不断生产—分配—再分配的过程，其本质是双方的能量、物质和信息的交换。此外，互构仅表明二元素的联系，并不能表征此联系是否处于理想状态，因此，互构极有可能在信息不健全、机制不完善、秩序不稳定、规则不明确的条件下运行，如在市场逻辑的支配下，市场规则在财富分配的过程中发挥着决定性作用，此时的社会财富将会流向已经掌握大量社会财富或资本的人群，他们能够利用社会财富充分地规避社会风险，使之流向社会财富占有量少、无法承载风险的人群，继而加重风险和财富的阶级不平等，更无法实现财富配置的帕累托最优。在学术界对强-弱关系已有的研究成果基础上，探讨风险分配与财富分配的互动状态，从强-弱维度来说明农村社会两者互构的具体形式及产生的效果[3]。

总而言之，对互构关系的见解多种多样。结合当前农村社会的综合情况看，虽然对于互构概念的界定，从不同的理论起点出发会形成对其影响因素有差别的分析和解释，但无论是借鉴外来成果抑或基于中国实践的创新，其研究都应立足于互构的本质，从财富共享、风险共担的程度等价值属性着眼，将农村社会中组织、个体等主体自身所具备的社会属性和差异化的行为习惯统筹起来实现分析的具体化、多维化和动态化，进而完成风险分配和财富分配互构的本土化研究。值得注意的是，风险分配与财富分配的互构关系作为一种行为逻辑间关系，其具体实践以及关系的描述不同于社会组织、个人等主体间的互构规则，但是其也存在着要素流动、势力对比等问题，再者，风险分配与财富分配的实践主体是社会组织和农户。因此，行为逻辑间的互构与主体间的互构存在着共性，故研究可以基于对已有的研究成果的充分利用来系统分析风险分配与财富分配的互构关系。

基于上述对风险分配与财富分配互构关系的理解，合作社组织成为农村社会中风险分配与财富分配实现互构的重要环节。在农业税被取消后，"村两委"成员同村民间的利益关系逐渐断裂，"村两委"成员往往有求于村民的事项越来越少，有失去满足村民需求动力的倾向，"集体利益—村民服从"的逻辑链条断裂[4]，因此，后农业税时代的基层政权面临着"权力—责任"的弱化，组织属性也从管理转为服务，基层治理组织同农户联系逐渐消解，导致了农村治理格局的松散样态。"村两委"在经济领域面临着凝聚力、动员力、整合力的弱化，进而导致其在农村治理方面的职能性缺位。这样的背景为合作社组织的快速发展提供了空间，它不仅扮演着引领农村经济发展的"领头羊"角色，还为农民自身利益诉求的表达、满足提供了渠道，也构建起农村社会中矛盾冲突化解的平台[5]。当然，在合作社参与农村治理的过程中，"村两委"、村干部等权威及其构建的利益网络也会对此作出因应性的调整。处于相同的地域空间、相似的认知体系、相近的文化背景中的两者在共同目标驱动下不断进行相互适应，从而构建起制定农村社会分配规则的综合功能体。风险分配与财富分配的互构关系将作为一种秩序符号体系，规定着农村社会系统内部以及外部间的资源流动，从而表达不同节点处的组织需求。同时，合作社通过与村级治理组织的紧密关系所拥有的话语地位，增强其制定农村政治领域分配规则的参与能力。诚然，合作社也为村级治理组织提供了帮助农村集体经济发展和改革的重要抓手，进而最大限度地发挥其治理效力，获得农民对其权威性以及所制定规则的认同。随着合作社在农村治理体系中的参与程度不断加深，农村社会中风险分配与财富分配的互动也越发频繁，形成了对农村社会发展起举足轻重作用的风险分配与财富分配的互构机制，进而推动农村风险治理的基本秩序形成。

二、互构关系的类型

治理的本质并非一元管理、单向支配,而是多元互动、充分协商、达成共识的持续博弈过程。在农村社会风险治理的过程中,风险分配与财富分配的互构正是互动与协同的精准体现。风险分配与财富分配行动的协同不仅能够规避过度竞争的内耗陷阱和低效率,还可以为主体间的协同行动构筑共意基础。不过,风险分配与财富分配的互构,并非单一行动主体所能完成,而需要在持续不断的相互作用中寻求多元行动者的协同点,最终构建起我们所观察到的农村社会风险治理实际。当然,这种多元主体参与的行动在持续性和有效性面前仍具有不确定性,加上互动过程中主体间的投机行为,会导致风险分配和财富分配的互构效果发生波动。诚然,风险分配与财富分配的互动能够带来利益和资源配置的优化以及互惠行为等,但互动关系的恶化演变则会导致农村社会中主体间关系的震荡,进而加剧农村社会的脆弱性。当二者处于良性互动状态时,农村社会的风险治理将会向好发展,反之就陷入风险因素加速积累、质变爆发的恶性循环。风险分配与财富分配之间存在着复杂的互动关系,其现实状况比理论设想所展现的内容更加丰富多样,主要呈现为以下四种类型。

(一)风险分配强 - 财富分配强

该类型的主要特征表现为风险分配和财富分配的强互构关系。具体而言,社会财富在要素归属原则的引导下完成了初次分配。农村各行动主体对不同阶段的风险及其影响进行了充分的评估,并分析了现有财富条件下的不同主体受风险影响的作用效果。以此为参考,在强化主体风险行动能力的目标引导下,村级力量联合合作社和农民对各类社会财富进行有针对性的再分配,实现了主体行动能力以及整体风险治理能力的提升。农村社会中村级组织办事能力较强,农村治理、农村社会发展处于稳定有序状态。同时,村集体经济组织发展相对良好,能够获得一定的盈利,可以满足本村内集体性、公益性活动。合作社在发展壮大的同时获得村民支持进入农村治理领域,同治理主体产生紧密互动,甚至出现"一套班子,多块牌子"的现象。总之,此时的风险分配与财富分配间形成了相互建塑的效果,风险在各个阶段都无法影响行动主体的日常生产生活,农业农村优先发展战略实施对风险产生"免疫"的效果。这样的互构,则是建立在治理主体间资源、信息等要素的共享畅通无阻,互动关系亲密无间的条件下。甚至可以说,此时的农村治理主体虽然是由多元主体构建而成的,但是却向着一体化的方向发展。我们可以断言,风险分配和财富分配的互构必然伴随着农村治理主体的一体化状态。如图8-1所示,其中梯形的面积大小代表风险分配与财富分配的势力大小,整体形状表明当前风险治理能力的分布结构。图形面积几乎相等,说明二者之间强弱对比是相同的,此时形成的风险治理能力是均衡且稳定的。

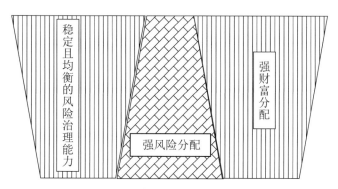

图8-1 风险分配强-财富分配强型

案例一：S省Y市D镇的一个X村,由于地处Y市郊区,是典型的风沙草滩地区,而畜牧业的传统加重了土壤的沙化,牧草的退化致使畜牧业逐渐走向萎缩,因而生态问题成为限制X村经济社会发展的主要障碍。从2019年开始,X村通过集体产权制度改革,村内大部分土地集中起来,建设了2000亩紫花苜蓿基地、262座大棚蔬菜基地、特色种植基地和"一伙场一圈舍"。其中,苜蓿种植实现规模化、机械化作业,养殖合作社以"扩牛稳羊控猪"为方向,同时建成万头肉牛和10万只湖羊养殖基地,达成村民年分红破万元的成绩。X村经济发展的背后是生态治理、社会治理等领域的多措并举。为集中分散破碎的耕地,X村将村庄重新划分功能区,实现了养殖、种植、生活、公共服务四区分离,不仅推动了道路平整、院落齐整、垃圾分类、污水治理等人居环境整治项目,还根除了牲畜粪便、畜牧活动、围圈占地等活动引发的纠纷矛盾,更重要的是,功能分区破除了村民间地力差异所导致的矛盾隔阂,使全村村民凝聚为一体,实现了集体认同和治理组织认同。在生态领域,位于毛乌素沙漠边缘的X村通过"砒砂岩+沙"的模式将遇风起尘、遇水松散的万亩黄沙改造成为马铃薯亩产8000斤(1斤=0.5千克)的现代农业示范区,探索出了沙漠生态治理的新路径。X村的发展不仅是对生态风险等风险现实的理性评估,还需要在合理评估风险的前提下指导财富分配,更需要财富分配能够提升风险承载能力。因此,风险分配与财富分配形成了相互建塑、彼此增益的互动关系,二者之间也很少发生冲突。二者客观的互动关系决定了其所处环境的未来走向，因此，实现了双强均衡的风险分配与财富分配将在共同发力的同时为彼此的发展提供依靠，并将 X 村的风险因素积累速度抑制到最低，而农户风险承载能力将获得稳步提升。通过二者的强互动关系应对风险社会逐渐成为现实。不过，因为未来和人为的不确定性因素，以及客观条件对发展的限制，风险分配与财富分配互构对风险社会的抵御能力并不能稳定且持续地发挥出来，只有在内外部条件基本具备的情况下才能正常发挥。X 村的案例在调研中并非独一无二的存在，但也并不多见。再者，风险分配和财富分配互构关系是动态进行的，二者难以界定势力的实时大小，但是，从实践来看，这仍旧为农村治理现代化提供了一个基本的方向。

（二）风险分配强—财富分配弱

该类型一般表现为，村级组织、合作社组织和农民间构建起完备的信息交流网络，各行动主体在充分交流风险信息的前提下针对进入危机态的风险所产生的差异化影响对社会财富进行再分配。但是，这一阶段的财富依旧遵循着在各行动主体间的要素归属原则，未考虑分配的公平性，更没有考虑到不同行动主体在面对风险时的抵御能力是否公平。再者，对于日常态、潜伏态和未发态的风险，行动主体间只能有所察觉却无法采取有效应对措施。各行动主体能够借助彼此的力量实现发展，村级力量能够充分地和合作社以及村民进行风险信息交流，村级治理组织有足够的动员能力和凝聚能力，合作经济组织正在探索引领全村经济发展的路径，但尚未形成足够的经济实力和村民认同，当面对风险时，合作社可以得到来自村级力量的风险信息以及应急物资支持。村民则会在村级力量的调配下获得应急物资展开应急行动。在行动主体间财富占有和行动能力对比中，弱势的财富分配策略会在成熟的风险分配的作用下逐渐完善，最终精准转变为风险环境中治理主体的行动能力，继而强健风险治理的整体能力。总之，在风险分配强、财富分配弱的互动过程中，风险分配能够为财富分配的改善提供有益的参考，风险分配和财富分配的关系逐渐向互构方向发展。如图 8-2 所示，两色图形大小代表风险分配与财富分配的势力大小，整体形状表明二者互构形成了较为稳定的风险治理能力分布结构。而整体形状呈现顶窄底宽的梯形结构，说明互构机制显著强化了普通村民的风险应对能力，在二者的互构过程中，农村社会的风险治理短板逐渐补齐。无论从村民还是农村社会整体角度看，风险脆弱点逐渐被消除。

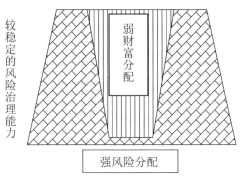

图 8-2 风险分配强—财富分配弱型

案例二：V县Q村是典型的黄土丘陵沟壑地貌，由于基础条件差、劳动力流失严重，Q村的经济发展处于停滞状态，生态环境、社会治理更是无从谈起。面对不断恶化的全村经济发展态势，致富能手GZH于2017年带领三名党员筹资50万元搭建了100余个配备有蓄水池、灌溉管网以及喷灌设施的温室棚，用以发展芝麻香瓜、冬小麦等设施水果及粮食作物。2018年，Q村的集体产权制度改革进入尾声，成立股份经济合作社流转了全村耕地用以扩大特色农产品种植面积。针对该村贫困户大部分经济条件差且老弱病残占比大的特点，"党支部—新农业主体—贫困户"的"发展—济贫"运行机制诞生，借助资源性资产入股分红的方式解决了贫困户的生活问题，还发动了贫困户参与股份经济合作社的日常生产和经营活动，此外还针对留守儿童和老人设立了爱心学堂和幸福院。2019年，Q村从典型贫困村蜕变为脱贫攻坚示范村。从整体来看，Q村的转型虽得益于致富能人和党员的先锋模范带头作用，但是其关键在于Q村的村级治理组织对环境中风险的理性研判。Q村拥有占总人口1/5的贫困人口，经济脆弱、健康脆弱等成为风险极易攻破的短板，从而导致全村发展较为缓慢。对此，Q村"村两委"通过将集体经营收益以及社会公益资源等社会财富转移分配至弱势群体的办法，实现了消散全村所共同面对的风险的效果，也实现了对弱势群体风险承载能力的强化。虽然在分配的各类财富中缺乏文化精神活动的财富分配，但是对风险的识别和以此为前提的财富分配能够实现财富-能力的快速转化，从而强化风险承载能力。

（三）风险分配弱—财富分配强

风险分配弱—财富分配强型基本特征是财富分配占支配地位。农村社会中财富分配除了遵循要素归属原则外，还会考虑分配的公平，但是，这种公平是结果公平或是过程公平，而非各行动主体在应对风险时的能力公平。因此，在财富分配的逻辑支配下社会财富无法转变为风险治理能力，财富的分配也不意味着行动主体风险治理能力的强化[6]。缺位的风险分配除了将各行动主体独立地置于完整的风险面前外，还切断了行动主体间协同的可能性，整体风险治理能力无法构建。此时的村级力量由于指挥不当、组织散漫、权责不专等问题难以动员村民和村中各类资源，农民合作社虽然得到了一定的发展，但在风险面前依旧不堪一击，农户虽然通过合作社获得了经济收益，但在诸如文化、科技、健康等方面仍处于匮乏状态，最终在面对接踵而至的风险时，既无整体的风险治理合力，又无应对风险的个体行动能力。值得注意的是，同样是一强一弱的情况，风险分配的弱化会断绝风险行动能力的强化路径，而仅凭财富分配反倒会加重风险和财富的倒挂现象。因此，风险分配是构建风险分配和财富分配互构关系的关键，如图8-3所示，此图与图8-2呈相反态势，即风险分配弱而财富分配强，形成顶宽底窄的梯形。因而，此时的风险分配和财富分配的互构将会加重风险—财富的倒挂现象，农村社会整体的风险治理能力也呈现不均衡、不稳定的态势。

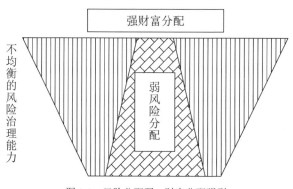

图8-3　风险分配弱—财富分配强型

案例三： U镇J村于2014年启动了设施蔬菜大棚基地建设项目，按照政府引导、群众自愿、政策配套的原则，采取"统一建设规划、统一建设标准、统一耕作管理、统一技术服务、统一包装营销"的举措，建成100余座占地500余亩、使用水肥一体、蜜蜂授粉、多功能地膜提温等技术的高标准日光温室大棚，种植冬春茬、秋延茬番茄、甜瓜、豆角等设施果蔬等30余种。此外，J村还带动了全镇其余6个村的设施果蔬种植。然而，当课题组成员在J村调查访谈的过程中发现，J村虽然整体上实现了经济总量的增加，但也出现了严重的两极分化，村民们虽通过对土地、房产、劳龄等要素进行折股量化，但因未区分股权比重，致使大部分集体资产的盈利所得流向了投入大量资金的返乡经济能人手中,而普通农户的经济状况并没有得到明显改善。正所谓"不患寡而患不均",当分配规则刚出台时,许多村民曾经提出过异议,但是他们的意见并未得到足够的重视,这直接导致当前农户对"村两委"和合作社监事理事的消极评论,同时从2014年至2019年J村的贫困户也出现了脱贫—返贫的多次反复。很显然,按照要素占有原则的分配是财富分配的基本特征,但没有风险分配作为指引的财富分配不仅不会改善整体的风险承载能力,反而会使已经处于脆弱状态的农户更为脆弱,提升风险社会中的行动能力更是无从谈起。

(四)风险分配弱 - 财富分配弱

风险分配弱 - 财富分配弱型,其主要特征表现为农村社会成为风险流入的"洼地",农村社会风险治理能力整体羸弱。具体而言,财富分配弱表现为,财富只有通过以家庭为单位的分散化经营进行积累,在农村"三空"加剧的过程中,农村人口、资源等生产要素不断流失,社会财富的整体生产能力下降,财富分配遵循着要素归属原则,社会财富集中于农村社会中占有生产要素较多的群体,进一步造成个体间风险治理行动能力的两极分化。风险分配弱则表现为风险治理合力和权威性分配程序的缺乏,当风险发生于农村社会中时,没有风险追责的程序和执行主体,更无法形成集体风险治理能力,农村社会中占有社会财富较多的主体会利用其拥有的金钱、资产、教育、权力、信息等降低风险的影响,而社会财富占有量少的农户只能独自面对风险的影响或伤害。总之,此阶段风险分配与财富分配逻辑相互背离,农村中的行动者在风险面前毫无招架之力,"村两委"、合作社和农户间没有密切的联系,无法在经济、文化、政治、生态和科技等领域形成合力,三者成为经济风险、政治风险、生态风险、文化风险和科技风险的独自承担者,一旦风险来临三者均难以从中恢复到正常状态,加剧自身的风险脆弱性。此外,由于风险治理合力不足,风险因素积累和连锁爆发毫无障碍,农村社会成为各类风险的聚集地。当然,这并非我们所期望的农村社会风险治理格局。如图8-4所示,两色图形的细窄形状意味着风险分配、财富分配均未具备实现的主客观条件,或许村民具有强烈的风险治理意愿,但缺乏有力的风险分配和财富分配行动,故难以形成风险治理的行动能力,甚至无法进行互构。其中,两色图形的细窄形状说明风险分配和财富分配的弱势,整体的顶宽底窄表示风险治理能力分布的不均衡和不稳定,虚线则表示无法形成互构,没有形成风险治理合力。

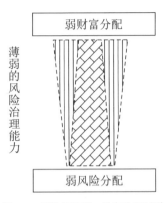

图 8-4 风险分配弱—财富分配弱型

案例四：G 村位于 H 镇中部，是一个依靠非常分散的耕地发展的小村落，由于缺乏维系生计的支柱产业，村中原有 180 余户村民现仅剩不足 100 户，且留守人口多是 60 岁左右老人或未成年人。据了解，村委干部于 2007 年便积极响应政策号召以村集体名义注册了该村唯一一家种植设施蔬菜和水果的专业合作社。但受限于村民认同度，合作社无法完成规模化经营，即便村委干部承诺免费提供种植设施并提高土地流转费用，合作社也仅仅完成了注册流程，并未真正起到对本地农业产业发展的带动作用。当课题组成员向村民询问关于自身生计生活的风险水平问题时，村民均表示自己的生活其实并不稳定，看似风平浪静其实困难重重。村民生计仅能靠自己外出打工或是子女的努力来维持。当问及村民对于合作社以及"村两委"的看法时，村民均连连摇头或笑而不语。可见无论是政治、经济还是其他领域的发展对于村民而言基本上没有多少起色。政府、社会组织、"村两委"既缺乏对当前农村社会整体的风险治理对策，又缺乏公认的分配规则，G 村的风险分配和财富分配并未形成紧密互动，甚至可以说，G 村根本不存在风险分配和财富分配，村民直面风险，毫无招架之力，该地农村社会的治理也是如此。虽然怀着对生活生产的渴望，但是上至"村两委"、合作社，下至村民均不知道怎么才能让自己真正富裕起来，持久地过上好日子，而不是远离故土、家人，任由农村衰落下去。

三、互动关系研究小结

从风险分配和财富分配的二者对比来看，风险分配在农村社会风险治理决策中居于领导核心地位，是农村治理现代化的时代体现，也是农村社会在同外部环境互动过程中形成的适恰性机制。风险分配和财富分配的互动效应来源于风险和财富的共生关系,有效性的基础主要是能力-财富的逻辑链条,其行为价值的基本导向是"正义",而风险社会和农村社会运行趋势则是"正义"价值的时空环境背书。风险分配的可行性来源于风险的可驾驭性[7],可驾驭性的物质基础是人,在农村社会环境中是村民,其行为目标导向是存在共识的。调研过程中发现,财富分配在风险分配的指引下,在风险治理的行为选择中其效力是适配于风险社会的客观环境的,主要发挥着日常风险因素抑制、突发危机事件处置、风险恢复等功效。财富分配作为长期存在于人类社会形态的分配规则,其需要由社会权威来执行。虽然其合法性基础来源于社会成员的共识,但是其很大程度上受到行为行动、客观环境、地域文化等因素的影响,其行为价值在理论上是指向"公平"的,而对这种"公平"的内涵诠释更莫衷一是,甚至表现出理论和现实的强大张力。通而观之,农村社会的风险分配和财富分配在实践主体、实践环境乃至于实践价值和目标方面均存在重叠之处,甚至二者的内涵也存在共通性。退一步讲,风险和财富的孪生关系也决定了风险分配和财富分配的共生,继而成为风险分配和财富分配互构关系达成的基础与前提。众所周知,风险社会中农村治理的本质是农村风险中主体行动能力的配置问题,其核心是社会财富向行动能力的转换以及行动能力对风险的抵消作用,也即农村治理中风险与风险承载能力的较量过程。由于农村社会实行村民自治制度,虽然存在乡级政权的管束,但农村治理的过程和受益均是以农户为基本单位。也正是在村民自治制度中,农村社会中各个行动主体的角色、地位没有类似于行政部门森严的等级制度,更重要的是其具有严格的级别层次,更带有经济、权威、能力、资源、社会关系网络等多方面因素共同评价的色彩,那么其主体行动的策略也会显得更加多样化与复杂化,究竟何者为大,何方力量最强?在不同的地方、不同时间段内,这一问题需要因地、因时作出回答。

基于以上分析,我们将研究焦点集中于风险分配及以财富分配为代表的村级治理体系中。因此,在进行实际分析的过程中,我们必须将理论推导与地方差异性、地方发展阶段特征等因素结合进来,以更好区分两类分配逻辑以及风险治理的效用,对权威差异、地位差距进行分析。谁会发挥指导作用?从上述案例的调查显示与理论推演,我们可以看到,如果风险分配与财富分配均处于比较羸弱,无法满足应对风险需求的境况,那么此二者之间是不存在互构关系的,甚至也不属于互动关系,因为彼此均未为对方提供有益的实践策略和行动,所以这种互构是不存在且不理想的,同样也是失败的,虽然临时生效但无法实现持续发力。毋庸置疑，如果农村社会中风险分配构建起共识性、科学性的基本规则，治理效果良好，风险研判科学，同时能够有效指导社会财富的基本流向。而财富分配也依附于农村社会中已有的利益关系网络、自然资源条件等物质基础组建起来，并进一步实现财富－能力的转换，且统筹了效率和公平因素。那么，在二者均具有一定的支配能力时，且各方之间均表现出人类治理实践中的需求时，它们之间极易形成互动关系，并进一步形成彼此增益的互构关系。因此，这种分配逻辑指引下的治理行动在一定地域内能够存在并能够满足一定的地域要求。在风险分配和财富分配的强弱关系不均衡的情况中，风险分配或财富分配会具备相对较强的对治理行动的支配力量。在非对称关系中，弱势一方会在发展中接受强势一方的支配。同时，强势一方除了对行动主体的绝对支配外还会改变弱势一方的逻辑内涵，风险分配和财富分配之间也能形成互构关系。在互构过程中，风险分配和财富分配会随着二者关系演进而发生一定的利益分化，甚至会出现非正和博弈。不过，不管是非正和或是正和的交换行动，其背后均隐含着村社关系这一本质内容，只不过是互动关系的结果发生了些许变动而已。需要特别指出的是，不管是风险分配还是财富分配互构的基础条件、互构的现实可能性、互构的功效保障，还是风险分配和财富分配的彼此建塑、型构都不是理想化的概念范畴，它们不是建构在一系列理性假设的基础之上，而是从客观存在出发，是在客观环境基础之上的现实描绘。

第二节 风险分配与财富分配互构机制的构建基础

现代化的生产要素在进入农村社会的同时也将现代风险带入农村社会[8]。风险分配和财富分配作为风险社会中实现正义的分配逻辑，有望嵌入农村治理中，以互构推动农村社会风险治理机制的形成。随着风险社会的特征在农村社会中不断内化浮生，风险分配和财富分配的互构将成为农村社会风险治理的未来趋向，而作为诞生于风险社会的治理形式，风险分配和财富分配的互构机制能够成为当前农村治理的一种应然选择，必然存在不同于其他治理逻辑的特性。基于理论和现实视角对风险分配和财富分配互构进行的深度剖析，本节还将对风险分配和财富分配的互构机制所呈现的动态性和系统性进行更深入的展现。故本节将重点分析机制的系统性和综合性特征，结合实地调研的观察，从互构机制的生发、动力、运作三方面阐述其基质构成，形成风险社会语境下农村治理现代化及其机制创新的建构性框架。

一、风险分配与财富分配的生发条件

(一)风险价值的重塑

农村社会中行动主体的风险意识形成以及风险价值构建,既是农村社会进行风险预防、风险应对与农村治理活动组织的前提条件与内在基础,更是农村风险治理能力构建的系统工程之一。尽管农民的风险意识能够产生并得到强化,也不能完全消除生产和生活环节中的风险要素积累,但是,农村社会中的行动者一旦构建起较为强健的风险意识及其整体强化的可持续路径,对于农村治理体系和治理能力的现代化建设而言,无疑有着非同一般的意义。此意义即是,脆弱的农村是全社会风险治理的薄弱点[9],而农民风险意识的养成不仅是农村社会中主动风险治理行为生成的内在动力,更象征着全社会有意识地抑制风险生成和发展的重要胜利。从该意义说,没有农村社会中行动主体的风险意识的养成及强化,也就很难实现全社会对风险的主动治理。

人类意识的存在是其区别于其他物种的关键标志[10]。人类不仅可以清楚地感知自我,还能够意识到自我的意义和价值。因此,人类行为不仅是完整的意识的内导产物,也是明确的价值性和目的性的对象化,风险预防行为的诞生便是如此。在农村社会中,能够催生农民风险预防行为的风险意识主要包含两个层面的内容:生产生活中的任何行动都会产生风险;对于风险要保持积极防控的态度。前者阐明了风险的来源,对于扎根于农村社会中风险即"天命"的错误观念有拔除的作用。而后者则讲明了应对风险的基本思路。这两方面共同作用于农村社会行动主体,有助于激发风险预防行动。

形成风险意识的行动主体能够自发抑制风险性行为。一般而言,行为选择的意识表达直接决定了行为的形式和最终结果。换言之,行动主体谋取生存和发展的任何行为,都是在相应且清晰的意识引导下产生的。意识对人类行为的支配,决定了行动主体的行为选择和结果必将是其价值观念的产物。因此,对于农村社会中行动主体积极防治风险的行为及效果,甚至农村集体经济组织防治风险的行为和效果都依赖系统、科学且内涵有可持续的价值追求的风险意识的确立。在日常生活中,风险意识能够对农村社会中农民、各类经济发展主体等一切行动主体的实践活动起到引导和规约的作用。受制于农村教育事业发展的有限性以及信息的相对闭塞,农村社会中的行动主体在行为选择时通常处于信息不完整的窘境,导致其无法识别行为和行动中的风险因素,而各行动主体的风险意识构建及强化,能够有效抑制生产和生活环节中的风险行为,不啻为一种风险治理的有效应对策略。同时,风险意识在农村社会的全面构建和强化,也将有效地"免疫"外部风险因素的侵入[11],保障农村在风险社会语境和纠缠中有序发展。

当然,没有清晰的风险意识,就无法内导出行动主体自觉的风险防治行为。农村社会中保留着对风险的传统认知,即神化风险预判和预防、依靠求神拜佛来规避风险等错误思想严重误导了行动主体对风险的认知和防治,同时也为许多风险行为和风险防治不力行动提供了不合理的支撑。因此,让农村社会中各类行动主体树立科学且明确的风险防控理念不仅能纠正错误的风险治理策略,还能激发强烈且有序的风险治理行动。总之,从意识驱动行为的功能性意义来看,形成科学、清晰的风险意识,并构建强化和稳固的风险意识的意义在于:一是有效抑制农村社会中风险因素的积累速度,减少风险行为,缓解农村社会的脆弱性;二是有助于在农村社会中构建起风险预警系统;三是风险意识是风险承载的软能力,是有效驱动风险防治活动的内在动力,共同的风险意识是形成风险防治合力的重要前提。因此,共识性的风险意识,将推动风险治理行动在农村社会的形成和展开,这也是风险分配和财富分配能够扎根于农村社会并逐渐生效的一大条件。

(二)风险预案的制定

风险预案的制定是人类风险意识支配下对生存和发展的不确定性的回应。这种不确定性普遍地聚集在个体和集体的生存与发展对于未来的预期之中。因此,从风险整体预防的角度看,人类生存与发展对于可能遭遇的危机性事件或者说风险性事件的策略性预防,主要是从两个不同的层面展开的,即个体、群体或组织的层面。当然,基于全球人类整体生存与发展的风险预防与应对,也正在随着现代信息技术特别是计算机及网络技术突飞猛进的发展对于人类社会生活一体化程度的不断促进而成为人类风险预防的一个重要趋势。

个体的策略性应对,是人类风险预防的最基本的层面。在农村社会中,农民是农村社会的基本构成单位,其既是农村社会中生产和生活实践(包括风险性实践与交往活动)的具体承担者,也是人类活动后果(包括风险性实践与交往活动的结果)的承受者。故而农民群体对于风险的防控是农村社会中风险防控的基本维度。不同于村级治理组织和合作社组织,农户的风险防治通常与关乎农村社会整体稳定性的自然风险和社会风险无关,因而农户的风险预案本质是对自我人生发展和生存的规划,目的在于规避生产和生活中的风险。从这层意义看,个体风险预防策略的制定,其本质在于通过有效地谋划个体人生的现世活动与发展状态,从而达到有效规避和预防人生发展风险的目的。农户生存和发展过程中的特殊性决定着应对何种风险以及如何应对风险,总的来看,可分为两个方面:一是基于人生发展的目标与价值追求而展开的对未来生存与发展状态及其实现过程、路径的谋划;二是基于生命安全存在和活动安全的追求而展开的对于现实而具体的实践与交往活动如何有效组织与开展的综合谋划。前者是农户对于发展与自身价值实现的目标诉求而进行的人生发展规划,后者则是农户基于活动安全的诉求而进行的关于行动安全的预案规划。因此,对于农户而言,制定关乎生存发展的风险预案,无疑是风险意识觉醒的一大象征。事实上,一个完整且科学的人生发展规划的制订,本身就构成了农户生存和发展风险防治的重要策略保障,同时也构成了农村社会风险治理的基质。

在实现自我发展的目标诉求下,农户会针对自身发展过程中所面对的风险制定相应的防治策略。对于农户而言,风险意识觉醒之后对发展过程的整体规划意味着农户应对自身发展风险的行动意愿生发。农户的发展行为都是其意识的外在体现,而这种意识层面的行动宣扬,实际上体现了农户对可能遭遇的风险进行预测和应对的预期性安排。除了发展风险外,农户还会对生产生活制定行动安全预案,其实质是对农户日常风险因素展开的有效预防行动。因此,农户对现实生存与发展过程中每一次、每一项活动组织与展开的预期性谋划(包括对预期结果与目标或目的、实现目标或目的的行动策略、危机性事件的应对预案等),都无不体现或者反映出农户对于自身所处风险环境的认知以及应对风险的基本态度。这两种贯穿于农户全生命周期的风险防治策略,在为农户的行动提供基本方向指导外,还构成了风险分配和财富分配互构机制的个体层面的运行空间。换言之,只有农户在风险意识的催促下萌发对生存安全和行动安全的风险预防规划,风险分配和财富分配的互构才能在农村社会环境中的个体层面运行,进而强化农户的风险承载能力。反之,则互构关系难以维系。

除了个体层面外,合作社、村级治理组织代表的农村社会组织也是农村风险治理的重要领域。同农户一样,组织也将面临生存和发展的风险挑战,而他们的应对策略是制定组织发展战略,如合作社组织根据市场行情安排生产等。农村社会中不可避免地出现了多变性和不确定性的风险因素,使得合作社和"村两委"等组织不得不认真面对并作出加快处理各项事务的决策。一般而言,农村社会中的组织维系运行与发展的行动和规划其本质是预防活动失序而可能造成的风险性事件或危机性境遇。因此，农村社会中的组织的风险治理策略必须认真解决两个问题：一是组织发展针对发展风险的防治策略是否与发展规划相契合；二是组织生存和发展的风险防治策略是否能预防发展困境的风险性事件的影响。只有解决好这两个问题的策略性设计，才能够成为组织实现风险预防的有效策略。同时，这两个问题又指向农村社会风险治理，无论是合作社组织还是"村两委"，其正常运行必然生产出构成风险承载能力的社会财富，而各类组织自身风险防控的有效性又取决于自身风险承载能力的强弱。这两个问题其实是意指如何生产社会财富以及社会财富如何转化为风险承载能力的问题，而风险分配和财富分配的互构机制正是对这一问题的精准解答。因而，农村社会中组织的风险防治策略不仅将风险分配和财富分配的互构逻辑引进组织运行方面，还为风险分配和财富分配的互构机制嵌入了可能性的前提——社会财富生产，这也成为风险分配和财富分配互构机制的物质性生发基础。

（三）行动环境的优化

社会环境的稳定是发展的基础和前提，而消除风险要素又是社会稳定的关键因素，因此，在农村社会错综复杂的人际关系网络中，人与人、人与自然、人与社会的矛盾冲突消解是农村社会环境改善的主要表征。[12]农村社会稳定的环境包含着风险分配和财富分配顺利运行的环境。

对农户的行动环境而言，其优化的基本目的是对所处环境进行改造、调整和选择，使环境能够促进农户的自由、健康和多元化发展。从这个层面来看，由于优化后的环境能够保障农户的自由行动，故而可以被视作一种社会财富。这种社会财富的生产总共包含四个方面：一是物理空间的优化。它为农户的生存和发展提供了最直接的空间支持，同时，在风险治理的视域中，物理空间的优化则构成了风险分配和财富分配互构机制的运行基础。二是人际环境的优化。农村社会的风险治理行动是主体多元参与的协同行动，因而人际环境的优化是风险分配和财富分配互构机制顺利运行路径的保障，同时，也是互构机制能够发挥风险治理效力的前提条件。三是知识信息环境的优化。农户的发展和生存行动离不开相应的信息支持，而风险分配和财富分配的互构也是基于对信息的收集和处理，良好的知识信息环境为风险分配和财富分配的互构提供精准的风险评估和风险承载能力的评估，从而有效地实现互构机制从个体和集体层面强化风险承载能力的效果以及对风险的耗散。四是制度环境的优化。个体的行动价值只有在科学合理的制度框架中才能得到有效展现，同样地，行动逻辑的持久发力也离不开制度化的运行结构，而制度间的融洽程度和协同程度成为影响其生效与否的关键变量。此外，风险分配和财富分配一直以来被学术界视为两种接替关系的逻辑演进，即便二者间存在重叠，二者的互构不仅需要机制作为载体，更需要庞大且协调的制度框架予以强化，使其能够为农村社会的风险治理发挥应有的作用。可见，农户的生存环境优化耦合了风险分配和财富分配的生成、运行和发力条件，因而成为风险治理的重要环境和有效条件。

组织是个体发展的环境，因而合作社、"村两委"等村级组织的行动环境优化除了要对农村社会中积极有利的环境因素进行选择外，还要对组织内环境进行优化。从风险—能力模型研究的视角来看，组织环境的优化支持着个人层面和组织层面的社会财富生产。对于组织而言，其环境的优化主要包含三方面的内容，一是物理环境对自然环境的适配性假设和优化。作为一种社会系统，无论是"村两委"，还是合作社组织，其生存和发展所依托的环境必然存在于自然界之中，这是组织生存的基本条件。对于风险分配和财富分配的互构机制而言亦是如此，无论机制是否有效、效果大小，其前提必然是机制的存在，此外，自然界的资源是生产各类社会财富的物质基础，因此，与自然资源的适配性共存也是风险分配和财富分配互构的基本前提。二是组织的制度性环境优化。不同于个体对制度环境的绝对附属关系，组织对制度环境的产生存在一定支配性，因而合作社、"村两委"的制度环境优化包含二者对农村社会制度环境的设计优化，从风险分配和财富分配的互构机制来看，互构关系的生发和生效需要依托二者对制度的设计。三是组织的心理、人际关系与文化环境的创设及其选择优化。人际关系网络对组织与个人行动的引导作用，根源于人际关系网络对农村社会的利益分配关系的支配作用，在风险社会语境中，这种利益关系具有财富分配和风险分配的时代表征。值得注意的是，与制度环境类似，关系环境中的组织能够形塑关系环境，因而，农村社会中组织关系环境的优化，实则是"村两委"和合作社等村级组织对农村社会关系网络的调整，故组织环境的优化也成为风险分配和财富分配能够互构以及互构能发挥效力的先决条件。

二、风险分配与财富分配的动力来源

(一)起始动因:风险倒错中客观的原动力

从国家发展角度看待城乡二元格局有其合理性:在资源有限的情况下,国家为弥补特定领域的短板,结合农业与工业中社会劳动时间、产出产品属性等特征,以追求整体效率最大化为目标,通过资源分配将农村和城市置于市场中的不同地位。需要注意的是,这种城乡二元格局的运行动机往往带有鲜明的时代特征,因此,及时地根据现实需要调整城乡关系才能保证二者的协同发展。但是,围绕城乡二元格局所构建的户籍、资产、社会保障等制度体系业已定型,局部调整与重新建构的行动成本又过于庞大,这直接造成了城乡二元格局延续至今。此外,相比更先进的机械化、信息化生产方式,农业生产的低效率、脆弱性等短板展露无遗,农业生产的基本形式为农村,而第二和第三产业则因自身的高生产效率、稳定性、高劳动力吸附等优势能够在短时间内创造更多的社会财富,其标准化、集约化的生产前提使之要求运营环境的标准化、统一化。因此,城市成为二、三产业运营的基本环境支持,而以价值效率为导向的生产要素流动也表征出流向城市的特征。资源倾向于流向能够更快创造价值的城市,相应地,风险也就被分配给远离资源集聚区的农村,城市通过不断从农村汲取大量资源,实现了财富的快速积累,个人与公共的风险抵御能力得到充足的物质基础,同时,城市中资本回报率较高的产业又成为地区治理水平衡量的重要指标,因此,政策与规制设计将倾斜于城市,城乡差距由此被扩大。获得多种福利保护的城市居民在生产生活中展现出较强的风险应对能力,而资源外流且缺乏制度保障的农村社会,无可避免地呈现风险脆弱性[13]。可以说,城乡之间的分工带来了城市和乡村在风险分配中的不同地位,这是城乡结构性分工的必然结果。

从微观层面来看,城乡二元之中所包含的职业差异指明了社会风险的最终流向。行业差异对收入分配差距的影响更大,除收入差异以外,职业差别中还暗含着身份、地位、资源、能力和认知等多个方面的差异,甚至体现阶层差别,也就是职业阶层问题,即社会成员在市场交换中的能力与表现决定着其在社会中的阶层位置与生活机会,包括市场对人们在劳动力市场中获得的收入、就业保障和附加利益的多种标注,即社会成员的职业在很大程度上确定了其社会阶层及其地位,那些从事收入高、保障好以及有更多附加利益职业的社会成员也就获取了较高的职业等级,而那些从事收入低、保障差以及附加利益少的职业的社会成员只能获得较低的职业等级。而风险是按照与社会财富地位相反的规律进行分配的，故社会风险会不断地被分配给较低层级的社会成员，由其来承担。

农村社会安全的脆弱性水平不仅取决于安全风险的发生频率和破坏力大小，而且取决于外部安全风险保障措施、农村居民个人的风险应对能力、农村家庭内部的安全风险支撑能力和农村社会组织的安全风险抵御能力。因此，在社会转型期，农村外部保障能力不足、农村社会的"组织失效"（organizational failure）、农户家庭安全风险支撑能力下降和农村居民个人安全风险应对能力低下等，都会显著地增强农村社会安全的脆弱性。其一，公共安全服务供给不足使得农村社会缺乏识别、应对和恢复的外部保障能力。长期以来，农村公共安全服务一直由政府独家提供，但当前农村公共安全服务的供给不足和效率低下非常明显。2007年出台的《中华人民共和国突发事件应对法》构建起"统一领导、综合协调、分类管理、分级负责、属地管理为主的应急管理体制"，其显著的"统一决策、分散治理"思路虽然加强了基层治权的责任，但资源和权力的配置仍归属于上级部门，其"单向性"的指令式治理延续了原有"上令下行"式的治理方式，不仅无助于加强农村应急管理建设，还加剧了"条块分割"的治理困境，无益于消除农村风险治理的脆弱性。应急预案的演习演练开展不足和水平低下，应对农村突发事件的基础设施严重缺乏，应急物资主要集中在城市地区。农村一旦爆发破坏力巨大的突发公共安全事件，相关部门仍不得不采取自上而下的"运动式"应对举措。而这种"抓大放小"的应急思维以及较低的"有备程度"，使得相关部门难以在第一时间有效应对农村的公共安全威胁[14]。其二，农村聚落的"空壳化"和治理低效不仅放大了"组织失效"对农村社会的影响，还进一步增强了农村的生态脆弱性。一方面，在现代化和市场化的冲击下，农村居民的"原子化"倾向愈益明显，农村的"熟人社会"格局在很大程度上被突破，村民之间的团结互助大大减少。另一方面，农村社会的变革导致了农村集体组织在应对组织遭受的安全风险冲击时的"冷漠化""无为化"和"逐利化"[15]，村集体对其成员的安全保障所提供的帮助逐渐弱化，它提供安全产品的功能大大降低。在此过程中，农村社会的安全生态进一步弱化。而近年来日益恶化的农村社会治安形势以及安全风险到来时村集体应对能力不足凸显了农村治理生态的脆弱程度。其三，农户家庭的结构突变降低了其安全风险支撑能力。一直以来，农户家庭都是中国社会的基本组织单位。它是以血缘关系为纽带、按照长幼尊卑的序列形成的命运共同体，家庭成员休戚与共、互助共生，家庭是每个成员生存和发展的基础保障。

然而，随着城市化进程的加快，农村劳动力被大规模地吸纳到城市部门，导致农户家庭发生了剧烈的突变，稳定的家庭结构被成员异地的多元分离所取代。尽管在经济领域还有较强的内在联系，但远距离、低频率的内部结合造成农户家庭事实上的分化，家庭成员应对安全风险的能力也在很大程度上被分散。以老人、孩子和妇女构成的农户家庭不仅难以对成员的生存安全提供现实的保障，而且难以阻止不法分子入室盗窃、入室行凶等事件的发生。而近年来爆发的一系列留守人员被侵害案件印证了农户的安全风险支撑能力正经受着严峻的考验。其四，农村居民安全意识淡薄、安全教育缺失和安全技能短缺。对农村居民进行安全教育，提升其安全意识和安全技能，是应对转型期农村社会安全风险的基本举措。尤其是在新的安全风险不断生成的背景下，进行有针对性的安全教育和安全技能培训更显重要。然而，在社会转型过程中，整个社会并没有建立起有效的安全风险教育体系，农村居民对突如其来的安全风险手足无措，不仅无力应对安全风险的冲击，而且在现代化面前越来越"迷失"自我，并在不安全行为的支配下使自身越来越暴露在各种危险之中。这种状况不仅使农村居民容易遭受安全风险带来的损害，而且提升了农村社会安全的脆弱性水平。

（二）现实呼唤：所处境况依旧的续动力

韧性治理强调系统在面对特定风险时的回应和恢复能力，而农村贫困地区在脱贫攻坚任务实现后，在生计方面仍将面临一定风险，只有增强其抵抗风险的能力，才能帮助贫困地区实现高质量、可持续发展，最终实现乡村振兴。因此，源于西方发达国家的韧性治理之所以能为中国贫困治理机制转型提供有力支撑，提升贫困地区风险应对能力，为改善社会生态脆弱性指明方向，源于它与贫困地区乡村振兴在价值取向、治理主体以及治理机制等层面的高度契合。乡村振兴不仅需要产业兴旺、生态宜居、生活富裕，也需要乡风文明和治理有效，这些归根结底都是为了实现农民的美好生活需求，满足农民需要也是乡村振兴的核心诉求。在价值取向上，贫困地区乡村振兴实践中关注群众的生命安全和根本利益与韧性治理的价值取向不谋而合，这既是对传统风险治理方式的创新，也为贫困地区的乡村振兴提供了理论依据和实践借鉴。一是主体契合：韧性治理多元主体广泛协同参与，是贫困地区乡村振兴的力量源泉。基于社会风险和灾害的不确定性，社会治理环境复杂多变，治理过程中内生风险和外在风险随时会来，会对环境中各主体功能有效发挥产生阻碍，这些阻碍因素极易以主体的脆弱性表现出来。乡村振兴是一项系统工程，必须凝聚各种积极力量来推动。长期以来，城乡发展的不平衡导致人才、产业等各类要素密集向城市集中，造成贫困地区内生发展动力不足。韧性治理强调关注多元主体需求，建立合作包容的多主体协同治理机制，保障风险发生时，能在更大空间范围内整合更多资源，运用多种治理手段，协同更多目标策略实施，发挥主体自组织能力。二是机制契合：韧性治理强调综合长效机制的构建和运行。贫困地区乡村振兴持续发展的关键是韧性治理视域中的风险应对，这是一项系统工程，需要把地方风险治理与韧性治理有效结合起来，积极探索和建立能够保持有效管理和实现韧性治理的运行机制，从而为抵御复杂经济社会环境下各种风险提供体制和机制保障。因此，贫困地区乡村振兴中，需要积极调动农村发展所需的各种资源，从多学科、多领域以及多主体的协作中形成持续发展的长效机制。同时，各地根据具体情境，围绕乡村振兴中的资金、人才、土地等核心要素进行体制和机制创新，从而实现共建共治共享的现代农村治理格局。体制机制的创新是社会发展的活力所在，也是实施乡村振兴战略的关键突破口。

首先，当前农户的生计维持存在着脆弱性的风险。总的来看，农户生计维持主要依靠务农和务工两种基本途径。其中，外出务工需要农户对快速变化的市场需求作出准确判断，其风险和不确定性较强，加之进城务工人员缺乏医保等社会福利保障，如遇到大病大灾或者事故意外极易出现经济损失，因此，这种外向型的生计维持模式虽然能实现快速增收，但可持续性和稳定性难以保证。在农村社会中，农业生产经营模式的转型升级周期缩短，集约化、数字化的农业生产和经营抬高了从业人员的准入门槛，受教育水平、经济水平相对较低的农户难以在这样的生产模式中与市场对接，更没有盈利空间，农户实际是被农业生产和经营所排斥。其次，生计资本的风险韧性不足。在脱贫攻坚阶段，"两不愁三保障"作为贫困户实现脱贫的主要途径，其本质是利用规制手段对资源进行配置以帮助农户跨越贫困线。这种外援式的帮扶手段能够集中力量在短期内解决困扰农户的问题，物质资本增加和生活条件改善是最直观的成果。但是，如何培育农户生计能力，或是如何将从外部输入资源转化为农户生计能力却没有明确的答案。从农户的贫困原因来看，劳动力、土地、技术、资金等生产要素的匮乏是客观因素，在缺乏再生产能力的前提下，外部资源耗尽后农户又会陷入贫困风险之中，因此，造成贫困的客观因素在短期内并未得到改善和提升，这将严重阻碍农户生计能力的发挥，造成农户的经济脆弱。同时，劳动力的健康状况决定了劳动力的生计能力高低,而农村社会中有大量的老弱病残群体,其生计能力较弱。因此,这部分困难群体只能通过外部支持维持生计。在实现共同富裕的过程中,老弱病残群体仍旧是实现共建共享过程中的关键群体。最后,受糟粕文化的长期影响,农户内生发展动力不足。如部分地区在婚丧嫁娶时存在攀比和炫耀之风,造成极大的经济负担,严重阻碍了农户发展。

(三)治理张力:得非所求中外生的导向力

构建全面系统的农村社会安全风险治理体系,符合现代应急管理和控制的基本要求,对于最大限度保障农村居民免遭生存安全威胁具有基础性意义。而这种全面系统的治理体系通常由以下三部分有机组成:政府部门自上而下的行政管理体系、多元社会主体参与的横向合作体系、农村社区自组织的底层行动体系。然而,这种治理体系在当前农村远未真正建立起来。首先,现代社会中风险的交织性、耦合性,以及单一部门管理边界和权限的有限性,决定了需要对威胁农村居民生存安全的风险进行整体治理。传统的管理思维和管理体系中,农村灾害事件的管理依然是自然而然地分别由主管的乡镇派出所、环保部门、市场或食品药品监管部门和交通运输部门负责,除非它们引发了社会影响巨大的灾害后果,否则统一领导和综合协调的管理体制通常无法真正开启。在此背景下,一旦灾害事件突破单一管理部门的权力边界,不同管理部门的相互推诿扯皮难以避免,从而造成管理效能的下降。其次,多元社会主体参与的缺失,使农村社会安全风险治理缺乏横向的合作支持,高效的治理绩效难以为继。在目前的农村社会安全风险治理体系中,其他社会主体的积极参与仍然缺乏,主要表现在三个方面:一是因缺乏完善的制度化安排,媒体对农村社会安全风险的监督报道呈现零星化、随机化和非持续状态,且通常只会公开披露那些具有较大社会影响的事件的爆发原因、过程及后果。二是非政府组织、民间慈善团体、志愿者通过对重大安全隐患的监督,能够达成在很大程度上降低风险的实际效果。然而,农村社会安全风险的分散化、隐蔽化特征降低了它们参与农村社会安全风险的监督、治理与救助的主动性。即使农村爆发了较大的风险事件,也很难看到这些社会主体的身影。三是专家小组具有专业的知识结构和丰富的实践经验,能够对风险和灾害进行准确预测,优化灾害管理的组织协调、救援物资的筹集与分配等事项。他们提出的意见或建议是在民主讨论的基础上作出的理性决策,能够避免政府科层制管理组织因信息失真而作出误判,从而保障风险和灾害管理的效能。然而,在目前的农村社会安全风险治理体系中明显缺乏相关专家的积极参与。最后，农村治理主体的弱化使农村社会安全风险治理陷入底层"空壳化"的窘境。毫无疑问，农村社会、农户和农民是农村社会安全风险的主要受害者，要避免它们遭受生存安全威胁，首要的是提高它们自身抵抗风险冲击的能力，特别是应提升村委会的治理能力。近年来，面临日益复杂严峻的农村社会安全形势，一些地方为提高农村居民的社会安全感，维护农村社会治安形势，纷纷建立了"群防群治"或"联防联治"的社会治安防控网，一些村庄甚至还组织了巡逻队。但这种治理方式只能停留在社会治安层面，难以扩展到食品安全、交通安全、环境安全和公共卫生安全领域。从整体而言"群防群治"或"联防联治"并没有改善农村社会安全治理体系的根本。

与"自上而下"的安全管理体制相比，农村社会安全治理体制具有明显的不同：第一，它强调农村社会安全治理主体从单一的政府主体转变为由政府、农村社会组织、农村居民和其他社会组织共同构成的多元主体，且所有参与主体在平等合作的基础上，对农村社会安全风险进行共同治理。第二，它强调多元主体通过多向度的协商与合作，实现对农村社会安全风险的多元控制，从而避免单一主体在应对农村社会安全风险中的不足。第三，尽管不排斥政府对农村社会安全风险的管理，但它首要的是强调农村社会组织和农村居民对安全风险的自我管理与自我治理，并在此基础上按照各个主体共同认可的规则，加强与政府对农村社会安全风险的合作共治。第四，它强调在治理手段上采取柔性的、动态的和主动的方式，多手段、多途径地达到农村社会安全风险的最佳治理状态。第五，它不单是追求政府管理体系的顺畅性、管制手段的力度，更多的则是追求农村社会安全风险综合治理能力的提升。总之，农村社会安全风险治理的社会协同治理理念意味着农村社会和农村居民的"存在性安全"的维护和实现不再是政府单方面的事务，而是政府与农村社会组织、农户、农民和社会团体共同的事务；农村社会安全风险管理的主体不再是政府这个单一主体，作为之前被管理的客体，遭受各种安全风险威胁的农村社会组织、农户、农民已经实现了主体化；农村社会安全风险的多元治理主体是在平等协商与合作的基础上展开工作的。与单一的政府管理相比，农村社会在转型期，生态环境恶化、乡村工业化产生"副产品"、农村治理转型中基层政府行为异化、乡村"空壳化"和治理失序、社会分化中的农村社会结构紧张、社会失范导致的不安全行为下沉、农村居民的现代化迷失、城乡一体化中的风险下乡，以及全球化中的风险扩散，是当前农村社会安全风险生成的主要路径。它们事实上为我们反思和治理农村社会安全风险提供了依据。主要依据有四：一是对当前的经济活动进行反思，通过乡村发展模式的转型、污染源的防控治理等，缓解生态环境的压力，减少乡村工业化产生的"副产品"，保障农村居民的安全"饮水"和"呼吸"。二是对当前的政治治理进行反思，通过完善风险监控体系、弥补政府的监管漏洞和强化社会监督，规范基层政府组织的行为，提高政府应对风险的能力，防范基层权力扩张对农村居民安全生存的威胁，控制全球化和城市安全风险向乡村转移；与此同时，加强重大社会、经济和政治决策的安全风险评估，完善风险评估机制、体制和法治体系。三是对当前的农村社会转型进行反思，通过农村社会再造、农村治理体系创新、农村公共安全产品的提供，防范乡村"空壳化"和人口结构变迁带来的农村社会安全脆弱性的提升，提高农村社会、农户家庭和农村居民应对安全风险威胁的能力。四是对当前的社会价值理念进行反思，通过加强主流价值观教育、建设农村安全文化、对社会失范行为的矫正，扭转农村居民扭曲或模糊的价值理念，防范行为失范、现代化迷失而产生的安全风险。而这些领域显然是农村社会安全风险治理"关口前移"的关键所在。

第三节 风险分配与财富分配互构机制的有机架构

一、风险分配与财富分配互构机制的静态结构

无论是自然科学还是社会科学，结构是用以表征事物的空间形态、数量规模，抑或是有机体系统构造、外部关系形式的重要范畴。结构—功能主义更是将结构视作组织系统内部要件的利益关系的内在形式，它决定了外在功能的基本形态；与之相反，功能是具象化的结构，能够使我们洞穿功能表象从而观察其根源。总之，任何组织运动，都要经过外部的形式以及内在的功能加以显现。二者间的相互观照，也构成了风险分配和财富分配互构机制的内在基础和外在展现，是互构机制运作的关键。风险分配和财富分配的互构机制在现实中存在不同的形态，但是其差异化表象的背后具有共同的原理依据。因此，借由外在表现得出不同阶段和不同类型的外表，透过表象凝视本源，深入分析互构机制的真正的运作方式、要素之间的联结原理，从而得出风险分配和财富分配互构机制运行的一般规律。

（一）治理结构

回溯农村治理的历史逻辑，治理格局多种多样，多样性的趋势已成定局。差异化的治理格局所背负的现实需求以及承载的价值导向也各有不同，即便如此，

由同一行动逻辑以及价值取向所衍生的治理格局在差异化的治理环境中也呈现明显的不同。当前农村社会的治理生态中，面对风险多样化、巨灾化、连锁化、复杂化与人们呼唤风险治理有效之间的矛盾逐渐激化，农村治理格局也在同环境的磨合中进行动态的调整，以实现农村社会中各主体风险承载能力的强化、整体风险承载能力的提升、财富和风险分布日渐公平正义、农村社会逐渐走向繁荣富裕。从称呼中我们可以看到风险分配和财富分配组成了互构机制的主体结构，成为互构机制风险治理能力的来源。其中财富分配是继承自"匮乏社会"的行动逻辑，是效率原则和公平原则激烈博弈的原始语境，也是获取并强化风险承载能力的一种路径。风险分配主要是由风险社会的分配规则决定的，是对未来不确定性的当下回应，也是当前讨论公平正义的重要语境。行动逻辑的生命力在于对现实境况的回应，而作出这一判定的人既是旁观者也是参与者，在农村社会中，参与并评判的主体主要有农民合作社、"村两委"组织、村中精英、普通农户、宗族派系等，它们组成了农村社会行动网络的实体部分，动态展现着行动逻辑。在农村社会中，我们可以看到它们共同组成了治理主体的核心部分，主导着整个农村社会的发展。"村两委"是基层政权组织在农村地区的延伸，是国家权威在农村社会的微观展现。在风险治理过程中，"村两委"扮演着治理核心的角色，它们掌握着对信息、资源、能力进行权威分配的能力。其中党委接受乡镇党组织的领导，协助乡镇完成社会基层的任务，村民委员会是村内自治性团体，主要负责村内冲突协调、事件处理等村务，也是风险治理行动规划、信息处理、资源配置等规则的制定者。村中精英、宗族力量则是凭借其自身在某一领域的成就而能在村内公共领域开展活动的主体，在风险治理中他们将外部信息带入村中，并在独立作出反应的同时对其他主体的决策行为产生影响，并在治理其擅长领域中的风险时作为行动主体之一。普通农户是农村社会性行动网络的主要组成部分，是各类活动的具体执行和参与者，在风险治理过程中，能够收集、散播各类风险信息，并同时应对自身所特有风险和村庄环境中的共性风险，是风险治理的末端执行者，也是拥有风险行动能力的基本单元。农民合作社作为新崛起元素，主要功能是联合农户发展经济，增进集体力量。同时，它也是各类风险信息的来源和传递者，是治理行动的规划者之一，也是参与制定风险承载能力分配规则的风险治理主体。风险社会中，农村社会行动网络中的主体复杂交织，特别是当农民合作社出现后，其在一定程度上整合了农村社会的生产资料和资源，维持了农村社会的秩序稳定，同时也带来了关系网络的更新，使得农村社会的风险治理发生了深刻变化。

风险分配和财富分配的互构机制中,农户逐渐走向每家每户联合起来协同抵御共同风险,同时又能独立应对各家各户所特有风险的一种风险治理态势。在协同统一、独立理性行动的风险治理格局中,农户自组织地参与农村社会中政治、经济、文化、科技、生态等各个领域,从独立应对农村社会中的各类风险巨灾,到被动服从村级治理体系行动统辖,再到能动地积极预防、监测、治理风险,日益成为风险治理行动中的核心参与者。随着风险分配对财富分配的支配力的与日俱增,农村经济社会中的经济结构与社会势力也在因应调适,风险承载能力的对比也处于动态的变化中,以求走出农村社会脆弱性所引致的风险治理失能状态。治理格局作为统筹社会经济发展、秩序制度等要素的固有根源,并非毫无根据地变动,其也是根据农村社会风险现状的外部约束与农村社会行动主体的治理能力而发生同步谐变。从实践中不难看出,一个永恒不变、普适于所有现实境况的风险治理格局是一种"乌托邦"式的幼稚病,更不可能存在不假现实仅"仿旧袭古"的治理结构就能够完美应对人类社会发展各个阶段的异质性情境。

(二)主体功能

对于风险分配和财富分配而言,两种逻辑的强弱对比关系不同,互构效果会有差异,而主体间的协同程度不同也必将导致组织之间排列组合方式的差异,必然导致性质、功能的差异。不管现实中风险分配和财富分配的互构机制中,二者有多少种强弱组合,也无论农村社会各执行主体之间存在多么复杂的合作关系,这些复杂性的背后是共同功能内核所生发的结构外壳。在农村社会中,风险分配和财富分配逻辑的支配程度因环境中人、事、物差异而不同,因而,两者间的组合类型多种多样,但是其结构形态却没有太大的差异。一般而言,我们可以很容易地看到功能差异而引致的不同结果,但是无法观察到结构的流变。根据社会系统理论对系统—环境的二元互动定义,治理系统的结构变迁实际上遵循着一定的变迁轨迹:环境需求—系统功能因应变化—系统结构变化—适应环境要求。简言之,结构状态决定着外在功能的特征,功能变化又依赖其内在力量调整。

在风险分配与财富分配的互构机制中,财富分配的时间功效决定了在风险治理中它将扮演财富—能力的转换器角色,同时也是风险行动能力从环境到个体的分配角色。风险分配作为对风险治理的基本功能之一,其重点在于消解环境中风险的影响,从而避免风险集中对社会秩序造成巨大的冲击,同时还起着对财富分配的导向作用。从近几十年的农村社会发展中不难发现,财富分配依旧在农村社会的各个领域发挥主要作用，即便风险已经出现于环境中，风险分配的支配效果依旧无法展现，当然，在少数农村中，集体经济已初具规模，能够同时强化个体和集体的风险承载能力，此时的分配逻辑已经出现从财富分配向风险分配过渡的迹象，即开始考虑如何利用集体和个体的力量来消弭环境中的风险影响。从互构机制的执行主体看，合作社组织作为经济组织，除了组织农户的经济活动外，还发挥着风险信息的收集以及物质财富分配的功能。村级组织作为权威，能够通过农村社会的整体发展、公共事务决策、村内公共资源配置等职能收集和共享风险信息、组织风险治理行动、分配风险承载能力，当然，其职能中也存在着社会财富生产的部分，更是其职责所系。首先，村级力量作为治理核心，拥有治理活动所需要的财富，但是这些财富中的一部分并非其直接生产出来的。然而，合作经济组织的经济属性决定了它生产物质财富的使命，此外，它还会生产其他形式的社会财富，并通过一定的规则将这些财富分配至农户手中。农户作为基本行动单位，除了在双方组织下进行社会财富生产外，还会向双方提供风险信息以及接受来自二者的风险信息和由二者分配下来的社会财富。在风险治理过程中农户还将聚合为集体同合作社组织和村级力量共同抵抗风险，同时，也将独立抵抗自身所特有的风险。毋庸置疑，在风险治理方面，无论是风险分配、财富分配的行动逻辑还是合作社、村级力量和农户，这些要素的功能和角色都是丰富多样的。以合作社为例，它在组织农户的生产活动之余，还发挥着集体性、互助性、维护公平正义的功能。根据实际经验总结可知，股份经济合作社在实现规模经营的生产环节中，通过集中土地、劳动力等生产要素实现了规模效益，并将所得成果以实现行动能力公平的价值准则与农户共享。同时，它也会强化村民的风险意识，提高村民的风险应对能力。在公共事务领域，股份经济合作社是集体经济的主要经营者，增强了村庄整体应对风险的能力。在面对市场风险的挑战时，合作社除了收集信息外，还会联合农户和村级力量共同应对生产和市场风险，并与"村两委"、合作社分享信息。"村两委"组织、村干部与合作经济组织的发育状况、能力强弱，都影响着村民自治的公允性。风险分配和财富分配互构机制中的逻辑互构以及组织职能的分化所产生的治理效果，不仅实现了村庄集体治理能力的增强，也满足了村民的需求，从而跳出风险治理无序的困境，构思了风险社会背景下农村的经济社会发展路径。

风险分配和财富分配的互构机制中穿插着"村两委"组织、村干部、合作社、普通农户的紧密互动，其中既存在着信息、资源、利益的交换，也有不同事务中角色和职能的交替变换。村党支部、村支书作为村级事务的领导核心，在各类行动中充当着主持人的角色，村委会以及乡镇政府在负责村务治理工作的同时，也通过汇集风险信息，识别、评估风险以及测量评价各主体当前的风险承载能力，并将二者对比的结果作为财富分配的行动依据。合作经济组织发挥着收集、传递风险信息，整合农户各类资源，通过规模经营实现集体资产增值，进而提高农村社会整体风险承载能力的作用。当然，合作经济组织依托现有的财富也形成了一定的风险承载能力，并且在风险传导过程中，协助政府组织对包括自身在内的主体进行风险承载能力的评估。值得一提的是，普通农户在参与农村治理活动的过程中与村级治理力量代表者形成利益交织、全面互动的格局，在合作社的组织集结中与合作社分享利益分配网络。故而，在普通农户、合作社、村级治理力量组成的农村社会风险治理格局中，可谓利益联结、多维互动，具体描述如图 8-5 所示。

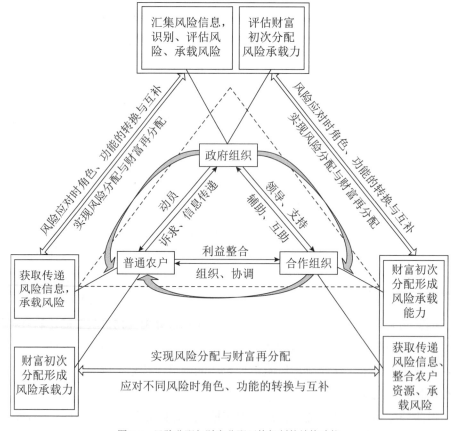

图 8-5　风险分配与财富分配互构机制的结构功能

"风险分配-财富分配"互构体（图8-6、图8-7）主要包括四个概念和两个机制。四个概念指的是"风险分配""风险分配行为""财富分配"和"能力分配行为"，两个机制指的是"建塑"和"型构"。我们认为，风险分配行为是指财富分配主体在风险分配的逻辑指引下产生分配风险的行为。这是一种从风险分配主体到财富分配主体自上而下生发的型构机制。能力分配行为是指财富分配主体在财富分配过程中赋予财富以风险承载能力意义而产生的治理行为。这是一种从财富分配主体到风险分配主体的自下而上的建塑机制。

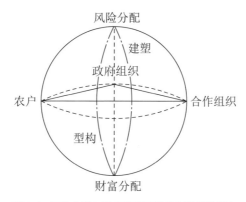

图8-6　风险分配与财富分配互构机制的整体形态

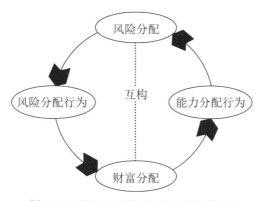

图8-7　风险分配—财富分配的互构关系运行

"风险分配—财富分配"的互构体是指自上而下的型构机制和自下而上的建塑机制在农村社会中架构起来的一种互构关系，形成稳定的农村社会风险治理机制，能够抑制并消散农村社会中的风险。这一方面要求风险分配主体调试自身的行动逻辑，契合财富分配主体的行动条件与内在需求。另一方面，财富分配主体有独立运行、独立选择和独立发展的基本要求，这些能够在财富分配的实践中实现，需要风险分配主体来保障、引导和监督。"风险分配 - 财富分配"的互构体强调形成一个相互耦合的良性循环的治理体系，风险分配主体依然是互构关系的主导，但它不再表现为对财富分配主体的完全支配，而是成为引导与维系农村社会风险治理的保障。

基于农村治理的研究成果，我们认为在农村社会风险分配和财富分配之间除了互构关系之外，还有定向和断裂的关系。农村社会的风险分配和财富分配主体的定向关系分为型构体和建塑体两种类型。型构体是指财富分配对风险分配的建塑机制失效，风险分配主体对财富分配主体形成单向的型构机制。以"村两委"为单核心的农村社会管理体制是型构体的突出代表。"村两委"一家独大的单向型构机制，形成了财富分配向风险分配的全面依附。同时，后农业税时代，财富分配逐渐消失，进一步形成了风险分配的单极存在，但这压制了行动积极性，破坏风险治理的有效性。建塑体则是指风险分配主体对财富分配主体的型构机制失效，财富分配主体对风险分配主体形成单向的建塑机制。这种单向的建塑体极端强调财富分配的自主性，过分依靠财富分配的能力分配行为，将财富分配主体意志作为风险治理的唯一决定性力量。断裂是指自上而下的型构机制和自下而上的建塑机制被共同割断，财富分配主体和风险分配主体形成了一种"断裂关系"，治理结构解体，农村社会的风险治理处于失序状态。在断裂关系中，风险分配主体和财富分配主体彼此背离，农村社会风险治理几近失控，陷入恶性循环。这会导致两种恶劣的现象：一种是农村社会治理的消极参与，表现为村民、乡村精英等行动者的治理脱域，即行动者离开农村治理行动，以独立的个体身份迎接风险，参与农村社会风险治理的主观意愿减弱；另一种是风险治理的行动混乱现象，表现为主体行动意愿的冲突，以及矛盾的激化，即农村治理的行动主体间的矛盾激化，并以风险治理的无效或低效为由掀起群体性事件。

型构体、建塑体和断裂体都会造成风险分配主体与财富分配主体之间的关系失衡，最终导致风险治理失效、农村治理失序。我们将农村社会的风险治理视作非定向逻辑，其不是彼此背离的断裂关系，而是"风险分配"与"财富分配"的彼此间建塑与型构，以实现农村社会风险的消散。农村社会中，唯有风险分配和财富分配制度维持相互增益的关系，才能够实现协同行动的农村治理机制。因此，风险社会语境中农村治理格局的创新应将风险分配嵌入农村治理的场域中，规范、引导财富分配主体的独立性，在"风险分配 - 财富分配"的互构中实现风险的消散。

二、风险分配与财富分配互构机制的动态结构

（一）互构机制的运作方式

1. 风险信息共享

风险防控理论认为，风险防控是一项系统工程，包含风险识别、评估、决策、处置四个基本运行环节，需要基于科学的防控手段及工具，获取充分且客观的风险信息，进而实现对风险的准确判断和决策应对。真实有效的信息是农村社会风险治理的必要前提，只有在充分、准确的信息占有基础上，才能及时发现风险因素的积累并进行追踪监测，从而采取有效措施降低或消除社会风险。但是风险信息的收集、共享并非易事，除了需要高质量、多领域的信息源以外，信息传播的途径、工具，信息接收者的文化素养、理解能力等都是影响风险信息共享的重要因素。农村社会中的风险信息共享存在五个问题：一是风险信息上报时有虚假成分。风险敏感度较低，日常风险监控也可能敷衍了事，利用监测信息进行预警、决策、分析的能力低下，上报的各类风险信息存在虚报的问题。二是风险信息管理系统数据更新滞后，风险信息监控记录存在失实问题，无法及时进行档案更新。三是新型风险信息获取工具利用率较低，风险信息共享不足。风险信息公开不全面，大部分村庄内的村务公开栏对于防范风险的宣传篇幅较小，且为临时性宣传，甚至成为应付上级检查的摆设。四是风险信息公开地点单一，不利于其他主体获取信息，难以满足居住相对分散的农村居民需求。五是公开程序欠妥当。有些村级力量在信息公开时重形式，忽视公开后的结果运用，有公开无落实，很少认真搜集群众反馈意见和信息。信息公开敷衍了事，进而导致村民无法及时了解最新的风险信息预警或政策信息，对农村社会风险的防范敏感度低。风险分配与财富分配的互构机制作为一种风险社会语境下的农村治理机制，自其生效之时起就预示着要整合农村社会中的各类信息资源以实现其自身的正常运转。鉴于风险和财富的共生逻辑，风险分配与财富分配也具备同构的关系，在不确定性厌恶的背景下，起步于风险信息收集、共享、分析的风险分配和财富分配互构机制，在风险分配和财富分配的多次互塑中，俨然已成为一种符合风险社会语境下农村风险治理的信息集散的规则安排。

当前风险分配和财富分配的互构机制中风险分配的预防性、针对性是财富分配逻辑所不具备的，具有一定的时代回应特征。反之，财富分配对于风险治理的行动能力构建表现出极大的价值性。逻辑的运行需要信息作为指向和参考，因此

流动性、时效性的信息串联起两种逻辑，使之发生重叠，从而在一定程度上促进两者相互增益。对于信息流出方而言，互动行为意味着其具备信息且有交付信息的意愿；对于信息流入方来说，则希望得到能够为其运行提供参考的有价值的且有时效性的信息，同时也有意愿同对方进行信息交换。在信息交互的过程中，二者的互动程度以及彼此建塑的有效性得到发展，二者间的严格界限逐渐模糊，同时，二者逐渐形成了相同的运行目标。因为，无论是风险分配还是财富分配，正义性原则是两种逻辑合法性的重要依据，若丢失该原则，逻辑的存在意义和基础将被质疑和瓦解。此外，作为逻辑执行的主体，不管是风险分配还是财富分配都是人类在不同阶段应对外部环境风险的分配逻辑，人类希望能够在自己提供的风险信息基础上，通过这两种行动逻辑应对外界挑战。从人类对外部风险的评估、预警、监测到人类对自身风险承载能力的评估、强化等，人们大都希望能够实现风险治理有效。我们可以看到，正是因为行动主体间信息的充分共享，以及在分享信息基础上互为前提地使用两种逻辑，实现了信息在两种逻辑之间的充分涌流，继而实现风险分配和财富分配机制运作中风险治理行为达至有效且稳定的状态。

2. 资源优化配置

在家庭联产承包责任制实行后，人民公社迅速解体，集体资产快速萎缩，与"公共性"相关的公共品、公共服务、公共事务失去了强有力的责任主体，大多数问题局限在私人化的小范围内解决。然而，随着农民的不断外流，农村社会的私人领域与公共空间均在不断走向衰落。生计-生产系统极为脆弱的农村社会，应对风险成为具有现实意义的行动逻辑，农民的风险观念也在反复的风险遭遇中不断强化。虽然在农村治理中仍遵循着财富配置的行动逻辑，但是缺乏精准性以及被平均主义稀释的财富在应对当前农村社会的各类风险中无所适从，渐渐地丢失原有的支配地位。在风险分配和财富分配的互构机制中，风险分配和财富分配显然是应对风险社会的两种路径。在资源配置中，财富分配在风险分配的纠缠中，以分配风险行动能力为动机，达成财富的合理化分配，村庄中的行动主体通过社会财富分配实现了风险承受能力的强化。在农村治理模式的创新事例中，也有许多实践经验表明，治理的有效必须建立在对社会财富进行风险导向的分配基础上，从而保证风险社会语境下，差异化主体能够抵御风险的侵袭，维持自身生存和发展。同时，财富分配作为原始的分配逻辑，包含多劳多得、少劳少得的原始公平分配的价值观，对于个体的行动有激励作用，因而在财富分配基础上的风险分配能够最大限度地利用行动主体的能动作用，实现对风险的积极应对。作为风险治理的重要环节，在风险分配和财富分配互构机制中的资源整合和配置更多是风险承载能力的整合和配置，在利益协调中资源配置将能力的强化视为一个隐含着公平的分配过程，强调资源配置向风险承载能力的转化，表现出特有的分配正义特征。

农村社会经济和社会结构的变迁，使得农村社会的资源和财富逐渐走向破碎和分散化。在一个体权益缺乏保障且社会治理不够完善的社会中，面对无差别影响的风险，如果各方采取各自为战、非得即失的零和博弈策略，显然不是实现各方利益最大化的理性行为。由单一到多元合作共赢，这不仅是合作伙伴关系的建立，也是资源和财富配置的契合。在土地规模达成、农户行为调节过程中，对风险治理而言，合理的利益分配机制犹如一把万能钥匙，可以破解农村社会主体大部分的不理解、不配合、不满意等难题。在对风险社会的积极回应中，风险分配和财富分配的互构，将两种存在矛盾的行动逻辑紧紧缠绕在一起，借助对资源的整合和分配方式的优化，有效地化解了看似无解的难题，使得风险治理行动不再似天方夜谭。客观而言，在风险分配和财富分配的互构机制中，对资源的有效配置源于其分配规则的合理性和有效性，并不在于分配和整合的行为，而在于它为强化个体和集体的风险行动能力提供了可行路径，能够在一定程度上实现能力的共强和均等，使分散于各个角落的资源，从零碎的生活消耗重组为风险行动能力。同时，在风险分配和财富分配的互构中，资源配置是在互动过程中自然而然产生的，其能消散行动主体间的冲突，构建更广泛的系统行动，提升整个农村社会风险治理的协同度与有效性，规避利益藩篱固化的陷阱。

3. 主体协同互动

农村社会中风险爆发愈加频繁，暴露出农村社会高脆弱性的缺陷，农村社会风险治理行动亦困难重重。在贫困风险、健康风险的桎梏中，农民掉入了"贫困—疾病"的恶性循环链中。在疾病—亚健康的反复蹂躏下，农村中的行动主体丢失了跳出恶性循环的基本能力，同时也耗尽了摆脱贫困的物质基础。同时，在村级建设缺乏主观意愿且困难重重的背景下，普通农民在农村社会风险治理过程中始终保持"冷眼旁观"的态度，整体的风险治理行动也陷入了困境。在农村社会风险治理失效的处境中，具备价值导向作用的风险分配在一定程度上缓解了单纯的财富分配所造成的财富和风险倒挂现象。对于承载能力弱化、治理行动力不足、风险意识薄弱的各类农村社会主体而言，风险分配指引下的财富分配能够有效降低其风险脆弱性，强化其风险行动力，是一种时代的必然选择。对于风险分配而言,其同财富分配的互构关系,能够有效地激发农村社会中各个主体的风险治理动机,同时,在统一的财富分配中实现能力强化的行动者会在保护集体利益的基础上产生共同行动的意愿,推动风险协同治理的形成,而农村社会的整体风险治理能力将得到强化。实践表明,风险分配和财富分配的互构关系俨然成为强化农村经济社会发展主体风险行动能力和风险协同治理行动的核心理念。一般而言,村民、合作社和村级治理主体在功能发挥上具有一定的互补效应,此方不足时能够期望他方给予支持、承担更多责任。事实上,风险分配和财富分配的互构机制中,治理能力得到强化的不同主体更容易在风险治理的共同行动目标指引下产生协同行动效应,协同关系中的不同主体能够合理把握其他主体的行动预期,从而减弱风险治理的无序性,构建起系统的风险治理行动网络。

现实中,行动协同的形成并非一件轻而易举的事情,需要风险分配和财富分配的互构机制不断重复,将农村社会中行动主体的风险治理能力强化到一定的阶段,并激发行动主体的治理意愿。在风险分配和财富分配的互构机制运行中,包括合作社、村级治理组织、村干部、农户等在内的风险治理主体在面对风险时不再像以前一般毫无招架之力,但是各主体资金、资源、行动能力、专长等方面各有优劣势,因而依旧无法独立应对巨灾。那么,为避免单一主体在独立面对风险时被完全摧毁,而丧失恢复和发展的可能性,存在风险共识且能力得到强化的各方行动者将主动开展多维合作、相互增益,风险共识、成果共享、行动协同的互助合作局面就此形成。在行动主体的协同合作中,风险分配和财富分配也进入一个全新的阶段:不同主体间的合作使得多元主体逐渐一体化,实现了对风险的整体"免疫",内部风险的爆发概率降低,外部风险因素也被拒之门外,外部环境趋于稳定,财富生产将在速度和规模方面超过从前。这意味着各个主体将获得更强的风险承载能力,同时,主体间的协同使得对每个主体的风险承载能力评估更加准确,能够更有效地分配风险行动能力。显然,在强脆弱性、弱抗逆性的农村社会中,风险分配和财富分配的互构机制能够有效地协同农村经济社会发展中不同主体间的风险治理行动,成为农村治理回应风险社会这一时代性诘问的有力解答。

(二)互构机制的运作过程

机制的构建目标要在动态运行中才能转化为现实,使静态的关系描述转化为现实的行动组合。所谓风险分配和财富分配的互构机制,既非单纯的财富分配,也不是独立的风险分配，而是一个二者相互建塑、彼此增益的互惠关系，赋能农村社会风险治理，避免基层治理在风险社会背景中的失语问题。基于前文描述，能够发现风险分配和财富分配的互构机制，既适用于社会财富存量小——风险环境恶劣的类型，也适用于社会财富存量大且风险特征不明显的村庄。所以，关于风险分配和财富分配互构机制的运作过程，我们将给予详细的表述与分析，进一步说明这一具备可操作性、具有新意的风险分配和财富分配互构的理论框架。在此，我们以风险从产生到爆发再到消散的风险生命周期为主线，讲明风险分配和财富分配互构机制的具体运作形式。以两个组织联动治理的生命轨迹为主线，说明在不同的阶段村社主体角色扮演的转换。在横向上，将组织之间在不同时间点的互动特征给予细致说明；在纵向上，以组织发展的时间轴为这一治理机制的发展脉络，对每一阶段的规律进行全面整合，进而得出风险分配和财富分配互构机制运行的内在机理与一般规则。

1. 日常态：经验总结，互构初现

此时的风险尚未表现明显的特征，可能是刚刚从上一场风险中恢复，或者是风险因素尚未积累，而风险分配和财富分配的互构机制在此时依旧发挥着自身的作用。在风险尚未展露迹象时，风险分配和财富分配的互构主要体现为风险承载力的整体提升，基于已有的风险经验和风险信息，"村两委"、村干部、合作社和村民等行动主体将预测未来风险的种类、来临时间以及影响，同时判断各自的风险承载能力，风险信息、风险经验、能力评估、风险预测等信息在村级治理组织中得到统一的分析处理，并在风险——能力的张力基础上为财富分配提供基本的规则遵循，随后，各行动主体的风险承载能力被强化。此外，通过反复的信息收集，许多历史风险信息在被记录前后对比中，风险要素的动态状况被监控，对此，农村社会的行动主体会再一次进行评估，观察经过一段时间的积累后风险承载能力的变动，并进一步判定风险和承载能力之间是否存在差距，以此为依据进一步调整财富分配和风险分配的互构关系。此外，风险分配和财富分配的互构机制在这一阶段还会分配一种特殊的财富——风险治理经验。在政府部门以及村级治理主体的集中组织下，农村社会中的各行动主体根据预案进行演习，在演习过程中，风险治理经验被各行动主体所获取，从而实现对自身风险承载能力的提升。在风险尚未来临之时，农村社会的秩序尚为稳定，社会财富在此环境中被更快地生产和分配，增强了个体和集体的风险承载能力，同时，各主体也在积极观测、监控和预演，以保证之后阶段对风险有效治理。

2. 潜伏态：信息更新，适配谐变

在农村社会中，各类风险要素不可避免地积累，风险的特征逐渐出现，农村社会中的行动主体也开始有所反应。在风险的隐蔽性与连锁性作用下，风险的本体并不会马上显露于公众的视野之中，而是会以其他事件的镜像加以掩盖，而这类行动也会加速其他风险因素的积累。就风险分配和财富分配的互构机制而言，其运行起点需要参与各方将环境内的风险信息和反映自身风险承载能力的指标数据汇聚在一起，进行综合的评估和判断。因此，这在客观上帮助了不同的行动主体对风险进行甄别，同时强化了对风险变动的监测。各主体间对风险信息的不断收集、共享和更新，目的是在风险监控、预警的基础上将农村社会中的财富准确转化为各行动主体对风险的应对能力，强化各行动主体对风险的敏锐察觉，进而稳固农村社会对风险的抵御能力。在这一阶段，村级治理组织、村民和合作经济组织在各自擅长领域的实践中初步识别了不确定性因素的存在，虽然无法确定其会引发何种风险，但是，其不确定性引起了行动主体的警觉。相关信息和主观判断经由信息共享在各主体间交换，并最终汇总于村级治理组织，村级治理组织为维持日常治理，将依据风险信息进行评估，然后据此分配公共资源和社会财富。而这些资源和财富除了集体资产的经营外，还会通过组织村内集体行动生产出来，此外，村级治理组织会将收集的风险信息以及风险评估、能力评估等信息向上级行政部门汇报，以争取外部技术、知识、人才、资金、设备等资源的流入，进一步强化整个农村社会的风险承载能力。由于潜伏阶段的风险具有极强的隐蔽性，各行动主体的行动尚处于聚焦本领域不确定性因素的阶段，整体形态以分散或局部合作为显著特征，但是，这并不意味着各主体之间是无法合作或难以协同的，通过村级治理组织统一指挥的预警、演习等活动，能够有效地提升各主体间的行动协同度，同时，增强各行动主体的风险意识以及对特定风险的敏感性。在实地调研的观察中，不难发现风险分配和财富分配的互构，在风险的潜伏阶段同样发挥着应有的效力，虽然行动主体尚未对共同风险或者各自领域的风险形成充分的认知或共识，但是经过对风险的反复识别、持续监控，以及对风险承载能力的动态评估，财富分配的正义性将得到彰显，社会财富转化为个体风险承载能力的效率也得到提高。不同于正常状态，此时的不确定性因素或风险因素已经有所展露，这将为行动主体有针对性地增强某类风险的承载能力提供参考。同时，村级治理组织、合作社组织、村干部、村民等行动主体在信息共享和互动过程中不断形成信任链接，主体间的共识和凝聚力越发稳固，这为风险治理的共同行动提供了基础。

3. 未发态：风险渐危，短板补足

从单个风险的角度看，风险因素在常态阶段和潜伏阶段由于潜伏性和隐蔽性等特征难以被行动主体所拔除，同时各行动主体有意无意的风险行为又会加速风险要素的累积，致使风险要素完成量变，即将进入质变的阶段，加之农村社会的脆弱性，风险转变为危机的速度逐渐加快。各行动主体已经形成了一定的风险意识和危机认知，并在风险信息不断更新的情况下形成了对风险发展趋势的掌控，同时也形成了对自身风险承载能力的认知。在此基础上，财富分配的正义性进一步提高，各类财富有针对性地抵达缺乏此类财富而导致风险脆弱的主体，并转化为该主体的风险承载能力。在信息的共享交流和互动中，村级治理组织、合作社组织、农户等主体形成了一定的默契，并基于对当前环境中的风险掌握情况制定出具有针对性的行动策略和财富分配规则，在风险转化为危机现实之前以及在应对危机时，社会财富将以构筑其相应的承载能力为目标进行分配，继而实现对风险因素的系统评估和科学管控，积极消除或抑制风险要素的积累，有效预防或减少增量风险。不可否认的是，风险从来都是结伴而行的，而对于未知风险的观察、识别和管控，各行动主体通过社会财富的积累，基于先前不断更新的风险信息，在村级治理组织从外部争取的技术和工具支持下和已经形成的风险意识引导下，能够对未知风险的规律进行初步的把握和研判，实现智能预警超前预防。在风险的未发阶段，虽然风险尚未转变为危机，还没有影响人们正常的生活秩序，但是其未来发展趋势和影响已经能为各行动主体所感知。因此，村级治理组织、合作社以及农户在风险共识的凝聚下，开始按照预案加快社会财富的生产与分配，从而生发更频繁的互动行为，其目的在于抑制风险的发展或将其消灭于萌芽状态，同时也是为将风险转化为危机做准备。

4. 危机态：处突应急，联防联控

经过前三个阶段的风险信息积累和分享，通过风险分配指导下的财富分配，各行动主体完成了自身风险承载能力的强化，同时集体的风险承载能力也得以提升。基于在未发阶段制定出的应对预案来分配资源、协同行动。在危机爆发时，各行动主体在信息共享的基础上，全面真实且准确地进行危机研判，结合人、事、地、物的逻辑环综合判断次生风险的爆发概率、危机的影响后果、有关主体的风险承载能力等信息，并据此分配资源和社会财富有效地消除危机带来的影响。即便能够对风险进行检测，但是在其转变为危机现实时，具体节点通常难以被察觉，风险的连锁效果又加大了危机研判的难度，因而，此时的决策需要由村级治理组织统一作出。经过前三个阶段的互动，合作社、农户和村级治理组织之间已经形成了默契，加之行动方案的预先规划，各行动主体的危机应对行为达到协同状态，并在村级治理组织的统一调动下有效地应对危机。回顾前三个阶段的互构过程，我们能够发现，风险分配为财富分配提供方向指引，不断更新的风险信息是对财富分配行动的动态修正，其能够有效强化行动主体对风险的承载能力。这种"靶向式"的财富分配逻辑，在应对危机时则表现为对救援物资的合理配发，从而实现对风险和危机的消散。循此思路，我们也可以进一步理解，处于不同的风险环境中，风险分配和财富分配的互构机制存在一致的逻辑内核，进而可以阐述风险分配和财富分配应对风险社会挑战的未来命运和现实特征。当然，为防止实践层同理论层的分离，在此特别指明，不论处于风险的哪一阶段或者何种状态，风险分配和财富分配的互构机制都可能存在失效的情况，甚至陷入加剧风险 - 财富倒挂的困境，效果不佳的互构机制将丧失其合理性和合法性进而被遗弃，导致互构瓦解，退出风险治理的实践舞台，退回至仅依靠财富分配支配的治理实践。

参考文献

[1] 刘林青，梅诗晔．管理学中的关系研究：基于 SSCI 数据库的文献综述 [J]．管理学报，2016（4）：613-623．

[2] 郑杭生，尹雷．"社会互构论"视阈下社会复合主体参与及互构机制 [J]．甘肃社会科学，2015（1）：4-7．

[3] 李黎明，龙晓，李晓光．谁更愿意动员社会资本？——基于心理人格特质的实证分析 [J]．社会学评论，2018（6）：44-56．

[4] 杜姣．重塑治理责任：理解乡村技术治理的一个新视角——基于 12345 政府服务热线乡村实践的考察与反思 [J]．探索，2021（1）：150-163．

[5] 洪名勇，何玉凤．论"领头羊"在农户农地流转中的带动作用 [J]．江西社会科学，2020（6）：216-224，256．

[6] 颜景高．分配正义：应得视角的再反思 [J]．天津社会科学，2020（6）：50-56．

[7] 黄国泰，张治库．现代人的发展风险及其预防 [J]．学术界，2010（3）：67-72，284．

[8] 张贤明，张力伟．风险治理的责任政治逻辑 [J]．理论探讨，2021（2）：19-24．

[9] 芦恒．重大公共危机应对与社会韧性建构——以"抗逆性"与"公共性"为中心 [J]．南开学报（哲学社会科学版），2020（5）：97-105．

[10] 周可真．知识工具新论：管理视域中的逻辑 [J]．江汉论坛，2016（3）：44-51．

[11] 张广利，王伯承．西方风险社会理论十个基本命题解析及启示 [J]．华东理工大学学报（社会科学版），2016（3）：48-59．

[12] 王鹏．基于情感社会学视角的社会秩序与社会控制 [J]．天津社会科学，2014（2）：75-79．

[13] 骆永民，樊丽明.宏观税负约束下的间接税比重与城乡收入差距［J］.经济研究，2019（11）：37-53.
[14] 凌争，段司超."抓大放小"：基层有限规制协管员"以权谋利"的逻辑——基于B市Z区城管协管员案例［J］.公共管理学报，2020（1）：59-69，170-171.
[15] 刘海军，王平.社会分化视域下农村基层协商机制的建构［J］.求实，2018（2）：75-86，111-112.

第九章
风险分配与财富分配互构机制的保障体系

风险分配和财富分配的互构机制就是组织通过统筹、规划对风险和财富进行合理的配置和优化，以改善农业、农村生产和生活方式的一种机制。而在风险全球化阶段，无论是保证风险分配与财富分配互构机制的运行，还是乡村振兴、实现农村治理的现代化，都必须建构一个完善、有效的多层次保障体系。保障体系是对风险分配和财富分配互构机制的运行过程中各个部分系统有效联系、发挥作用的总称，通过构建宏微观治理环境来巩固和完善互构机制、保障农村治理现代化的成效。保障体系通过整合农村治理资源，从组织、制度和资源三个层次和保障角度出发，构建一个完整的治理环境应对风险社会，同时促进风险分配与财富分配的互构机制良好运转，为农村治理现代化提供支撑。

前文我们探讨了风险分配与财富分配的互构机制的构成、内涵和功能等问题，若将这些问题作为农村治理现代化路径的理论基础，那么构建机制的保障体系、完善农村治理现代化的环境就是保障互构机制运行，巩固治理模式成效的必需要求和突出问题。本章从治理环境支撑的角度为互构机制的良好运行提供保障，分别从组织、资金、制度、人才、技术五个方面来构建保障体系，勾勒机制保障体系的基本框架。

第一节　组织保障：互构机制运行的保障框架

风险分配与财富分配的互构机制是逻辑耦合基础上所形成的协同治理模式，这种新型治理模式依赖财富分配的效率激励和风险分配的公平激励相结合，以实现风险社会语境下农村治理现代化建设，其不仅对前面我们所提到的农村治理的内容和对象有所影响，更推动着农村治理主体格局的巨大转变。

一、组织保障的内容对象

风险分配与财富分配的互构机制是将保护农户根本利益的命题置于时代的动态要求中所产生的回应性方案，若要保证互构机制的治理成效持续发挥作用，需要坚持人民利益的根本宗旨。而互构机制是以多种治理逻辑功能性耦合，多元主体多元性参与的实践导向的治理模式，所以在运行过程和具体操作中会牵涉农村社会事务治理的各个领域[1]，这意味着在实践中还需要实现各治理主体因自身权责定位以及功能优势不同所采取的不同治理工具之间的协同。互构治理以"风险识别+风险消散"为主要目标，将治理主体视作风险治理过程中不同环节的重要参与者，通过各治理主体在不同环节的功能性组合，逐渐形成"村两委＋合作社＋农户"的主体架构，以此对各类风险进行识别和治理。

对于推进农村治理现代化建设的风险分配与财富分配互构机制而言，治理效果既是设计和构建治理机制的出发点，同时也是互构机制所要达成的终极目标。因此，保障治理效果的长久和持续便成为治理机制研究的题中之义。治理效果的内涵来自农村社会发展过程中的政治、经济、文化、生态、科技等方面，无论是维持上述领域的正常运行还是对其运行结果的承担都是由农户或者农村社会中的组织来完成的，故应当从农村社会发展的宏观和微观两个层面来对农村社会风险治理目标进行分析。

从宏观层面看，农村治理的终极目标是实现农村社会的稳定发展，为人民的根本利益提供保障，从而实现治理体系与治理能力的现代化[2]。然而，这种价值性的目标很难在治理效果的评估中加以精准界定，但可以通过微观指标的测量加以展现，对此，我们主要对农村治理成效进行微观量化研究。从微观层面看，农村治理的效果通常以经济、政治和文化三个主要维度展现，要实现这一目标则必须思考治理主体职能履行、优势发挥以及彼此协同。在经济领域中，需要对农户的人均可支配收入、家庭储蓄的规模、合作社组织经营状况、消费支出等不同的指标进行强化，此类指标的具体情况能够反映农村治理中经济发展的现实状况。合作社组织作为互构治理机制的重要参与主体，也是农村社会结构中的重要功能节点，同时，合作社组织连接市场和农户的纽带角色以及其超越经济领域的影响赋予其嵌入农村治理的合理动因，更赋予其在风险治理过程中其他治理主体所不具备的独特角色。在政治领域中，需要从基层选举、基层监督、村民参与等方面对农村治理进行保障和优化。上述环节是村民参与农村社会事务管理的重要渠道，参与主体对农村事务的知情程度、参与深度都决定着不同主体间的协同关系能否产生及其关系紧密程度。此外，这也是信息、资源等关乎风险治理能力形成的重要因素集中与分配的过程。在文化领域中，农村文化事业的繁荣发展、公序良俗的稳定生效、精神文化生活的充实丰富、内部矛盾的有效化解等都关乎风险分配与财富分配互构机制消解文化风险的绩效目标，同时也是互构机制保障的目标维度。

对于风险分配与财富分配的互构机制本身而言，多元主体的嵌入与耦合是实现治理现代化的关键环节，从功能综合体的构成结构来看，保障风险治理的持续生效，应当强化农村社会中合作社组织、农户及"村两委"三者间的共识程度和协同关系。这意味着，在实践中主体间耦合既需要实现既定权责间的协同，还需要促成具体行动间的协同，如何舒缓不同主体间、不同事务中的摩擦和矛盾也是维持功能综合体需要兼顾的方面，更是保障风险分配与财富分配互构实践的命门所在。

二、组织保障的逻辑缘起

通过耦合风险分配与财富分配的效用而形成互构治理逻辑，在风险社会语境中实现农村社会善治要充分发挥农村社会中各主体的优势，实现彼此增益，以此达到风险治理时的协同效应，这不仅影响农村治理的核心内容和目标，更是一种基层治理格局的创新。

合作社组织早已作为经济组织存在于我国的发展历史中，也正因其创造社会财富的角色，在风险分配和财富分配的互构阶段，其参与农村治理，充分发挥其逐利功能，并与地方政府充分协调，发挥协同效应。合作社组织作为治理组织嵌入由基层政府组织主导的农村治理结构中，和基层政府组织在农村治理的过程中形成一种或强或弱的合作或依附状态，而在互构机制的运行进程中，作为治理主体的组织间的权力比重、处理农村社会事务的话语权归属等问题都可能影响农村治理的最终成效。

对于风险分配与财富分配互构机制的治理模式而言，治理的主体、生态和对象是组建起结构的三个核心部件，互构机制治理的对象是农村社会中的各类风险，包括政治、经济、文化等不同领域。本书在第五章和第六章的实证研究基础上，分析了村级治理组织、合作社组织、村民等农村治理的主体，它们所面临的个性与共性的风险以及所蕴含的承载能力。而对于互构治理机制而言，它所要求的并非单一治理主体独自面临风险，而是通过协同治理效果来完成治理，差异化主体的优势在行政主导的统一配置下耦合而成多元协同的治理综合体，故此在风险分配与财富分配的互构过程中，治理主体之间的协同和合作关系是关乎治理成效的关键变量。此外，治理生态同样也作用于治理成效，不仅要考察农村社会内部的经济、政治、文化发展状况，还需要厘清农村社会的关系网络发展状况，同时还要思考国家政策下沉至农村社会中所形成的具体制度、政策及其运行[3]。对此，需要从风险分配与财富分配互构机制的上述三个领域来分析，锚定影响其治理成效的重要变量。第一，从治理的对象来看，在总结互构机制涉及农村治理中政治、经济、文化等领域的基础上，治理的基本目标视野可以初步厘定，但是在具体的实践中，不同领域间的联系往往带来诸多治理事务在经济和政治领域的交叉叠变，对于领域连锁所造成的治理事务复杂化现状，治理综合体如何在履行自身权责的基础上协同其他治理主体实现具体事务，也可能会影响治理的最终成效。第二，从治理的主体来看，多元主体参与下的农村治理过程中必然存在博弈关系和私利行为[4]。合作社组织、"村两委"以及村民在农村治理过程中作为既密切相关又彼此独立的三个主体，对于农村社会事务的处理有着权衡利弊和进行决策的行为选择的权力，村级治理组织是治理方针的制定者、执行者和领导者，合作社组织则在基层治理组织的政策倾斜条件下提升自身的经济实力、增强推动市场作用的能力和市场影响力，合作社组织对经济领域的带动作用需要政府部门的支持，而合作社组织的发展成就也将成为政府部门工作绩效的重要标志[5]，这造成了农村治理过程中，合作社组织将依附于基层治理组织进行决策表达，而政府部门也将合作社组织的参与视作其治理工作的重要部分。客观上，当行动中农户同治理组织意见不同而出现矛盾或行动冲突时，合作社组织能够扮演矛盾的调解角色，其所发挥的纽带作用也为三者的协同发展提供了通路。此外，在充分重视合作社组织、"村两委"和村民之间的协同关系前提下，还要注意三者在农村治理过程中不可避免的信息不对称、资源未协调等方面存在的差异所引发的矛盾冲突。三者间难以达成信息的充分共享，这会导致治理过程中基层政府为政绩而过高地要求合作社组织或是农户承担远超其自身能力的任务，这会导致三者采取利己的行动策略而拒绝协同，进而导致农村治理绩效的下降。具体在农村社会的风险治理过程中，其主要表现为：一是"村两委"在治理过程中，依旧以行政手段为主导，合作社组织在收集信息、集中资源、发动群众方面的优势无法充分发挥；二是对于治理组织而言，合作社组织、农户在治理过程中的配合多于协同，功能和工作的契合程度不够，彼此间信息共享以及财富分配的互动机制亦不够完善。由于当前风险分配与财富分配的互构机制仍处于研究和实践的起步阶段，风险分配和财富分配的配套政策及其实施仍旧不完善，这可能会导致多主体间的协同关系只停留在思想上、文件上，从而制约着农村治理体系和治理能力的现代化建设以及治理成效。

农村基层治理的基本主体是农户，而农户与社员身份的同位性，使得合作社参与基层治理成为农户参与治理的重要渠道，因此，在风险分配与财富分配互构机制的运行过程中需要考虑农户参与合作社以及参与治理行动这两个变量。对于农户在风险分配与财富分配的互构机制中所遇到的障碍，可从三个方面加以分析：第一，农户参与合作社组织不充分会限制合作社组织在治理行动中的影响权重，因为对于合作社组织来说，农户基于相近的利益诉求加入合作社组织，使得合作社组织在实现经济利益之余又成为农户参与村务治理的渠道，而村民无法认清合作社的渠道角色或是合作社本身在参与程序方面的制度建设不完善都会使村民无法正常通过合作社参与村务治理；第二，对于合作社组织和基层政府组织来说，合作社人员专业作用发挥有限，基层政府组织行政人员执政能力也较弱，对此，在互构机制运行过程中表现出人才队伍不稳定的特点；第三，从治理的生态来看，风险分配与财富分配互构机制仍旧处于局部实践阶段，尚存在许多不确定性，故而当前的抽象分析也主要聚焦于采取此类治理逻辑的地区，这意味着风险分配与财富分配互构机制的推广无法适用于所有地区。同时，由于风险社会的不断发展，处于发展初期的互构机制，不仅在当前机制运行的制度设计、政策执行、实践路径等方面仍显不足，也难以判定机制能否对未来的治理生态发展进行良好回应。这是动态性的治理生态在机制治理成效维度上的集中反映，对此，无论是理论研究还是实践中都需要对机制的运行作出制度性保障安排，从而保障机制的运行绩效，以及从回应未来生态变动过程中所产生的新问题、新矛盾这一维度完成对机制的赋能。

三、组织保障的具体措施

基于分析风险分配与财富分配互构机制的保障，互构机制的治理效果主要受到治理主体中组织主体的影响。因而，如何通过组织架构、组织分工、职能分权、行动流程、成员配置等环节设计保障措施来维持互构机制对农村社会中诸多风险的治理成效，成为保障有效的逻辑起点。从互构治理机制的本质看，风险分配与财富分配的逻辑互构是系统化、复杂化、动态化的治理思路。在现实的基层治理实践中，互构机制需要基层治理组织、合作社组织和农民的三方协同，在互构机制运行过程中，以治理主体间、社会力量间的良性互动，以及形式协同推动功能耦合，来回应风险社会提出的现实难题，推动农村治理体系和治理能力的现代化。

保障治理机制的运行有效，需要基于对治理主体自身权责定位的分析，从四大维度对互构机制的运行作出保障：一是优化主体架构，实现组织领导的再强化，对于互构机制而言，在认清治理主体的差异基础上，结合不同地区具体的治理目标，特别是结合对差异化风险种类的考察，建立同互构机制相适配的领导核心。此外，对于主体架构的设计应摆脱治理主体的角色固化，由不同治理主体根据其自身优势及其独特的功能，通过合作发展的方式，在风险治理全过程中的不同环节采取差异化社会事务管理。同时，借助协同关系中彼此间信息流的充分流动这一特征，设置对领导核心以及治理主体的监督环节，继而形成结构层面对合作社组织、基层治理组织所构建的治理主体系统的协同性和完整性。二是灵活组织分工，在互构机制运行过程中，由于基层治理组织依旧扮演村级党组织的领导角色，能够统一协调各主体，从而理顺在风险治理全过程中不同主体间的互动关系，不仅将"村两委"组织在直接管理各项事务时的失能困境中疏解出来，还赋予其在现代化治理体系中凝聚力量的协同管理者的角色。从强化不同主体的风险治理能力看，合作社组织拥有的社会财富主要有资金、人力及社会资本，资金为合作社组织的经济活动和社会活动提供了物质基础。经济领域作为社会治理的重要方面也是经济风险的主要来源，通过资源的实际掌控情况来调整生产规模和经营策略，不仅能保证合作社组织的经济效益，还能有效规避经济领域的风险侵袭，以达到风险社会语境下农村善治的目标。三是从行动流程的优化角度看，由于治理行动中的不同主体的权责规定了各自具体的行动流程，使得彼此间只有在实现协同的前提下才能对社会事务进行有效治理，对此，治理主体在提升农民利益和推动农村社会经济发展的共同价值指引下，对不同主体的业务流程进行整合。基于对原有行动流程的认知和分析，从当前的治理目标着手，针对现实的治理问题设计不同环节中治理主体的任务目标、职责分工、行动流程等，从而有助于不同种类风险的治理效果的提升，而行动流程的优化是基于对农村社会中不同风险的有效治理这一直接目标的实现达成。四是从人员配置的角度看，需要对合作社组织和基层治理组织的人才队伍进行结构优化，其主要目的在于更好地发挥组织在不同事务治理中的优势。因此，在互构机制的运行过程中，需要依照农村治理的任务需求正确选择、合理适用、科学考评和人才培育，在治理体系与治理能力的现代化建设中，科学地适配人才完成农村社会中的各项任务，保障组织优势效能的发挥，同时也是个体价值的充分展现[6]。

第二节 保障体系：互构机制运行的保障内容

互构机制的治理效果除了组织框架中不同主体的优势得到发挥外，还需要物质条件的支持，因而，互构机制的保障体系可以视作由人因、物因等部件架构而成的有机系统，为实现治理主体的功能耦合从而保障治理成效的可持续性。它需要资金、制度、人才、技术等手段强化组织保障，从而更好地在风险社会语境中推动农村治理现代化建设。

一、资金保障：互构机制的物质基础

风险分配与财富分配的机制以经济发展为基础，资金作为社会生产的基本投入要素，是构建机制的保障体系和促进互构机制运行的根本物质手段。在市场化经济时代，事物的存在和发展势必需要经济能力的壮大，才能实现机制的可持续发展。风险分配与财富分配的互构机制中需要将资金作为分配制度的基础，同时随着风险意识的增强，治理对资金的需求也在逐渐增加。因此，创新社会治理机制和构建风险分配与财富分配互构机制需要将资金支持作为物质支撑的基础，健全分配制度，实现公平和效率的结合。

（一）资金来源

资金在社会治理过程中作为一种基础性投入要素和财富分配基础，是社会财富的根本体现，也是互构机制分配过程中的物质基础，而治理过程中不同的资金流入来源和主体也会影响治理机制功能发挥和行为机制等。村域视野下的风险分配与财富分配的互构过程中，乡镇政府将国家自上而下的财政转移支付"转化"为用于农村社会发展的专项资金。故而，为使专项资金的效用最大化，首先要做的是提高专项资金使用的规范程度。资金以进入县域为起点，终于村务处理时的财政资金使用，此为财政资金管理收紧的空间维度。此外，还应廓清常规财政资金使用项目和临时（或应急）资金使用项目，以此提高财政资金的使用效益，保障各项资金及时足额地贴合于风险分配与财富分配的互构过程中。对于未列支的转移支付，也需要施之以流向监控和绩效问责[7]。因此，为保障治理成效必须严格管理政府资金，通过科学规划财政资金在各类村务治理中的使用，保障农村治理中资金有侧重地广泛覆盖，从而为农村治理的诸多事项提供物质支撑，此外，对于尚未使用的闲置资金也要加强监控。在使用过程中，拨付资金的使用和流向要恪守公开原则，无论是政策文本、拨付比例还是核算标准，都应当向公众公开，自觉接受包括村民在内的社会各界监督，以保证专项资金的精准、足额对接。此外，无论是农村集体资金还是下拨的专项资金，乡镇政府在村级财务的管理过程中，对村财务部门账户设置、票据处理、报销审批、核算方法、档案管理、常规审计等方面进行规范管理，并对村级财务动向进行实时远程监控和监督，加强财务控制的成效，必将为巩固农村改革成果奠定良好基础。村集体资金的构成：一是集体经营性资产的营收红利。经过清产核资，村集体将拥有的土地、房屋等资产化零为整，为规模化经营提供可能，引进外来资本使之在不改变所有权的情况下进入市场，所获之盈利除分红外可以投入村务管理中。二是村内成员筹集的资金。基层村务治理中涉及公共空间的基础设施建设以及公共性较强的公共设施设备购置，其受益方是全体村民，因而，此类事务的处理需要通过集体筹资来完成。

互构机制的潜在目标是将各类资源通过科学分配转化为农村产业发展主体、专业化服务主体等的治理能力的提升。实践中所涉及的各类资金，如村民募集、企业捐赠等方式流入的资金，通常缺乏专业的组织或部门经营管理，相关法律条文或制度机制对该类资金的使用监督和规范不够细致、明确，因而此类资金极易成为农村治理过程中的"公地"，被以各类缘由侵占、挪用、蚕食，使其无法发挥原有的功效。针对该类问题的解决思路是：通过治理行动项目化，将外来资金直接投入具体的项目之中，减少中间环节带来的资金损失；将外来资金基金化，对接外来资金与专业的基金运营机构，保证基金未来增益。

（二）具体措施

对于通过风险分配与财富分配互构机制实现农村治理的路径而言，无论是风险治理的还是财富分配的，都需要对附着在政府、农户、企业等主体上的人、财、物等物质支持进行管理，此为互构机制成立之物质条件基础。在上述我们已经分析了三种不同的资金流入途径，对各项资金实施管理是保障资金合理使用、流入、流出等的必要措施。

风险分配与财富分配的互构机制需要汇集农村社会内部的资金，还需要外部其他社会组织的资金，以及人、财、物等资源的支持，这是互构机制运行的基础，也是治理能力的物质来源。在对资金流入途径分析的基础上，需要对各项资金实施科学的管理和经营。对于基层政府而言，保障专项财政资金准确、足额地投入相应的事项中是履行其职责的基本要求。总的来看，所涉及资金可以从外部流入亦可从内部征收[4]。一是扩大乡镇财权，发挥乡镇政府财政部门在税种和税率调整上的主动性和自主权。在明确县、乡镇间的财税关系基础上，利用特定税种和税率增加乡镇可支配资金数量，在理顺县与镇、镇与镇之间的利益关系基础上，构建"先集中、后分拨"的基层财政管理体制，通过扩大返村税收的比例来提升财政资金对村域治理的支持。二是松绑村级财权，赋予基层治权在上级监督的情况下根据实际需要调配财政拨付资金的自由。村情即民情，基层治权要充分尊重村民在资金使用中的意向，通过村民民主决策配置资金的项目间比重，这是基层资金使用的基本前提。对于用以产业发展、生态治理、基础建设等项目的财政转移支付，要采取分类下拨、总量控制的方式加以管理，实现项目之间资金的可拆借、可变通。其间产生的票据等过程性证明材料应当定期向公众公开并接受上级审计部门的检查，保证基层治权将财政转移支付用于最符合乡村需求与村民实际需要的项目。对于直接散拨于农户的资金可由村民代表组成委员会或由村理事会和监事会牵头，采取自愿、自决的方式集合于村集体账目，集中调配使用。适当调整基层治理组织对财政转移支付的调配自由度，强化调配资金对不同村情民生建设、农业投入、农业生产经营项目的适配程度，逐步实现乡村基层组织可支配治理资源与其所承担治理责任之间的动态平衡。

二、制度保障：互构机制的行为框架

（一）正式制度保障

1. 正式制度的内涵及作用

制度是在一定历史阶段形成的社会博弈规则，限制着社会个体交往的行为，根据西方制度经济学的描述，将这种社会博弈规则分类为正式制度和非正式制度[8]。正式制度是通过国家、政府等权力机构发布的具有行政权威的规则。从历史的实践经验来看，如果没有完善的正式制度对社会治理的约束，势必造成社会的混乱与无效。同时，构建完善、有效的正式制度体系是对风险分配与财富分配互构机制和农村发展的重要保障，是保证农村现代化治理、农村良好有序发展的必备良方。

制度的本质在于减少交易成本，其基本逻辑是通过规则框架约束个体的行动空间，抑制个体自由行为选择中的不确定性，从而将社会环境置于制度所搭建的确定性环境中，以实现提高生产效率的目的[9]。根据产权经济学的基本观点，产权的明晰和稳定是降低交易成本、实现财产增值的重要前提，通过制定正式产权制度为市场有效配置资源提供保障，避免"市场失灵"。基层自治制度作为保障中国农村治理的基本正式制度，必须以农村民主自治为基础，在保障农村自治的基础上推进乡村自治建设，规范选举的规则并使其制度化。在农村政治环境的路径上保障治理机制规范运行。从中国农村的历史发展过程看，土地制度问题是农村的根本问题。没有土地正式制度的保障，农民始终处于被剥削的地位，中国封建社会的发展史就是农民土地的战争史、土地制度的发展史。新中国成立以来，保障农村治理和土地问题的重大正式制度的发展从"耕者有其田"到土地的集体所有,再到"三权分置"即所有权、承包权和经营权的分置。土地作为农民基本保障,需要从法律、政治、经济层面为农民提供稳定的预期,需要稳定土地产权制度,优化农村发展环境,为农村现代化治理机制的运行提供坚实保障。

正式制度的保障作用强调制度的规范化和法治化运行。正式制度的来源通常是国家权力机关或权威组织,是对社会建设行为准则的长期描述[10]。因此,正式制度保障的作用效果偏重基层政府的法治化和法律规范,而发挥其保障机制运行的作用要在完善互构治理机制中加强基层民主的管理建设,发挥农民个体的积极有效的政治参与权,优化完善基层组织的监督管理制度,保障基层治理和农村互构机制的制度环境。农村治理组织和个体在行动和发挥功能时要遵守正式制度的规范性,以多元化的农村治理组织为基础,明确互构机制的法治化建设,保障机制运行中的行动具有正式的规则,保证组织的法治化运转和政府组织的地位以及引导和规范组织机制的行动。

2. 正式制度保障层面

正式制度在具体实际中制定规则要从政治、经济和社会三方面进行,具体在农村政治环境中,正式制度要明确农村基层治理机制的政治主体和责任,保障正式的制度规则和组织行动的政治基础。例如,《中华人民共和国村民委员会组织法》作为基层治理的基本法律依据与政治原则,以法律的形式突出了村委会在村级治理中的重要地位,也对其性质、责任、权利、义务等作出了说明。正式政治制度的建立:一方面给予农村治理主体的政治地位和权力,另一方面也规定农村治理主体的社会责任和政治任务。在基本的经济基础方面,正式制度以法治化的规章制度构建规则,强调互构治理机制的经济基础和管理约束。例如,《宪法》规定:"农村和城市郊区的土地,除由法律规定属于国家所有的以外,属于集体所有;宅基地和自留山也属于集体所有。"通过制定法律,明确规定农村土地的所有权主体,减少矛盾和纠纷,为市场机制的有效运行提供基础条件和良好环境,明确农村土地的受益主体。通过正式制度在农村的构建,保障好农民的土地权属和土地增值的权益,是对农民经济财产的最大保障,也是对农村集体经济行动规则有效性的最大保证。在社会契约方面,正式制度通过市场机制的交易行为进而引导商品的生产和销售,惩罚规则破坏者以及制定交易交换的等价兑换量,构建社会生活和生产中的契约来约束个体和组织的行为,维护市场秩序。

3. 正式制度保障构建

正式制度是社会治理组织行动意愿的集中体现,它表现为参与主体的分工原则、行动规则、奖惩标准、交易规则等形式，正式制度有着不同的等级结构，从宪法、成文法到细则、契约共同约束着人们的行为以及保障机制的运行[11]。而构建有效的正式制度保障环境，要在正式制度的构建中把握三个方面：第一，正式制度对于互构治理机制的作用应该从集体利益出发，构建农村持续发展的顶层设计。正式制度的设计应涉及农村现阶段多元化的组织结构和部门，由于多元化的组织结构中行为、角色和功能的不同，组织之间的沟通方式和利益协调问题，若没有正式制度的约束和监管，势必导致互构治理机制的失效或者无法达到预期效果。而农村治理的现代化进程中，正式制度的不完善和法律法规的不健全造成组织和个体之间的冲突和问题。第二，正式制度的顶层设计应该具备以人为本的基本理念，制度是为人所服务的，在农村治理现代化的治理内涵提升基础上，各种制度的设立是服务于农民个体或合作组织的发展。人是社会变革中最积极的因素，在现代化的农村治理过程中，个体始终是变革的主体，是互构治理机制的主要执行者和受益者。充分发挥农民和各类组织的积极作用，就要扩大群众参与政治的权利，顶层正式制度的设计真实考虑基层群众的实际需要。第三，在正式制度的实际措施和操作中，既要在正式制度的设计和执行中坚持根本制度不动摇，又要在地方性法规中"因材施教"。农村土地的"集体所有制"是国家对于农村土地所规定的正式制度中的根本经济和政治制度，是农村地区毫不动摇必须坚持的正式制度。而同样的地区正式制度之一的"村政乡管""村财乡管"等就是正式制度在考虑区域发展特殊性基础上作出的差异化制度安排。

（二）非正式制度保障

1. 非正式制度的含义及特点

不同于正式制度人为的规则执行，非正式制度是一种行为习惯，是社会成员在长久的生计生活中形成并固定下来的风俗习惯、价值观念、意识形态等行为，最终以约束力较小的规则形式展现出来。根据制度经济学的经典界定，非正式约束是以意识形态为核心的人们普遍遵守的制度规范，是正式制度的价值具象以及社会价值的动态展现。相对正式制度的统一性和单一性，非正式制度则表现出多样化、复杂化和区域化的特点，在农村熟人社会或半熟人社会资本及关系网络运行的基础上，非正式制度具体可以表现出宗族内部制度、农村道德伦理规范和社会风俗等多种不同方位。非正式制度强调从农村本土权威、道德伦理和人情血缘方面进行治理机制的协调和保障，其引导和约束效力贯穿整个保障体系的运行过程。

非正式制度的具体表现特征源于农村组织和个体的流动性缓慢、生存活动区域有限的历史阶段特征。分析其非正式制度的形成和发展过程，农村非正式制度源于农村传统文化的积累和沉淀，同时文化作为一种底蕴，既凝聚着农村组织中共同的理想和追求，也创造了农村前行的精神支柱，最终形成历史阶段内非正式制度的一系列规范，对治理机制的运行产生持续的影响。非正式制度的非正式性使它保障治理机制运行之中的作用效果存在差异性，进而在保障治理机制的运行过程中既有积极的影响，也有消极的作用。

探索非正式制度对于机制运行的保障效果是要发掘农村组织和社会资本的结构关系。非正式制度与农村非正式组织的关系密不可分，而非正式组织所处的农村环境，其非正式制度对于治理机制的作用效果更加重要。非正式制度相对于正式制度的实施更加注重区域化和个体的利益化，"行为人"的行为体现出一种目的性、经济性和自利性的特征，进而在非正式制度主导的农村中表现出"行为人"的竞争性[12]，导致非正式制度对于治理机制的影响效果偏离整体利益的机制目的导向，弱化互构机制的治理效果。

2. 非正式制度保障路径

正式制度对于农村现代化的治理机制起到基础的制度建设作用，没有正式制度的根本性规则约束，互构机制的运行无法发挥优势和作用。机制行动中的规则不仅仅需要硬性的正式制度，也需要非正式的制度规则对其进行细枝末节的贴补和柔性制度的缓和来共同保障互构机制的治理效能。因此，从显示效果来看，正式制度与非正式制度均无法独立运行，而是需要在组合使用的情况下才能发挥既定作用。因此，要发挥正式制度对机制行动的保障作用，需要持续完善非正式制度，这要把握以下几个方面：第一，非正式制度的制定规则源于集体的利益和分配政策，重视责任正义和分配伦理。在风险社会的风险化解和财富的分配中，非正式制度对分配机制有影响效应进而产生分配不公问题，引发更大的社会不公，将增大机制治理的难度。第二，非正式制度在农村的构建中应注重发挥区域内的信任机制，促进互构机制的分配。非正式制度源于农村特定的社会资本和文化底蕴，而在农村社会中，信任在熟人社会中充当现代农村治理中的"稳定器"角色。发生信任危机将加剧互构机制中的分配关系产生各种矛盾，保障互构机制中风险和社会财富分配的良性作用应该构建农村信任机制，破解非正式制度中的社会信任危机，更好推进互构机制的治理功能，发挥制度的保障作用。第三，非正式制度的构建过程要发挥意识形态的引领作用。制度经济学家认为意识形态是关于人们定义世界的一种信念，是能产生较大外部性的人力资本，它倾向于从道德评判的角度分析世界的风险和财富的分配等结构问题。农村的这种思维观念是在长期生产、生活中与周围环境互动所形成的，是人们解释世界而形成的整体性主观信念，体现为对农村区域发展问题的认识过程，发挥好意识形态的引导作用是决定农村现代化治理机制运行的关键[13]。第四，非正式制度的构建中要重视乡土文化弘扬和基因传承。乡土文化经过代代相传将行为规范深植于文化中，成为农民互动协调的黏合剂、凝心聚力的发动机，是治理中达成某种共识的重要工具和方式。第五，非正式制度需要借鉴风俗习惯和伦理道德。风俗习惯、伦理道德都是农村社会中不成文的行为规范和准则，完善农村治理体系、建设制度环境必须尊重农村文化、社会传统，挖掘乡土制度基础，将现代化的治理理念与传统农村秩序有机结合，完善农村治理制度。构建非正式制度结合风俗乡规和伦理道德的同时要促进乡风文明，适时而建、与时俱进，对优秀文化传承积极倡导，带动精神文明建设，发挥非正式制度的嵌入式治理优势。

制度保障是从正式和非正式方向保障机制执行的规则环境，制度的构建应遵循公平、正义和共享的核心理念，制度规则是互构机制分配关系中维护公平正义的保障底线，是农村治理的基本遵循。制度规则环境的保障要维护集体利益，促进机制执行中全体共享的规则目标实现。否则在风险社会中，风险分配和财富分配关系产生风险叠加效应，形成恶性循环，互构机制作用下降和治理效能弱化。所以，互构机制的执行中需要正式制度和非正式制度构建完善、正义和健全的规则体系。首先，正式制度通过构建法治保障体系，将互构机制的执行过程纳入法治化的轨道，保障在风险社会中财富分配的基本权利。治理过程中应进一步提升协调式农村治理能力，选择民意协商、合作和更加民主的对话方式，使组织的运行更加公开透明，治理取得实效。推进国家治理体系规范化、法治化，形成一套全方位、多层次的有效正式制度体系，保证其可行性和正义性。其次，非正式制度的保障作用依然重要，在互构机制的实践治理中和组织的行动中，非正式制度对于治理效果和行为的影响随着非正式制度的主观标准不同存在一定的差异性。所以，破除非正式制度对于风险分配和财富分配互构机制的消极影响因素，构建信任机制引导非正式制度的保障互构机制的治理效能，发挥机制对风险和财富的互构作用效果将对治理现代化有着重要作用。

三、人才保障：互构机制的动力来源

资源保障是构建风险分配与财富分配互构机制的重要物质支撑，而其中资金是构建资源保障的基础，技术则是发挥手段和纽带作用，而人才保障机制和制度保障机制同样重要。乡贤治村、能人治村是互构机制逻辑下的治理模式，是以人才发挥主观能动性的方式来为农村治理提供动力。"以人为本"的改革目标指向是现代化农村治理的根本，也是机制发挥作用的直接对象。同时，人才也是构建机制保障体系内容的一部分，组织主体、制度建设、资金利用以及技术应用都无法离开人的作用和人才的支持及带领作用[14]。因而风险社会语境中推进农村治理的现代化，风险分配与财富分配互构机制的目标达成需要人才队伍依照现实情况作出理性判断，更好发挥互构机制对风险治理的特有功效。构建新型农村发展的人才支撑制度和完善农村人才治理保障机制，将是推动农村治理机制运行，实现现代化农村治理持续发展的重要保障。

（一）人才来源

风险分配与财富分配互构机制的有效运转离不开人才支撑，但在现今城乡流动加速和区域发展不平衡的时代背景中，农村治理的相关人才存在多维度的困境。集体瓦解后的农村分散为不同禀赋的农户，即便面临共同风险，其影响程度也会呈现差异化的状态。这使得农村治理的研究视野不得不延伸至极富差异化的农户，村务的复杂性可见一斑。但是，对优秀治理人才的需求同农村地区人才储备不足、治理队伍发育困难、专业人才严重匮乏间形成了难以弥合的鸿沟，村级治理组织形同虚设；同样地，人才缺口也带来了农业生产领域的"失活"，农业生产面临产出少、队伍老、价值低的状态，无法为农村社会的治理以及农户生活提供物质支撑；此外，留守儿童、老人、残疾人等群体成为农村社会的主要人群，弱势群体的集中将极大地增加农村社会的脆弱性，以及各类社会风险的发生概率和成本损失。由此可见，农村基层人才的人力资源管理不仅仅是农村社会得以存续的载体基础，还是农村治理的生效条件，更是保证风险分配和财富分配互构机制运行的重要因素。总的来看，农村社会基层治理中的人员需要通过基层民主选举来证实其合法性，无论选举之前是否在经济或政治领域已经成为权威，基层民主才是个体或组织进入治理语境的必要仪式。对于风险分配与财富分配的互构机制而言，其正常运行所涉及的人才种类主要来源于以下几个方面：第一，经由公职岗位考核进入基层治理人才队伍，或经由基层民主选举进入基层治理组织中；

第二，通过基层治理组织同各类社会组织所设立的人才计划进入农村治理队伍中，人才计划往往是针对某一或几个领域培养专业人才，能够在短时间内弥补基层治理队伍的短板，为风险治理提供有针对性的高素质人才；第三，除了从特定的组织吸收人才外，基层治理组织还可以借助对重点产业或治理领域的培植，从全社会的流动人才中吸引所需人才；第四，人才队伍的构建在于完善治理机制的功能，因而，人才队伍建设可以打破空间限制，同科研机构、创新基地甚至国外相关人才进行合作，为农村社会中的风险治理、财富分配以及风险分配等诸多环节提供智力支持。

（二）人才保障措施

基于对人才来源以及农村社会风险分配与财富分配互构机制的运行条件的认知，要保障互构机制对社会风险的有效消解，必须构建具备专业技能和现代治理思维的人才队伍。其具体措施是：首先，从待遇和环境着手，厚植吸引外流人才返乡的基础条件。借助乡村振兴战略的政策倾斜优势，从居住、就业、薪资等方面着手构建吸引人才返乡的基础条件，与此同时配以"乡愁"认同情感感召，多措并举地吸引外出人员回乡自主创业，合理利用农村社会资源。特别是已经取得一定成就的"能人"和"精英"，其拥有的强大关系网络，能够有效地推动农村治理的发展，对于建强农户的风险抵御能力和财富生产能力有强大的推动作用。其次，在外引的同时也要提升内培能力。村域内部的人才具有外部人才所不具备的本土关系网络以及对现实情况的认知。能够为群众所认可的人才必然具备一定的群众基础和成功经验，这也是保证风险治理逻辑嵌入农村治理中的重要节点。在内培过程中，需要充分考虑全面和重点的关系，在具备一般性的专业素质基础后还要形成对具体的、异质的农村社会发展需求的有效回应。培养对象的选择要以中层人才为主，这部分人具备一定的专长同时也积攒了一定的群众认同，他们距离具体的治理实践较近，在风险治理中能够第一时间发现、识别风险因素的积累，能够根据经验提出相应的预防措施，在财富分配过程中也能充分考虑不同水平家庭的需求，并在行动环节理性地贯彻"正义"价值；采用高端人才引进机制和人才激励机制，外来优秀农业人才的引进不但促进了地区间农业技术的交流，更是对高层次科技人才的培养，内部激励机制的使用可以提升人才的积极性，通过激励机制满足农业科技人才的需求来提升其对当地农业产业发展的忠诚度。

当前农村社会治理普遍采用"一班人马、三块牌子"的组织形式，即集体经济组织、村民委员会、党组织成员由一队成员组成。这样的治理主体能够拉近农村社会中经济领域与政治领域之间的距离，真正体现"治理"作为涵盖社会不同领域的理念。在风险社会中，风险的不确定性、连锁性和叠变性使得治理逻辑成为应对风险社会的主渠道。因此，风险分配与财富分配的互构机制中，其有效性的人才基础需要从三个方面考量：一是建立畅通的人才选拔和管理机制。风险的爆发不会预先告知我们时间和地点，更不会以熟悉的面孔出现，因此，实践经验的积累是基层治理组织进行风险分类、识别和预防的出发点。故而，应当注意对不同职责和岗位人才的一线实践培训，通过轮岗和换岗实现"干中学"，并将其固定为可长久存续的人才教育体系和培训体系，还可以在一线岗位中建立"师徒"关系，培养高专精的特定领域的高素质应用型、复合型人才。此外，在人才引进的过程中，要重点考察人才的风险意识和实践经验，特别是考察其在管理、治理领域的经验。二是完善治理人才的待遇和保障机制。从薪酬待遇方面保障引进人才的基本生活需求，通过法律法规和规章制度等措施来维护治理人才的权益不受侵害，同时对治理人才的相关利益诉求加以约束和监督。三是营造良好的舆论氛围，积极利用社会各项媒体资源，在不同场域中传达正确的人才培育观念，从而推动农村社会人力资源的发展及社会经济的发展。

四、技术保障：互构机制的功能工具

技术的发明和发展是人类同不确定性斗争的过程，风险社会作为不确定性因素发展的阶段性特征，同样也是人类技术创新和应用的重要客观动力。因此，风险分配与财富分配互构机制的正常运行需要科技赋能，人工智能、互联网、区块链等技术工具的引入，能够在提高风险预防能力、行政效率方面发挥作用。人类在使用技术时会被技术成果所含逻辑改造，具备同技术生效逻辑相似的思维方式。因而，构建技术支持体系是推动农村治理现代化的必然手段，也是应对风险社会的必经之路。互构机制的技术保障措施须从四方面着手：一是在农业生产领域，科技成果的应用直接决定生产力的高低，从人类的财富生产角度来看，科技的应用也是财富分配正义的可能性前提，它决定了财富"蛋糕"的规模和结构。因此，应在充分考察论证的基础上将现代技术设备引入农业生产中，改造农业生产方式，用技术赋能农业生产和农产品。从经济风险的角度看，科技成果投入能够帮助生产者掌握更多的客观指标，从而调动已有经验作出风险预测,有效减少甚至防止风险带来的损失。而在技术使用的同时还要注意调整农业要素的投入比例,实现农业产业向技术密集型转变,降低环境不确定性引发的农业生产不稳定性,从根本上强化农业产业的生产效率。二是从农村社会的治理领域看,风险分配与财富分配的互构机制实则是将风险和财富从分类重新整合为一体,这意味着,实践环节中的二者要规避原有的矛盾关系,构建一种耦合的彼此增益机制。这需要在实践中精确掌握风险和财富的诸多指标,因而信息技术和人工智能设备的应用成为必然。如采用"互联网+"的销售模式,打造农村电商平台、农产品安全追溯平台、农业技术云平台作为产销一体化的互联网络平台,利用信息技术引导市场信息为农业生产服务,打造信息支撑的现代农业,降低市场波动的不确定性对农业生产的影响。同时,新型产销模式的推出将促进农业经营体系由产销脱节转向无缝对接,电商平台销售模式代替传统销售模式,采用信息技术、编码技术追溯农产品的基本信息、产地环境、生产记录、质量检测、物流记录等信息,保证农业经营体系现代化;又如,与当地应急部门、生态环境部门合作在村域内设立监测点,实时监控自然环境变化。从社会信任的角度看,互联网信息技术在农村治理中的应用能够提高各类公共信息的透明程度,压缩谣言和虚假信息的生存空间,保障治理组织和组织中个体的社会公信程度,有助于提高基层风险防控的组织性,进而保障风险治理效果。三是从公共服务供给的角度看,公共服务供给事关农村社会中各类民生指标的浮动,其在日常生活中的重要程度不言而喻,公共服务供给体系的主要任务是保证公共服务供给的针对性和精准性,从而保证劳动力的再生产。公共服务供给体系作为科技理性的民生价值实践,不仅仅要求将科技成果应用于基础设施建设、服务供给的引进、社会福利的普惠等具体操作领域,更重要的是保证农户从上述服务和民生福祉中切实获益。四是除了在不同领域的差异化信息技术应用外,风险信息的获取和处理成为风险治理的决定性因素。农村社会的复杂性和善变性,使得善治的达成必须建立在尊重信息的时效性基础之上。因此,信息技术和相关设备的普及应用是体现现代化价值的农村治理赋能手段。

通过从组织、资金、制度、人才、技术五个不同方面的分析,我们能够得到互构机制的运行保障优化维度,从而保证农村治理的良序运行和长效发展,形成"五维协同"的联动保障机制。

第三节 "五维协同"：互构机制运行的保障体系

一、互构机制的保障体系框架

保障体系框架的基本思路是风险分配与财富分配互构机制提供价值指引、行动规范、目标纲领等规则，其本质是风险分配与财富分配互构机制的行动指南，也是风险社会语境中农村治理实践的行动原则。其基本内容包含三个方面：一是互构机制的生效需要发挥多元治理主体的协同作用，继而形成治理综合体，在农村治理过程中优化村级治理组织处理村级事务的能力，发挥在村务、农户、农村集体中的领导核心作用和帮扶主体的作用[18]，与角色相对应，政府还需要明确在上述农村事务中的相应责任，无论是责任还是角色都需要政府部门的财政支持；除了基层治理组织外，互构机制的运行还需要合作社组织以及其他社会组织力量的参与，从而凝聚成为融合不同组织功效的治理综合体，回应农村社会事务日益复杂的前提下的治理要求，通过协调治理过程中差异化主体在治理环节中的角色定位和功能专长，从本地农村的实际状况出发，切实满足农村社会发展和社会治理现代化的诉求。二是在风险分配与财富分配互构机制的框架中，无论是领导层还是执行层都应当从现实出发树立正确的价值观，要注意识别传统公平观和效率观的不合理性，将发展公平和分配效率有机结合起来。换言之，要以机会公平、能力公平取代单一的结果公平，实现以人的发展为依托的现实导向的公平价值。三是普遍性和特殊性的有机统一，机制既有对普遍性特征的把握，同时也存在对特殊性的省略，但是这并不意味着机制的运行是忽略特殊性的生搬硬套，省略的目的是为主观能动性提供创新发展的空间。具体到互构机制的实践中，它需要全体农户参与治理综合体，并承担一定的职能，同时也强调互构机制的运行以及保障体系的设计应当以实施区域的发展水平、历史文化、主体差异等因素为依据，为不同的主体设计各有差异的权责角色和职能定位。我国农村社会发展水平差异较大，不同的经济发展水平导致农民对于社会发展的需求有着明显的差异。故此，在农村治理的过程中不同组织、不同区域、不同人员组成的治理保障体系也存在着一定的差异。

互构机制以多元主体共同治理的方式来提升各主体以及农村社会整体的风险治理能力，强化经济发展的稳定性，优化农村社会的服务质量，从而推动农村治理体系和治理能力的现代化建设。因而，为保障互构机制的健康运行，需要从村两委、合作社以及村民的维度来构建互构机制的保障体系。

从合作社的角度来构建互构机制的保障体系,需要加强合作社运营的规范化,在此基础上实现合作社组织参与互构机制的运行。在认识合作社组织在村级事务处理以及风险治理中的积极作用基础上,开展合作社参与研究,不仅要将视野集中于合作社的合法性规范领域,还需要将合作社的等级评定、主营业务、营业执照状况、产地产量情况、农村宣传方式等命题置于互构机制的运行背景中以及风险社会的语境下进行研究[14]。

在对多元治理主体参与的前提认知下,从不同主体的保障作用出发,分别对它们在互构机制中的保障作用进行分析,借助对政府职能、合作社作用、公众参与等不同层面的研究,实现对互构机制有序运行的保障。

二、互构机制的"五维协同"保障体系

通过第一、二节的分析可知,保障体系的维度包括组织、资金、制度、人才和技术。组织意指系统的、整体的逻辑架构,同时也动态地指向既定的目标,在互构机制中,各类组织机构在权责分工和规则约束的二维导向下,发挥自身的效能,同时也在风险治理的过程中扮演治理综合体的角色;互构机制通过其必要的组织保障措施,能够将"村两委"组织同合作社组织的功效协同起来,同时领导核心同保障功能的双重功效也被有机融为一体,从而奠定了合作社、"村两委"在村务管理、人才配置、经济发展等领域的主导地位。值得注意的是,这样的融合需要在组织保障的维系下生成并持续有效,互构机制才能发挥出更好的治理成效,健全且强有力的组织机构是互构机制生效的重要保障。

资金作为一切社会活动的重要物质基础,也是各类组织或机制的存续所必需的物质保障,生产资料、资金支持能够为市场化改革增添动力并成为参与主体之间互动关系的黏合剂,继而促成政府同市场合作的农村治理格局;资金支持是组织维系、机制运行的基础要素,财务和资金所凝结的一般性人类劳动缩短了组织运行所需各类资源的供应链条,资金基础对于任何形态的组织以及不同目的的行动,其必要性不言而喻。故此,互构机制的资金保障体系可以有效保证治理综合体的正常运行以及成效持久。

完整且回应现实的制度设计能够通过治理机制的计划制订、动态运行、过程监督、反馈纠偏等环节体现出来;互构机制的制度保障能够在维系机制的运行过程中,对合作社、"村两委"和村民等治理主体及其所使用的治理工具等形成规

范、激励、互动等功效，互构机制的保障措施能够通过行为引导消弭协同过程中的不确定性因素，抑制心理博弈引发的投机行为，继而保证互构机制的有效运行，制度保障所包含的激励功能能够对组织或个体的特定行为产生正向反馈，信息共享的特性可以为治理主体提供不同主体的大量有效信息。保障功效能够有效降低治理成本，厚植合作收益，深化合作关系，优化组织协同等。

人才质量通常被视为衡量综合实力的关键指标，人才作为战略性资源，其主观能动性的发挥是其他各类资源所不具备的[19]；人才是互构机制中有序运行、动态调整、创新变革等重要阶段的决定性因素，因此需要注意人才的绩效评估、薪资待遇、职业规划、岗位管理等互构机制运行过程中的问题，对于风险治理而言，人才队伍的优质化发展是时代变迁的必然要求，也是回应时代命题的先行条件。

技术变革是治理变革的深层次动力，治理转型阶段的治理思维变革以及"大数据"管理工具的普及为农村治理的现代化建设提供了长效的技术保障。信息化治理工具的使用通过改变治理机制的运行逻辑来影响政府结构、职能等。在风险分配与财富分配互构机制的技术保障中充分使用"区块链""大数据"等技术工具作为治理手段，可以有效地降低治理主体之间信息交流的成本，降低信息失真的风险，在维护主体间协同关系的基础上保障互构机制的长久生效。

除上述五种要素外，保障体系内部还包括不同的保障机制，如激励机制、收入机制、人员培养机制等，对保障体系的整体运行都有着重要的推动作用。

（一）以政策促保障

对于风险分配与财富分配互构的保障体系，前两节对其互构机制运行过程中产生的功效做了基本的分析，包括主体结构的优化、治理成效的维系、综合绩效的提升等，但其最终目的表现为互构机制对风险的消散作用，从政策设计的角度看，保障体系中形成的系统化要求能够保障互构机制的运行。这意味着，一是维持互构机制保障体系的健康状态，从而为互构机制的有序运行提供保护；二是构建政策生态，通过积极的政策体系保障机制运行，如通过积极的政策干预吸引人才、留住人才、培育人才、配置人才等；最后，利用技术革新的驱动作用，发挥互联网技术对治理模式创新的带动作用，以技术工具实现保障体系的优化。

（二）以人才行保障

互构机制的良性维系，需要以高素质人才队伍的合理化配置为前提条件，人的因素不仅是特定机制运行的基础，更是人类一切活动的成立条件[20]。因此，为保障治理机制有效运行要将人才选拔、岗位配置、薪资待遇、绩效考核、素养提升等环节纳入人才保障中,并将其突出为互构机制保障体系的重要部分,以此形成并完善保障体系,确保保障功能的正常发挥。在治理实践中,人才的选聘和培育包括三个方面:一是从多渠道、多领域着眼拓展治理人才的选任视野,形成全领域、多渠道、高素质治理人才的选聘格局,把有真才实学、出类拔萃、极富潜力的相关人才引入基层治理实践中。二是实现总结会议的阶段化、常态化,定期反思、学习农村治理的相关经验、学术理论以及政策精神,强化解决村社互构机制运行过程中的各类事务的能力,同时形成治理经验、治理思路和治理格局创新的内生动力,为治理保障的有效性创造条件。三是吸纳并整合各类社会力量,通过整体化思维、统辖式管理,充分发挥不同力量在特定领域的优势,实现治理工作的整体质量提升,从而促进互构机制健康有序地运行。

(三)以制度建保障

互构机制保障体系的有效性以奖惩有序的赏罚机制为基础。对于治理主体以及治理生态内部所发生的各种违法悖理实践,要在积极分析、反思的基础上,寻找制度性、人为性等维度的问题和漏洞,并将问题曝光于公众,做到反思、预防两手抓,及时对保障体系内部的各类不足和缺陷提出有效的、完备的改进和纠偏意见,尽快使之适应外部环境的变化,保障体系内部业务流程化、管理规范化,维护其有效保障体系合法性、权威性、规范性。此外,还要突出监督、反馈环节的重要性,从拓宽监督渠道入手加大内部监督和外部监督的力度,规范各类事项的运行,防止"越位"事件对正常运行秩序的干扰。以保障体系巩固和提升风险分配与财富分配互构机制的治理成果,寻求规范与效率统一的制度回应;加强保障职能的队伍建设,提高管理人员的履职能力。在治理保障体系内部,各管理人员积极履行职能,充分发挥保障管理人员监察监督检查和组织协调的作用。

(四)以技术强保障

发挥科学技术对风险分配与财富分配互构机制的强化和巩固作用,将视线汇集于治理主体的办事效率提升、服务质量提高、风险抵御能力强化等领域。对此,从互构机制的保障体系内部来看,要实现科学化、动态化、数字化的标准体系和运作方式对农村治理实践的规范、约束,以及对风险的识别和消散。在多元主体参与的前提下,建构科学合理的制度和规范为农村治理的现代化进程提供稳定的发展保护。保障体系的有效性源自三个方面:一是保障体系实现治理主体角色的转变。保障体系的本质是系统性的存在，差异化的主体是组成保障体系的一系列基本要素，在体系的运行过程中，相同功能的主体在不同的环节中能够扮演与环境相适应的差异化角色，因而该体系才能动态地同外部系统和内部系统相协调，这种有效性的保障要求其处理好系统内部的关系及系统内外的协调[21]。二是基层治理组织承担着国家治理权力下沉的执行者责任，而权力运行需要在公开的监督下完成，从有效性的角度看，权力的公开实际上打通了公民参与社会事务、表达其诉求，履行公民义务的实践渠道。三是保障体系内含有促使互构机制的配套政策在治理过程中得以贯彻执行的实践意义。保障体系的现实功效依赖治理行动的实践规则和行动安排，它基于科学高效的建设标准进行设计，通过规制约束、标准引导和实践手段来确保保障体系在发挥其功效时的灵活性、积极性和主动性。

基于上述四个维度的分析，互构机制保障体系的本质层被进一步剖析，通过立法执法、政策执行、监督反馈等彼此相关又相互独立的行动，保障体系成为面向互构机制中的全体参与成员实施的系统性工程。任何人类活动在发展、变化、运行的过程中遵循其特有的规律和法则，保障体系的运行亦是如此，其运行原则的基本构成若从治理现代化的角度看，必须包含系统性原则、层次性原则、稳定性原则、协调性原则及网络性原则。一是系统中各子系统之间要相互协同，除发挥自身的特性外，还要支撑整个保障体系的运行，同时，子系统的功效性也只能在保障体系的系统中才能得以展现，子系统之间的协同能够确保互构机制对风险的消散以及对农村社会事务的治理。二是通过保障体系内部制度实施。政府到民间存在不同的运行层次，根据每一层次特定的任务和运行范围进行保障。最后，稳定性原则主要是保障体系具有结构的稳定性，保障体系的结构稳定是其运行有序的前提。

参考文献

[1] 章晓乐，任嘉威.治理共同体视域下社会组织参与农村治理的困境和出路[J].南京社会科学，2021（10）：62-67.

[2] 陈涛，胡沙，杨欣然.农村社会工作服务机构在乡村治理中的协同作用——基于Y农村社工事务所在Z村的经验分析[J].学习与实践，2020（1）：108-114.

[3] 孔祥智.合作经济与集体经济：形态转换与发展方向[J].政治经济学评论，2021，12（4）：83-108.

[4] 付振奇.家户关系视角下传统农村治理的机理与价值[J].华南农业大学学报（社会科学版），2021（4）：111-121.

[5] 尹翠娟，任大鹏.社区性与专业性：组织差异化背景下的合作社再合作——基于贵州遵义的案例研究［J］.中国农业大学学报（社会科学版），2021（3）：94-106.
[6] 余敏江，何植民.基于民生改善的农村治理转型［J］.理论探讨，2016（5）：10-15.
[7] 贾义保.论新时代农村社会治理创新的逻辑进路［J］.南京师大学报（社会科学版），2021（3）：149-158.
[8] 雷明.论农村治理生态之构建［J］.中国农业大学学报（社会科学版），2016（6）：5-13.
[9] 查浩然.多元共治下的农村治理能力研究［J］.河南农业，2021（12）：36-37.
[10] 朱凤霞，陈俊天.国家与社会关系视角下的农村治理转型［J］.科学社会主义，2021（1）：94-100.
[11] 宗成峰，朱启臻."互联网＋党建"引领乡村治理机制创新——基于新时代"枫桥经验"的探讨［J］.西北农林科技大学学报（社会科学版），2020（5）：1-8.
[12] 刘义强，胡军.中国农村治理的联结形态：基于历史演进逻辑下的超越［J］.学习与探索，2016（9）：70-79.
[13] 李俊清，祁志伟.自媒体赋能语境下个体参与贫困治理的动因、方式与成效［J］.公共管理学报，2020（3）：74-87，170.
[14] 林茜.农村社会呼唤多元主体协同治理［J］.人民论坛，2019（14）：60-61.
[15] 吴理财.中国农村治理40年：从"乡政村治"到"村社协同"——湖北的表述［J］.华中师范大学学报（人文社会科学版），2018（4）：1-11.
[16] 秦继伟.农村社会保障的多重困境与优化治理［J］.甘肃社会科学，2018（3）：16-22.
[17] 王占锋.让乡规民约更好助力农村治理［J］.人民论坛，2018（13）：74-75.
[18] 龚晓洁.我国农村治理中的官方话语权困境——基于标语现象的研究［J］.山东社会科学，2017（11）：80-84.
[19] 王华华.大数据时代农村党组织的社会治理能力研究——信息裂变与合作共治［J］.理论与改革，2017（5）：119-129.
[20] 杨善华."项目制"运作方式下中西部农村治理的马太效应［J］.学术论坛，2017（1）：30-34.
[21] 刘华，王观杰.农村基层党组织的治理逻辑及能力建设：基于治理主体多元化视角的分析［J］.江苏社会科学，2018（6）：68-75.

第十章

风险社会下农村治理现代化的展望

习近平总书记在党的十九大报告中提出，农村基层工作建设的重点是健全自治、法治、德治相结合的农村治理体系[1]。"农村治理体系"一词由此而来，它是以"三农"工作为主要抓手、乡村振兴战略为价值取向，目标是实现"产业兴旺、生态宜居、乡风文明、治理有效、生活富裕"。国家治理体系的基础是农村治理体系，关系到我国治理实现社会主义现代化，更关系到我国在新时代执政目标的实现[2]。伴随着以县域推进新型城镇化运动的行动纲领出台，农村社会将成为城市文明与农村文明的共存场域，同时两种文明中的风险因素也将随之入场。因而，农村治理体系与治理能力的现代化势必存在应对风险社会这一现实意涵。换言之，风险治理成为农村社会契合城镇化、全球化、市场化的社会发展样态，同时推进城镇化进程的实践图景[3]。

第一节 风险社会语境下农村治理现代化的未来形态

一、风险社会语境下农村治理现代化的再审视

风险作为不确定性因素的"症候"，其生成、发作的内在机理能否为人类所掌握成为风险治理有效与否的关键，农村社会治理亦不例外。从人类认知风险、应对风险、预防风险的一般规律来看，农村社会的风险治理体系理应覆盖治理理念、治理主体、治理机制三大部分。它们分别对应着风险认知力、风险应急力以及风险抗逆力，此三方面将成为风险社会视域下农村社会实现现代化的必要维度，也是农村社会治理现代化的着力方向。

（一）现代化治理理念：整体、赋权与常态

当风险演变至危机时，风险不再是某个团体或者某人的问题，而是场域内地缘、业缘、血缘网络的震荡。因而，环境中的任意主体既是风险治理主体也是风险承担主体，因而，风险意识应当成为场域中的风险共识。从治理的角度来看，治理理念又体现着制度的价值取向，在农村现代化、农村治理现代化体系中扮演着治理体系建设的引导者、治理主体行为的规范者、治理共识的凝聚者、治理发展方向的决定者等角色。西北地区的农村社会尤其需要这种共识性的风险意识。在实地调研过程中，具有地区特色、朴素实用的治理理念，在一定程度上已经具备了风险社会治理的理念特征，能够以行动共识的内驱动力带动农村社会走向"善治"。

1. 整体化治理

风险的连锁机制决定了风险治理必须采取系统举措，而非局部的微调整。因此，农村社会治理必须将农村社会整体视作实践对象，要注意治理行动的外部效应以及影响治理成效的各类因素。在农村治理的具体实践中，其表现为"村两委"、合作社等治理主体在开展特定的治理项目时，村内外其他社会组织的态度与行动，本地风俗和价值观等社会资本对治理方案选择的影响，治理项目开展过程中对村内外其他利益关涉主体的影响。作为样本地的西北农村，尤其是西北地区的经济落后区域，基层治理实践见效周期长、效果不明显，治理主体的参与热情较低。塑造西北地区农村社会风险治理的"整体性理念"，在宏观层面上，基于农村社会中各类治理资源相对匮乏的现状，农村社会的基层治理存在对资源的强烈依赖，其运行、治理和发展将受到包括制度、文化、市场等各类因素的影响。基层治理组织从维护其合法性地位以及保证农村社会稳定的角度出发，在开展治理活动时不仅要从制度、政策、法规等规制要素方面采取行动，还要综合考虑执行主体的筛选、前期的动员、资源的筹备等为农村社会治理实践成效提供保障。在中观层面上，农村社会善治的决非仅仅依赖单一主体，而且风险因素存在多元化和连锁效应，因而，农村治理要求"村两委"、合作社以及农户、企业等多元主体共同参与乡村事务的过程中形成彼此配合、紧密互动的协同网络结构，包括"村两委"在农村社会建设过程中吸纳合作社组织等社会型组织，并利用自身资源为外部企业、合作社组织的参与治理、效能发挥、优势互补等方面提供便利，提升各类组织在农村社会和农业产业发展等方面的协同性。在微观层面上，基层治理组织同企业、合作社、社会组织、农户等主体的互动过程也是社会动态关系网络的建构过程，政府通过共享信息、分享资源、行动指导等方面的工作不断地修正着与各主体间的关系，并在互动中逐渐建立信任、达成共识。在社会资本积累至一定阶段后，同时，合作社等社会组织也通过同一网络培育社会资本，与其他社会组织相互协作。

2. 赋权化治理

风险治理的理想结果是"防患于未然"，但受制于人类感官的有限性，我们不仅无法感知隐藏在毫末之处的风险因素，也难以对未来发展作出预判。因而，借助外部力量不断强化对风险的感知，有助于提升风险治理的有效性。这种获得关于掌控事件的力量，以改善个体、组织与共同体（社区）运行状态的过程即为赋权。在农村社会治理过程中，最常见的是技术赋权，而技术赋权也是应对风险社会一种有效的方法。其核心是将先进的数据收集、处理、传递技术引入农村治理过程中，有效强化农村社会中各治理主体感知、应对、处理风险的效能。具体来看，就是在农村社会治理中使用大数据、互联网等先进信息技术，推动农村治理技术的升级，搭建全天候、综合性的社会管理信息平台，实现农村社会治理的数字化、精准化、动态化。在对陕西榆林的调研中发现，农村赋权型治理集中体现为农业生产领域的技术引入，经营管理的技术赋权更多地集中于城市，这造成了农村社会治理现代化水平的相对落后，治理成效缺乏稳定性。构建西北地区农村社会风险治理的技术赋权，从政府管制角度来看，需要将治理信息化、组织平台化、服务精准化、行动效率化等治理现代化特征贯彻在行政体系中，通过行政命令推动基层的服务供给与治理实践走向数字化、自组织化，增强治理主体间的协同成效，保证农村社会治理过程中对政治、经济、文化、环境等现实情况的精准判断和发展预测。在基层自治层面，在坚持发展优先原则的基础上，一方面推进已有先进技术的更新换代，以技术含量拓展农业发展的利润存量，充分利用网络技术的运算优势对农业与环境、农业与市场、农业与交通等关系范畴进行集中处理，保证农产品能够应时、应市、及时地供给，强化农业发展的集约化、产业化、信息化；另一方面还应重视引入能够产生赋权效应的社会资本、符号资本、经济资本，并积极探索资本引入—治理赋权—模式创新的可行路径，优化农村社会治理生态，全面推动农村社会的善治进程。[4]

3."常态化治理"

无论正式制度还是非正式制度，其本质是一种习惯化的行为。风险社会语境中，农村社会所依赖的分散化动员难以在短时间、突发性的紧急事件面前形成有效应对能力，因而，需要一种将突发事件应对的准备期和生效期缩短的行动策略——常态化治理。在对四川眉山的调研过程中，农村治理的常态化明显不足，其具体体现为村落中常备物资破损、应急预案潦草、基层治理组织失能、县—乡—村三级联系松懈等。甚至在少数村落的治理实践过程中，发挥明显主导作用的是现场临时决策，这也是西部农村地区的普遍现象。固然，科层行政有其运行的弊端，但常态化治理不仅能够有效地降低特定风险的治理成本，还能形成村民良好的风险意识，因而风险社会语境中的农村社会治理必须重视常态化观念形成，同时辅之以灵活应变的思维。常态化治理的现实效力需要借助规制力量加以推行，即在"村两委"的领导下通过对村中集体资源的充分利用和优化配置，保障农民的基本风险承载能力和生产生活维持能力；非正式制度的约束作为规制力量的补充，通过将有效治理行动抽象为特定的价值观，使之能够作用于治理主体的内在动力中，推动风险治理的集体行动。此外，行动指向较强的价值观念也有助于农村社会主体形成特定的习惯意识，风险治理行动则有助于农户、合作社组织、基层治权、企业等主体形成主动预测风险、观察风险、规避风险的意识。

（二）现代化治理主体：治理共同体

治理的理念中包含着多元主体的共同参与，因此，农村社会的现代化治理主体不再是单打独斗，更不是多个主体依次出场的"缝缝补补"，而是综合性的主体系统建构。以基层党组织为统领，并动员村委会、农户、合作社、企业、其他社会组织等主体参与的共建、共治、共享的行动队伍，是推进农村社会治理体系和治理能力现代化的关键所在。风险社会的运行逻辑抹消了单纯个体的生存和生活意义，任何个体需要借助社会整体的力量实现发展，其发展也必须实现对社会整体的贡献。农村社会亦是如此，无论是社会整体的发展，还是农村社会中个体的发展，都是作为社会整体发展的一部分，而风险社会语境中的社会发展，其基本要求是找到适应风险社会的发展模式。换言之，在治理风险中实现社会发展。这决定了农村社会的治理主体亦是农村社会的发展主体。

风险社会语境嵌入了新时代的乡村建设阶段，以基层党组织为引领、"权责利合一"为旨归的共建共治共享共同体，成为农村社会治理的主要目标和方向。[5]党的建设一直以来是农村基层工作的重要环节，它所提供的不仅仅是一种方针引领和政策引导，而且作为一种保护和代表农民利益的权威所存在，"能不能保持经济社会持续健康发展，从根本上讲取决于党在经济社会发展中的领导核心作用发挥得好不好"。在风险社会语境中，原有的治理体系、知识体系、权威体系无法应对各类突如其来的风险事件，而基层党组织则作为一种权威发挥"定心丸"的作用。因此，无论是整体治理、协同治理还是系统治理，农村基层党组织需要发挥统筹整体、统合多方的导向作用，又要突出农村基层党组织认识风险、预防风险的能力以及领导农村社会风险治理的动员作用。首先，风险协同共治共同体是风险社会语境中保障农村社会正常运行、保护农户利益并巩固基层政权稳定的现实需要。改革开放40余年，造就了多主体参与社会治理的格局，不确定性因素也随着市场经济的发展不断地深入社会运行之中。在此期间，伴随农村场域中国家的渐退以及社会和个体的渐进，拥有农村社会治理实体权力的新主体逐渐成长，其不依靠传统治权的特征还使之具备了一定的自主性。党的十八大强调建设"党委领导、政府负责、社会协同、公众参与、法治保障的社会管理体制"。《中共中央 国务院关于加快发展现代农业进一步增强农村发展活力的若干意见》又进一步强调"符合国情、规范有序、充满活力的乡村治理机制"的重要性。党的十九大报告中揭示出社会主要矛盾的变化,提出了乡村振兴战略。在完成全面小康的时代任务后,乡村建设行动纲要的出台又为农村社会治理提供了具体的着力维度。这是国家层面为适应多元主体、复杂多变的农村现实所做出的努力。具体来看,当前就是让基层党组织、村级治权、村民代表、对接企业、农户以及其他社会组织等行动主体,充分利用各自优势禀赋,为实现满足农村居民的公共服务需求而协同行动,形成合力。最终,推动农村"善治",构建农村社会的现代化治理格局。其次,加强基层党组织的农村社会治理的行动能力,是风险社会语境中农村社会治理的必然要求。党的十八届三中全会提出"推进国家治理体系和治理能力现代化",农村社会治理成为在农村基层党组织主导下,调配使用农村社会各类资源,实现农村社会主体多元协同行动的概念范畴。这既是对传统管制思维"集权化"的反思,也是对"各行其是"的治理分散化的预防,一种多主体参与、协同行动的治理格局逐渐形成。既要"强化党组织的领导核心作用,巩固和加强党在农村的执政基础,完善和创新村民自治机制,充分发挥其他社会组织的积极功能",还要"建立健全社会组织参与社会事务、维护公共利益等方面的机制和制度化渠道;支持行业协会商会类社会组织发挥行业自律和专业服务功能;发挥社会组织对其成员的行为导引、规则约束、权益维护作用;支持各类社会主体自我约束、自我管理,发挥乡规民约、行业规章、团体章程等社会规范在社会治理中的积极作用"。风险社会的系统治理,不是多元主体的机械参与,而是因现实需求参与治理的多元主体最大效率地将自身资源转化为治理行动能力所进行的互动性组织建构。[6]其中,基层党组织作为眼睛与大脑,需要对现实作出研判并适配性地安排多元主体,即发挥统筹核心的作用,这是中国特色社会治理体系的内在要求,也是构建共建共治共享治理共同体的前提条件。

(三)现代化治理机制:吸纳治理

吸纳治理,是农村社会治理在完成共同体建设基础上的动态调整,是依托基层党组织这一共识图腾的自我优化过程。因此,吸纳治理是源自党建且独立于党建的机制,具有鲜明的社会化表征。基层党建所形成的价值意旨契合农村治理的时代属性,但在效能半径中却处于受限状态,无法独立应对其所发现的诸多外部挑战，这也是风险社会中政党建设的一个难题。若要将党所代表的人民意愿和需求转化为行政意志，就必须在党建核心的基础上附加多种功能层次，以行政的手段将多元力量加以协调整合，进而组成风险社会语境中农村社会的治理能力。

依靠基层党建吸纳社会力量进行农村社会共同体的再组织，是农村社会风险治理的必经之路。伴随着市场经济对农村社会的全面影响，农村社会的生产和生活形式发生转变，原本单一主体的权威在突发风险面前被消解，社会分工系统中的多元主体依靠掌握的特定资源形成了应对特定风险的固定优势，由此建构起各自独特的权威地位，形成进入农村社会治理场域的基本资格。因此，上到乡镇政府，下至正式和非正式村民组织，所有主体的行动能力具有鲜明偏异性，它们在处理政治、经济、文化与社会等诸多类型的风险时有各自的优势。其中，基层政府部门以及自治组织所代表的政治主体是国家意志在农村社会的代表，也是应对基层政治风险的主体。以农业生产为主要活动的经济主体是农村社会经济发展的主要动力，也是农村经济风险的主要应对者，主要代表有村企业、股份经济合作社和专业合作社等主体；文化主体是农村社会文化产品的供给主体，也是教育事业的关涉主体，它们承担着农村社会文化风险的应对重任，如自发组织的文体队伍、文化社团、民俗社团等。此外，农村社会治理的差序格局还将"第一书记"、包村干部、驻村工作者等具备特定职能的行动主体纳入其中。但是，上述多元化治理主体如果没有构建起有效协同的行动模式极易导致多方博弈后的"权力集中"问题，农村社会治理主体的权责重叠会加剧治理过程中的资源内耗。风险社会语境下的治理主体建设，不仅仅是针对现有风险的功能性回应也是针对建设过程中诸多风险的有效规避。因此，吸纳治理为农村社会治理的现代化转型提供了一种结构预设，即"核心—外围"，并由此滋生出"党建引领＋共治"的农村社会风险治理模式。

在吸纳治理过程中，农村社会"核心—圈层"的治理系统结构渐趋成熟，以党组织为核心锚定价值和目标，多元主体贡献资源和差异化功能的治理机制效果渐显。作为社会风险治理的核心，基层党建成为引领农村社会治理实践的巨大导向力。在垂直视角上，基层党建是人民意志—政党意志—行政意志的转化环节，实现了政治权威和社会信任的生产与再生产，也是治理主体之间密切联系的基础；从水平视角来看，基层党建的内凝力将独自面对社会风险的个体连接成集体，将应对风险乏力的村落联系为有效应对风险的农村社会，实现了"国家—社会—个体"三相整合以及协同治理的目标。多元主体的行动能力是吸纳治理的效力主要来源。以基层党组织为核心，多元组织力量形成"核心＋圈层"的结构关系，各类型组织在党的领导下参与乡村治理，构建形成乡村治理的组织体系。通过吸纳治理，政党建设与风险治理和国家治理在乡村场域中形成同体共生的关系。农村社会风险治理就是党和国家在农村社会建设形成的复合型的组织网络和治理平台，既能够深化社会建设，也能够推进治理现代化。

二、风险社会语境下农村治理现代化的发展逻辑

农村治理体系的现代化以村级治理组织为主体，遵循现代治理价值导向的制度设计，由组织架构、行动流程和治理工具三个维度构成。组织架构是农村治理系统的基础性组织框架以及在其基础上形成的职位设置和权责划分，这构成了治理主体功能发挥的物质基础，组织架构发生变革的内涵指向对农村社会变迁实际需求的动态回应。行动流程则是日常村庄内部公共事务运行所要遵循的基本流程和默认规则，农村治理的合法性建立在完备的规章制度和执行程序之上。而治理工具则是凝结在组织架构和行动流程中以治理目标为指向的治理手段具象化，现代化工具则是通过信息技术实现更高效率、更优效果的治理。伴随着乡村振兴战略的推进，基层治理组织的治理体系逐渐完善，治理能力日益强化，主要体现在三大维度上。

（一）扁平化到层级化：农村治理的组织架构演变

风险与财富的共生性决定了风险消散要利用财富的分配，而财富的分配必须在风险消散的基础之上再实现财富的积累。作为行政体系对财富的分配，在农业税改革前，农业税征收扮演着村级治理组织执行村务治理各项任务的物质基础角色。在农业税改革前，"村两委"在税费征收过程中通常会存留多余部分以备行政花销和成员行动激励，此时的村域治理组织的机构是扁平的，有限的组织成员承担着多重职责。留存的税费则是用于激励基层治理组织中成员对额外职责的承担。税制改革之后，基层治理组织仅能依靠上级政府的财政转移支付来完成治理任务，以此确保政令的稳定落实。但是，当农业税以转移支付的方式下拨至基层治理单位时，看似依照项目计划拨付相应规模资金的"实事求是"背后，实则是忽略了不同村庄实施项目的行动能力，特别是本地的自然禀赋和应对风险的能力。这种形式上的"能力补强"伴随着治理规模和治理复杂程度的提升其缺陷逐渐展露。如"合村并居""合村并组"等项目的开展在客观上扩展着行政村的空间范

围，使得原本某村所特有的发展出现交织，成为更加复杂的问题。此外，问题的影响范围也随之扩大。由空间扩张所引致的复杂性程度增加，使得原本单纯依靠财政转移支付来完成治理任务的组织成员无法满足治理要求。扁平化的基层治理结构虽然能够带来治理者与服务对象的直接对话以及缩短治理链条等明显的治理成效，但是，面对隐蔽性强、复杂性高的风险，组建具备专业知识和丰富实践经验的治理人才团队是有效治理的强力保障。因此，基层治理组织在吸纳人才时，往往采取任务导向支持有专项能力的人才进入干部队伍，并辅之以公开招考的方式扩大社会人力资源进入村级治理组织以及储备干部队伍的渠道。在治理过程中为尽可能缩短专业化分工带来的治理链条，许多基层单位选择将行政任务或治理目标量化为具体指标，采用百分或千分等计分系统对治理组织以及"村两委"成员进行考核，并公示其考核结果。随着资金、职责的转变，村干部的职业化日益增强，县政府、镇政府和乡政府对村级治理组织中的村干部管理日益增强。此外，另一方面加大对不同层级间部门"条块"的统筹和协调力度。

（二）人情化到规范化：农村治理的行动流程演变

历史沉淀下的农村行动逻辑中，人情的驱动作用不可小觑，因而在组织选举、村务管理等环节中产生许多"脱轨"现象，如贿选、大操大办、拉选票等问题，这些现象的结果是干群关系的紧张和矛盾激化。而伴随着农村事务的复杂性上升，多重风险因素的交叉作用下，人情因素成为许多事件中的不确定性因素，且人情也使得许多风险因素成为个人牟利的工具。因而，排除主观因素对农村治理的干扰成为强化农村治理的稳健性的必要手段。除治理复杂程度上升外，治理生态中发生的规制转变也成为农村治理行动的客观基础。首先，任务制度化的趋势。针对常规治理任务，制度化将此类任务明确界定为岗位职责，并配之以明确监督考核的标准。而依靠确定的职责，可以进一步制定针对突发事件的预案，这是制度化的第二个维度。常规任务和突发事件的制度化应对，不仅能够有效降低已识别风险因素的发展速度，抑制风险要素的再生和联合，还能从危机态的识别和应对着手抑制风险的影响。理性的制度设计没有为人情逻辑留有生存空间，通过权责驱动和绩效检查的反馈机制屏蔽了人情的干扰，增强基层治理的确定性和稳定性。其次，业务程序化的趋势。对于农村社会中的诸多风险要素而言，程序化除了能够更有效地消除风险外，还会帮助行动者积累风险治理经验。业务具体执行过程中，特别是具体的风险治理过程中，执行者难免因个人喜好或人情关系的干扰而作出非理性行为,程序化则压缩行动者自我发挥的空间,降低不道德行为产生的概率,同时也为监督提供了参考。无论是制度化还是程序化,对于农村社会的风险治理而言均是一种趋势,它不是所谓"社区化""城市化"的附属品,而是一种价值理性的结果。对于村域环境中的各类风险因素,如何在摒除各类人为不确定性因素的同时甄别已知风险因素,规范的行动流程便是一种答案。

(三)人工化到技术化:农村治理的工具选择演变

城乡二元格局所造就的农村社会相对落后无须赘言,但因此而出现的治理工具落后却是农村社会风险治理不得不解决的问题。面对日益复杂的风险因素,不仅需要专业人才的技能支持,还需要专业的配套设备用于对风险要素的识别和监控。但是,资源有限的农村,治理工具的使用往往只能满足日常事务的需要,一旦遇到突发事件极易出现治理失效的问题。一直以来,农村的信息化发展程度远远落后于城市,在互联网技术没有大面积普及之前,农村治理场域下信息的传递依然以人力送达为主,乡镇一级政府成为联络国家意志和农村个体的中介。而乡镇在传递上级信息时往往使用自由裁量权对政策进行"变通执行",并且由于乡镇政府权力的约束成本较高,这种政策变通很难得到及时有效的监管。随着电子信息技术的迅猛发展,农村的信息化建设进程加快,各类技术手段的运用提高了农村治理的精准化水平。在科技革命的影响下,农村治理场域的技术性特征愈加强烈,具体表现为治理手段的多元化、治理平台的信息化和治理工具的智能化,以简约精准为指向的治理理念逐渐形成。首先,治理手段的多元化。多种治理手段的综合运用有利于检查工作的开展,继而保证治理实践的成效稳定或持续改善。当前乡村治理过程中各个地区采取的清单制、邻长制、信用制等都是多种治理手段运用的体现,这些治理手段以不同的外在表现形式嵌入乡村社会,其实质是对治理过程的重塑。其次,治理平台的信息化。信息技术的进步改变了传统的村务处理媒介,"一网通办"在全国领域的推广实践为农村政务处理开辟了新的通道,信息化在便民的同时也在一定程度上消除了暗箱操作的风险,有助于农村服务的平等供给。再次,治理工具的智能化。新技术赋能治理工具现代化,随着大数据、云计算等技术在城市智能化治理中的应用范围不断拓展,农村也逐渐成为智能治理的"试验场"。新兴的治理工具取代了传统的人力,在政策执行过程中不仅可以快捷高效实现精准治理,也可以充分发挥技术优势满足不同农民群体的个体需求。在风险社会话语体系中,风险的不确定性和复杂性程度严重地脱离了原有农村治理工具的功能域，相反，治理生态的复杂化倒逼治理工具作出改进和提升。对于农村社会而言，要强化对风险因素的识别和控制，首先要剥离治理工具中人因成分，充分发挥治理工具的理性优势。因此，农村治理工具的非人格化、信息化和精准化相辅相成，相互嵌套，共同塑造着风险社会语境中农村社会的治理工具集。

第二节 农村治理现代化的"五位一体"构想

从"五位一体"角度研究风险社会视域中治理现代化进程，不仅需要考察风险社会这一大背景，还需要把问题放在政治、经济、文化、科技、生态这个框架中进行研究。本节重点考察治理现代化中五大影响要素的表现，分析治理现代化与这些要素以及各要素内部的结构关系，以寻找解决问题的有效途径。

一、从嵌入到生产——"五位一体"治理体系的构建思路

如前所述，农村社会治理已经通过"核心+圈层"结构实现了各个行动主体的整合与组织。通过梳理其生发过程不难发现，农村社会的风险治理格局已经成为关涉党建、治理与社会建构的系统性逻辑，而实现三项关系的有机协调与良性互动就是"五位一体"的建设过程，其具体表现为"嵌入—生产"。

嵌入，即基层党建或政党嵌入农村社会治理中，这既是现实需要也是中国政治实践的历史要求。党建与治理之间的内在耦合性来源于时代的诉求。一方面，无论是在中国革命、建设和改革中党的建设所发挥出的功效，还是在党的十八大以后党的建设契合了人民群众的现实需求，"大党建"使得党的建设不再仅仅停留于政治实践的范畴，它逐渐成为社会建设尤其是社会治理中的重要一环；另一方面，风险社会语境中的国家治理与社会治理在实践过程中存在着权威消解、共识消解等现象，严重影响了治理现代化的进程，而除了政府通过治理实践不断维持其与公众的信任外，也有基层党建作为政治权威参与治理实践活动，两者的结合是党的建设形成的政治优势以及基层政权的组织优势转化为治理能力的赋权过程，从而形成农村社会的风险应对能力。在农村社会的实际状况中，基层党组织建设是农村社会治理现代化的必然之举。社会经济的进步形塑着农村社会的内在结构和外在形态。同时，城镇化建设的不断发展，农村社会的资源流失削弱了原有价值体系的共识程度，并逐渐瓦解了农村社会资源的再生产过程，通过原有价

值体系所维系的组织形式和治理模式也随之消亡。此外，日益复杂的利益需求取代了"触不可及"的价值标榜成为推动农村社会转型的客观动力。农户的多样化诉求反映出特定群体利益的分层化和复杂化，原本群体-利益的因果关系被打破，属性-诉求的逻辑关系逐渐成立；同时，多元化的组织形式还意味着风险治理的背景复杂化。在处理特定风险时，诸多利益关涉群体的参与导致治理实践因多重博弈而陷入困境。这就要求基层党建工作必须完成核心价值标准的嵌入，构建基层党组织的核心地位与责任体系，在面对多重不确定性因素时，能够通过价值共识引领农村社会的多元主体行动，进而整合纷繁复杂的治理力量。

从嵌入的具体形式来看，嵌入具有阶段性，可分为组织嵌入、身份嵌入和规制嵌入。其中，组织嵌入具体是指在农村社会中，通过整合分散的治理主体和治理资源，构建以党组织为核心的综合治理共同体，实现基层党组织由单纯领导机构向治理实践的领导角色转变。同时，在基层党组织上不断扩展"功能根系"，通过成立党支部、党小组等将党建工作延展至各类治理主体之中，将党所代表的人民意志落到具体实践中。身份嵌入指的是赋予政府部门、企事业单位等农村社会治理主体中的成员以"第一书记"、帮扶干部、志愿服务者、党建工作者等身份，以此确定其在农村社会治理中的特定职能和地位，从而达到"人尽其才"的效果。值得注意的是，附着在个体或组织之上的治理资源也是构筑风险治理能力的物质基础。规制嵌入则是在组织嵌入、身份嵌入过程中形成和确立的相关制度与规则，其既是对于现有社会风险的规范化治理，也是对于治理过程中风险因素的有效回应。通过阶段性的连续嵌入，党建引领农村社会风险治理的逻辑与路径逐步地适配于农村社会，并依照具体的治理情景形成独具特色的党建联建等形式。

生产，是农村社会风险治理能力不断发展的内在动力。在阶段性嵌入的过程中，农村社会的风险治理能力建设是在行政压力的推动下开展的，缺乏实在的自主性。从"国家—社会—个体"的关系来看，社会生产应该是农村社会治理的必然内涵。只有通过社会生产，农村社会治理才能形成多元主体参与的互动网络，进而使价值标准通过利益关系进行表达，国家、社会和个体的良性互动得以循环。简而言之，风险社会语境中的社会应当具有相对独立性，不应依附国家、政党成为工具。原有社会治理模式中单向性和外展性的运行逻辑会阻碍农村社会治理的资源凝聚，更会瓦解农村社会的风险治理能力。此外，社会发展的缺位会极大地引发资源有限条件下的主体间"内卷"，造成反复嵌入的恶性循环。而国家也将凭借其强大的资源禀赋和权威惯习重新"入场"，并占据所有的治理资源和权力。

换言之,农村社会的风险治理能力不应该是形式上的"就事论事",而需要聚焦于农村社会治理资源向治理能力转化的规律优化,将乡村振兴、乡村建设等举措转变为推进农村社会治理现代化这一最终目标的系统过程。至此,风险社会语境中的农村社会治理需要得到社会发展层面的支持,并逐步构建其农村社会中风险治理的思维意识,最终实现农村社会治理的现代化转型。

当前农村社会的风险治理必须建立在能够"被生产"的条件之上,探索从"被生产"到"内生产"的演化路径,并逐渐形成农村社会的内在生产逻辑。首先,搭建以基层党组织为核心的农村社会治理体系,推动基层党组织的社会引领作用发挥。基层党组织的本质是联结国家-社会这一链条的重要节点,在嵌入国家治理体系和乡村社会的同时也吸纳多元组织力量,引领乡村治理的发展方向。其次,积极推进政府治理机制转型,有效营造社会生产的制度空间。当前情况下,政府部门要确保基层自治权限范围内的社会组织建设与发展自主性,鼓励和引导基层民众参与乡村治理组织体系建设,并在赋予相应自主权限的同时积极投入与供应相应的治理资源,保障社会生产的持续推进。最后,逐步内化乡村发展的动力机制,坚定不移地还权于社会。乡村居民是乡村社会治理的主体,动力机制的内化意味着基层民众主动参与乡村社会的共建、共治与共享,这是"自生产"的关键所在。

二、从政治到生态——"五位一体"治理体系的要素表达

(一)风险社会视域中治理现代化的政治表达

农村社会民主政治的建设需要依靠我国农村政治体制不断改革创新和持续完善才能够实现。在现代化进程中建设民主政治必须坚持中国共产党的领导、尊重村民利益以及持续依法治村三者有机结合,优化利益联结机制,形成利益共同体。在推进政治文明建设过程中,应从宏观层面加强中国共产党领导能力建设、加强执政方式与领导方式建设,要将制度建设作为政治文明建设的重中之重持续强化。目前,我国进入重要的风险机遇期,特别是暴发于2020年初的新冠病毒感染疫情,对国际外部环境和我国自身的发展布局造成一定程度的影响。农业是立国之本,推进农村治理现代化首先需要解决政治体制改革的问题,推进农村政治体制的改革,在政治领域应该达成:一是完善人民代表大会制度。在现代化建设的整个过程中,我们要始终如一地坚持地方权力由人民代表大会来行使。在中国特色社会主义建设中,人民代表大会制度是保障人民权益最根本的一项政治制度,是国家

权力机关运行的根本。因此，在农村现代化进程中要充分发挥基层人民代表大会的作用，发挥其作用的前提是优化其内部结构，主要包括年龄结构、专业技术职称结构、行业结构等，优化年龄段、职业、行业的比率。二是加大民主协商制度建设。我们遵循从群众中来到群众中去的基本方略，通过人民的民主协商实现农村民主政治建设，通过各种渠道和途径促使民主制度向广泛化、制度化方向发展，为更好地解决与人民紧密相关的问题提供有效的路径。我国农村基层社会主要是面向工人和农民，在我国农村政治建设过程中，要将群众路线贯彻到实处，才能够反映最广大人民的利益。建设农村基层民主制度是对基层农民权益的保护，将逐步实现政府管理与基层民主的有机统一[7]。三是持续推进行政体制改革。要以依法治村为前提，依法治村是农村社会一切工作良好运行的重要保障，法律是保证农民权利与义务最直接的武器，我国推进农村政治文明建设应始终坚持法律在农村治理格局中的根本作用。

（二）风险社会视域中治理现代化的经济表达

经济发展是社会发展的第一维度，而经济风险也是社会风险的核心所在。以经济建设为中心的发展理念给我国带来了全面的社会繁荣，但同时也带来了经济风险的高爆发率。因此，作为"国家公器"的社会治理，其内在的社会稳定、社会减震等职能要求其必须回应经济风险的挑战，从而延续社会发展势头。对于农村社会而言，处在工业化社会的边缘并不代表其治理也处在"边缘"，无论是作为国家经济命脉的农业发展还是记载中华文化传统的农村聚落，抑或是占我国六成人口的农民群体都暗示着我们作为农业大国的属性没有改变，农村社会的经济风险治理将成为治理现代化的重要一环。

党的十八大报告强调，"坚持走中国特色新型工业化、信息化、城镇化、农业现代化道路"，这是实现经济高质量发展必须遵循的选择。农村经济发展良好的标志便是实现农村现代化，同时，这也意味着农村治理要同步准备好应对农村社会经济风险的能力建设：一是创新农业经济发展理念。创新是发展的核心，实现农村治理现代化重在创新发展，只有创新才能够给农村经济发展带来不竭活力，从而为农村创新和推进现代化进程奠定坚实的思想基础。这就要求在发展农村经济时，必须将乡村振兴战略作为中心任务，加强对乡村振兴"产业兴旺、生态宜居、乡风文明、治理有效、生活富裕"20字总体要求的研究，并结合农村的现实情况，不断完善和优化农村经济运行体制和管理机制，将农业、农村、农民三者进行有机结合,促使农村全面、系统、创新发展。在经济方面,着力推进农业产业化和现代化建设的同时,也要注重引导农民改变经济发展模式,倾力培养现代化农民,加强宣传培训,提升农民经营管理水平。创新农业发展理念,要注重绿色农业发展,将经济与生态结合,满足市场需求,让农业经济发展更具系统性、综合性[8]。二是完善农业经济发展体系。在实现农村现代化的过程中,要将完善农业经济发展体系放到重要的位置,特别是要结合行政化与社会化,提高农村治理能力。此外,要发挥基层党委与"村两委"在农村经济发展中的积极作用。完善教育培训、学习活动、管理监督等各项制度,提升农村基层组织的系统性。优化农村经济结构。随着市场经济不断深化,农村面临的最主要问题已由曾经的土地问题转变为就业增收问题,在这种背景下,农村、农业的发展须依靠产业的带动,西北地区产业一直发展不快的原因是第二、三产业的产前、产后服务等比较滞后,要避免结构趋同化,每个县城的加工企业应该有侧重,需要加工的原材料在原产地消耗原料。西北地区大多数的农产品经过加工后出售价格偏低,农民增收难,所以要减少过剩加工的企业,避免低水平重复建设,进而提高加工水平。三是加快农村金融体制改革。农民在风险冲击下,自我恢复能力弱,加上农民收入增长慢,特别是现金收入增长更慢,这会影响农民在农业生产经营方面的投资。农业资金的回报率低,也比较难以吸收其他产业,这会导致农村资金匮乏、恶性循环、农业投资机制不合理等局面。其除了制约农民的收入,还对农村农业的产业化发展产生消极影响。要加强农业融资,其有效途径便是建立农业发展基金推行小额贷款,中国农业发展银行可以作为资金的保管者,委托专业的资金管理公司或者团队管理运营资金。取得的收益按照投资额分配。可以共担资金风险,在一定程度上有助于缓解农民资金不足,吸引大量工商业或者金融行业的人员加入农业经济发展中,对农业进行投资,有利于形成农业资金多渠道化、多元化。

(三)风险社会视域中治理现代化的文化表达

文化是一个民族的灵魂,我国进入新时代,充满机遇与挑战,农村要实现现代化发展,就要将文化建设放在实现民族复兴、乡村振兴的首要位置。我国提出建设社会主义文化强国战略,目标是实现多种优秀文化并存的文化繁荣国家。农村作为中国最主要的基本单元,更应该注重文化建设,化解更多文化风险。

农村文化建设应达到以下几个方面的要求:一是发扬社会主义核心价值观。从本质上看,文化建设必须以社会主义核心价值观为根本遵循,这既是国家文化发展的方向，也是农村文化发展的方向。将广大村民的智慧集聚起来，投入社会主义核心价值观的建设中去，并且将其运用到生活中。二是提高村民素质。村民素质的提高，既是农村社会实现自治、法治、德治的基础，又是弘扬传统美德、引导村民履行义务的动力源泉。同时，村民素质的提高，也有利于营造良好的农村社会风气。文化建设丰富人民的精神生活，新时期农村文化的建设，要增强语言的通用能力，调研过程中，发现不同省的农村地区使用本地方言，影响沟通交流，所以从宏观层面要注重通用语言的传播力度，降低语言壁垒。同时也要关注少数民族的发展，推动我国民族文化的发展，增强农村居民的科学文化素质。农村文化建设要注重影响力和竞争力的提高，举办特色化的农村社会活动。活动的举办可以扩大农村文化在村与村之间、村与省市之间的传播力[9]。因此，实现文化传播的重要途径便是促进农村文化事业建设和文化产业的发展，推行文化"走出去"战略。

（四）风险社会视域中治理现代化的科技表达

在动态发展中，农村面临更多风险，特别是在科技方面，农村想要实现现代化，应达到的要求：一是增大信息服务力度。从西北地区农业发展实际出发，通过互联网等信息平台了解农民多样化需求和产业发展要求，以便提供产前、产中、产后的一条龙服务，要注重其平台信息的质量。首先，构建科技服务热线，农民通过热线电话等传播方式向服务平台咨询，平台后台收集农民相关问题的解决情况，将有代表性的问题设置模板，以便农民实现自助服务。其次，建立农业信息资源库和农产品商务平台，利用远程方式整合资源，为农民提供视频或文字资料，实现信息共享。可在平台上展示农产品的基本信息，如种植、养护、价值增值过程等。这不但可以提供农产品市场行情，而且还拓宽了农产品营销渠道[10]。二是加强农民和科技人员培训。全面提高农民和科技人员的文化素质，这就需要加强专业培训，培训可以采用大讲堂、样板田、农博士等模式，这些模式已经比较成熟，能起到示范、指导和引领作用，是中国农业科学院所采用的培训方式，效果比较显著。邀请农业专家对农民开展培训，让专家下田地，直接解决农民困难，在农村设置试验田，应用新型农业科技，让农民目睹新科技的应用效果，吸引农民加快掌握新技术。三是加大政府支持力度。首先，确定新型农业科技推广模式。想要实现农业现代化发展，除了注重技术方面的研究，更应注重完善新型农业科技的推广制度机制，应该以农业推广技术责任部门为主，同时鼓励涉农企业、合作社、科研机构等参与其中[11]。其次,提高农业技术成果的转化率,农村基层组织应加强与高校、企业、研究所的合作,增加财政支持,加大人力资源的投入,可以把精力集中投在推广技术含量高、具有广阔前景的科研成果上。此外,注重农业科技成果向公共服务领域转化,由政府主导构建和完善农业科技转化应用公共服务平台,充分利用农村科技合作社、科技服务热线等有关科技服务资源,建立农业科技成果数据库等,确保科技成果能够及时登记、及时公开发布。完善此类项目,政府应该给予财政补贴或者相关税收优惠,以便减少农业科技成果转化的风险,实现风险共担,达成分散风险的目标。

(五)风险社会视域中治理现代化的生态表达

在农村社会语境中,空间的首要属性是生态属性,因为农村社会的形成源于农业生产以及围绕其周围、维持其运行的诸多人类活动,生态环境是影响农业生产的重要变量。从历史的角度来看,农业的发展史可以视作人类同自然生态风险的对抗史,这意味着农业生产的发展需要以生态风险的治理为保障和基础。

党的十八大提出将生态文明建设放在突出地位,并将其融入经济、政治、社会、文化各方面的建设中,努力建设美丽中国,实现中华民族永续发展。把生态融入我国社会主义特色事业建设总体布局中,同时也从其他要素方面汲取新动力,最终使得"五位一体"发挥真正的效应,促进现代各方面协调发展[12]。在生态环境保护红线约束中,不确定性风险孕育在社会中,农村治理体系实现现代化,也更应注重生态文明的建设,这是实现农村长远发展的重要策略,这要求我们尊重自然、顺应自然、保护自然。要实现农村可持续发展,从风险视角讲应达到的要求:一是树立生态保护意识。从人的角度看,要提高农民的节约意识、环保意识等生态保护意识。只有我们从主观上达成一致才能从根本上保护我国农村的生态环境,才有利于农村紧跟中央的战略部署和发展节奏,大步迈向新时代。同时,在中国传统文化中,有许多经典提到生态文明思想,儒家学派提倡"天人合一",道家学派提倡"人法地,地法天,天法道,道法自然"的人与自然和谐相处的理念和实践,这与我国提出的生态文明设想相符合,说明生态文明建设具有历史继承性。因而,在农村社会中,应大力宣讲传统文化,加强对农民的宣传教育,提高农民的生态文明意识,树立正确的道德观、价值观,为生态文明建设提供支撑。二是保护生态环境。中国农村土地是农村生态建设的重要载体之一,在资源约束逐渐趋紧背景下,在自然环境承载力的维度内实行开发建设,实现村民、资源、环境平衡发展的模式,为后代留下良好的生态环境。发展就要开发,但是为保护自然环境,我们必须从开发方式出发,从根本上控制对自然资源的破坏。转变资源利用方式,从粗犷发展模式向集约发展模式转变,同时要注重循环经济发展,促进生产循环,实现较高的资源利用率。生态文明建设的前提是保护生态环境,对于农村已经出现的环境问题,要加大修复力度,加大对沙漠化、石漠化的治理力度,提高对水土流失等环境保护的深度,防治水污染、土壤污染、大气污染等。三是完善生态文明制度机制。建设生态文明的理论基础是生态文明制度建设,特别是对于土地空间开发保护,是资源开采开发的重要依据,应十分注重合法与合理性。完善相应的农村绿色生态考评体系,把绿色发展作为考核指标之一,让治理主体从主观上认识到环境保护与生态文明建设的重要性,进而实现我国"美丽乡村社会"建设[13]。从法律保障机制角度看,生态建设的环境保护需要立规矩,用法律进行严格监督,保证生态文明建设神圣不可侵犯。

治理现代化在这五大领域表达所形成的"现代化合力",并非这五种要素简单地相加。由于各个要素之间的相互作用是复杂的,许多影响结果是不确定的,我们只能从更一般的抽象的层面梳理"五位一体"视角下农村治理的整体思路和具体应用。我们在考虑农村治理现代化时,必须考虑治理主体、治理目标、治理机制等基本要素,这些基础要素已经进行了详细论述。结合上述分析,"五位一体"农村治理现代化整体思路主要是:第一,五大要素在农村治理现代化过程中所发挥的作用是不同的,它们均可独立发挥作用,必须重视要素之间相互作用及其合力对农村治理现代化产生的影响。第二,相同要素、不同治理主体、不同角色扮演、不同的手段和工具方法,决定着农村治理现代化的复杂性。第三,需要同时推进、有所侧重、补齐短板,使之形成相互协调推进的良好局面,不同参与主体需要围绕治理目标达成共识,采取方向一致的行动,共同推动农村治理现代化的实现。

第三节 风险社会视域中农村治理现代化的发展趋势与未来影响

一、风险社会视域中农村治理现代化的发展趋势

(一)治理主体多元化

在我国农村治理中,治理主体主要经历了四个阶段:第一阶段是以人民公社

为治理主体。在实行农业税时期，人民公社一直作为单一的治理主体组织、管理、协调农村中的各项事务。第二阶段是"村两委"为治理主体。随着人民公社的解体，"村两委"自然而然地承担起农村事务管理的责任，但是"村两委"存在两大严重问题，即后劲不足以及矛盾常态化，并不能实现农村的政治民主化，即不能有效实现民主管理、民主决策和民主监督，"村两委"的农村治理职能不断弱化，很难再担起农村事务管理的重担。随着经济的发展，农村事务越来越复杂化、繁重化，农民自治组织开始兴起，并且不断发展与完善，理顺"村两委"的关系，这就刺激农村治理主体进入第三阶段。第三阶段便是村民自治组织的合作社为治理主体。专业合作社在农村事务管理中发挥的作用越来越显著，逐渐在一些方面替代"村两委"的职责，专业合作社承担着农村社会的事务管理的主要职责已成为现实，但是村民自治组织在此阶段仍然处于辅助"村两委"的地位。随着市场经济的发展，合作社在农村公共事务的治理中不断深入，从原有的辅助地位渐渐转变为和"村两委"平行，"村两委"和农民合作社在合作的领域内开展合作，共同促进农村的发展。第四阶段是合作社中心化的治理主体。随着城镇化的发展，合作治理成为农村基层地区的主要目标，农民合作社凭借其多属性共存的特征成为连接治理主体的中心，农民合作社成为农村基层社会治理主体的核心，"村两委"、农民合作社与其他治理主体协作，实现农村基层社会的有效治理，共同推进农村发展。农村基层社会治理主体的多元化，从本质上可以看成多种组织和多种制度嵌入农民合作社进而形成多元治理新主体的过程，合作社在各主体中居于核心位置，是连接其他主体的重要枢纽[14]。当下，为应对更为复杂的农村社会治理局面，农村治理主体也逐渐增多，多元化趋势愈加明显，随着社会风险的加剧，实现农村基层治理体系现代化，这种多元治理主体协同共治的趋势将成为时代必然。

（二）治理机制民主化

农村治理现代化是我国农村未来的发展方向，我们对农村社会经济、政治、文化、科技、生态方面构建风险评估机制，就需要满足农村治理现代化建设的要求。在西北地区大多数农村社会治理中，很多农民在政治事务方面呈现出规避态度，这就要求在农村政治建设上培育村民的现代化发展的理念和方法，建立农村基层现代化建设的思想基础，对于村民现代性的培育主要是村民自我认知、政治评价、政治情感、政治信任。根据实地调研我们看到，落后偏远的农村地区之所以有较多的村民选择漠视农村事务管理领域，是因为在现实生活中不存在或者缺少能代表农民表达意愿的组织去承担政治领域存在的潜在风险。村民在农村处于劣势地位，这就需要建立政治风险评估机制、政治民主机制，并且将这两大机制放在核心位置，促进农村政治民主化发展进程和完善有关制度机制。经济层面，治理民主机制的完善是实现农村多元主体协同治理、实现农村社会善治与繁荣的必备条件。民主层面，民主化组织是农村基层建设的基础和前提，实现农村治理现代化必须依靠广大农民，实现"村两委"、农民以及社会组织协同参与，推动农村政治治理民主化，进而实现农村治理现代化。民主化机制的构建要求村民自治、多元主体协同、合作共赢，民主协商制度也就顺其自然成为农村治理现代化的最优选择，也是将来农村实现现代化的必然趋势。

（三）治理模式法治化

风险社会视域中农村治理必须以法律为保障，法治化农村是未来农村治理现代化的必然选择。治理模式的法治化主要体现在：一是规定农村治理主体的基础性质、权利以及义务。根据农村治理的现实需求，农村治理主体包括"村两委"、村民自治组织、农村服务组织、非营利组织、个人等。明确各个主体的基本权利和义务，例如，参与市场竞争的权利、参与农村治理的权利、服务农村农业发展的义务等。二是法律涉及更广泛领域。例如，农业的产业结构与技术的调整、农村保险的实施、农村发展规划、农村医疗建设、农村职业教育等领域。三是完善政治建设和民主制度。农村基层社会政治建设以村民自治为核心，目标是实现民主，法律在此方面可以明确村民在民主选举中的地位以及权利和义务，设定选拔制度和违法选举行为的处分细则，以确保村民的政治权益。法律要规定相关的民主决策制度，划分村民会议、"村两委"、村民代表大会的职责以及等级，设定民主程序合法性、合理性、科学性的规则，完善民主决策的制度机制，防止干预权力的行为发生[15]。法律需要规定民主管理的相关制度限定，明确农村民主管理过程中创新性工作方面存在的问题，规定科学合理的管理程序。此外，法律可以进一步设定和完善民主监督的制度机制，例如，内外部监督制度机制、选举机制、任免机制等，构建组织层面的责任机制。

（四）治理绩效复杂化

传统意义上的绩效单纯是指一种结果，随着研究的深入，绩效的内涵变得愈加丰富，它是一个动态的过程，是从组织的过程、产品、服务中产出的结果。可以使用多样的方式进行评估，如目标评估、结果评估、现状评估等从绩效考核的角度评估农村治理需要将治理主体的行为、过程和结果结合起来。从农村治理主体行为看，农村治理主体多元化，他们的行为包括"村两委"行为、农民行为、非营利组织行为和其他社会组织行为。从农村治理过程看，各类主体间会直接或间接地联系，当然，农村治理的绩效并不是单纯将每个治理主体绩效叠加，而是多元主体协同绩效的提升。从农村治理结果看，随着农村基层社会的发展以及农民综合素质的持续提升，农村社会在政治层面上更注重追求村民自治、实现民主协商。农村的治理主体行为、治理过程、治理结果愈加复杂化，农村治理绩效的内涵愈加丰富，这意味着绩效评价也越来越复杂，但正是绩效的复杂化才会推动农村的现代化发展。在未来，随着社会环境的日益复杂化，风险日益增加，这就意味着治理主体会更加多元，治理行为愈加系统化，治理绩效也会更加复杂，面对复杂的绩效，就需要开展科学化的绩效评估。

（五）风险防控常态化

我们对农村风险识别，涉及风险分配和财富分配的互构机制、风险分配评价以及农村治理体系和治理能力现代化等，在调研过程中，我们意识到完全没有风险的社会是不存在的，对于风险的潜在性、多边性以及突发性等特征，农村风险防控是一个往复循环的过程[16]。农村治理的关键是风险治理，从价值的形成、制度或政策的制定再到终结，都会发生风险问题，让制度政策在风险和治理之间形成回路。现如今，政府已经意识到风险防控的重要性，特别是新冠病毒感染疫情发生后，风险预测和评估已经成为政府部门重要工作之一，并且对一些重大决策风险的评估已经写入政府工作报告的重大决策规定。然而，任何领域都存在风险，不能只注重对决策实行风险治理。需要建立农村治理风险防控专门组织，引进优秀人才，进而形成风险防控的治理机制，使风险治理常态化。提高农村治理主体的风险效能，要求不断创新治理方式，可借鉴企业风险管理方法，同时学会组合各种治理方式，在原有的方式上灵活创新，并借助现代科技信息技术，发展更广泛的风险治理监督体系，监督农村基层公共风险治理全过程，有助于提升风险治理效果，提高农村风险防控效能。在农村风险防控过程中鼓励和动员各类社会成员作为监督方，这些参与群体比较庞大且分散，在短时间内不容易受相关政治压力的影响。所以，更多社会力量的参与可能会比基层政府单独进行公共风险防范更有效率和成效，也更有针对性，逐渐实现风险防控常态化。

二、风险社会视域中农村治理现代化的未来影响

(一) 培养合作精神,实现农村善治

中国农村传统的经济模式是小农经济,农民一方面自给自足,另一方面形成了家庭经营的独特方式,农民的生产生活主要源于自然交换,而不仅限于社会交换,所以,这让他们不是相互交换,而是彼此分离[17]。在小农经济模式中,要实现平等协商的合作模式比较困难[18]。自20世纪中期以来,我国农村经济组织形式经历了从农民生产合作化到家庭联产承包责任制的转变,在现阶段,农村建立起合作经济组织,为的是更好维护权益。在西北地区的农村更是如此,西北地区的第一、二、三产业的结构布局有很多不足之处,农业方面也一直受到自然条件的限制,发展比较缓慢。在市场经济的导引下,农村大量的劳动力流向城镇,留守的大多是老人、妇女、儿童,农田耕作也经常是单家独户式,难以保持农业生产的持续性。虽然外出劳动力的收入能够满足日常开销,但是农业的生产生活可持续发展是农民面临的重大问题。这关系到农民发展,农民生产生活应该怎样发展呢?那就是培养合作精神,在西北地区有许多相关实践证明合作化道路的可行性,农民参与合作社获得许多便利,农民合作意愿强烈,大多数农村实行的示范社、一级村等也体现着合作精神带来的农业生产、组织经营、品牌经营等方面的好处。"五位一体"治理体系不仅强调各领域合作,还强调多元主体合作,使得原本分散的领域和主体联动起来。一是提升农村市场的地位。风险评估机制与"五位一体"的治理体系可以很好地解决农民盲目性、从众性等问题,其也能保障农民敢于站出来维护自己的利益。比如部分商家将农产品低价收入然后高价出售,分散的农民个体无力反抗。但当个体从众结合成为一个合作组织时,就敢于去争取自身利益,从而影响农业整个产业链的运行。在风险与财富互构机制以及"五位一体"治理体系中,各主体在一定程度上多了一份保障,在团结合作中影响单个农户,提高其在市场中的地位。二是营造合作学习的氛围。通常情况下,单家独户的农业经营往往局限于亲戚朋友间的互助。但是在"五位一体"现代化治理体系中,其范围扩大到各类群体,合作过程中具有一定的共享性,如农业生产相关的技术、农田播种、农田管理等,这为农民提供更多学习机会,有效营造共享氛围,进而促进产业规模化持续发展。三是增强农民契约精神。随着市场经济和城镇化的发展,中国农村稳定的社会结构骤然失衡,农民在现代化力量的冲击下,变得不知所措。农民合作一起面对风险能够带给农民安全感。在"五位一

体"治理体系影响下,各治理主体合作能够更好地兼顾自身在村内的社会效益,就愿意在经济收入之外履行治理责任。善治与治理不同,善治是各个社会层次治理都要追求的目标。从政治学的角度,治理是公共权力为实现公共利益从而进行的管理活动以及管理过程,治理从管理组织的角度看,实质就是政府与公民之间的共同管理,是两者的新型关系也是最佳状态。风险评估以及"五位一体"的治理体系能为善治提供多元主体的前提、决策与执行的保障。因此,我们对农村风险识别、建立风险评估机制以及构建"五位一体"治理体系,在培养合作精神中晋级,持续实现农村善治。

(二)重构公共秩序,推动农村文明转型

西北地区的农村较为封闭,在这里生活的村民同质化程度高,大多依靠熟人社会的规则来进行交流。那时的秩序是农村几千年的文化总结,呈现井然有序的格局。因此,在传统社会村落里,村风良好是因为长久累积起来的文化共识以及村民们对血缘、地缘范围内相互熟悉的高度认可。经过40多年的现代化洗礼,原来的平衡被打破,农村社会传统与现代交织,农村力量与城镇力量相互碰撞,导致农村社会结构变得更加复杂,呈现原子化、半熟人特征。人与人之间的沟通交流被许多现代化力量拉扯。村风文明不如以前,村民对于事务的认知已不再有同质化基础,而是表现出道德认知的差异化。随着城镇化的发展,农民的身份也因城镇化的进程加快逐渐弱化,对农村生产生活的认知度降低。在转型过程中,农村社会结构愈加多元化、利益格局更加异质化、组织体系更加分散化。这一切表明农村在变迁中存在极大的不稳定性,也意味着农村社会风险不断增加。同时,农民的集体行为也不是基于传统的血缘、地缘,而更加注重利益,即村民的价值取向更偏向经济功利。在该逻辑演变中如何重建公共秩序和风险预控体系,实现乡风文明的回归?我们对农村各要素的风险识别、机制构建以及"五位一体"的治理体系的认知,便可以从现代化角度融会农村政治、经济、文化、科技、生态等方面,将各治理主体与各领域联动,再次体现合作互助的集体状况,有利于农村营造良好的乡风文明氛围。综合农村风险以及治理现代化的现实状况,其未来影响有以下几个方面:一是增进治理主体交流互动。在现代化力量的不断冲击下,农村社会陌生化现象严重,村民之间的信任度大不如前,治理主体间的信任也会受到冲击。风险社会视域中风险指标体系的构建、"五位一体"治理体系构想,会将村内各方面的治理主体都吸纳进来,增强农村多元性与异质性。同时,在协作治理过程中交流会增加,促使彼此间的联系互动更加密切,进而使得农村社会熟悉度不断恢复。二是促进公共秩序重构。在合作治理过程中,各主体随着联动的不断增强,它们在政治、经济、社会等中的功能定位也逐渐变得更加清晰。它们会根据自我利益所得,以及对风险的预测和应对能力,在不同领域行使职权,这有利于农村社会向善治目标发展。同时,各治理主体在互动交流中会更加清楚彼此之间的意愿,减少博弈带来的损失,更容易将不同意志转为共同意志,这有助于社会发展走向正规化,促进农村治理公共理性的回归。

(三)促进农村社会转型实现治理现代化

我国现代化进程持续加速推进,我国农村也逐渐步入现代化,农村社会也变得更加多元、开放,富于合作[19]。就西北地区而言,我们对其农村地区进行风险识别,并建立起评价指标体系,制定风险分配与财富分配互构机制,目标是助力风险的消散和分散。不管是风险评价体系的构建还是风险分配与财富分配的互构机制,我们的主要研究主题是农村基层治理,因此,我们不能脱离农村治理的内涵和整体框架,更不能脱离研究农村治理的最终目标——善治。农村治理现代化的进程充分体现了多元主体协同共治的价值取向,来自乡镇政府之下的基层政权组织、社会团体、农民以及微观市场主体共同构成了乡村共治的治理场域。民主与协作是开展协同共治的核心,要理解的是,农村治理并不是以制度为唯一基准的静态管理,而是在治理要素持续变化的情景下实现的动态均衡治理,互动与协调是维系治理形态的基础。考虑到西北农村地区的政治生态以及自然生态的特殊性,我们希望以此来分析风险社会中,风险分配与财富分配在"五位一体"总布局中未来发展的趋势以及未来的影响。根据治理的理论内涵与框架以及西北地区的实地观察,农村社会的治理包括多样的主体,如村干部、合作社、农民、村级治理组织等。从宏观层面来看,"五位一体"治理体系的构建对整个农村治理的影响能够促进善治的实现。在目前农村治理过程中,"五位一体"治理体系格局的作用是处理好各类公私问题、提供公共服务、促进农村发展。具体来讲,我们前面构建的机制和治理体系对农村治理实现现代化有以下几个方面的作用:一是创新社会治理,增添社会力量。"五位一体"的农村治理体系正体现着在风险社会中农村治理应该在政治、经济、文化、科技、生态等要素领域达到什么样的要求。这会对传统社会中单一政府行政力量的权威构成挑战。全方位联动为农村社会经济发展提供了一个全新思路，帮助农村实现从分散转向团结互助，同时，还在一定程度上分散了"村两委"的主政权威，为农村注入新力量[20]。二是提高农民福祉、提升现代管理水平。传统的小农理性经营的思维方式很明显已经不能够满足农民机械化生产的需要。对于西北地区合作规模生产的经营，从五个角度分析农村风险，探究农村对风险预测的能力，能够在一定程度上有针对性地消散农村风险，"五位一体"治理体系给农民带来现代化的组织经营管理技巧，给农村各项发展带来了一定的社会效益。在现代化体系的指导下，农村的产业发展以及农村社会的治理都会呈现蓬勃的现代性、高效率、规范化，从整体层面提高农村治理能力。三是农村市场化和民主化。在现代化的治理体系中，农村以市场化、民主化为导向，我们所探究的如何分散农村风险以及"五位一体"体系，对外联系市场经济，对内连接农民，将二者的利益融为一体。内外联动可以在整体层面上将"村两委"力量、经济发展力量、普通农民力量和社会组织力量结合起来，体现出多主体、多方面的善治。在农村社会发展过程中，各种治理主体的力量会在治理过程中夹杂着多重利益，这会促进农村社会转向，逐渐实现合作协商的局面。

从微观层面来看，农业生产生活、农村资源、农民思维也都体现出现代性转型特征。首先，在农业生产生活中，传统社会的农耕在面临前所未有的高新技术带来的风险时显得不知所措，对风险的感知、预测能力相对减弱。对农村风险的评估间接加速现代化进程，提高农业在生产生活中的高效化、集约化，同时，提高农民对科技风险的防控能力，新兴的生态生产技术、养殖技术的安全应用增加农产品的绿色、安全、高效，符合人们对现代生活高质量的追求。其次，在农村资源的开发中，"五位一体"治理体系能够让农村资源在一定程度上更具有流动性、共享性、公共性。在农村发展中，各主体对农村资源也是各取所需，这会促使它们对资源需求进行重新规划、合理分配，让各领域成本最小、利益最大化，实现农村协调化发展。多领域的协调发展，不仅要求治理主体间协调，还可以强化它们对农村资源进行合理配置，让村民满意。最后，在农村生产生活、资源的转化以及风险意识的引入过程中，逐渐实现农民观念的改变。西北地区大多数农村处于偏远地区，除风险意识弱之外，在农产品营销上也缺乏商业技巧，农民直接将农产品卖给中间商，自己赚取微薄利润。但是在风险机制以及"五位一体"治理体系的指导下，农民可以规范生产、增加营销渠道，与现代化市场对话。对外交流增加会影响农民思维方式，增强其风险感知、风险预测等能力，促使他们的思维更加开放、自由,视野更加开阔,敢于在全方位的"五位一体"治理体系中追求自我利益,参与农村民主选举,该思维的转变使农民思维愈加现代化。

参考文献

[1] 程风,邵春霞.制度嵌入与基层国家—社会关系的重构——基于一个旧村改造案例的分析[J].地方治理研究,2021(4):64-76,79.

[2] 白启鹏,秦龙.中国共产党百年农村党建的成功经验与启示[J].学习与实践,2021(9):13-21.

[3] 高其才.走向乡村善治——健全党组织领导的自治、法治、德治相结合的乡村治理体系研究[J].山东大学学报(哲学社会科学版),2021(5):113-121.

[4] 祝天智.农地"三权分置"背景下乡村治理现代化研究[J].学术界,2021(8):80-88.

[5] 郑凯,赵海月.新时代经济高质量发展的实践路径探析[J].湖北社会科学,2021(8):80-85.

[6] 黄振华,常飞.家户与宗族:国家基础性治理单元的辨识及其逻辑——基于"深度中国调查"材料的分析[J].华中师范大学学报(人文社会科学版),2021(4):50-58.

[7] 滕明君,张昱.建党百年来乡村治理范式的嬗变逻辑及新时代启示[J].西南民族大学学报(人文社会科学版),2021(3):189-194.

[8] 朱智毅.论乡村振兴立法的功能定位与基本原则[J].中国农业大学学报(社会科学版),2020(2):84-95.

[9] 张冲,袁帅锋.乡村振兴背景下阜阳乡村治理的路径探究[J].人民论坛,2020(9):78-79.

[10] 文丰安.我国农村社区治理的发展与启示:基于乡村振兴战略的视角[J].湖北大学学报(哲学社会科学版),2020(2):148-156,168.

[11] 唐有财.德治体制与集体主义村落的发展——以全国文明村J村为例[J].社会学评论,2020(2):74-84.

[12] 韩瑞波.集体理性、政经分离与乡村治理有效——基于苏南YL村的经验研究[J].求实,2020(2):76-89,111-112.

[13] 姜利娜,赵霞.农村生活垃圾分类治理:模式比较与政策启示——以北京市4个生态涵养区的治理案例为例[J].中国农村观察,2020(2):16-33.

[14] 韩鹏云.乡村治理现代化的实践检视与理论反思[J].西北农林科技大学学报(社会科学版),2020(1):102-110.

[15] 赵一夫,王丽红.新中国成立70年来我国乡村治理发展的路径与趋向[J].农业经济问题,2019(12):21-30.

[16] 刘金海.中国农村治理70年:两大目标与逻辑演进[J].华中师范大学学报(人文社会科学版),2019(6):45-52.

［17］李红娟，胡杰成.中国社区分类治理问题研究［J］.宏观经济研究，2019（11）：143-157.
［18］林星，王宏波.乡村振兴背景下农村基层党组织的组织力：内涵、困境与出路［J］.科学社会主义，2019（5）：115-120.
［19］郭夏娟，魏芃.从制度性参与到实质性参与：新中国农村女性的治理参与及其地位变迁［J］.浙江社会科学，2019（9）：15-25，36，155-156.
［20］高帆."集体"的概念嬗变与农地集体所有制的实现方式［J］.学习与探索，2019（8）：111-123，191.

后　记

　　农村社会风险治理是治理体系与治理能力现代化的重要体现，是构建与中国式现代化相适应的共建共治共享治理格局的核心所在。基于对风险社会语境、中国式现代化契机以及"三农"议题的系统观察可以发现，当前农村社会的治理现代化、国家治理现代化已经不再是器物层面的技术革新或是资本引进所代表的"现代化嵌入"，而是进入认知、行动、技术、机制的现代化形塑阶段。风险作为标识人类社会阶段的特征性范畴，同样也是人类思维模式演化的重要体现。风险思维是对事件动态、系统的检视，是一种基于事物之间普遍联系的思考，其中所包含的对不确定性的指涉又使之成为应对当前复杂多变的社会形势的一种思维工具。因此，风险思维形塑的治理认知、引导的治理行动、对接的治理技术、衍生的治理机制将成为现代化治理的基本特征。在农村社会语境中，主体多元化、结构网络化、资源共享化的现实情境使得农村社会治理已经从具体事件为中心的应对型管理转向关口前移的预判型治理，这反映出农村社会治理的系统性、周期性在加强，风险思维正逐步扎根于农村社会之中。

　　农村社会的风险治理是兼容时间与空间阈限理解农村基层治理的一种典型样态，"风险社会"的宏观语境与社会治理现代化的时代诉求叠加，共同构成了讨论农村社会治理现代化的逻辑起点。在农村社会治理实践中，现实治理效能与理想治理图景之间的张力则为农村社会治理现代化提供了基本的话题空间，也为窥探农村社会的风险样态提供了观察口。在前期调研的基础上，从农村社会治理实践中识别分类风险以及与之对应的风险承载能力，并以此为基础获得测度指标，完成对农村社会风险现状的评估。借助粒子群优化算法，在测度整体风险指数的同时，获取理想的风险承载能力指数。在对比分析风险承载能力理想与现实张力的过程中，确定风险承载能力的本质——社会财富，从而将农村社会风险议题表征为风险分配与财富分配的互动结果。"风险分配—财富分配"的互动过程中伴随着彼此的增益,并由此塑造出不同的强弱关系对比,这种塑造的生效依赖"风险分配—财富分配"的互构机制完成。借助类型学视角,对"风险分配—财富分配"互构机制所塑造的诸多现实结果进行划分,从而确定"风险分配—财富分配"的理想互构组合所指征的现实路径。围绕现实路径的可操作性,建构保证其可持续运行的保障体系,从而为风险社会视域下的农村社会治理现代化提供一种可行方案参考。

  本书写作与出版过程中得到延安大学各位领导和清华大学出版社的各位编辑老师的帮助,在此表示感谢。此外,还要感谢北京理工大学博士武少辉和李志超,延安大学研究生赵晟楠、马堃等为资料收集、实地调研等工作付出的辛勤劳动,特别是西北大学公共管理学院博士生徐天舒在完成本书第四、六、七、八章内容的撰写后又进行了修订和校稿工作,在此一并表示感谢。由于作者能力所限,本书难免存在疏漏或不妥之处,恳请专家学者和广大读者批评指正。

王　进

2025 年 2 月于延安大学